漢傳

皇位輪流坐！

從赤帝子到山陽公

飄雪樓主 著

秦崩前夜、血腥盛漢、新朝困局……
歷經 29 帝，四百年興衰與遺響

»- »

楚漢爭霸、匈奴外交、呂氏專政、戚宦之爭、黃巾起義
從秦崩前夜到東漢滅亡，漢朝 405 年的重大歷史事件

目錄

目錄

引子
農民打井牽出秦始皇陵的千古謎團

時間定格在 1974 年 3 月，地點是陝西臨潼縣西楊村，人物是當地村民，事件的起因是，由於天氣乾旱，於是村民們想要打井灌溉麥苗，結果就是在打井的時候，意外發生了 —— 他們挖出了一個奇怪的陶俑。

挖井挖到了陶俑，迷信的村民們都認為這是不祥之兆，於是決定「另擇高地」。出人意料的是，他們換了一個地方挖，結果再次挖出了一個古色古香的陶俑。

正是這些陶俑的發現，牽出了中國古代第一陵墓 —— 秦始皇陵。

「這個地底下非同尋常啊。」幾個人交頭接耳一番後，把這件事上報給了陝西省文物局。文物局聽聞後，高度重視，馬上派專業人士來現場考察，於是發現了秦兵馬俑。

秦始皇是中國歷史上第一位皇帝，也是一個功績頗多的皇帝，更是一位好大喜功的皇帝。他統一六國後，為了能夠彰顯「唯我獨尊」的地位，便開始著手「身後事」 —— 設計自己死後的陵墓。

皇陵的總設計師是李斯，選址是位於今陝西省西安市臨潼區城東 5 千公尺處的驪山北麓，占地達 56 平方千公尺，有七、八個故宮那麼大，共徵用人力 80 萬，這人數相當於當時全國總人口數的十分之一。他們花了 39 年的時間才建築完成。

陵墓有內外兩重夯土城垣，象徵著帝都咸陽的皇城和宮城，布局是仿照其都城 —— 咸陽建造的。除了有宏偉的門闕、寢殿，還有很多陪葬坑。這些陵墓中所陳放的陪葬品，都是他生前享受過的。這是中國歷史

引子　農民打井牽出秦始皇陵的千古謎團

上第一座規模龐大、設計完善的帝王陵寢，其雄偉壯觀、氣勢恢宏、美輪美奐可想而知。

更令人嘆為觀止的是，秦始皇陵的地宮挖得很深，可以直達地下水。據悉，地宮中的文物極為豐富，彩繪壁畫、漆器、竹簡、帛畫、壁畫、陶器、木器等應有盡有。秦始皇的棺槨躺在水銀製成的「江河湖海」中，讓他死後還能遊覽祖國的大好河山。

為了防止盜墓賊進入地宮，陵墓裡設計了重重機關，可以說連一隻蒼蠅都飛不進去。據史料記載，秦始皇陵墓中有防盜「三重門」：

第一重門：陵外設有機關連弩。

在《史記》中就有秦始皇命人製作連弩，對勇於靠近陵墓的人射殺之的記載，班固的《漢書》中也有類似記載，根據現在兵馬俑出土的連弩來看，秦始皇陵墓的連弩至少能射 800 步，而且功力達到 700 斤以上，殺傷力極大。

第二重門：陵內設有流沙暗層。

根據考古發現，很多春秋戰國時代的陵墓都有流沙防盜技術：在陵墓內鋪一層流沙，一旦盜墓賊挖到流沙一層，流沙就不斷湧入墓葬，並將盜墓的人埋葬。據悉秦始皇陵墓也有流沙層，而且設計得相當精妙，會讓盜墓者有去無回。

第三重門：陵底設有水銀毒池。

水銀是劇毒，秦始皇陵中注有大量的水銀，打造成了水銀河。主要目的是防盜墓，因為其揮發的氣體就足以將進入的盜墓者全部毒死，更別說碰上水銀了。

秦始皇陵不但設計了強大的防盜墓功能，還有守墓人。據悉，當年蒙氏一族就為秦始皇守衛陵墓。要知道，作為秦國最忠心的家族之一，蒙氏一族在秦王統一六國時立下了汗馬功勞，他們也參與秦國內政輔

政，深得秦始皇的信任。後來蒙氏成為秦始皇陵的第一任守陵人。

當然，儘管如此，從古至今，對秦始皇陵垂涎欲滴的人比比皆是。據悉，最早盜掘秦始皇陵的是西楚霸王項羽。

相傳項羽入關中後，殺了包括秦子嬰在內的秦朝貴族，並將咸陽洗劫一空。隨後，他還做了一件大事，那就是率30萬大軍去盜秦始皇陵，並將裡面的寶物占為己有。這30萬人整整運了一個月也沒有運完。之後，項羽將剩餘的珍寶付之一炬。

當然，這個傳說並不可靠，理由如下：

一是秦始皇陵的地宮構造極為複雜，裡面機關重重，水銀成河，且不說項羽正身處群雄並起的亂世，爭奪地盤、平息內亂等就夠他勞累的，更別說有空閒帶30萬軍隊去盜墓了。

二是據專家們現場考證，秦始皇地宮上的封土沒有區域性下沉的現象，夯土也沒有較大的鬆動，整個封土層上只發現了兩個直徑1公尺、深9公尺的盜洞，而這兩個盜洞離地宮還很遠。如果項羽動用30萬士兵盜墓，封土不可能保持得這麼好。

三是史書對楚軍如何進入秦始皇陵盜寶，是否有士兵中了裡面機關的暗算，是否被水銀毒死，究竟盜了哪些寶物，都沒有詳細的記載，可見編造的可能性很大。

無獨有偶，相傳盜掘秦始皇陵的第二個嫌疑人是一個無名的牧童。

據《漢書》記載：一個牧童在秦始皇陵附近放羊，其中有幾隻羊掉進了地洞中，牧童便打著火把到地洞中找羊，結果越走越深，無意間走進了秦始皇的地宮。再後來，火把失火，把地宮點燃了，將秦始皇的棺槨及洞內的珍寶燒為灰燼。

當然，這個傳說也不可靠。據專家們分析，這是無稽之談，理由有兩點：

引子　農民打井牽出秦始皇陵的千古謎團

一是秦始皇陵地宮有「三重門」的超級防盜措施，小牧童就算長了翅膀也飛不進地宮。

二是牧童焚毀事件發生在漢朝以後，而從西漢開始，官府已派專人取代蒙氏成為秦始皇陵的「守陵人」，此後「守陵人」堅持數百年。一個手無縛雞之力的小牧童怎麼可能進入保護區，還進入了皇陵內宮？

此外，還有史書記載十六國後趙的國君石季龍和唐末農民起義的領袖黃巢都盜掘過秦始皇陵。

但專家們給出的結論是：天方夜譚。

其實，秦始皇修建豪華陵墓只是貪圖享樂的冰山一角，好大喜功的他還做了哪些驚天動地的事，導致大秦王朝迅速滅亡，成為曇花一現的朝代呢？而取而代之的漢朝統治者又留下了哪些大刀闊斧的大手筆，使得西漢和東漢一共延續了四百零五年呢？

一、秦崩的前夜

（一）反秦第一人：陳勝起義局中局 ─────

1. 開局：從兩個傳說說起

秦二世元年（西元前 209 年）仲夏，夏蟬高唱，蛙鬧浮萍。一突如其來事件讓這個炎熱的夏天再度升溫，並且產生了巨大的連鎖反應。

陽城（今河南登封東南）的地方官派了兩個軍官，押著九百名民夫到漁陽（今北京市密雲西南）去戍邊。

在農間耕作時喊出「燕雀安知鴻鵠之志哉」的陳勝也在被徵行列。

他身強力壯又識文斷字，和吳廣一道被任命為屯長。如果路上不出什麼意外，只怕這是千萬批守邊疆的義兵中的一批，將成為歷史上的匆匆過客。然而，老天卻偏降大任於他們。

這支隊伍走到大澤鄉時，炎熱的天空開始作妖，沒有徵兆的大雨突然傾盆而下。這場雨很有特點，一下連著幾天都沒有停的跡象。大雨一直下，這下可苦了這群去守邊關的義兵。此時淋雨著涼生病是小事，關鍵是這大雨一下，誤了行程，可是要被殺頭的。

等啊等，好不容易等到雨停了，正當大家準備十萬火急地趕路時，卻發現前方的道路都被大雨沖毀了，寸步難行。

下雨耽擱的時間，再加上修路的時間，陳勝掐指一細算，算來算去，之後就算不停不歇地趕路，也無法按期到達目的地了。

「這可如何是好？」陳勝皺著眉頭，悵然良久、傷感良久、深思良

久。最後，他把屯長「助理」吳廣叫進來開了一次碰頭會。

「大雨誤我們的行程，按照大秦法律，遲到了那是要砍頭的。我們兩個是屯長，更難辭其咎，只怕有十個腦袋也不夠用啊。」陳勝平常和吳廣親如兄弟，此時也不再拐彎抹角，而是來了個開門見山。

「既然前進一步是死路，不如往後退一步吧。」吳廣似乎有備而來。

「你的意思是逃跑？」陳勝說著，搖了搖頭，嘆息道，「逃也沒有用，躲得過初一躲不過十五，到頭來還是死路一條。」

「那你說怎麼辦？」吳廣問。

陳勝等的就是吳廣這句話，但他仍然做一番痛苦、深思狀，而後才道出了他心裡早已想好的辦法 —— 起義！

陳勝說道：「現在世道不好，與其身陷囹圄時喊蒼天喊大地喊無辜冤枉，不如趁現在還是自由身，靠自己靠兄弟靠背水一戰，興許還能置之死地而後生！我們現在只有三條路可以選擇，要麼服役，要麼逃亡，要麼起義。選擇服役是死，選擇逃亡也是死，唯有起義，或許還有一線生機！」

的確，嬴政於秦始皇二十六年（西元前 221 年）一統天下後，將征服進行到底，征南越和伐匈奴，徵調了數十萬民眾。南征北戰的結果並不理想，為了防止匈奴的入侵，秦始皇下令築長城。從隴西的臨洮到遼東，將原秦、趙、燕的北邊長城連起來，築成一條人工屏障，徹底把匈奴關在了國界之外！

當年，沒有任何現代化的工具，要完成這樣一項巨大的工程，得花費多少人力、物力和財力呢？修建萬里長城一共死了多少人，現在我們已無法統計，但有史學家說，萬里長城是用屍骨堆積而成的。

萬里長城血肉築，築就長城千夫苦，苦盡悲來卿奈何，何止孟姜一人哭。

對一個剛剛成立的王朝，秦始皇如此勞民傷財，顯然傷到了大秦王朝的根基。根基一旦動搖，即使萬丈高樓也會頃刻倒塌。

秦始皇不但好大喜功，而且還奢侈享樂。為此，不惜耗費巨大的人力、物力，修建極度奢華的阿房宮。同時，他還熱衷於巡遊，每次出巡都是前呼後擁，各地官員百姓「迎奉」，弄得怨聲載道。其修建得堂皇富麗的驪山陵墓也足以證明一切。

哪裡有壓迫哪裡就有反抗。聽完陳勝這番慷慨陳詞，吳廣的起義念頭瞬間飆升，立刻同意和陳勝一起做大事。他倆經過深思熟慮，決定來個三步走。

第一步：在個人身分包裝上下功夫。

本著起義未行、輿論先行的原則，陳勝和吳廣在策劃這場曠世起義時，想出了兩個獨特的新鮮玩意兒。

第一個是「魚腹藏書」。

陳勝負責書法題字。他找來一塊帛，在上面龍飛鳳舞地寫上「陳勝王」三個字。字雖然不多，卻很難寫，運用的筆畫要誇張，要盡量做到跟鬼符有異曲同工之妙。

吳廣負責撈大魚，然後把帛書塞進大魚的肚子裡，再把大魚放生到容易被人捕獲的水域。

負責炊事的戍卒在解剖的過程中，發現了帛書。然後，他如獲至寶地拿著帛書為大家現場展示，「陳勝王」三個字吸引了所有人的目光。

很快，大家看陳勝的眼光都變得不一樣了，那是怎樣一種崇拜和仰慕的眼神啊？

第二個是「篝火狐鳴」。

夜漸黑時，吳廣趁大家不備開了個小差，揹著一個「喇叭」，挑上一擔柴火潛入軍屯附近的一座廢棄破廟。夜已黑時，吳廣點燃柴火，然後

開始矇頭大睡。

到了夜墨黑時，吳廣醒來了，熄滅了柴火，拿出喇叭，開始學狐狸叫：「大楚 —— 興，陳勝 —— 王⋯⋯」

他這一叫，把所有人都吵醒了。大家的耳畔不僅迴盪著狐狸的叫聲，還聞到一股股溼濃的煙味。在淒冷的夜裡，這番場景顯得恐怖而詭異，令人毛骨悚然。這樣一折騰，所有人都失眠了。

第二天一大早，流言開始滿天飛：陳勝是上天派來的王，專門來解救我們的！

經過這兩次輿論宣傳，大家對陳勝的看法發生了本質的改變。在大家的眼裡，他已經由人變成了神。

對陳勝來說，他之所以這麼做，也是沒有辦法的辦法。他家世代務農，要起義，誰會聽他這個鄉巴佬的話呢？所以他才會弄出這些神乎其神的玩意兒來，目的無疑是包裝自己，彌補先天的不足，為領導起義鋪好路。

造神成功後，陳勝和吳廣馬上開始第二步走：在個人行為舉止上下功夫。

這天，在陳勝的指使下，吳廣出場了。他把大家召集到一處，上演了「攻心」戰術。

「這種爛天氣，這種爛路，我們不可能按期到達邊關了。我勸大家還是面對現實，做一個明白人，千萬別做痴心人、幻想人、糊塗人。」吳廣義憤填膺地說道，「此時不逃，更待何時啊？」

正當吳廣把大家的情緒都調動到一觸即發時，負責統率這支隊伍的最高行政長官 —— 兩個將尉出現了。

「你口無遮攔，狂妄放肆，傳播邪論，罪不可恕！」兩個將尉操起鞭子就往吳廣身上抽。

「啪，啪，啪！」鞭子落在吳廣身上，卻痛在大家心裡──是啊，當官的只想著保住自己的烏紗帽，哪管平民百姓的死活！

「這就是妄圖逃跑的下場，你們若不想成為第二個他，就給我老實點！」兩個將尉一邊抽打吳廣，一邊得意地笑了起來。

然而，沒過多久，他們的笑容就變得僵硬起來。他們怎麼也沒想到，被抽打的吳廣在地上翻滾著，突然翻到一個將尉身邊，一招「猴子攬月」奪下他的佩劍，對著他的心窩就是一刺。

這名將尉沒料到吳廣敢以下犯上，更沒料到他身手竟如此敏捷，他用不可思議的眼神望著吳廣，然後轟然倒地。另一名將尉見狀，被嚇得呆若木雞。等他醒悟過來，準備有所作為時，卻被陳勝和其他人送上了西天。

乾淨漂亮地幹掉了兩個將尉後，陳勝和吳廣開始第三步走：在宣傳輿論引導上下功夫。

眼看時機已到，陳勝終於從幕後走到了臺前，開始發表「起義宣言」，提出了三大主張。

第一個主張：壯士不死則已，死即舉大名耳。

「此番大雨誤了行程，我們怎麼也不可能按時到達漁陽了，到時候暴虐的朝廷肯定要砍了大夥兒的人頭。退一萬步來說，就算僥倖留下來，戍衛邊疆，那也十有八九是要死的啊！我們堂堂男子漢大丈夫，怎麼能這麼窩窩囊囊地死呢？要死也要轟轟烈烈，名揚天下。」陳勝這一席話，一針見血地解釋了「為什麼要起義」。

第二個主張：王侯將相，寧有種乎？

「不論是王侯，還是將相，他們都跟我們一樣，是生活在世上的普通人。他們能有如今的地位和富貴，我們也能有！」透過這番話，陳勝旗幟鮮明道地出了「起義為什麼」。

第三個主張：有福同享，有難同當。

「我們今天就開始起義，大家儘管奮勇殺敵，斬將奪城。大家放心，我會計功授封，保證讓大家日後個個都能封妻廕子，過上榮華富貴的生活。」透過這番描述，陳勝教會了大家「我能為起義做什麼」。

陳勝的話像利錐一樣刺痛了眾人心底那根最脆弱、最敏感的神經，讓人聽了很受用。反是死，不反也是死。反還有一線生機，不反只有死路一條。

陳勝話音未畢，熱血澎湃的士卒們便異口同聲地高呼著：「大楚興，陳勝王！」

接下來，起義變得順理成章。陳勝立刻領導大家做了以下幾件事：第一，修築高臺，祭祀天地；第二，袒露右肩，歃血盟誓；第三，擁立王者，公推陳勝為將軍，吳廣為都尉；第四，建立政權，確立國號為大楚；第五，加強輿論，提出了「公子扶蘇和項燕不死靈魂轉世附體」這樣的包裝口號。

至此，中國歷史上第一支起義軍就這樣成立了。

斬木而起，揭竿而起。九百壯士，挑起了天地乾坤的波濤；一幫平民，開啟了生機勃勃的歷史。

2. 謀局：棄用兩高手埋隱患

陳勝和吳廣起義後，勢如破竹地先後攻下了大澤鄉、蘄縣兩座城池。

取得起義階段性成功後，這支隊伍才得以改善手中的武器，丟掉了打狗棒、鋤頭，拿起了「金箍棒」、大刀、長矛，戰鬥力自然也同步提高，很快又拿下了大片地區。到達陳縣（今河南省周口市淮陽區）時，起義隊伍逐漸壯大，軍卒很快便達到了數萬人。

在起義精神的感染下，一些豪傑之士也不甘寂寞，紛紛加入起義隊伍。其中，張耳和陳餘的到來意義重大。

張耳可不是一般人，他是名門之後，他的曾祖父是戰國時期提出「連橫」學說，成功在策略層面讓秦國實現獨霸的著名縱橫家張儀。

張耳於秦昭襄王四十三年（西元前 264 年）出生在魏國的首都大梁（今河南省開封市西北部一帶）。據《史記》記載：「其少時，及魏公子毋忌為客。」也就是說，他年少便成了「戰國四公子」之一的信陵君魏無忌的門客，並為其出謀劃策。

而陳餘雖出身於貧農之家，但從小愛好儒家學說，曾多次遊歷趙國的苦陘。他和張耳屬於莫逆之交，兩人拜的是同一位老師，二人都是信陵君魏無忌的門客。

兩人的發跡史雖然略有不同，但都是靠著長相和才華傍上了有錢人。張耳少年時，因為犯法而逃亡於外黃地區，結果被當地一位富翁相中，把再嫁的女兒許配給了他。於是張耳靠岳父家的支持，從此發跡，很快做上了當地的縣令。

而陳餘在落魄時，也是被一位很有錢的公乘氏相中，把自己的寶貝女兒嫁給了他。陳餘也藉助妻子家的財力很快闖出了自己的名聲。

也正是因為很多地方都「似曾相識」，陳餘和張耳意氣相投，一見如故，兩人建立了刎頸之交。

秦國統一天下後，視「不安分」的張耳和陳餘為眼中釘、肉中刺，於是開出了當時最大的兩張懸賞令：分別以一千黃金和五百黃金買張耳和陳餘的人頭。

張、陳二人自然不會坐以待斃，於是放棄了原本富裕的生活，喬裝打扮，改名換姓，開啟了顛沛流離的逃亡生涯，最後躲到陳城裡謀了一份看門的苦差 —— 裡門監。

　　從名士到隱士，對有理想且自命比天高的張、陳二人來說，不但需要很大的勇氣，還需要很多的隱忍。

　　有一次，陳餘犯了個小過失，結果里長小題大做，用粗暴的方法把陳餘按倒在地，舉手便要打他。陳餘感覺受到了莫大的汙辱，怒髮衝冠，想跳起來反抗。正在這個節骨眼上，一旁的張耳用腳狠狠地踩了陳餘一下，並對他使了個眼色。

　　這一抬腳一使眼，原本躁動不安的陳餘突然變得安靜、老實起來，只見他默默地閉上眼睛，像一隻溫順的綿羊，任憑里長對他拳腳相加。留得青山在，不怕沒柴燒，陳餘當然明白張耳的用意。

　　事實證明，二人的隱忍沒有白費，因為他們很快等來了陳勝、吳廣的起義大軍。這是棄暗投明、揚名立萬的最佳時機。二人沒有絲毫遲疑，馬上奮不顧身地直奔陳勝的軍營。

　　陳勝見二人談吐不凡，非等閒之輩，便把他們奉為上賓。

　　二人見陳勝這般求賢若渴，便為他獻上了一份特別的「見面禮」——一個大活人——孔鮒。

　　孔鮒是孔子的第九世孫，才高八斗，和張耳、陳餘交情頗深。張、陳二人一牽線，孔鮒很快便加盟了義軍。

　　陳勝見到孔鮒來投，自然笑歪了嘴。他不僅仰慕孔鮒的才華，更仰慕他的美名。如今，連孔聖人的後人都願意加入義軍隊伍，這對提高士氣、壯大隊伍大有助益。

　　眼看起義形勢煥發出勃勃生機，陳勝本著趁熱打鐵的原則，馬上在陳縣主持召開了一次三老、豪傑會議。

　　所謂三老、豪傑會議，其中的「三老」是指縣中的中層官吏（掌教化），「豪傑」是指才智勇力出眾的人。總而言之，陳勝這次就是廣發英雄帖，把在陳縣有威望、有才智、有勇力的「三有」人員全部請來開了一次會。

　　會上，陳勝請大家敞開心扉，暢所欲言，積極獻計獻策。三老、豪傑都不是浪得虛名之輩，個個爭先恐後地發了言，為陳勝指出了一條光明大道 —— 自立為王。

　　大家紛紛認為，陳將軍披堅執銳，帶領義軍以替天行道、推翻暴秦為己任，攻無不克，戰無不勝，恢復了亡了國、絕了後的楚國。如此大智大勇、大功大德，應該立為楚王。另外，不封王怎麼號令諸將，更好地領導義軍呢？所以，這個楚王必須得封。

　　陳勝聽了很高興，但考慮此事重大，他並沒有馬上表態，而是找來張耳和陳餘執行了「問計」：「眾人都建議我現在稱王，這王我是稱，還是不稱呢？」

　　面對陳勝的坦誠，二人也同樣給了坦誠的回答：「不能稱。」為什麼呢？張、陳二人給出了以下三點解釋。

　　第一，現在剛起義，如果您立即稱王，會讓眾人看出私心，不利於凝聚人心。

　　第二，一旦稱王就會樹大招風，成為秦朝重點掃蕩的對象，這對我們顯然是不利的。

　　第三，三老、豪傑之所以強烈要求您稱王，都是為了一己之私，想跟著加封追賞，飛黃騰達，滿足全家富貴的政治欲望。

　　不僅如此，二人還為陳勝提出了兩點小建議。

　　第一，低調做人，高調做事。當務之急不是稱不稱王，而是攻城拔寨，消滅大秦，為天下貧苦大眾開拓出一條光明之路來。

　　第二，只有做到強基固本、兵強馬壯、豐衣足食，才能消滅暴秦，解救天下蒼生。到時候稱王便是水到渠成、順理成章的事了。

　　張耳、陳餘是本著開誠布公的想法勸諫陳勝的。雖然他們有說實話的勇氣，但陳勝沒有聽實話的勇氣。面對二人的直白，陳勝非但沒有醒

悟，反而固執地認為張、陳二人太過懦弱。於是，他不聽勸阻，自立為王，定國號為「張楚」。

之後，陳勝任命吳廣為假王（意思是僅次於自己或者相當於自己的大王），任命蔡賜為上柱國（相當於丞相），任命武臣（陳縣豪族代表人物）、周市、周文等人為將軍，建立了政治和軍事領導機構。然後，他又以消滅秦國為己任，兵分四路，對暴秦採取了強而有力的軍事行動。

路阻且長，行則將至。行而不輟，未來可期。看著自己精心部署的四路大軍浩浩蕩蕩地向既定方向進軍，陳勝長長地舒了一口氣，臉上露出燦爛的笑容，彷彿看到了勝利的曙光。然而，他不曾料到，道路長且險，行而必有挫，義軍的起義之路注定充滿血腥。

3. 敗局：一群囚徒和一個車伕改寫歷史

秦二世元年（西元前 209 年）九月，周文率領的十萬中路大軍，突然出現在咸陽東面的戲亭（驪山附近），趙高只好派章邯率囚犯出戰。結果，出人意料的是，章邯率領的這支「烏合之眾」，竟然打敗了周文的十萬大軍。

周文被困時，離他最近的義軍是吳廣這一路軍。當時，吳廣正在全力圍攻滎陽。滎陽的守軍是李斯之子李由。當時李斯還沒死，仍是朝廷的當紅丞相，所以李由自然會很賣命地守城。對李由來說，此時的滎陽比他的生命還重要。

作為義軍的「二號人物」，吳廣很賣力。但他卻犯了屯兵於堅壁之下的兵法大忌。幾個月都拿不下滎陽，軍中人心已渙散，此時周文被圍告急的書信不斷傳來。倔強的吳廣非要拿下滎陽再去救援。

結果，滎陽還沒攻下，周文就已經死了。

吳廣沒有及時救援周文，有失做人最基本的仁義和道德，這件事連

他的部下都看不下去了。他們原本就對眼界不高，缺乏軍事、政治和領導才能的吳廣心存疑慮，加上吳廣平時驕傲自滿，不可一世，與士兵的隔閡也越來越深。你對周文無情，休怪我們對你無義。部將田臧和李歸一番密謀後，設計殺死了吳廣。

田臧和李歸殺了吳廣後，偽造吳廣造反之罪上報陳勝。鑒於當時危急的局勢，陳勝並不敢對吳廣的死做過多的調查，只得封田臧、李歸二人為上將，囑咐他們盡力西進攻秦。田臧和李歸倒也不是貪生怕死之輩，領了命令後，二話不說就率領手下義軍急忙西進，揚言要替周文報仇雪恨。

可他們二人忘了考慮一件極其重要的事：章邯滅了周文後，士氣正旺，正張著血盆大嘴等著他們呢！面對送上門的食物，章邯豈有不收之理。田臧和李歸最終只能以人頭相送。

至此，陳勝委以重任、期待最大的第四路軍和第一路軍全軍覆沒，而第三路大軍在這個關鍵時刻也出事了。

其實，此時的第三路大軍早已經脫胎換骨。武臣當了趙王，復立了趙國，因此他的軍隊稱為趙軍更為恰當。但就是這個趙王，不幸成了吳廣第二，也死在了部下的手裡。

第三路大軍在內訌發生後，自相殘殺，還沒等章邯來，已經四分五裂，難成氣候了。

至此，陳勝寄予厚望的四路大軍，兩路全軍覆沒，兩路各自為王，形勢一落千丈。而這時的章邯在長史司馬欣、都尉董翳的支持下，全力反攻陳勝的義軍。

此消彼長，從這以後，陳勝的義軍兵敗如山倒，沒有人能抵擋不可一世的章邯。面對不斷傳來的噩耗，陳勝頓感大勢已去，而陳郡又不是能堅守的固城，所以他只能選擇退兵。當初種下的孽因，此時結下了苦果。

陳勝在保命的關鍵時刻，又犯了一個致命的錯誤——退軍路線。他沒有選擇投奔部將秦嘉，而是選擇逃往自己的家鄉一帶。秦軍早已料到陳勝的退軍路線，於是布下重防，只等陳勝自投羅網。

但是，秦軍的如意算盤落空了，因為有一個人搶先一步了結了陳勝的「故鄉夢」。這個人就是莊賈。

莊賈只是陳勝的車伕，是個小人物。原本默默無聞的他卻不甘寂寞，不走尋常路，用一把刀把義軍的首領陳勝送上了西天。

莊賈為什麼要拿自己的主子開刀呢？追根溯源，還是陳勝自己造的孽。

陳勝在待客、用人上都存在嚴重失誤。種種失誤攪和在一起，很快就讓手下的將士們寒了心，這其中就包括莊賈。

莊賈是陳勝義軍最早的追隨者之一。也正是因為這樣，陳勝才將他視為親信，做自己的「專職司機」，同時兼「私人保鏢」。然而，就是這樣的親信，陳勝卻並沒有把他放在眼裡，平時對他呼之即來，揮之即去，當奴隸一樣使喚。對此，莊賈的心自然很受傷。

而此時，在逃亡的路上，陳勝因為一夜之間從天堂掉進了地獄，心情自然糟糕透頂，於是他把所有的怒氣都撒到了莊賈身上。

面對陳勝不斷的責罵，莊賈心中竄起一股無名怒火。對他來說，這股火埋藏在心底多時了，以前一直壓抑著、強忍著不讓它爆發，此時眼看大勢已去，而陳勝卻依然如此囂張，莊賈內心的新仇舊恨一起燒了起來。

於是，他利用高超的趕車技術，把大部隊遠遠甩在了後面。行至一偏僻處，莊賈假借車子出了故障，騙陳勝下車，然後趁機一劍刺穿了他的心臟，陳勝領導的中國歷史上第一次農民起義就這樣以失敗告終。

陳勝、吳廣起義之所以失敗，除了陳勝過早自立為王這個因素，還

有三大主要失誤奠定了不可逆轉的敗局。

第一，建都的失誤。

陳勝在稱王的同時，建都於陳郡。陳郡雖然地處交通要道，物產豐富，經濟繁榮，但從軍事上來看，此地趨於平川，易攻難守，一旦秦軍派兵圍攻，守不能守，棄又不能棄，故相當危險。

都城是根基，一旦根基不穩，又何談生存與發展？單從這一點看，陳勝雖然贏在了起跑線上，但同時也輸在了起跑線上，可謂時也，命也。

第二，待客的失誤。

當陳勝稱王的消息傳遍五湖四海時，他的親戚、朋友都來投奔他。

「苟富貴，無相忘。」陳勝遵守自己的諾言，將投奔自己的親友視作貴賓。

而這些「親友團」都是貧苦出身，哪會料想到陳勝發達後竟如此風光，說話也變得口無遮攔起來。於是，陳勝當年的好事、壞事、糗事、雞毛蒜皮的事、不堪回首的事都被他們說了出來。

陳勝眼看自己的隱私被公之於眾，威嚴受到挑戰，自然惱怒不已。

一怒之下，那個當年和他一起耕田的夥伴，因為直言不諱地評價他「夥涉為王」而被處死了。

如此一來，那群跋山涉水而來的「親友」開始人人自危。陳勝的岳父兼「親友團」團長不堪輿論壓力，來了個不辭而別。他臨走之前還撂下了一句話：「怙強而傲長者，不能久焉。」意思是憑藉強勢而驕傲自大的人，是不會長久的。

隨後，親友團的其他成員也不甘落後，紛紛選擇了三十六計的走為上計。得民心者得天下。或許在陳勝的「親友團」全部離開時，他的悲劇命運便已注定。

第三，用人的失誤。

如果用一句話來形容陳勝的用人，那就是「重小人，輕賢人」。

張耳、陳餘一片忠心，力勸陳勝緩稱王；陳勝非但不聽，還把二人「雪藏」不用。恨屋及烏，張耳、陳餘推薦的孔鮒儘管出身名門，具有經天緯地之才，但陳勝只是以太師之禮敬他，真正到孔鮒想給陳勝出「金點子」、「銀策子」時，陳勝卻全當耳旁風。

面對陳勝的盲目進軍，孔鮒建議他要立足自身謀發展，不要脫離實際。陳勝非但不以為然，反而嘲笑道：「儒者可以與守成，難與進取。」意思是說，孔鮒只適合當守成的儒士，而不能當進攻的將軍。對此，孔鮒大失所望。雖然他本著「忠臣不事二主」的原則，沒有棄陳勝而去，但從此不再出一謀一策，最後落得「卒與（陳）涉俱死」。悲也，哀也！

與此同時，陳勝重用朱房掌管起義軍隊的人事調動。任用胡武專管起義軍中違紀違法的人員。結果他們假公濟私，排除異己，殘害忠良，任人唯親，導致起義軍內部烏煙瘴氣。

對此，陳勝卻睜一隻眼閉一隻眼。從長遠來看，他的這種做法寒了起義將士的心，為後面的眾叛親離、最終失敗埋下了伏筆。

（二）破秦第一人：項羽的浴火重生

1. 時機：項羽起義的前世今生

項家人世世代代都是楚國的貴族，為楚國的復興和繁榮立下了汗馬功勞。項，這個特別的姓氏，就是因他們功勳卓越而被楚王賜予的。

項家也不負君王厚愛，名將輩出。到項梁的父親項燕時，因為當時秦強楚弱，項燕成了楚國的守護神。當時嬴政手下久負盛名的「少年殺手」李信以初生之犢不畏虎的精神拿下了魏地，把整個黃河流域都納入

了秦朝的掌控之下。但在征服楚國時，卻遭到當頭一棒。項燕採取聲東擊西的戰術，打得秦軍丟盔棄甲，狼狽而歸。

但是，僅憑項燕一己之力，是不可能阻擋強秦進軍的步伐的。隨後，嬴政重用原本已被「雪藏」的老將王翦對付項燕。這兩人棋逢對手，所以打了很多回合都難分伯仲。就這樣僵持一年後，項燕率領的楚軍因為後方糧草供應問題，終於熬不住了。無奈之下，項燕只好撤軍。隨後，王翦乘勝追擊，大敗楚軍。項燕為國捐軀，楚國也隨之滅亡。項梁為了不被秦軍趕盡殺絕，不得不隱遁他鄉。而項羽自幼喪父，十來歲時就被叔父項梁領養。

虎父無犬子。項羽從小力大過人，常常有舉鼎過頭的驚人之舉。

他長著一雙重瞳眼（據說是帝王才有的眼睛），眉宇間透著一股英豪之氣。

為了培養項家這個接班人，項梁傾盡了自己的精力。

他教項羽學文化。三年下來，先生們發話了：還是讓他學劍吧。項梁看著先生們一個個憤憤而去，那個揪心的痛啊，既痛項羽不成材，也痛「學費」都白繳了。

「文化課」是學不了了，那就練劍吧。光陰荏苒，又是三年下來，師父們發話了：還是讓他學點別的吧。項梁看著師父們一個個拂袖而去，那個裂肺的痛啊，那金燦燦的光陰就這樣被白白地浪費掉了。

文也學不好，武也學不好，將來光復楚國還怎麼指望這小子呢？項梁不禁有些生氣。這時，項羽說話了：「認字不過記個姓名，學劍也不過抵擋一人，這些沒什麼了不起的。我要學的是抵擋萬人之術。」

話已至此，項梁只好親自教項羽兵法。

然而，項羽是個淺嘗輒止的人。不到一年，他就對兵法深惡痛絕，一談到兵法就大呼頭痛。用現在的話來說，項羽是個半桶水。當然，半

桶水雖然沒有一桶水那樣的高度和深度，但其好處就是給自己將來的領悟和提升預留了空間。每樣都懂一些，自己就變成全能選手了，相較於專才而言，也是一種優勢。當然，話雖如此，那時的項梁卻沒少為此生悶氣。

秦始皇一生最喜歡出巡，並美其名曰微服私訪。一次，他率軍遊會稽、過浙江時，項羽在項梁的帶領下有了一次「零距離」觀光。在喧天的鑼鼓聲中，在威凜的吆喝聲中，在滾滾的車轂轆聲中，在赫赫的歌功頌德聲中，出現了一個極為不和諧不協調的異樣之聲：「彼可取而代也！」

短短的六個字，如同平地一聲雷，震得大地為之顫抖。敢說出這樣大不敬話的人便是初生之犢不畏虎的項羽，這句話的意思簡潔明瞭，大致意思包含三層：一是我可以取代他；二是我比他強；三是我可以超過他。

再延伸開來就是，像秦始皇那樣當皇帝，或是像秦始皇那樣當超級皇帝，才是項羽的人生追求和奮鬥目標。

項羽說完這話，就有人把他們叔姪告到縣衙，罪名是「莫須有」的造反。

項氏叔姪也不是省油的燈。他們一聽到消息就腳底抹油，趕快開溜。這一溜就來到了吳地（今江蘇省蘇州市）。在這裡，項梁開始展現英雄本色。他豪爽大方，仗義疏財，辦事果斷，不久就成了當地操辦紅白大事的「大拿」（北方方言。指在某方面有權威或掌握大權的人。）。

當然，項梁如此熱衷於紅白大事的操辦也不純粹是想為他人服務，他是有政治目的的。在操辦過程中，他一邊招募人員，一邊了解每個人的長處和本領，為日後做準備。

機會總是留給有準備的人。當陳勝吳廣起義的號角在神州大地上吹響時，項梁知道自己等待的時機終於來了。十餘年的光景，項羽也早已被他調教成一個風度翩翩的人才。

十年磨一劍，這句話果然不假。

楚雖三戶，亡秦必楚。陳勝是楚國人，項梁、項羽也是楚國人。後來也正是由於楚國人的前赴後繼，才徹底推翻了腐朽的秦王朝。

正在項梁開始籌備起義的節骨眼上，會稽太守殷通主動把他請到了府上。這件事促使項梁將起義日期大大提前了。

如果殷通後來知道自己這一請是引狼入室的話，一定會後悔不已。當時，殷通以敏銳的眼光看到了秦朝即將滅亡的大勢。歷史的潮流如此，已經不可逆轉。先發制人，後發制於人，於是，他決定先發制人。殷通找來項梁是想讓他助自己一臂之力。

一番必要的客套後，殷通終於點到了正題。他正色說道：「我想起義！」

項梁聞言先是一震，然後開始裝傻，表示聽不懂太守的話。

「我想起義。」當殷通第二遍說這句話時，項梁才知道太守並不是在開玩笑，也不是在試探自己。

「大勢所趨，太守真是識時務者。」項梁說這句話時，已明白太守這次請他來的目的了，心裡不由得暗嘆：「你雖識時務，卻不識人。我堂堂項氏名門之後，豈會和你這個昏庸無能的太守同流合汙。」

「我想任命你和桓楚做將軍。」殷通繼續說道。

項梁先是客套地用「無德無能」之類的話推託一番，然後才說：「桓楚最近不知所蹤。除了我姪子項羽，其他人都找不到他。」

「那趕快把項羽請來。」

項梁等的就是這句話。隨後，他馬上引來磨刀霍霍多時的項羽。項羽進府後，沒有多說廢話，就毫不客氣地給了殷通一刀，讓他去閻王那裡報到了。

就這樣，項梁、項羽合計斬殺了會稽太守殷通。然後，叔姪倆振臂

一呼，早就對秦朝不滿的眾人歡呼雀躍，紛紛擁到項梁叔姪身邊，不出幾天就達八千餘眾。

秦二世元年（西元前 209 年），「項氏集團」「正式掛牌成立」。而這八千壯士日後跟隨項梁和項羽征戰大江南北，橫掃東西，成為「項氏集團」的骨幹菁英，譜寫了一曲曲蕩氣迴腸的讚歌。

2. 轉機：項梁折戟空餘恨

話說秦朝第一悍將章邯在打擊陳勝吳廣起義軍時，眼看戰國趙、燕、魏、楚、齊、韓六大「舊集團」紛紛「復辟」，為了大秦帝國，為了自己的前程，他心中焦急萬分，決定採取各個擊破的戰術，一個個地擺平。於是，他首先選擇了相對來說是軟柿子的「魏氏集團」開刀。

秦二世二年（西元西元前 208 年年），氣勢洶洶的章邯大軍開到了魏王都城所在地 —— 臨濟城（今河南省封丘縣附近）。

眼看無法抵擋了，魏王馬上派自己的相國周市溜出城去，向鄰近的齊和楚求救。這時候，六大「舊集團」都明白唇亡齒寒的道理，早已達成了聯手抗秦的口頭協定。此時楚國勢力最大，接到求救信後，自然不能坐視不管。項梁馬上派出大將項它帶兵前去救援，而齊王田儋為了顯示聯手抗秦的決心，更是親自掛帥前往魏地。有了援軍的支持，周市信心大增，馬上集中了魏國所有的精銳兵力。

於是小小的臨濟，一下子彙集了四路大軍，三對一正式開打。令章邯始料不及的是，這一戰居然打了三天三夜都沒分出勝負。這下章邯急了，他自出道以來，一直都是把別人打得落花流水，自己還從未吃過虧。

既然硬打不行，章邯就想出來一個歪招。在雙方打得難解難分之時，他手一揮，領著自己的兵馬瀟瀟灑灑地退了。

　　三國聯軍三天三夜都沒合過眼。見秦軍退去，幾乎所有人躺在地上倒頭就睡。

　　就在三國聯軍酣睡時，章邯的軍隊卻沒閒著。他們拿出乾糧，吃飽喝足，稍事休息後，然後趁著濃濃的夜色出發了，準備殺三國聯軍一個回馬槍。

　　也許有人會疑惑，章邯大軍和三國聯軍一樣，都打了三天三夜的仗，此時居然還能作戰，難道他們是鐵打的不成？其實，章邯大軍本來就不是普通的軍隊，他軍中的兵士大都是曾在驪山服役的囚犯，什麼苦沒吃過？什麼累沒受過？什麼痛沒嘗過？這幾天的連續交戰對他們來說簡直就是小兒科。

　　接下來，就是簡單粗暴地突襲了。項它感覺風聲不對，來不及穿鞋披衣，就狼狽而逃。其他人可就沒這麼幸運了，包括齊王齊儋、魏王魏咎、魏相周市在內的三國聯軍都成了刀下之鬼。

　　聽到項它和魏咎弟弟魏豹的哭訴，項梁的心裡非常難受。傷感之餘，他更清楚章邯的下一個目標就是自己了。與其等章邯來攻，倒不如先下手為強。於是，「項氏集團大軍」主動來到了章邯大軍所在地——東阿。

　　不克東阿，誓不回軍，項梁下了嚴格命令。隨後，他執行了嚴密的策略部署，對手中的強將龍且、英布、項羽、劉邦都有詳細的分工。

　　章邯打了這麼多仗，從未敗過，所以剛開始不免有輕敵之心。他選擇了「真情對對碰」的對攻戰術，一點也不顧及秦軍剛剛打了一場生死惡戰，已是強弩之末，急需休整。

　　一邊是狼虎之師，另一邊是疲憊之師，結果可想而知。對攻一開始，秦軍便兵敗如山倒。留得青山在，不怕沒柴燒，章邯選擇了三十六計，走為上策。

項梁自然不會輕易放虎歸山，於是率兵猛追。章邯好不容易逃到濮陽（今河南省濮陽市），才長長地舒了一口氣。這濮陽是秦軍的軍事重地之一，易守難攻。章邯到後，馬上挖開水渠，引共河之水環繞濮陽城。此時，老天似乎也在幫他，下起了大雨，結果整座濮陽城外猶如水漫金山。

項梁這下只能望城興嘆了。眼看拿章邯沒轍了，項梁心中一股氣沒處發，索性大手一揮，殺向了百里開外的定陶縣（今山東省荷澤市定陶區）。而與此同時，他派劉邦和項羽一同去進攻城陽縣（今山東省鄄城縣）。

事實證明，項梁的兵分兩路取得了出奇制勝的效果。一到城下，項梁便發現，看似小小的定陶並不好攻，城牆堅韌，防守嚴密，是塊難啃的骨頭。在他進攻受阻的情況下，劉邦和項羽這對絕代雙驕的第一次合作很成功。二人剛柔並濟，一舉拿下了城陽縣。

隨後，二人繼續揮師前進，一路兵來將擋，水來土掩，竟然順風順水地殺到了由李由把守的雍邱。這時，李由的父親李斯已被趙高陷害入獄，生死未卜。李由正急得焦頭爛額，哪裡還有心思布防？所以，還沒等李由明白過來是怎麼回事，就已經淪為項羽的刀下之鬼。

項羽和劉邦的接連勝利讓「項氏集團」聲名遠播。作為「項氏集團」的領袖，項梁同樣掩飾不了內心的喜悅和激動。是啊，連章邯都被他們打敗了，這秦軍之中還有誰是他們的對手？儘管此時他還在定陶城下徘徊，儘管他還一籌莫展，但他相信，只要堅持下去，攻克定陶只是時間問題。

對定陶守軍來說，時間非常寶貴，他們在等援軍 —— 章邯大軍的到來。此時，章邯在得到秦朝政府為他提供的兵源和糧草後，很快重整旗鼓，神不知鬼不覺地向定陶集結。

此刻，「項氏集團」沉醉於眼前的勝利，對潛在的危機毫無認識。項梁當局者迷，但他的手下部將宋義卻旁觀者清。宋義本著認真負責的態度馬上提醒項梁：驕兵必敗。

對此，項梁只回了四個字：庸人自擾。隨後，他就把宋義打發到宋國做使者了。

在去宋國的路上，宋義遇到了齊國的使者高陵君。

「兄弟，你這是去找項梁嗎？」宋義問。

「是的。」高陵君答道。

「我勸你還是慢一點走。」

「為什麼？」

「因為項梁馬上將面臨刀光之災，誰去了誰倒楣。」宋義淡淡地答道。

高陵君聽糊塗了。他心想：「這個宋義是項梁的部將，他說這樣的話，如果不是對項梁極度不滿，就是對項梁極度失望。不管怎樣，還是先觀望較妥。」

於是，高陵君放慢了腳步。很快，項梁的噩耗就傳來了。

原來，就在項梁準備動用人海戰術填平定陶城時，偏偏天公不作美，下起了連綿不絕的大雨。雨一直下，這仗是沒法打了，但項梁又不甘心撤兵。進也不是，退也不是，最後沒轍了，項梁只好整天和士兵們躲在營帳裡借酒消愁。

那天夜裡，傾盆大雨還在下，一隊人馬卻神不知鬼不覺，悄悄地向項梁的大本營靠近。不錯，他們就是章邯和他的手下。在這漆黑的夜裡，他們踏過泥濘不堪的路，就是來取項梁的命的。

還沉浸在美酒之中的項梁發出一聲慘叫，被章邯一刀砍殺。

而此時，百里之外的項羽和劉邦正磨刀霍霍殺向陳留，無力回援，

只能眼睜睜看著項梁大軍全軍覆沒。

定陶戰役的後果非常嚴重。項梁戰死，將項羽推向了歷史的前沿，讓他成為反秦戰爭的主角。

項梁兵敗的最主要原因還是太過於輕敵和仁慈。

項梁犯了和他父親項燕同樣的毛病——輕敵。在還沒有研究透自己的對手時就貿然進攻，知彼知己方能百戰百勝，項梁顯然犯了兵家大忌！但是他犯這個錯誤並不是他不懂，而是他太著急取勝，太急於盡快滅掉秦國，結果釀成大禍。

仁慈是因為項梁太過於注重自己的名聲，面對自己一手扶持當上楚懷王的熊心，作為擁有實權的楚軍統帥，還是楚國能夠復國的實際領導者，項梁就應該成為楚國說一不二的實權統治者，他卻以仁慈之心服從這個被自己捧上王位的楚懷王。結果，項梁在新成立的楚國的威信大打折扣，處處受制於人，這也導致項梁不得不持久在外打仗，沒有喘息的時間。因為他親手恢復的楚國正在背後準備「清算」他。可以說，項梁是被逼才兵敗身亡的，這也難怪項羽後來會殺掉楚懷王。

3. 尋機：鉅鹿之戰成就千古英名

「攝政王」項梁死後，「傀儡王」楚懷王馬上做了三件事。

第一件事：遷都。楚懷王把國都從盱眙遷到了地理位置優越、城防堅固如鐵的老地盤——彭城（今江蘇省徐州市）。理由是為了防止章邯來攻。

第二件事：封賞。楚懷王封劉邦為武安侯，封項羽為長安侯，封老將呂臣為司徒。項梁死後，項羽羽翼未豐。他雖然心裡一千一萬個不情願，但也只能順應形勢，聽從楚懷王的調遣。

第三件事：約誓。他首先封宋義為主將，項羽為次將，范增為末將，

率領軍隊北上救趙。其次，他下令由劉邦率另一支軍隊在南線（黃河以南）開闢戰場，並向關中方向挺進。

說是兩步走，其實這兩步是同時走的。因為楚懷王還規定，誰先打敗秦軍，占領關中，就封誰為關中王。

關中王，這是一個很有誘惑力的位子。不入虎穴，焉得虎子，楚懷王就是想以「關中王」套住劉邦和項羽，讓他們相互制約，相互消磨，達到「唯我獨尊」的政治目的。

可惜，對項羽這樣的貴族子弟和劉邦這樣的江湖人士，楚懷王的認識還很不足；而且他當時乃一文弱少年，又不能親自帶兵打仗，以致奪回的兵權又迅速地失去了。

秦二世三年（西元西元前 207 年年）九月，楚軍北線作戰部隊在宋義的率領下來到了安陽（今河南省安陽市）。到了這裡後，宋義突然停下來不走了，下令安營紮寨，大有在此長期駐紮之意。

這下可急壞了項羽和范增二人。現在秦軍正在圍攻鉅鹿，如果此時迅速渡河去支援，楚軍攻其後，趙軍應其內，內外接應，便可以一舉擊敗秦軍。這是打敗秦軍的最好機會，不能就這樣白白浪費掉了啊。

項羽是火暴脾氣，他氣沖沖地闖進宋義的營帳，質問其為何按兵不動。不問倒好，這一問，宋義便抓住機會給項羽上了一堂生動的政治課。

「兩虎相鬥，必有一傷。」宋義娓娓道來，「秦軍和趙軍之戰，馬上就會出結果了。如果秦軍勝，他們也是疲憊之師，到時候我軍以逸待勞，正好可以趁機將之攻破；如果秦軍敗了，我軍更可順利西行，直搗秦都咸陽。」

宋義的意思，就是讓秦、趙兩家再鬥一陣子，待雙方兩敗俱傷時，再去坐收漁翁之利。

應當說宋義這套隔山觀虎鬥，坐享其成的理論很高明。但是，在現實中，這只是他一廂情願的想法。沒有真正和章邯交過手的他，並不知道章邯大軍的強大。如果他們此時不助力攻打，章邯根本就不可能敗。如此延誤戰機，等到趙國真的被秦軍滅了，下一個目標很可能就是他們楚國了。由此，我們也可以看出宋義的書生氣來，而且他對形勢的分析，也有點紙上談兵的味道。

項羽可不吃這一套，大罵宋義貪生怕死後憤憤而去。宋義身為主將，至高的權威受到了挑釁，自然也不是吃素的。他當即下了一道命令：「猛如虎，狠如羊，貪如狼，強不可使者，皆斬之。」（《史記・項羽本紀》）項羽自然知道這就是針對自己說的。就這樣，兩人的矛盾迅速更新。

宋義軍止步不前的一個半月後，機會終於來了。

別看宋義整天逗留在這無比荒涼的山野地區，卻也辦了一件值得炫耀的私事：他成功地把他的兒子宋襄「推銷到」齊國做了丞相。

據說，齊國丞相一職是「公開應徵」的。很多才華橫溢之人都去報了名，但齊王最終選中了並未參加「應徵」的弱冠少年宋襄。

然而，就是這件喜事，直接把宋義推入了萬劫不復的萬丈深淵。

他大擺酒宴，為兒子去齊國舉行了一次別開生面的送別宴。舉行送別宴原本也沒什麼，只是宋義可能忘了當時義軍的情況。宋義飲酒高歌，與眾官員吃香喝辣的時候，士兵們的待遇卻完全相反。他們已多日食不果腹，連吃冷喝涼的機會都沒有。

這時，項羽抓住機會在軍中大造輿論，無非是說宋義只關心他兒子的前途，哪裡關心士兵的飢寒。這輿論一造，原本就對宋義不滿的士兵自然火冒三丈。

沉默啊沉默，不在沉默中爆發，就在沉默中滅亡。

做好輿論鋪陳後，項羽不再沉默。第二天一大早，項羽藉機衝進了

宋義帳裡，二話沒說就殺了他。隨後，項羽當眾宣布，宋義在搞陰謀詭計，企圖與齊國合謀反楚，自己是奉了楚懷王的密令才誅殺他。

眾將士本來就對宋義不滿，一聽他死了，大家反而很歡喜。這時候，項羽派出一隊人馬追上即將抵達齊國的宋襄，來了個斬草除根。最後，他才派出心腹桓楚向楚懷王報告，說宋義遲遲按兵不動，想謀反。

項羽這招先斬後奏真是高明至極，反正死無對證，自己又領兵在外，就算你楚懷王怪罪也沒轍。

楚懷王接到報告後，雖然心存疑惑，但礙於當時的形勢，只得任命項羽為主將，繼續北上抗秦。就這樣，項羽重新奪回了整個楚軍的兵權。

「章邯，我來了，我來替叔父報仇了！」項羽大手一揮，帶領全軍火速向鉅鹿出發。

鉅鹿大戰一觸即發。比較雙方實力，秦軍兵力優勢明顯，且占據邯鄲、棘原（今河北省平鄉縣境內）等咽喉要地。而楚軍擁有超級謀士范增，在戰術上實力更強。同時，楚軍立誓要為項梁報仇雪恨，再加上六國聯軍「助威團」，對秦軍造成了很大的牽制作用，所以楚軍的人和優勢也很明顯。

項羽率部抵達漳水後，望著河對岸的鉅鹿城和章邯所在的棘原，他並沒有馬上下令強渡黃河，而是採納了范增的建議，派英布和蒲將軍各帶一萬人馬負責捅馬蜂窩 —— 斷秦軍的糧道。

英布和蒲將軍久負盛名，果然不是吃素的。他們很快便突破了秦軍的河岸防線，然後悄悄繞到秦軍的後面，以打游擊的方式切斷了秦軍的輸糧通道。

聽聞糧道被斷，章邯急了，馬上派兵前來搶奪陣地。但是，這些人哪是驍勇善戰的英布和蒲將軍的對手，屢戰屢敗。最後，秦軍只好絕望地放棄了這場爭奪戰。

英布穩住陣腳後，馬上開始不定時地突襲秦軍的後防駐地，弄得秦軍苦不堪言。

這時，一直觀望的項羽見時機已到，馬上帶領楚軍渡河北上，誓與秦軍決戰。而就在渡黃河時，項羽做出了驚人之舉：出發時要求士兵只帶三日乾糧，渡了河就鑿沉船隻，摔破鍋釜。這就是歷史上著名的「破釜沉舟」典故。

這置之死地而後生的架勢，激發了所有楚軍將士必勝的決心，將楚軍的人和優勢發揮到了最大。

來到鉅鹿城外，項羽碰到了一個強勁的對手 —— 王離。

王離乃名門之後。他的爺爺是秦國名將王翦，曾率軍拔趙國、毀燕國、滅楚國。王離的父親是王賁。王賁也是一員驍將，曾率軍敗魏國、降齊國。由此可見，秦國之所以能一統天下，王家功不可沒。

如今，秦國處於危難之際。身為侯爺的王離被派到前線。儘管屈居於章邯手下，但以江山社稷為重的他毫無怨言。英雄一出手，果然不可小覷，王離不負王家威名，攻無不克，鮮有敗績，在秦軍中威望甚高。

此時兩強相遇，旗鼓相當，勝敗自然難料。但是，在兩人交戰之前，卻有人預測王離必敗。原因有二：

首先，哀兵必勝。這次項羽打著為叔父報仇的旗子，楚軍心裡都憋了一股氣 —— 不克秦軍，誓不回師。就憑這股士氣，這股豪氣，這股勇氣，便勢不可當。

其次，事不過三。為將三代者，因為世代殺戮太重，樹立的仇敵太多，結下的冤氣太深，所以最後一代要來承擔前輩的罪過。

這番預言出自誰之口，我們現在已經無從考證。也許它是項羽故意派人放出的煙幕彈，想要擾亂對手的軍心。

第一天，王離仗著自己人多，想衝進楚軍，殺個人仰馬翻。但是，

楚軍在項羽的帶領下無懈可擊，王離很快就敗下陣來。就這樣敗了又攻，攻了又敗，三進三退。此時此刻，王離才明白，自己跟項羽根本就不是一個級別的將領。

在圍棋中，人們習慣把頂尖棋手分為一流和超一流。其實，他們之間也許就只隔了一層紙，但如果這層紙一直捅不破，一流棋手也只能一輩子望「超」興嘆。現在的王離和項羽就好比一流對超一流。實力雖一紙之隔，但差之千里。

王離既然打不過項羽，那就只有一條路可走了 —— 逃。

項羽首戰告捷，雖然取得的戰利品有限，卻令楚軍士氣大增。

聽說王離首戰失利，章邯又驚又怒。上次交手，項羽就把自己弄得很沒面子，如果不是後來利用項梁的大意，偷襲得手，只怕當真顏面無存了。這一次，章邯豈會放過和項羽第二次較量的機會？

這時，英布和蒲將軍在完成斷糧和騷擾的使命後，也馬上向鉅鹿靠攏。於是，鉅鹿城外，彙集了秦軍和楚軍四十餘萬人馬，一場大戰就要上演了。

兩軍交戰勇者勝。決戰打響後，項羽一馬當先，衝在最前面，這極大地鼓舞了楚軍的士氣，人人都奮勇向前，見了秦兵就殺，見了秦將就砍。可憐訓練有素的章邯大軍被這瘋魔般的楚軍衝得橫七豎八，陣腳大亂。最後，秦軍一潰千里。項羽率領楚軍追殺其到天黑才意猶未盡地收兵。

第二天，依然是項羽大勝，殲敵無數。

第三天，天剛矇矇亮，項羽便召集全部楚軍，開了一次軍事大會。項羽準備和王離在鉅鹿城下決一死戰。鉅鹿之圍能不能解，趙王能不能脫困，成敗在此一舉。

「自渡黃河破釜沉舟以來，今天已是第三天了，」工欲善其事，必先

利其器，項羽首先做了戰前動員演講，「乾糧就只夠今天吃的了。面前是
秦軍，身後是黃河，我們已經沒有退路了。生死成敗，只在今朝！」

　　隨後，項羽下令兵分兩路。明面上，他率大部隊到鉅鹿城下和王離
進行大決戰；暗地裡，英布和蒲將軍負責打游擊，悄悄繞到秦軍後面，
來個攻其不備，前後夾擊。

　　決戰時刻來了，雙方展開了激烈而殘酷的陣地戰。王離的軍隊剛剛
慘敗，還沒有從失敗的陰影中恢復過來，此時再次面臨項羽大軍，信心
明顯不足。而這時一直躲在城裡的張耳眼看救兵到了，也帶領趙兵殺出
城來。再加上外圍英布和蒲將軍的猛攻，最終秦軍慘敗，連個退路都沒
有，王離也被生擒。

　　十六年前，項羽的祖父項燕兵敗於秦將王翦之手，自刎而亡。十六年
後，項羽生擒王翦之孫王離。王項兩家三代人的恩怨情仇就此畫上了句點。

　　王離軍的覆滅是章邯帶兵出戰以來遭到的最嚴重的一次打擊。從
此，項羽偉岸的身影成了章邯心中揮之不去的痛，這讓他再也沒有勇氣
和信心重新組織人馬來挑戰了。最終，他率二十多萬剩餘的秦軍投降了
項羽。

（三）滅秦第一人：劉邦的大器晚成 ————

1. 生活秀：偶遇的情和遲來的愛

　　秦昭王五十一年（西元西元前 256 年年），劉邦出生在沛縣豐邑中陽
里（今江蘇省徐州市豐縣）。

　　據史料記載，早在魏國時期，劉邦的祖父曾官至豐公（縣令），但後
來家道敗落，到了劉邦父親這一代已淪落為靠種地為生的普通老百姓。

　　劉邦是家中最小的孩子，所以父親就給他取名叫劉季，長大成人

後，劉邦才把「季」改成「邦」。

劉邦從小遊手好閒，不事生產。對此，劉父經常指著他的鼻子破口大罵：「出了你這麼一個敗家子，真是家門的不幸啊。」

面對家人的嫌棄和父親的諷刺，劉邦不以為然，依然我行我素，每天晃徘徊悠地跟著一群酒肉朋友，混跡度日。

因為家裡窮，再加上劉邦整天不務正業，所以他一直到三十好幾了都娶不到老婆。

劉邦雖然晚婚，但這並不代表他在外面就沒有女人。據史書記載，劉邦很早就和在家鄉開酒館的寡婦曹氏有染。

要知道，劉邦當「游俠」的日子過得很不如意，寒酸得令人心痛，他常常為了吃飯而發愁。想收保護費，可是當時在沛縣稱王稱霸的是王陵，劉邦只是個三流混混，做點偷雞摸狗的事還行，想要橫行黑白兩道簡直是白日做夢。為此，他想到大哥家蹭飯，結果只蹭了幾天飯，他的大嫂便有意見了，說了一句和陳平的嫂子大同小異的話「有這樣的叔叔，還不如無」後，做出了「請君勿入」之舉。把吃飯的時間提前，等劉邦等人來時，她開始表演吹拉彈唱之功，又是敲碗筷，又是摔茶杯，總之清脆之聲不絕於耳，她用這樣的「貝多芬交響曲」告訴劉邦：對不起，小叔叔，你們今天來晚了，我們已吃完飯了，明天記得早點來哦。

這是什麼玩意兒，劉邦當然不是好糊弄的人，他馬上選擇了「驗證」，親自跑到廚房裡揭開鍋蓋看，結果不看不知道，一看嚇一跳，鍋裡盛滿白花花的米飯。有飯不給吃，這是怎樣的奇恥大辱。對此，劉邦選擇了怒目而去，從此，再也沒有踏進大哥家的大門。

後來，劉邦當了皇帝，對這件事依然耿耿於懷，所有的親朋好友都得到了分封，唯獨大哥的兒子得不到分封，最後是劉老爹出面說情，劉邦礙於老父的情面，才極不情願地把大哥的兒子劉信封為侯，還是一個

帶點嘲諷意味的封號「羹頡侯」——這樣異常的侯爵，可見這件事讓劉邦刻骨銘心。

當然，不幸運的劉邦同時也是幸運的，因為他很快找到一張長期飯票——寡婦曹氏。曹氏在村裡開了個小酒館，因為身邊沒了男人，門前是非當然多。但有了劉邦坐鎮，自此便安安穩穩了。不但如此，店裡的生意也越來越興旺發達。

曹氏很好奇：這個劉邦不但帶來了好運，還帶來了財運，因此，她視他為「貴賓」。而劉邦每次吃喝完之後拍拍屁股就走人，只留下一句話：帳給我記上，下次一起結，永遠都是記上，永遠都是下次結，永遠都是永遠，到了歲末年尾，該算總帳時，曹氏的舉動卻很驚人，當著劉邦的面把帳本撕掉了，引用《史記》裡的專業用語就是「折券棄責」。

曹氏之所以做出這樣的豪爽之舉，是因為劉邦不是尋常人。雖然劉邦在整個沛縣只能算個小混混，在中陽里村卻是地痞流氓，他說一沒人敢說二，有劉邦「罩著」曹氏的酒店，自然少了許多磕磕碰碰、紛紛擾擾的繁雜事。

寡婦需要的是保護，需要的是呵護，剛好劉邦光棍一條，正值血氣方剛之年，既能滿足她的生理需求，又能滿足她的呵護需要。一個乾柴，一個烈火，兩人自然一點就著。

劉邦身邊有很多女人，尤其是他貴為皇帝之後。不過，在劉邦沒發達之前，能夠一直跟著劉邦，並且為之生兒育女的，最喜愛劉邦的女人莫過於曹氏。

曹氏的全身心付出也沒有白費，得到了豐厚的回報，那就是她為高祖劉邦生下了長子劉肥，而劉邦也沒有忘記這位遺落在民間的私生子，很快便把他接到皇宮。然而，劉肥雖是劉邦長子，但其生母曹氏不是劉邦的原配妻子，因此，劉肥是庶子。按傳統的嫡長子繼承制，劉肥沒有

資格成為太子和繼承皇位。漢高祖六年（西元前 201 年），劉邦封劉肥為齊王，封他七十座城，百姓凡是說齊語的都歸屬齊王。從一個鄉巴佬一躍成為王爺，這份遲來的愛當真是豐而足。

如果說劉邦在事業上的改變是因為「意外」當上泗水亭亭長這個連芝麻官都談不上的差事的話，那麼劉邦在愛情上的改變就是因為一次「意外」的酒宴。

當時劉邦雖然只是個小小的亭長，但縣裡的官員蕭何卻對他器重有加，主動和他稱兄道弟，來往甚密，絲毫不顧別人的眼色。一天，蕭何告訴劉邦一個消息，說是呂公家舉辦喬遷之喜，當地名流會去喝酒，劉邦最好也去一下，這是個結交當地名流和權貴的好機會。

劉邦接到消息後，悲喜交加，喜就不用說了，喝喜酒、結交權貴當然高興。悲的是宴是好宴，酒是好酒，但不能白吃白喝，要出血──「賀禮」。呂公是有頭有臉的人，去的也都是有頭有臉的人，因此，每個人的賀禮都很貴重，都是白花花的金銀珠寶。

但劉邦呢？劉邦很窮酸，當混混時只能勉強混口飯吃，當亭長後也好不到哪裡去，因為以前欠的舊帳太多，因此，那點薪水是不夠花的，據《史書》記載，他外出出差的路費因為不能報銷，只能籌集，求爺爺告奶奶，每一次出差都是一場人生苦旅。總之，他一無存款二無爹，去哪裡找賀禮送人。

思來想去，劉邦最終還是決定去，他沒有錢財可帶，卻帶了兩樣東西：一顆善心、兩袖清風。來到現場，人來人往，收賀禮的蕭何忙得不亦樂乎。一千錢，二千錢……這樣高額的賀禮比比皆是。劉邦摸了摸口袋，連一個子兒都沒有。關鍵時刻，他充分發揮超級大膽無敵的流氓作風：劉季，賀禮一萬貫。劉季是他的小名。

他這一喊，蕭何頓時有機會從「埋頭苦幹」中解脫出來，開始打量

「財神爺」，發現是劉邦，哭笑不得，劉邦的老底，蕭何是一清二楚的，他很是納悶，今天怎麼出手這麼闊綽，還沒問，劉邦已經叫嚷道：「快寫上，劉季，賀禮一萬貫。」蕭何只能揮筆，寫上劉邦的大名。

而這時一直在屋裡迎客的呂公出現了，他掙脫眾人，直奔「財神爺」而來。於是，兩個素昧謀面的人一見如故，又是握手，又是寒暄，總之，簡直如故交。也正是因為這樣，酒席上，劉邦成了當仁不讓的主角，此時他開始充分展現才能，憑著一張三寸不爛之舌高談闊論。

天南地北，趣事逸聞，眾人只有洗耳恭聽的份。

散席時，終於輪到主角呂公說話了：「遠方的客人，請您留下來。」劉邦一聽當然不會走了，但回過神來時，才發現，只有他一個人了。呂公又說話了：「只有您才配留下來。」劉邦還是很納悶，心裡盤算著：呂公這葫蘆裡賣的是什麼藥呢？正在這時，呂公的第三句話出爐了：「就讓我的女兒拿著掃把屋裡屋外地伺候您吧。」就這樣，劉邦娶到了他的女兒——呂雉。

呂公自降身分釣了個「清龜婿」，呂公的女兒是什麼意見呢？她當然不同意，不但她反對，呂公的老婆也堅持不同意，畢竟劉邦當時是什麼情況呢？一是超級大年齡，三十好幾的人了。二是家徒四壁，窮得叮噹響。呂公這一回卻充分發揮了大男子主義，管你同意不同意，這門親事就這樣結定了。

呂雉畢竟還是出身於富貴之家，懂得深明大義四個字，嫁到劉家後，主動擔起了婦女能頂半邊天的責任，在劉邦每天上班——泗水亭亭長工作時，她也沒有閒著，把家裡的工作都主動攬了下來，特別是農活，她也接手了，這對於一個嬌生慣養的富家女來說，是很難能可貴的，當然，呂雉肚子也很爭氣，很快為劉邦生了一對金童玉女。而正是這對金童玉女成了呂后日後繼續輝煌的基礎。

應該說呂家對劉邦的幫助是很大的，劉邦在發跡前，呂家對劉邦的資助，呂雉主內的井然有序，劉邦在鬧起義後，呂家依然鼎力支持，別的不說，單是劉邦在彭城大敗，逃往下邑，就是呂雉的弟弟呂澤擔任守將，下邑之所以這麼牢靠，這肯定跟守將是家人有關。總而言之，劉邦娶個富婆呂后當老婆，對他的人生發跡，以及人生轉變造成了不可估量的作用。

2. 文化秀：蛟龍、白蛇、祥雲都是神的化身

劉邦不但在「生活秀」方面豐富多彩，在「文化秀」上也同樣流光溢彩。集聰明狡詐於一身的他以大膽創新的方式在包裝上下功夫，創身分和樹形象，為自己開拓出一片新的天地。

包裝一 —— 攀蛟龍「兜底」。

為了改變布衣的身分，劉邦無所不用其極，在蛟龍身上下功夫。

據《史記·高祖本紀》記載：秦昭襄王五十一年（西元前 256 年）的一天，沛縣豐邑農夫劉執嘉的妻子，在田間工作得太累了，就躺在湖岸邊休息。沒想到，大白天竟然睡著了，而且還做了一個美夢。夢中，她與一尊神相遇，雙方一見鍾情，兩情相悅，纏纏綿綿，真是妙不可言。然而此時，在夢境之外，卻是陰雲密布，雷鳴電閃。劉執嘉看天氣不好，大雨將至，急急忙忙去找妻子。來到湖邊，眼前的情景把他嚇壞了，怎麼回事？原來，他看見一條蛟龍，正伏在妻子身上。妻子自此之後，便有孕在身，經過十月懷胎，產下一子，就是劉邦。那劉邦生就長頸高鼻，龍模龍樣。有時喝醉了酒，醉臥庭院，還會有一條龍在他的身體上方現形。

總之，劉邦在自我出生上下功夫，闡明他的出生不是傳說，目的是為「興爹」提供先天條件。

包裝二 —— 斬白蛇「炫富」。

　　劉邦在出生方面有了包裝後，效果果然明顯，劉邦的清貧形象一下子變得光輝鮮豔起來。嘗到甜頭後，他並沒有小富即安，為了證明自己來得「清白」，為了證明我爹是蛟龍，後續工作還得繼續做。

　　那麼，劉執嘉之妻夢中的神，也就是劉邦的生父蛟龍是什麼神呢？是赤帝。這是白帝的老婆告訴劉邦的。

　　在劉邦剛剛起兵反秦的時候，一天夜裡，他與十幾個部下行走在沼澤之中。突然，走在最前面的一位小兵慌慌張張地跑回來報告：「前面路中間，一條大蛇擋住了道路，走不過去了，趕快拐回去吧。」好酒的劉邦，此時又喝得醉醺醺的，酒壯英雄膽，他大喝一聲：「壯士行路，何懼大蛇當道？」然後拔出利劍，來到大蛇旁，迷迷糊糊地一劍斬下去，大蛇立時分為兩段。

　　又趔趔趄趄地走了幾裡地，實在不勝酒力，劉邦一頭歪倒在路邊，昏昏睡去。而走在最後的那個人，來到大蛇屍體旁的時候，見一老婦人撫蛇痛哭。那人問老婦人為何而哭，老婦人答：「有人殺了我的兒子。」那人又問：「何人？為什麼殺你的兒子？」老婦答：「我的兒子是白帝之子，變化為蛇，擋住了赤帝子的道路，結果被赤帝子殺死了。」那人以為老婦人在胡說八道，正要與她理論，老婦人卻神奇地忽然不見了。趕上隊伍之後，此人將這段奇事告訴了大家，大家從此對劉邦更加刮目相看。而劉邦卻在驚喜，原來蛟龍是赤帝，自己是赤帝之子。

　　總之，劉邦在白蛇身上下功夫，證明了「我爹是我爹」，目的是為「養老」創造後天條件。

　　包裝三 —— 老者「揚名」。

　　劉邦既然是神龍之子，為什麼不生活在神的世界，來到人間做什麼呢？《史記》又用一個經典的故事給了我們答案：

　　某一天，劉邦的老婆呂氏與一兒（後即位為漢惠帝）一女（後封為魯元公主）在田間工作。一位老人路過，飢渴難耐，向呂氏討水喝。呂氏

不僅讓老人喝足了水，還把自己的乾糧也讓給了老人。感激不盡的老人看看呂氏的相貌，說出一句：「我看夫人之相，真是天下貴人。」呂氏聞言大喜，急忙把兒女推到前面，讓老人給看相。老人說：「夫人的兒女都是貴人，尤其是兒子，是天下大貴之人。夫人所以為貴人，也是因為你有這個兒子的緣故啊。」老人離去不久，劉邦來到田間看望妻兒，呂氏高興地把老人的話學給劉邦聽。劉邦聽後，很感興趣，急忙追趕上老人，請老人再為自己看看相。老人端詳良久，說道：「夫人和兒女都是沾您的光，才成為貴人。您的相貌，實在是貴不可言。」劉邦答道：「假如真如您所說的那樣，絕對不敢忘了您。」當然，可以想到，等到劉邦貴為皇帝之時，誰也不可能再見到那位老人。

總之，劉邦在老者身上下功夫，說明天將降大任於斯人，目的是為「揚名」打下堅實基礎。

包裝四 —— 借祥雲「立萬」。

神祕老人曇花一現的目的，毫無疑問，只是為了說出那句「貴不可言」的預言。可是，「貴不可言」，到底貴到什麼程度呢？貴為天子。這是秦始皇望氣得出的結論。

據說劉邦起事之後，秦始皇常說：「東南方向有天子之氣。」於是，經常到東方巡遊，一是為了魘壓此氣，二是趁機盤查可疑之人。劉邦心知此氣與自己有關，惶惶不安，只好亡匿於芒碭山（今河南省永城市境內）中。雖然劉邦自以為藏得十分嚴密，可以做到深不知處，可是只要呂氏想見他，卻每次都能找到他，從不落空。劉邦覺得很奇怪，就問呂氏到底憑什麼找到自己的。呂氏說：「不管你藏在哪裡，上方常有五色雲氣。只要循著氣去找，一定可以找到你。」呂氏口中的「五色雲氣」，不用說，就是秦始皇所說的「天子之氣」了。頭頂天子之氣，當然必為天子。

總之，劉邦在親人身上下功夫，表明自己是天之驕子，目的是為「立萬」築牢萬年基石。

上述環環相扣的神話故事，不過是要告訴人們，劉邦是神的兒子。劉邦這個神的兒子，降臨人間的目的，是執行神的使命，當天子統治萬民。

其實，這些奇奇怪怪的神話故事，是誰發明的，又是誰傳播四方的呢？

答案很簡單，除了劉邦，不會有別人。製造和傳播這些謊言，目的是用來說明劉邦乃是奉神之命，下凡治理百姓，以便從當時的「法理」上證明劉邦君臨天下的合理合法。顯然，這些謊言的最大受益者就是劉邦及其家人。

3. 政治秀：我才是關中王

劉邦雖然發跡比較晚，屬於大器晚成的牛人，但懂政治是他成功的法寶。

作為接過陳勝、吳廣起義反抗暴秦接力棒的劉邦和項羽，其實兩人在最開始的時候並不是「死對頭」，而是好朋友。劉邦自號沛公，從沛縣起兵的時候，其勢力和項梁、項羽叔姪率領的起義軍相差很大，為了自保，劉邦選擇了走政治路線的「委屈求全」—— 依附以項梁、項羽為首的「項氏集團」。在反秦的戰爭中，劉邦和日後的對手項羽在同一陣營，共同領兵作戰，可以稱為難兄難弟。

劉、項二人走向對立面是因為一個著名的歷史約定：「先入關者為王。」

秦二世二年（西元前 208 年）九月。秦國大將章邯統領大軍蕩平邯鄲城，趙國主力撤退至鉅鹿，大軍也被圍困。

當時重新崛起的六國貴族尊楚懷王為天下共主，趙國被圍困，各國自然要挺身救援。

當時作為諸侯共主的楚懷王下令兩路大軍出擊，並定下「先入關中

者為王」的承諾。當時劉、項二人正好被分到了兩支不同方向的軍隊，一支由劉邦帶頭，向西展開西征；另一支則由卿子冠軍宋義率領，向北前往鉅鹿救援趙國。結果，出人意料的是，項羽先是殺死宋義奪得兵權，然而毅然渡河，破釜沉舟背水一戰，以弱勝強九戰連捷，一舉殲滅秦軍主力，坑殺秦軍二十萬俘虜，威震天下。

然而，就在項羽展開艱苦的鉅鹿之戰時，劉邦卻搶先一步攻入關中，接受了秦王子嬰的投降，成了楚懷王口中的「先入關者」。

原來，和項羽直線進軍的方式不同，劉邦剛剛出兵的時候，選擇蛇皮走位的方式，他從碭郡出兵，擊敗成武、慄縣守軍，又返回碭郡休整。秦二世三年（西元前 207 年），三月。劉邦再度從碭郡出發北上，繞過未能順利攻克的昌邑城，轉而西行進入河南地區。

在這裡，劉邦出其不意地攻克陳留，截獲了大量的物資，一舉解決了糧草供應不足等後勤問題。隨後，劉邦大軍沿著大梁（今河南省開封市）、曲遇、滎陽，想從函谷關向關中進軍。進軍途中，半路殺出個程咬金——趙國的司馬卬突然出兵想要搶先進入關中。

劉邦聽聞消息後，開始與時間賽跑，他帶領大軍狂飆似的衝擊到平津，扼守平津渡口這個軍事要地，一舉封堵住司馬卬及其他勢力從函谷關進入關中的通道。

此時的劉邦雖然緊鄰函谷關，卻沒有能順利攻克洛陽。眼看久攻不下，他以曲徑通幽的方式掉轉大軍南下，想要從武關進入關中。

秦軍主力屯集在鉅鹿一帶圍攻趙國，但以洛陽、滎陽、大梁為核心的防禦戰線，並不容易被突破。

想要拿下武關，先要拿下軍事重鎮——宛城。

劉邦對宛城展開了多輪進攻，結果都沒有奏效。對此，劉邦動搖了，他決定選擇繞行從南陽一帶向武關進軍。

關鍵時刻，張良挺身而出，他力勸劉邦拿下宛城才是首要的任務，只要攻克這裡，武關、咸陽自然不攻自破。而選擇從南陽一帶進入武關，必須沿著秦嶺山脈行軍，一旦後翼被包抄，勢必會死無葬身之地。

劉邦在起兵之初，因實力弱，採取了打游擊的戰術。當然，那是當時特定的形勢造成的 —— 華北平原一片坦途，這樣不會遇到真正的險境。然而，南陽盆地、秦嶺一帶山脈眾多，繞其城池而行軍，很容易被包圍挨暴揍。

劉邦採納了張良的意見，圍攻了宛城。久困於宛城的郡守自知大勢已去，選擇了投降。隨後，劉邦統領大軍拿下武關，向咸陽逼近。

這時的秦朝內部連遭政治變故，趙高弒殺秦二世，削奪秦國帝號，將子嬰立為秦王。出人意料的是，上臺後的子嬰竟然誘殺了趙高。

子嬰雖然大權在握，卻內憂外患，劉邦的大軍已進抵藍田直逼咸陽城，秦軍紛紛選擇棄城而走。

攻城為下，攻心為上。劉邦兵臨咸陽城後，並沒有選擇直接攻打，而是寫了一封招降信給子嬰。

看到這封信後，子嬰坐在龍椅上半天都沒動。應該說子嬰是一個很有才華和大志的人，然而他生不逢時，如果早點讓他來當秦王或者皇帝，相信憑他的能力，一定會把秦國治理得國泰民安。然而，胡亥已經把大好江山給毀得不成樣子了。三年裡，胡亥醉生夢死荒淫無道，趙高指鹿為馬權傾朝野，逼得各地起義不斷，而憂國憂民的子嬰卻夜不能寐。

普通人只看到皇家人的風光和體面，卻看不到身為皇家人的苦楚和無奈。古往今來，帝王將相或為爭權奪勢，或為社稷安危，一旦皇宮有變，就將株連九族血流成河。

子嬰感到很無奈，也很無助。最開始他還試圖負隅頑抗，因為不甘

心祖輩辛辛苦苦打下的江山就這樣毀在自己的手裡。然而，嶢關之戰，他傾盡咸陽所有兵力去守也沒能守住。從這裡他也明白了一點，再凶險的關口、再堅固的城牆也會被攻破，只有人心的穩固才是最牢固的防護。秦朝當年的建設工程做得太多了，再加上苛捐雜稅和一些擾國傷民的政策，全國百姓的心都向著起義軍。秦王朝的氣數終究是要到盡頭了，這已非人力所能逆轉。

「罷了，罷了，與其做無謂的抵抗，倒不如給自己留條後路吧。」

子嬰握筆的手在顫抖，他知道自己這一筆下去，秦朝就將徹徹底底畫上一個句號。罪人也罷，無顏面對祖輩也罷，子嬰悽然一笑，閉上眼睛用那隻顫抖的手寫下了一個大大的「降」字。

秦王子嬰元年（西元前 206 年）十月，歷史的聚光燈對準了咸陽。出降這一天，子嬰白衣白袍，白綾繫頸，乘著白馬素車，氣氛沉重而壓抑。如果不是劉邦那一身鮮豔欲滴的紅衣紅袍分外顯眼，整個世界都似乎沉浸在無邊的白色中。

劉邦以勝利者的高昂姿態接過了子嬰雙手呈上來的玉璽。一枚小小的玉璽宣告了一個國家和一個時代的徹底終結。大秦王朝就這樣畫上了句號。

「楚雖三戶，亡秦必楚。」一語成讖，誠為斯也。

值得一提的是，四十九年前，周天子也和子嬰一樣，白馬素車，跪拜於地，雙手呈璽，狂風大作，天地為悲⋯⋯

《史記·秦始皇本紀》中，記有秦始皇在滅掉六國後說過的一些話，其中有幾句頗為耐人尋味：「寡人以眇眇之身，興兵誅暴亂，賴宗廟之靈，六王咸伏其辜，天下大定。今名號不更，無以稱成功，傳後世。」「朕為始皇帝，後世以數計，二世三世至於萬世，傳之無窮。」

賈誼在〈過秦論〉中寫道：「天下已定，始皇之心，自以為關中之固，

金城千里，子孫帝王萬世之業也。」文中評論的正是秦始皇當時的心態。「燕趙之收藏，韓魏之經營，齊楚之菁英」，秦帝國都擁有了，還怕什麼呢？

巔峰處的孤獨，讓人失去理智。這種孤獨，是失控的孤獨，是沒有掣肘的孤獨。秦始皇這幾句話，相當傲慢自信，甚至是狂妄自大。在歷史上，處於事業巔峰的君王，一旦頭腦極度發熱膨脹，失去清醒和理智，大都很快跌入谷底。

〈過秦論〉中分析秦亡的原因：「一夫作難而七廟墮，身死人手，為天下笑者，何也？仁義不施，而攻守之勢異也。」有形的敵人沒有了，無形的敵人正在聚集。「族秦者，秦也，非天下也」，杜牧〈阿房宮賦〉中的這句名言，說得準確、精當、深刻。從秦國到秦帝國，這段漫無邊際的奮鬥史和短暫的盛衰史，發人深思，耐人回味，令人感慨。

那麼，為什麼當時實力遠不如項羽的劉邦能夠做到先入關中呢？

一個重要的原因是秦軍主力全部集中在了河北一帶。章邯當時集中所有兵力圍困趙國，以圖鞏固黃河以北地區。這樣一來，他就能夠騰出手來南下進攻楚軍。章邯不會想到此次的趙國爭戰成了他一生中最大的誤點，被一窮二白的劉邦撿了便宜。

還有一個重要原因是劉邦身邊的參謀張良非常優秀，他不但改變了劉邦的作戰方式，還健全完善了劉邦的策略部署，使得劉邦以最好的進軍路線和方式攻入了關中。

當然，劉邦儘管第一個入關中，但他並沒有成為關中王，關中王被實力更為強大的項羽占據，被架空的楚懷王的諾言成了一紙空言。隨後，項羽分封十八王，將劉邦貶謫在巴蜀之地，讓他當「山大王」去了。

二、建漢的那道檻

（一）安內：楚漢爭霸啟示錄 ——————————

1. 九死一生的彭城之戰

楚漢戰爭，這場長達四年的爭霸戰概括起來分兩條戰線：主線和支線。主線包含三大戰役，分別是彭城之戰、成皋戰役、垓下戰役，而支線包含四大戰役，分別是三秦戰役、安邑戰役、井陘戰役、濰上戰役。

下面，來看主線三大戰役的第一大戰役：彭城之戰。

劉邦出關後，採取大將軍韓信「明修棧道、暗渡陳倉」之計迅速平定了三秦之地，撕開了項羽在關中設下的警戒線和屏障區。而這個時候的項羽正率大軍在「安內」—— 征討東邊不安分的齊國。劉邦藉此良機，一方面以信箋的方式穩住項羽，說是平定了三秦之地便會收兵；另一方面率軍大舉東進，目標直指項羽的都城彭城。

當時，劉邦的大漢有塞王司馬欣、魏王魏豹、翟王董翳、殷王司馬卬、河南王申陽、趙王趙歇、代王陳餘、常山王張耳、韓王韓信等十大諸侯王相助，總兵達五十六萬。

隨後，劉邦採取了兵分三路的策略部署。第一路中路軍由劉邦親自統領，從洛陽直接向東前行，目標直取彭城。第二路北路軍由曹參、灌嬰統領，會合陳餘軍從梁魯，與中路軍會師，目標直指彭城。第三路南路軍由薛歐、王吸統率，自關中出武關走南陽，攻陽夏，再一路向前，目標也是彭城。

面對劉邦的出招，項羽採取了「兵來將擋、水來土掩」的策略部署，派韓王鄭昌和殷王陳平前往韓地，目的是抵擋住劉邦中路大軍的推進，同時派「戰神」龍且抵擋北路軍，派「戰仙」鍾離眛率兵攻陽夏阻攔南路軍。同時，項羽還馬上遣使者赴九江，請九江王英布出馬支援，彭城之戰的外圍戰就這樣悄無聲息地開始了。

首先，來看劉邦的先發制人 —— 猛虎下山。

針尖對麥芒，比的是實力和勢力。三管齊下，效果果然是看得見的，首先是北路軍發威，在定陶擊破了項羽手下的「戰神」龍且，南下碭和衝破了楚軍二王（韓王鄭昌和殷王陳平）的阻擋，和劉邦的中路軍勝利會師後，一鼓作氣拿下了項羽都城彭城。雖然駐紮在陽夏的「戰仙」鍾離眛是唯一沒有辜負項羽厚望的將領，成功抵擋住了漢軍南路軍的進軍步伐，但隨著彭城的告破，他一夜之間成了孤立無援的孤軍。值得一提的是，九江王英布以「生病」為由，自己安心在九江坐山觀虎鬥，為了給項羽一個「交代」，他只好派了幾千老弱病殘的士兵前去支援了事，結果這點兵自然連塞漢軍的牙縫都不夠。總之，以迅雷不及掩耳之勢奪取彭城，劉邦的先發制人效果顯著。

其次，來看項羽的後發制人 —— 靈蛇出洞。

彭城被劉邦攻陷後，楚地成了劉邦的一畝三分地，項羽面臨著艱難的選擇。齊國是個「難剃頭」，屢平不息，此時還處於動盪狀態，如果項羽回師救楚，則面臨兩線作戰，腹背受敵，進退維谷的危局。如果不去救，繼續征服齊地，坐等劉邦的聯軍在楚國地盤上扎牢了根，到時候只怕想再來撼動他就比登天還要難。

關鍵時刻，項羽的政治眼光還是展現出來了，他終於看明白，齊國雖然亂，但不足為慮，讓他們鬧鬧也無妨，而劉邦才是心腹大患，不及時拔掉這顆比老虎還毒的毒牙，留下的必定是無窮的禍患，對於他來

說，可能是毀滅性的後果。對於項羽來說，沒有過多的時間來考慮，他必須果敢迅速地做出決定。於是，他以快刀斬亂麻的方式，立刻做出了一個超乎常人想像的軍事行動：一是讓楚軍大部隊繼續在齊國境內「剿匪」，這是「欲蓋彌彰」，達到迷惑劉邦的目的。二是親自帶領三萬精兵去救彭城，這是「絕處逢生」，達到驅逐劉邦的目的。

這個作戰部署的風險很快就展現出來了，以三萬兵力去對付對方五十六萬兵力，這無異於雞蛋碰石頭，自取滅亡。項羽卻用實際行動證明了什麼叫出奇制勝。因為他這時率領的三萬兵馬不是一般的兵馬，而是樓煩騎兵。

樓煩人能騎善射，戰國時就給趙國充當僱傭騎兵。秦朝蒙恬率大軍擊破匈奴，收復河套，築長城駐守，也收編了不少樓煩騎兵。而在鉅鹿之戰，秦將王離率領的樓煩騎兵被項羽擊敗。項羽便藉機收編了這支樓煩騎兵，逐漸培養成了自己的祕密武器。此時所啟用的正是這個祕密武器。

而項羽和他的騎兵讓人眼前一亮的地方主要展現在兩個方面：一是速度快。因為是專業騎兵，這支隊伍的行軍迅速驚人，用日行千里來形容一點也不為過，這樣的速度是常人無法想像的。二是戰鬥力強。

行軍到魯地時，遇到了大漢集團第一悍將樊噲，結果一向天不怕地不怕的樊噲被打得滿地找牙，狼狽而逃。楚軍隨後繞道今山東棗莊、曲阜等地，盡量避免和漢軍交戰，盡量做到快馬加鞭，神速至極。最後穿越胡陵後，包圍了蕭邑，然後一番攻防戰後，漢軍大敗，殘餘部隊逃往彭城。

而項羽沒有給他們苟延殘喘的機會，窮追不捨地追到了彭城外，從而迎來了楚漢兩大集團第一次真正的大碰撞。

戰鬥很快就一邊倒，擁兵三萬的楚軍，以一敵百，個個生龍活虎、

銳不可當。而幾十萬聯軍此時還在睡夢中，突遇楚軍的大規模偷襲，怎能慌亂兩字可以形容。而慌亂的結果是造成劉邦聯軍指揮系統癱瘓，根本無法組織有效的反抗，而趁熱打鐵也是項羽的拿手好戲，於是在他攻勢如潮的攻勢下，抵擋不住的漢軍只有潰逃的份了。

然而，彭城三面皆陡山，一面環水（睢水），與其向「血山」上求死，不如向「死水」中求生。結果睢水成了漢軍心中永遠的痛，落水後，被水淹死的大有人在，被自己人踩死的大有人在，被追逐而至的樓煩騎兵砍殺的也大有人在，九死一生而成功過河的少之又少，大部分都死在了睢水之中，以至於出現了「睢水為之不流」的悽慘景觀。就連統帥劉邦也是充分發揮腳長善於跑步的特長，在彭城西又利用三寸不爛之舌使得楚將丁公放了自己一馬，利用老天爺狂風怒號發威的幫助，才得以成功逃脫，最終有驚無險地逃到下邑，成功脫險。

2. 楚漢議和原來是這麼回事

彭城之戰中，劉邦因為大意，所率五十六萬大軍被項羽三萬鐵騎打敗了。痛定思痛的劉邦很快召開了一次會議，隨後制定了「游擊戰術」去騷擾項羽後方的策略。他於是派盧綰和劉賈率領兩萬人潛入楚地腹部，很快就與一直在那裡進行「游擊戰」的彭越彭大將軍會師了。

三人分工很明確。彭越熟悉地形，負責放火（燒輜重）；盧綰和劉賈在外面等著，負責殺人，很快便把項羽的後方搞得一團糟。

而在正面對戰中，項羽充分發揮個人善戰的特點，將劉邦圍困在滎陽達數月之久。特別是項羽派兵搞破了劉邦的運糧通道後，劉邦的好日子便徹底結束了，接下來沒糧的緊日子讓他真真切切體會到什麼是冰火兩重天。這時候的楚軍像潮水一般越來越多，他們鬥志昂揚，士氣大漲，把滎陽圍了個裡三層外三層。在這個危急時刻，謀士陳平出場了，

他給劉邦獻出了反間計。

結果劉邦散盡千金讓陳平去實施反間計。都說有錢能使鬼推磨，果然，陳平在散盡千金的同時，效果也是很明顯的。很快，楚軍大營內謠言四起：鍾離眛等人多年征戰而未得封賞，有反叛項羽、投降劉邦之心。結果愣頭青項羽很快就對鍾離眛等人產生了「信任」危機。

這樣一來，鍾離眛等將領的才幹無法發揮，前線作戰的能力便大打折扣了。楚軍對滎陽城的攻勢也因此緩了下來。

至此，陳平的反間計初見成效。接著，他再接再厲，馬上施行了反間計更深層次的「攻心戰」。

陳平攻心戰的目標是項羽手下唯一的謀士范增。結果沒腦子的項羽再度中計，很快對范增產生了懷疑。范增一怒之下告老還鄉，結果病死在歸鄉途中。

此後，痛定思痛的項羽對滎陽展開了強攻，劉邦眼看抵擋不住，便採取了「詐降記」，用人假冒自己投降，然後乘亂從後門溜走了。

慌不擇路之下，劉邦只帶了夏侯嬰一個「保鏢兼司機」。到了齊地後，他上演了「微服私訪」，眼看韓信還在睡覺，他迅速做出了偷梁換柱的舉動，把韓信的令牌拿在了自己手上，然後理所當然地把韓信的兵權奪過來了，從而使得原本是孤家寡人的自己，一夜之間又變成了擁軍數萬的主子，從而很好地造成了穩定軍心的作用和效果。

劉邦逃走了，項羽順利拿下了滎陽和成皋，但就在這個大好時候，彭越等人在楚軍的後方又是殺人放火，又是燒毀糧道，弄得楚地一地雞毛，千瘡百孔。

彭越這時也充分展示其悍將的作風，他並沒有小富即安，而是馬上再向楚地的其他地方進軍。很快睢陽、陳留、外黃等十七座城鎮（均在今河南商丘以西）就由楚旗變成了「彭」字大旗。

　　這一下事情可就鬧大了，後防的危機直接關係到前方的戰局。項羽在成皋坐不住了，於是派大司馬曹咎守成皋。

　　事實證明項羽就是項羽，他的劍光指到哪裡都是戰無不勝的，這次也不例外。彭越連奪十七城，他還來不及高興，就驚愕地發現項羽的大軍已經攻到自己所在的外黃城下了。都說一物降一物，別看彭越平日勇猛異常威不可當，但在項羽面前就像一隻病老虎一樣，哪裡還有半點生機。很快，彭越占領的城池又都被項羽奪了回來。

　　然而，就在項羽回軍的時候，劉邦趁機反攻了成皋。結果守成皋的曹咎是個庸才，很快被劉邦打敗，就這樣，成皋又重新被劉邦奪回去了。

　　項羽率大軍歸來後，經過和劉邦的漢軍數輪交鋒，雙方對峙於廣武。漢軍的策略很簡明，依據險要地形，堅守不戰，任憑楚軍如何挑戰都無動於衷，就這樣雙方對峙數月後，項羽著急了，他急著與劉邦決一雌雄，原因有兩個：一是糧草告急。此時的劉邦擁有敖倉之糧，吃上一年半載也不愁；而楚軍後方的糧道被彭越已經糟蹋得不成樣子，糧草告急，溫飽成了楚軍的當務之急。二是局勢告急。劉邦重用韓信，讓他開闢北方戰場，結果不負眾望的韓信很快便殲滅了歸附項羽的趙王歇、魏王豹，而齊地此時成為唯一「健存」的楚軍盟友。如果齊地再失陷，韓信、英布、彭越三虎一旦聯合起來，那麼楚軍將會陷入四處捱打的萬劫不復之境。

　　項羽當然沒有選擇坐以待斃，而是選擇了主動出擊，使出了看家本領，打出了三張牌。

　　第一張牌：親情牌 —— 黑虎掏心。

　　項羽此時把在彭城之戰中擒獲的劉邦的父親劉太公和老婆呂雉從幕後推到了前臺，綁在大木案上，旁邊架起一口鍋子，鍋下火光熊熊，鍋內熱氣騰騰，然後對劉邦放出狠話，要想你老爹和你老婆活命，投降是

唯一的選擇。

面對項羽赤裸裸的「威逼」，劉邦直生生地回了兩句話。第一句話：要我投降，白日做夢。第二句話：我們一同起義，是拜把子兄弟，一起同過窗（共侍義帝），一起分過贓（這個不能無）……總之，我爹也就是你爹。如果你真要煮殺你爹，那就分一杯肉湯給我喝吧。

見過流氓，沒見過這麼流氓的。項羽一怒之下就要動刑，結果「老好人」項伯在這個關鍵時刻出現了，在他的勸說下，項羽懸崖勒馬，饒劉邦的親人不死。

總之，項羽的第一張親情牌，因為劉邦的「無情」而沒有發揮作用，黑虎掏心變成了一片痴心。

第二張牌：愛情牌 —— 一箭穿心。

威逼劉邦不成，項羽索性赤膊上陣，約劉邦單挑。理由是再苦不能苦百姓，再窮不能窮百姓。為了天下蒼生著想，為了讓百姓早點解脫戰亂之苦，我們以這種公平公開的方式了卻此生恩怨，豈不美哉、快哉。

劉邦呢？當然不會跟項羽比這種毫無技術含量的單挑定輸贏的遊戲。但面對咄咄逼人的項羽，他也不願在楚漢兩軍面前丟臉，於是提出了自己的觀念：我只和你鬥智，不鬥勇。

項羽便大罵劉邦是縮頭烏龜，並指出他「膽小如鼠、色膽包天、欺世盜名、無恥小人」等「惡貫滿盈」，是個不折不扣的「小人」。

劉邦便大罵項羽是烏龜王八蛋，並宣布他「殺君弒主、殘暴不仁、背信忘義、大逆不道」等「罪十條」，是個不折不扣的「偽君子」。

劉邦那是什麼人，是靠一張利嘴闖天下的，到最後自然說得項羽一無是處，說得項羽啞口無言。項羽一怒之下，顧不得文明不文明了，搭弓上箭一氣呵成，對著劉邦就射了過去。劉邦猝不及防，箭正中他的胸部。

　　但劉邦畢竟是劉邦，他有著過人的智慧，就在受傷倒地，眾人一片驚呼之際，他忍著傷痛，爬起身子，對項羽大聲說道：「項羽無恥小人，暗箭傷人，果然不愧為神箭手，居然射中了我的腳趾頭。」

　　用語言迷惑住項羽和楚軍後，當天夜裡，劉邦用行動（當天夜裡，裝著若無其事的樣子巡營）迷惑了手下的漢兵們，然後，悄悄轉到成皋去養病，一個月後，康復了的劉邦才又回到一線。而整個過程，項羽都不知情，也就放棄在劉邦受重創期間對其發起最後一擊。可以說劉邦的「瞞天過海」之計取得了完美的成功。

　　總之，隨著雙方重新進入大對峙階段，項羽的第二板斧也以失敗告終。

　　第三張牌：友情牌 ── 劍膽琴心。

　　逼迫人質失敗，單打獨鬥失敗，自感時不我待的項羽沒有猶豫，也沒有徘徊，果斷地再度出招，打出了第三張牌：抗漢援齊。

　　韓信在北方戰場取得了巨大的成功，破魏，破趙，降燕，占領了楚的東方和北方的大部分地區，大有形成對楚國的圍攻態勢，此時他又把目標對準了齊地，欲徹底平定北方。面對咄咄逼人的韓信，齊王田廣一邊把「說客」酈食其扔進油鍋炸以洩其憤，另一方面，向項羽示好。唇亡齒寒，目前楚國和齊國就是一條線上的螞蚱，相依相靠，相輔相成。因此，項羽自然不能坐視不管，決定抗漢援齊。為此，項羽派出了自己最為得力的幹將龍且做主帥，外加虎將周藍、項冠為副帥，並給了他們二十多萬楚軍，意在一舉擊潰韓信，解除兩翼的壓力。

　　結果輕敵的龍且大敗於戰神韓信手下，齊地自然也成了漢軍的一畝三分地。

　　總之，隨著龍且的慘敗，項羽的第三張友情牌宣告失敗。而龍且的損兵折將更加減弱了項羽正面戰場上的進攻力量，使項羽的處境更趨困

難。這個時候，韓信徹底平定了北方，完成了對楚國的剪翼行動。英布所部在淮南也取得重大進展，和劉邦、韓信組成了「犄角」關係鏈，形成了對楚國三麵包圍的態勢。而與此同時，「鑽山豹」彭越也很優秀，他的游擊軍不斷擾亂楚軍後方，攻占了昌邑（今山東省荷澤市鉅野縣和濟寧市金鄉縣境內）等二十多座城池，切斷了楚軍的補給線。

很快，楚軍糧食告急，陷入了進退兩難、飢餓難忍、生死兩茫茫的尷尬之境地。

腹背受敵，陷於絕境。項羽見大勢已去，危局難撐，於西楚霸王四年（西元前 203 年）八月釋放了太公和呂雉，和劉邦簽訂了和約：楚漢平分天下，鴻溝以東歸楚，鴻溝以西歸漢。這樣，才出現了人們所熟知的「楚河」「漢界」。

楚河漢界位於滎陽成皋一帶，它北臨黃河，西依邙山，東連平原，南接嵩山。至今滎陽廣武山上還殘留著兩座古城遺址，其東叫霸王城，其西叫漢王城，相傳為當年劉邦、項羽所建造。兩城之中有一條寬約 300 公尺的溝，就是當年楚漢對壘的鴻溝。

3. 項羽自刎之生死謎

「鴻溝和議」後，西楚霸王項羽信守諾言，率十萬「疲軍」繞南路、沿固陵方向的迂迴線路向楚地撤軍。然而，漢王劉邦言而無信，他聽從謀士張良、陳平的建議，趁楚軍疲師東返之機自其背後發動偷襲，最終逼使項羽兵敗退守垓下。

項羽和劉邦的最後大決戰也拉開了帷幕。是英雄還是梟雄，垓下這一戰見分曉。這是項羽率領楚軍和劉邦率領漢軍第一次正經八百的大規模正面作戰，也是最後一次，成王敗寇，在此一舉。

西楚集團的總兵力只有十餘萬人。而大漢集團的總兵力高達五十餘

萬。其中具體分布為：劉邦自帶軍十萬餘人，韓信擁兵三十餘萬，彭越擁兵五萬餘人，英布擁兵五萬餘人。決戰前，劉邦祭出明智之舉，把兵權交給戰神韓信，讓他來指揮這場曠世之戰。

韓信也不負劉邦的厚望，馬上祭出了高級戰術：十面埋伏。

兩軍開戰後，韓信首先祭出打草驚蛇策略。他親率一部分先鋒軍主動向楚軍發動挑釁性進攻，項羽那是什麼火暴脾氣，聽說漢軍來了，立刻傾巢出動，親自率領十萬楚軍發動其代表性的「直線攻擊」戰術，目標直指漢軍統帥韓信，想以雷霆之勢直接擊潰漢軍。

接著，韓信又祭出拋磚引玉策略。他率的先鋒軍與楚軍稍作簡單的「離距離」的接觸後，便立刻後撤。楚軍自然不願意讓他們輕易逃走，於是奮起直追。漢軍且戰且退，優哉遊哉，吸引著楚軍進入了他們的埋伏圈。因為漢軍已做好堅實的縱深布置和充分的準備，項羽的鋒矢根本不能接觸到韓信的指揮系統，非但直線攻擊戰術無法奏效，還使得自身的陣型出現散亂，造成前後軍之間嚴重脫節。眼看已經達到誘敵深入的目的，早已磨刀霍霍的孔熙、陳賀所率的左右兩軍自楚軍左右兩側迂迴包抄楚軍側翼。

最後，韓信祭出了趁火打劫策略。韓信見時機成熟，率軍發起反擊，他精心布置的十面埋伏開始發威。項羽越來越感到不對勁，以往對手就像一堵牆，一捅就破，但今天的對手就像一團棉花，柔柔軟軟，層層疊疊，衝破一層又一層，似乎無窮無盡。眼看情勢不妙，項羽充分發揮果敢的作風，掉轉馬頭，下令讓前軍變後軍，立刻突圍。但這時楚軍已經深陷漢軍的埋擊圈，想要全身而退，不是那麼容易的事了。結果可想而知，儘管項羽憑著舉世無雙的匹夫之勇突圍成功，他手下的楚軍卻沒有那麼幸運了，大多數成為漢軍的刀下鬼和階下囚。

至此，垓下之戰的正面之戰以項羽的慘敗告終。

　　垓下大戰以楚軍大潰敗而告終，從而宣告了楚漢之爭的主線三大戰役落下帷幕，現在漢軍要做的就是：收拾殘局。

　　面對楚軍採用縮頭術的防守，劉邦感到很頭痛。正在這時，韓信出現了。他剛剛率大軍凱旋，顯得滿面春風，笑容可掬。劉邦像是抓住一根救命稻草一樣，馬上問計於他：「愛卿，項羽如果一直堅守不出，我們如之奈何？」

　　哪知韓信聽了哈哈一笑，沒有直接回答劉邦的問題，而是反問道：「大王，問您一個問題，如果一隻鳥兒不肯叫，該怎麼辦？」

　　「等牠叫？」劉邦弱弱地答道。

　　韓信點了點頭，又搖了搖頭，然後道：「要想讓鳥兒叫，辦法有三種，一是等牠叫，二是求牠叫，三是逼牠叫。你覺得哪種最好？」

　　劉邦這回學乖了，直接搖了搖頭，表示不知道。

　　「這個要看時機和火候。比如在起義之初，我軍勢單力孤，要想讓鳥兒叫，我會求牠叫，因為只有牠叫了，才能幫助和保護好我們，我們才有機會脫穎而出。比如在爭霸之中，雙方勢均力敵，要想讓鳥兒叫，我會等牠叫，因為我那時沒有足夠打敗對手的能力，只有等待，才可能等到突如其來的好機會。」韓信說到這裡，頓了頓，才接著道，「然而，此一時彼一時，現在讓一隻鳥兒叫，最佳的辦法是逼。為什麼這麼說呢？我們現在占據天時、地利、人和的絕對優勢，擊敗對手如探囊取物。如果在這樣良好的局面下，還一直苦等，一直苦求對手『叫』，一來可能坐失良機，二來可能痛失良策啊。」

　　「現在項羽被我們的大軍裡三層外三層地圍困，這的確是良機啊。只是這良策還得請愛卿賜教啊。」劉邦顯然聽出了韓信話中的「弦外之音」，自然喜出望外。

　　韓信沒再轉彎抹角，直接說出了四個字：四面楚歌。

楚歌是指中國古代楚國之地的歌曲名謠，屈原的《離騷》就是楚歌中的代表之作。每個人都有故鄉情結，因此，對於楚軍來說，楚歌便是他們心中的動力泉源和精神支柱。

透過唱楚歌的方式，動搖楚軍的軍心，瓦解楚軍的士氣。這的確是一個好辦法啊。劉邦大為稱讚。

很快，一支由楚軍的降兵和漢軍中能歌善唱者組成的楚歌「文藝演唱隊」便成立了。因為當時的條件有限，如何讓楚軍們都能順利聽到楚歌，宣傳至關重要。劉邦不斷增加楚歌「文藝演唱隊」人數，都說眾人拾柴火焰高，很快這支楚歌「文藝演唱隊」就演奏出穿越時空的天籟之音，歌聲傳遍了楚軍大營內外。

項羽軍中大部分人是楚人，思鄉情切，想盡快結束戰爭，在歌曲的感染下，紛紛選擇逃離，楚軍鐵打的營很快便成了流水的兵……項羽原本是想等天亮了，組織剩下的三萬楚軍再和漢軍決一死戰，夜間聽見四面圍住他的軍隊都唱起楚地的民歌，不禁非常吃驚地說：「劉邦已經得到楚地了嗎？為什麼他的部隊裡面楚人這麼多？」接著，他又聽聞楚軍將士逃離的消息，心中已喪失了鬥志，便從床上爬起來，在營帳裡面喝酒，以酒解憂，自己吟了一首詩，詩曰：「力拔山兮氣蓋世，時不利兮騅不逝，騅不逝兮可奈何，虞兮虞兮奈若何。」並和他最寵愛的妃子虞姬一同唱和。歌數闋，直掉眼淚，在一旁的人也非常難過，都低著頭一同哭泣。唱完，虞姬自刎於項羽的馬前，項羽英雄末路，帶了八百餘名騎士突圍，最終只餘下二十八人。他感到無顏面對江東父老，最終自刎於江邊。

後人有詩嘆曰：生當作人傑，死亦為鬼雄，至今思項羽，不肯過江東。

項羽為什麼會做出如此激進的選擇，以至於讓後人唏噓不已，不時

發出「至今思項羽，不肯過江山」的悲憫之情來呢？

後人分析項羽不肯過江東的主要原因是其自尊心過強，羞於見江東父老父親。然則，有一個很重要的細節，後人卻忽略了，那就是那位如同諸葛亮般算路深遠的烏江亭長。

烏江亭長究竟是什麼樣的人？他怎麼知道項羽一定會逃到烏江邊來？他為何要冒死來救項羽呢？

要解開諸多疑團，我們還是回到那次烏江大逃亡中來。項羽在慌不擇路時，曾向一個田裡耕作的老農問過路。其實，我們都知道，如果不是情況萬分火急，依項羽的性格是不會主動和「陌生人」問話的，但這個時候的他是人在屋簷下，不得不低頭，所以一向金口難開的他說出了自毀前程的話。這個對象是找到了，老農在田裡耕地，顯然是本地人，自然對這一帶相當熟悉，因此向左走向右走這樣簡單的兩條路他是瞭如指掌的，閉著眼睛也知道往哪裡走。但偏偏項羽平常就是個大刺刺的人，再加上他當大王這麼多年了，向來都是被萬眾景仰的，向來都是他打人罵人殺人，我行我素，因此，才會在這十萬火急的關鍵時刻還把自己當大哥，當主宰者。

這就是項羽的霸道，但老農不吃這一套，他雖然沒法直接跟他的霸道抵抗，卻採取溫柔一刀，用手隨意一指，項羽的命運從此就被改變了。正是因為迷路風波一鬧，耽誤了時間，項羽成了漢軍緊追不捨的對象。連一個老實巴交的老農都敢欺騙他，這是天真而純情的項羽始料不及的，也是極為震撼的，對他的打擊之大可想而知，對他的心靈衝擊堪比「地震」。也正是因為這樣，面對此時烏江亭長的恭敬、體貼、謙卑、禮讓，項羽絲毫沒有被感動，相反，他在思考著這樣的問題：「亭長是不是一個別有用心的人？」

當然，客觀分析，烏江亭長的舉措確實有可疑之處。

　　首先，烏江亭長怎麼知道項羽一定會跑到這裡來？當然，這也可能是因為亭長很熟悉這裡的地形，算準了項羽只有從這裡才逃得出去。

　　其次，烏江亭長為什麼只弄了一條船，而且是小得不能再小的船，只能容下一個人。多弄幾條船或是弄個船隊就不行嗎？當然，這也可能跟時間緊促有關，亭長可能是聽到項羽戰敗的消息馬上趕到這裡守候的，匆忙之下便沒有工夫做其他事。還有就是亭長對局勢很了解，看清了形勢，知道垓下之戰，項羽必敗。一直守在這裡，就是希望碰著項羽，關鍵時刻貢獻自己的力量。再有一個原因就是船多了目標大，容易讓人懷疑，特別是劉邦的勢力已經在全國各地開花，甚至江東都被韓信的大軍步步蠶食了。弄個船隊，等於掩耳盜鈴，自取其咎。

　　其實，稍有常識的人也會判斷出烏江亭長是個好人，為什麼呢？因為亭長根本用不著這樣捨身來救項羽。退一萬步來講，如果亭長是個壞人，或是劉邦的間諜，到了這個時候根本就不用再露面了，因為前有大江，後有劉邦的大部隊追兵，項羽已經進退無路。此時如果項羽直接殺了他，自己把船搖到江對岸去，豈不更好？

　　一朝被蛇咬，十年怕井繩。項羽的心扉一直不曾為外人開啟，因此他為人做事除了魯莽，便是警惕，除了身邊幾個最熟悉的人，其他人都是不信的，特別是陌生人，你給他一百個理由也不能讓他信任你。而這次逃亡，項羽在問路時就被一個老農給騙了，給糊弄了，因此，此時面對一臉善意一臉真誠的亭長，他是猶豫的，是懷疑的，自然不會完全相信亭長是一心一意、全心全意來救他的，再加上兵敗後自感無顏再面對江東父老的自尊心作怪，最心愛的虞姬自刎而死的灰心作祟，最終他選擇了一條不歸路：寧鳴而死、不默而生。選擇了以虞姬同樣的自刎方式結束了自己光輝而短暫的一生。

（二）攘外：匈奴的外交政策 ——————

1. 矛頭對外，這是一個美麗的誤會

在長達四年的楚漢爭霸中戰勝不可一世的項羽，一統天下後，劉邦並沒有就此過上高枕無憂、安穩舒適的生活。相反，他為邊疆問題而煩惱著痛苦著。

挑起邊疆紛爭的是北方的強悍游牧民族匈奴。

匈奴人生活在北方廣大的草原和戈壁上，他們從小就能騎善射。憑藉這一本領，他們常常到處掠奪奴隸，搶奪財物，擴大地盤。

項羽和劉邦展開楚漢爭霸時，匈奴人也展開了一次翻天覆地的內部動盪調整。一個叫冒頓的年輕人繼承單于之位後，東滅東胡，西征大月氏，北破丁零，南征樓煩，還吞併了烏孫、樓蘭等三十六國的大片土地，在大漠南北和現今的東北、西北及中亞、西伯利亞的廣大地區建立了霸業。

在北方建立霸權後，野心勃勃的冒頓一直覬覦中原的肥沃和富有，很快就把目光鎖定在雄霸中原的大漢王朝身上。

他多次侵擾漢之邊疆，弄得雞犬不寧。告急文書雪花般傳來，劉邦一怒之下，不顧自己年老體衰的現實，決定親自掛帥出征，去抵抗匈奴。

漢高祖七年（西元前 200 年）十月，劉邦挑選三十萬精兵，從咸陽直接向太原出發。由於是劉邦親自出征，很多元老級重臣都跟隨他出征了，其中包括樊噲等武將，也包括陳平等謀士。

劉邦大軍很快就抵達了馬邑。冒頓見漢軍勢大，於是將計就計，採取了「誘敵深入」的辦法，派一小部軍隊和其交戰，然後故意大敗，引劉邦的大軍窮追不捨。

當騎兵到了平城（今山西大同）時，步兵和一些落隊的騎兵被遠遠地甩在了後面。

這時天氣突然變得奇好。劉邦終於看到了藍天白雲，下令在平城休息休息再說。

結果剛進城，冒頓的四十萬大軍突然出現在城外二十里的地方，大有包圍平城的跡象。劉邦大吃一驚，這平城城小牆薄，被困在這裡只有死路一條。他當機立斷，馬上下達了撤軍命令。

這時，匈奴騎兵的叫聲越來越大，已從四面八方圍集而來。漢軍倉皇之下，交起手來，但哪裡是人家的對手，只有節節敗退的份。

好在天無絕人之路。就在劉邦認為凶多吉少時，前面出現的那座大山救了他一命。劉邦喜出望外，下令向山上撤退。這山口兩邊是峭壁巨石，中間只兩丈來寬的口子，易守難攻。這座山叫白登山（位於今山西省大同市東北）。

冒頓眼看一時半會兒攻不上去，他是聰明人，知道此時的漢軍不到十萬人馬，而且山上又沒有擋風避雨的屋子，這天寒地凍的，只要把漢軍圍在山上幾個月，飢寒交迫之下他們肯定會不攻自破。於是，他馬上叫手下四十萬人馬把山圍了個水洩不通。

劉邦上山後，眉頭緊鎖：這光禿禿的山上既無衣又無食，自帶的糧食只夠吃五天啊！更要命的是，他的步兵又被冒頓派人半路攔截住了。

幾天過去了，匈奴人只圍不打，劉邦的眉頭鎖得更緊了，他知道再等下去，就只有死路一條，於是暗思破敵之策。

關鍵時刻，劉邦手下的大謀士陳平出場了，他是個細心縝密的人，自從被困在山上後，就一直在思考破敵之策，後來他找了幾個匈奴人談話。這次談話卻不經意間改變了一切，因為他了解到冒頓的一些特殊習性和嗜好，一條妙計油然而生。

他低聲在劉邦耳邊一陣嘀咕。劉邦一聽喜出望外，馬上從軍中找來了能言善辯且懂星相術的李公去辦這件事。李公先扮成匈奴人的樣子，提著一個大袋子出發了。李公到了匈奴的大本營後，沒有直接去找冒頓，而是去找了一個年輕漂亮的女人，一個令冒頓俯首稱臣的女人。這個女人就是冒頓的妻子——閼氏。

冒頓非常疼愛閼氏，用句話來形容就是「攬閼氏於懷抱兮，樂朝夕與之共」。

李公直奔閼氏「閨帳」，見了面後，先送上禮物再說。他開啟袋子，但見裡面裝滿金銀珠寶、綢緞之類的東西。這些都是閼氏最喜愛之物，她看了眼睛直發光，一張臉竟如陽光般燦爛，當下就笑納了。

收了禮物，她來了個「來而不往非禮也」，直接問李公有何求。李公說他並無所求，此番來只是想轉告她一個天象。

閼氏做洗耳恭聽狀。

李公說：「近幾天看天上月亮和星星都呈灰暗之色，就連早上的太陽也灰濛濛的，像是從水裡撈出來的一般，你知道這是為什麼嗎？」

閼氏問：「這是為什麼？」

這正合李公的意，他順著話就往下說：「這是日月星辰在告訴我們，眼下這場戰爭與漢人打不得啊！」

閼氏一聽大感好奇，於是問一個親信侍衛是不是有這麼一回事。侍衛得了李公不少好處，再加上這幾天天氣確實有點反常，於是給予肯定的回答。

聽了侍衛的話，閼氏又聯想到曾聽說過劉邦腳上有七十二顆痣，是真龍天子下凡的傳言，心裡有點害怕了：「人家既然是赤龍的兒子，肯定會得到老天的保佑，殺他只怕對自己不利……」

李公眼看閼氏已有動搖的跡象，不再等待，使出了殺手鐧，變魔術

似的從懷中掏出一樣東西送給閼氏。閼氏開啟一看，卻是一幅畫，畫中是一個美女，美人一顧傾人城，再顧傾人國。

閼氏一看畫上的女人把自己的美貌給比下去了，自然不接受。她一臉不悅地問道：「先生拿這幅美人圖有何用處？」

李公要的就是這種效果，臉上卻不動聲色：「漢帝被單于圍困，想罷兵修好，特把金銀珠寶奉送給您，求您代為化解。漢帝擔心單于還不肯答應，願將國中第一美人獻於單于，只是美人不在軍中，所以先把畫像呈上，現已派人去接，很快就會到來，還請您代為轉達。」

閼氏頭搖得似撥浪鼓：「這倒不必了。」她把那幅畫還給李公的同時，還附帶了一個堅定的承諾，「退兵的事包在我身上。」

陳平就是陳平，料事如神，金銀珠寶加天氣變化加美女刺激，閼氏就此被搞定，而搞定了閼氏就等於搞定了冒頓。果然不出所料，冒頓被閼氏的耳邊風一吹，決定馬上撤軍。

已斷糧好幾天的漢軍正處在崩潰的邊緣，冒頓的突然撤兵讓他們丈二金剛摸不著頭緒，他們不敢相信這是事實，只是看了又看，探了又探，望了又望，最後才不得不承認：匈奴大軍確實走了。

於是，漢軍就此完成了他們的首次草原「數日遊」——撤軍了。於是，劉邦就此完成了人生當中這場不漂亮征戰——打道回府了，一句話：死裡逃生。

2. 掛帥親征，這是一個生死的較量

白登山事件發生後，匈奴更加囂張了，對漢邊界展開了更瘋狂的入侵。劉邦雖然心有餘悸，但此時朝中無大帥，他思來想去，最終決定再度掛帥親征去平叛匈奴。

漢高祖八年（西元前 199 年）的冬天，劉邦率大軍再次來到了最前

線。結果這一次，匈奴和漢朝玩起了「躲貓貓」遊戲。就這樣，可憐的劉邦勞師動眾，忍著酷寒在邊疆轉了一個多月連個匈奴人的影子都沒有見到。此時邊疆北風呼呼地吹，一種叫寒冷的東西整天包圍著劉邦，劉邦知道自己再這樣下去，只怕沒有等來匈奴人，自己就會先凍成殭屍了。於是，一個月後，劉邦帶著眾將呼啦啦地又打道回府了。

就在回來的路上，劉邦遭遇了刺客。

說起被刺的原因，故事還得往前推進一年。漢高祖七年（西元前 200 年），劉邦親自率大軍出征，後因輕敵中了冒頓的誘敵深入之計，被圍困於白登山，後利用陳平之計成功逃脫，但在回來的路上，他把全部怒氣發洩在趙王張敖身上。

這張敖是張耳的兒子。他生得唇紅齒白面如冠玉，那叫一個玉樹臨風。呂后見他一表人才，透過多方面觀察和研究，最終認為他「誠實可信」，後與劉邦一番商議後，便決定把女兒魯元公主嫁給他。因此，說白了這個張敖已是劉邦的「準女婿」。

當時，面對準岳父的到來，張敖心裡那個激動啊。他熱情地把吃了敗仗灰頭土臉的劉邦迎進府中，極盡恭維之能事。別的不說，他甚至連端茶送飯的事都親自來做，為的只是想討準岳父的歡心。看著忙忙碌碌、進進出出的張敖，劉邦心裡有想法了：這樣的男人簡直就跟婦道人家一樣，哪裡有半點王者之氣？我當初決定把女兒嫁給他，真是看走了眼。

他在張府住了幾天，見張敖天天都是這樣地獻殷勤，更是打心眼裡看不起他。一天，喝了酒後，他把張敖大罵了一頓，然後「怒氣沖沖」地起程回洛陽了。

這段小插曲大概就是這樣。然而，令劉邦想不到的是，去年他在趙王府中當眾謾罵張敖，隨後拂袖而去，張敖不斷地反省自己做得不好的

地方，但他手下的人就有看法了。其中趙國相國貫高和內史趙午等人，跟隨張敖的父親張耳多年，都是忠心耿耿之人，張耳死後，他們又輔助張敖，看到主子受到了天大的辱罵，這口氣他們無論如何也嚥不下去。

他們本來想馬上造反，但想到張敖忠厚老實，又是劉邦的「準女婿」，知道他肯定不會同意。他們於是思來想去，最終決定刺殺劉邦。他們當時的想法是，如果成功了，就都留在張敖身邊，輔佐他治國安邦；如果失敗了，他們情願承擔由此帶來的所有責任和後果。應該說他們的確是深明大義之人，想法很周密，無論成功與否都不會把張敖扯進來。正當他們摩拳擦掌等待機會時，劉邦自己送上門來了。

劉邦第二次出征進攻匈奴時，他空守了一個月的邊關。這時已是寒冬時節，劉邦再也不敢逗留，於是班師回朝，回途正好路過趙地。

自從去年鬧翻了後，劉邦自己也不願意再去張敖的府上。於是，他找了一間客棧。《新龍門客棧》裡的情節馬上就要上演了。貫高等人對這個客棧展開精心的安排：店裡的老闆和夥計及一些食客都是殺手喬裝打扮的，廂房的夾層裡也都藏好了殺手。可以說，貫高等人在客棧裡設下了一個必殺之局。

劉邦在參加完地方官吏的盛宴後，因一路勞苦想早點休息，便起身前往早就預訂好的客棧。

在去客棧的路上，劉邦的第六靈感出現了，他突然像懷春的少女般心猿意馬起來。他於是問手下的人：「這是什麼地方啊？」

「回陛下，這裡叫柏人。」他的左右親信畢恭畢敬地回答著。

「柏人。柏通迫，柏人不就是被迫於人的意思嗎？看來此地不宜久留。」劉邦心裡這般想著，馬上叫道：「今晚不住宿了，連夜回京城去。」

劉邦打消了去客棧夜宿的念頭。就這樣，貫高等人精心安排的暗殺計劃泡湯了。最後，他們只能對天長嘆：謀事在人，成事在天。

劉邦回到宮中後，匈奴人又恢復了本來的面目，隔三岔五就會南下，侵擾漢朝邊境，一番搶擄燒殺後便逃之夭夭。

經過兩次大折磨，已是風燭殘年的劉邦對匈奴人已心有餘悸。派兵去打吧，只怕賠了夫人又折兵。匈奴人不拘小節，他們打得贏就打，打不贏就閃，你能拿人家怎麼辦？打，拿人家沒辦法；不打吧，就更加拿人家沒辦法。

最後採納了婁敬之言，對匈奴改為和親政策。把漢室公主嫁給匈奴單于，以此來維持邊境的和平。

冒頓聽說劉邦願把女兒屈嫁給自己，當然同意。

就這樣，劉邦透過和親的辦法暫時穩住了匈奴人。這件事的直接後果是，在冒頓撿大便宜時，趙王張敖也撿了個大便宜。

這次和親雖然有驚無險，但呂后已覺得山雨欲來風滿樓，她怕夜長夢多，於是乾脆選了個日子，把剛滿十六歲的魯元公主嫁了過去。這個並不太被劉邦認可的張敖就這樣成了大漢皇朝的第一女婿。

但是，他這個女婿並不好當，因為隨著刺殺事件的暴露，他這個女婿也將面臨一場前所未有的大浩劫。

「若要人不知，除非己莫為。」沒過多久，貫高和趙午等人密謀暗殺劉邦的事就浮出了水面。

劉邦聽聞貫高等人謀反的事後，二話不說，就派人把趙王張敖抓了起來。

部下謀反，肯定是主人指使的。張敖被擒後，參與密謀的眾臣，知道東窗事發，他們難免一死，於是不等劉邦派人來抓，他們就開始練抹脖子的功夫了。趙午開了個頭後，其他重臣紛紛效仿，頓時宮中人頭橫飛，鮮血直流。

倒了一批又一批重臣後，餘下之人也大有前仆後繼、死而後已的態

勢。這時候，貫高出現了，他的到來才阻止了大家繼續抹脖子。

「謀殺皇上的事是我們自己主張的，」貫高大聲說道，「跟大王無關。如今大王受牽連被抓了，我們不能光在這裡要死要活啊，我們要把命留著去替大王申冤啊！」

於是，接下來出現了感人至深的一幕。朝中官吏押著趙王全家及老臣們向京城出發，一些大臣自願剃了頭髮，戴上枷鎖，甘願為奴也要追隨他們一起入京受審。

到了京城後，除了魯元公主，其他人一律按罪人對待。而張敖數次上書要求見劉邦，結果卻如泥牛入海，無半分音信。狡猾的劉邦已經把這個案子交給廷尉來處理了。

因為張敖是劉邦的女婿，廷尉暫時把他軟禁起來，並不敢亂動私刑。不過，貫高等人卻飽受了皮肉之苦。

貫高是個硬骨頭，他始終一口咬定自己是刺殺事件的主謀。貫高既然總是不肯招供，廷尉為了審出些東西來只得用刑。幾天過後，幾乎所有的刑都用了，貫高身上早已血肉模糊，體無完膚，但他嘴裡還是那四個字：「我王冤枉。」

廷尉沒辦法了，再審下去也審不出個結果來，只得向劉邦彙報了情況。這時候，魯元公主早已找到呂后求情，呂后也各種勸說劉邦，但劉邦對這次刺殺事件始終耿耿於懷。聽完廷尉的工作彙報，劉邦又驚又怒，既然硬的不行，那就來軟的。於是，他決定從貫高的好友入手。

這時候，一個叫洩公的人登場了。

這個洩公和貫高是在一個村子裡長大的，後來又都效力於劉邦。只是一個始終跟著趙王，另一個跟著劉邦。

昔日的一對好友在獄中相見了。已是奄奄一息的貫高見了好友自然也很高興，必要的寒暄過後，兩人談起了故鄉，話匣子一開啟就像氾濫

的洪水一發不可收拾。但是，洩公此行不是來敘舊的，他很快就刺探起趙王謀反之事。

人在獄中，死期在即，面對孤筆薄紙，心境可想而知。然而，此時面對洩公的「言語逼供」，貫高是這樣回答的：「有什麼比自己的性命還重要呢？我之所以這樣袒護趙王，是因為趙王一直被矇在鼓裡，壓根兒就不知道刺殺一案。他沒做的事，難道我這個做臣子的硬要說他參與了才是說實話嗎？」

洩公完成了他的使命，可以去覆命了。

而這時的廷尉也沒閒著，他迅速審問了其他老臣，他們和貫高的口供是一樣的，都說整件事是他們自作主張，和趙王無半點瓜葛。而呂后這時也堅持展開說服工作。這個霸道的女人甚至說出這是劉邦想方設法剪除異姓之王的一場屠殺。呂后的話給了劉邦很大的壓力。

就這樣，這個案子查了又查，問了又問，最終得出的結論是：沒有一個人說刺殺是趙王主使的。

查無證據，在輿論壓力之下，劉邦無可奈何地降趙王為宣平侯，將他無罪釋放。

放了趙王，那麼這次暗殺密謀的主使貫高該怎麼處置呢？這可是一個大問題。

這時候，劉邦也意識到自己當時對待趙王的態度是不對的，再加上貫高面對嚴刑逼供，威武不屈，矢志不渝，因此他決定連貫高也一併無罪釋放。

洩公一聽劉邦肯放過貫高，自然很高興，第一時間就去牢裡告訴好朋友這個消息。但令他意想不到的是，這一去竟是和好友訣別的。

「趙王被無罪釋放了。」貫高聽到這個消息，一下子從牢裡跳起來，大叫道，「蒼天啊，你果然開了眼！」

「不但趙王被放了，連你也一塊被赦免了。」洩公接著說。

「作為人的臣子，我卻謀害皇帝，還有什麼臉去見皇上呢！大錯已鑄，恐怕是難以更改了。」貫高的反應出乎洩公的意料。

說完這句話，貫高突然把頭撞上了牆，頓時頭破血流，一代名臣就此歸去了。

生命對所有人來說都只有一次，偉大的人，低微的人，富足的人，窮困的人，起點和終點，都是公平的。在生命的盡頭，會有人用殘剩的氣力，抒發一生都未曾吐露的心言，或讓世人刮目相看，或讓世人為之驚嘆，或讓世人悵然若失，或讓世人聯想久遠。貫高用悲涼的深情，留下了不同尋常的心語真言。若無此慘死變故，後人怎知他的悲壯與決絕？

總而言之，貫高的死讓整個朝廷震驚。後來，無罪釋放的張敖親自穿上孝衣，為這個元老級忠臣舉行了一場隆重的葬禮。一代名臣最終把忠骨埋在了家鄉。

（三）專政：呂氏春秋覆滅記

1. 劉邦：一個多情又無情的政客人

劉邦是很有女人緣的，結婚之前就把一曹姓女人勾到手，在婚後一樣走桃花運。在與項羽爭奪江山期間，前期老吃敗仗，卻收穫了一個年輕美貌、後來影響後宮的女人戚夫人。

戚夫人出生在人傑地靈的山東定陶，她貌美如花，能歌善舞，可謂才色雙全。

劉邦在彭城大敗逃亡的過程中，連飯也沒得吃，逃到一村子裡遇見一個老人。老人姓戚，帶著十八歲的閨女在此躲避戰亂。一見帶兵的劉

邦，老人嚇得連忙下拜，並帶他回家裡，弄菜弄酒給他吃。劉邦見到老人貌美如花的閨女，頓時動了心思，得知女孩尚未嫁人，心中竊喜。老人看出了他的意思，就說相面先生講他閨女有貴人之相，難道遇到大王，就是她的前世姻緣？於是要把閨女許給劉邦為妻。雖然說劉邦心裡暗喜，但考慮家有妻室，客氣了一番才應下。據說，劉邦是解下自己的玉帶作為定情之物。

後來這個戚姓女子為劉邦生了一個白白胖胖的兒子，名叫劉如意。劉邦東山再起後，也沒有忘記這位令他蝕骨銷魂的美人，把她接到了身邊。從此，戚夫人跟定了劉邦，後來成為劉邦後宮的寵妃。

戚夫人並沒有像童話裡描述的那樣，王子和公主從此過上了幸福生活，她一邊享受著劉邦對她的寵愛，一邊在呂雉面前戰戰兢兢，時時提防突如其來的飛刀。

而劉邦呢？他與呂雉的感情本來是不錯的，她畢竟是自己打光棍時的髮妻。但在奪了天下後，情況卻發生了變化。戚夫人正值年輕貌美，魅力無限。而呂雉經過歲月的洗禮，早已人老珠黃，成了「豆腐渣」。好色的劉邦自然獨寵戚夫人了。

呂雉和戚夫人都不是吃素的，兩人分別當了劉邦的皇后和愛妃（夫人）後，明爭暗鬥起來。起先戚夫人占上風，劉邦每次外出都由戚夫人陪侍，而把呂后丟在後宮。本來已定下呂后生的兒子劉盈為太子，戚夫人卻希望讓自己十歲的兒子如意繼位。劉邦也不看好劉盈，覺得他性格不像自己，而如意卻很聰明，有自己年輕時的樣子。

當劉邦把自己廢太子的想法拿到朝上商議時，如果不是有口吃的大臣周昌冒死力諫，戚夫人的陰謀差點就得逞了。後來，戚夫人又多次向劉邦提出立自己兒子為太子的事情，但年老的劉邦已心有餘而力不足，因為在呂后的精心策劃下，太子的勢力已形成，沒有辦法廢了。年幼的

如意被迫離開京城到三千里外的封地為王。

戚夫人致命的弱點是，不懂政治，她把劉邦當成自己唯一的救命稻草，不會籠絡人心，沒有建立自己的黨羽，除了劉邦，沒有人把她放在眼裡。而呂雉恰恰與戚夫人相反，她有著蛇蠍一般的心腸，表現出來的卻是一副菩薩面孔，她因人而異，或送美女，或送珠寶，廣結善緣。

也正是因為這樣，劉邦死後，劉盈繼位，貴為太后的呂雉把手中的權力棒伸向了戚夫人也就不足為奇了。女性的美貌往往對男性才具有殺傷力，對女性不管用。假如這個美女不自量力，倚仗美貌橫挑強鄰，美貌就會變成自戕的匕首。戚夫人就是這樣。後人常常將戚夫人之死歸咎於呂后的殘忍。但是，在當時那種她不殺別人、別人就殺她的社會環境下，呂后做的事符合她的性格。戚夫人之死最該負責任的是她本人，雖然呂后的手段過於殘忍，戚夫人卻也是咎由自取。戚夫人不懂得政治鬥爭的規則，僅僅憑劉邦的寵幸就屢屢挑釁呂雉，從一開始就陷入不對等的局面。

漢高祖十二年（西元前 195 年），劉邦去世。戚夫人的悲慘命運正式來臨。呂后掌權，「斷戚夫人手足，去眼，煇耳，飲瘖藥，使居廁中，命曰『人彘』」。人彘雖然悽慘，但戚夫人心中更悽慘，這種悽慘的始作俑者根本不是呂太后，而是漢高祖劉邦。

劉邦是位有著超級智慧的人，他在生前應該也看出了呂后不是等閒之輩，特別是當他最寵愛的戚夫人還轟轟烈烈地有過後宮「一姊」之爭時，他為什麼不直接除掉呂后，以絕後患呢？

究其原因主要有三點：

首先，呂后有恩於劉邦。

呂后原本呂雉，她是典型的富二代，但在年紀輕輕時便被呂公「下嫁」給四十歲的「混混」劉邦，原因是劉邦有大富大貴之面相，呂公相中

了「一臉龍相」的劉邦而把女兒嫁給了他。在那個父命難違的年代，呂雉只好委身嫁給一窮二白的劉邦。

事實證明，呂公是慧眼識人的，劉邦從亂世中一步步逆襲成皇帝。當然，在這個過程中，呂家功不可沒，出錢又出力，幫劉邦挺過了最艱難的時刻。也正因為這份功勞在，劉邦不敢輕易對呂后「動武」，以免引起眾怒，動搖他一統天下的根基。

其次，呂后是劉邦的原配。

在中國古代講究長幼有別，特別是原配的地位和身分是與生俱來，高人一等的。也正是因為如此，劉邦稱帝後，儘管最寵愛的人是戚夫人，但實際上他不敢亂動呂后，這從他想立戚夫人的兒子劉如意為太子，結果因為呂后聯合大臣的反對而不能如願，就可見一斑。

最後，呂后深諳政治之道。

呂后儘管狠毒，但劉邦還在時，她到處裝可憐，博同情。同時，她很聰明地巴結和聯合朝中重臣，得到了蕭何、周勃等人的支持。這和政治幼稚的戚夫人是有天壤之別的。再加上呂后機警，劉邦健在，她裝老實，讓劉邦找不到殺她的理由和藉口。

當然，劉邦如果鐵了心，一定要除掉呂后，他還是有這個能力和魄力的。只是，他不願也不敢動呂后，害怕那些忘恩負義的輿論壓力，害怕背上千古罵名。

2. 呂后：一個心如毒蠍的權術人

漢惠帝七年（西元前 188 年），漢惠帝劉盈病逝。劉盈英年早逝後，朝中陷入一片悲傷的海洋中。幾乎所有人都為這個善良而純潔的皇帝感到惋惜和悲憫，唯獨呂后心中有悲卻說不出口。

對於呂后來說，她唯一的兒子死了，能不悲傷嗎？同時，他呂家人

又都勢單力薄，她在悲痛兒子時，更擔心的是朝中政權的穩定啊！

都說危難之時見人心。作為「二進宮」的陳平，他當年從項羽手下轉投到劉邦手下，後來又得到重用，很大的原因就是，他總能在關鍵時刻造成「妙手回春」的作用。這次他同樣也不例外。他透過察言觀色，透過心理學分析，找出了呂后「欲哭無淚」的症狀後，來了個對症下藥。

他下的不是一般的藥，而是兩個人：呂臺和呂產。呂臺和呂產都是呂侯之子，也就是呂后的親姪子。他的提議是這樣的：為了宮中的安全，請求太后封呂臺、呂產為大將，統率南北二軍。

陳平之所以「屈服」呂后，是有原因的。要知道，呂后以狠毒著稱，其殘忍可以說令人不寒而慄，其「三宗罪」便是最好的證明。

第一宗罪。在屠殺功臣中，她用竹籤擊殺漢室第一名將韓信。她擔心韓信有謀反之心，威脅大漢的江山，於是利用蕭何把韓信騙到宮中，韓信拿出免死金牌，呂后卻視而不見，將韓信用布袋罩住，讓士兵用削尖的竹籤刺布袋，使得韓信慘死。同時，呂后又誅殺了韓家三族，過程之殘忍令人不寒而慄。

第二宗罪。在對待另一位功臣彭越上，在劉邦削去其梁王的爵位，並將其發配至蜀地後，呂后卻以為他平反為由，將其引回都城，並指使彭越的門客冤枉其陰謀造反，最終被劉邦誅滅九族。彭越死後，呂后將其剁成肉醬分賜給各諸侯品嘗，手段之殘忍令人不寒而慄。

第三宗罪。前面已經說了，劉邦在世時，戚妃和呂后爭寵，使得劉邦差點換掉太子。後在朝中大臣們的反對下，改立太子之事才沒有成功。從此，呂后對戚夫人恨之入骨。劉邦死後，呂后亮劍了，她先是將戚妃關押在永巷，讓她每天手握幾十斤重木棍舂米，折磨她。隨後傳召其子劉如意進宮，將其殺死。最後，呂后將戚妃剁去手腳，廢去眼、耳、鼻、舌，把她整成了駭人聽聞的「人彘」，其心術之殘忍令人不寒而慄。

　　而呂后的親生兒子傀儡皇帝劉盈見了「人彘」後，一病不起，不到二十五歲便離開了人世。

　　陳平親眼見識了呂后的殘忍，為了自保，他決定先「屈服」呂后，以後再伺機而動。

　　而面對陳平的奏摺，呂后心裡嘆道：「生我者，父母也；知我者，陳平也。」於是，她連必要的客套都免了，直接就准奏。呂產管南禁軍，職責：負責宮中安全保衛工作；呂臺管北禁軍，職責：負責京城的保衛工作。

　　這一招果然夠絕，呂后頓時就吃了一顆定心丸。然而，陳平不會想到的是，人的貪婪是無止境的。封呂臺、呂產為京城南北禁軍統領，這竟成了呂后打造呂氏天下的第一步棋。此後的呂后極力想打造「呂氏春秋」，而要完成這一宏偉計劃，首先得把呂家人封王才行。但關鍵時刻，劉邦臨終前做的那套看似兒戲般的拜把子喝血酒儀式發揮作用了。事實證明，劉邦當時的高瞻遠矚果然是無人能及的，「非劉氏而王，天下人共誅之」。這個「歃血同盟」就如如來佛祖的魔咒一樣，成了呂后填滿欲壑的攔路虎、絆腳石。

　　如何讓呂臺、呂產這些她的親姪子稱王，成了她的一大難題。難歸難，但呂后也知道，如果能把朝中三位重量級人物王陵、陳平、周勃搞定了，呂家人封王那就易如反掌。鑒於陳平識時務地主動提出重用呂家人，陳平這一關算是不攻自破了。周勃這個人雖然正直，但還是「好說話」的，而且權位相對於王陵和陳平來說又要低些。因此，現在只要搞定王陵就行了。於是，呂后把王陵叫到宮中，說出了想封呂臺和呂產為王的想法。

　　結果，王陵絲毫沒給呂后面子，他想都沒有想就義正詞嚴地否定了呂后的想法。其實，他也沒有說什麼，只是搬出劉邦當年留下的歃血盟誓：非劉氏而王者，天下人得而誅之。呂后想封呂家人為王，最忌諱的

就是這個「歃血同盟」。偏生這個王陵好不識抬舉，哪壺不開提哪壺。

呂后臉色陰沉得快要擰出水來，卻又不好當場發作。大義凜然的王陵還做了一件大快人心的事，就是對呂后來了個「拂袖而去」。

這下可激怒了呂后，她決定對王陵開刀。當然，鑒於王陵有「劉邦當年指定的丞相繼承人人選」這把尚方寶劍，如果直接撤了他的職位，於情於理都說不過去。這樣無勇無謀的事，呂后是不會做的。明的不做，那就來暗的。她對王陵的職務來了個「變通」：拜王陵為太傅，免去其丞相之職；明升暗降。呂后的招果然高明。

面對呂后的出招，王陵這個一人之下、萬人之上的丞相也毫無辦法。什麼太傅，這明擺著是一個掛名的「懸空之職」啊！做個閒官做不了實事不是王陵的性格，與其惹人煩還不如自己識趣。於是他以「身體欠佳」為由憤然辭職。

這正合呂后心意啊！呂后馬上便在王陵的辭職信上批覆了。而空出來的丞相一職，呂后直接就給了她的老情人審食其。要想打造「呂氏春秋」，朝中的重要職務就得都是自己人來掌握才行啊。聖旨摘錄為下：「拜原左丞相陳平為右丞相，拜審食其為左丞相。」

按理說，聖旨都是簡短的。這次的卻不一樣，後面還有批註：右丞相不參與朝政，只是管理宮中雜事。說白了，陳平的右丞相之職相當於郎中之職。

於是，朝中大事都是左丞相審食其說了算。

當然，審食其也不是吃素的，新官上任三把火，他一上任就開始排除異己，把那些不忠於朝廷的官員一律撤職，讓那些不聽他和呂后話的一律「失業」，讓那些凡是看著不順眼的一律退休。

而御史大夫趙堯便「有幸」成了審食其第一個開刀的對象。趙堯犯了什麼罪呢？審食其給他定的罪是：趾高氣揚，看著不爽。太后當即給情

人出氣，撤了趙堯的職務，讓她沛縣的親信人物任敖走馬上任。

劉盈死後，呂后透過培養親信達到了獨攬大權的目的，把大漢江山牢牢抓在了自己的手上。就這樣，呂后一手打造了獨掌朝政大權的「呂氏春秋」。

3. 陳平：一個剷除呂氏的掘墓人

呂后八年（西元前 180 年），呂后死後，朝中文武大臣開始忙碌起來，太后的喪事得隆重才行啊！因此，陳平和周勃等人一下子由閒人變成了大忙人。就在陳平和周勃等人忙碌的同時，呂氏家族的棟梁呂產和呂祿也在忙碌著，他們不是為太后的葬禮而忙，他們居安思危，在失去呂家的棟梁後，在想著如何使得「呂氏春秋」繼續下去。

呂家人為此還專門召開了一次家族會議。會議由呂氏家族中資歷最老的呂祿主持。呂祿首先丟擲了「趁眾人為太后辦喪事這個大好時機，將所有反對呂氏的大臣一網打盡」的方案讓呂家人討論。

當然，他提出這個設想也不是沒有道理的。畢竟現在負責長安保衛工作的南北兩支禁軍分別握在他和呂產手上。然而，令呂祿沒有想到的是，他的美好意願馬上就被潑了一盆冷水。第一個站出來反對他方案的就是南禁軍領袖呂產：「就算控制了長安，控制了朝廷那又如何？我們現在畢竟只有少得可憐的一點禁軍啊！真正有戰鬥力的軍隊還掌握在滎陽的陳平和灌嬰手裡，一旦朝中有變，他們會善罷甘休嗎？」

呂產提出這一觀點後，呂家的會議馬上就陷入了長時間的沉默。是啊！他的話說到重點了。當年劉邦的高瞻遠矚再次得到了證實，他當年命灌嬰駐守滎陽是有深意的，就是為了防止日後呂后及呂家人作亂啊！因為存在致命的「軟肋」，這次呂氏家族會議的結果很簡單：沒議出什麼名堂來。

　　對於呂氏家族的人來說，這次會議沒有議出什麼東西並不重要，但對別人來說那就是「打草驚蛇」了。

　　告密的人是劉章。

　　劉章是劉邦的孫子，抱負極高，在奉呂后之命成功娶了呂祿的女兒為妻後，聰明的他並沒有對呂家的女人採取「冷暴力」政策，而是極盡溫柔之能事，把呂家的姑娘哄得很開心。

　　這次呂氏家族緊急會議沒議出個結果來，參加會議的呂祿之女回來後一直悶悶不樂。於是，善解人意的劉章又開始花言巧語地「噓寒問暖」，最後從夫人嘴裡知道「呂家人想誅殺朝中大臣」一事。

　　這讓劉章大吃一驚，他知道自己不能再沉默了，否則大漢江山的旗幟就得由「劉」字變成「呂」字了。於是，劉章找到他弟弟東牟侯劉興居，兩人商量一番後，馬上就派人把此事告訴他們的兄長齊王 —— 劉襄，要他快快率領齊兵西征，他們在京中做內應，除掉呂氏族人。

　　劉襄的封地原本是齊國，自從呂后掌權後，已把齊國分為四國：除了齊國，還分成了瑯琊、濟川、魯三國。他自然對呂后很不滿。

　　劉襄一邊積極連繫劉氏諸侯王聯手共同對抗呂氏，另一邊又派人到朝廷，告訴朝中重臣周勃。周勃接到密信後，極為震驚，馬上找朝中另一重臣陳平問計。

　　兩人商量後決定發動政變。

　　呂后八年（西元前 180 年）九月十日，此時距呂后病逝還不到一個半月，這一天成了「呂氏春秋」的最後祭日。

　　陳平和周勃針對呂祿和呂產，採取了分而制之的行動方針。

　　周勃馬上把酈食其的兒子酈寄叫來，給予他密示。酈寄一到呂府，首先對呂祿來了個下馬威：「我奉皇帝之命而來。」這句話大大加大了他話語的分量，呂祿不知是真是假，被震得雲裡霧裡。

酈寄不給呂祿喘息的機會，接著道：「現在大王在朝中已成眾矢之的，皇上要大王趕快去封地。否則將大禍臨頭！」

呂祿早些時候對酈寄的「丟兵權保封地」的方案雖然有點猶豫，但畢竟他本人的意願還是偏向去封地做一方之王的。只是迫於族人的反對，他才沒有最終做出抉擇。此時得了酈寄的「皇令」，他也覺得現在能平息齊王和周勃的叛亂，唯一的辦法就是自己交出京城北禁軍的兵權，然後去趙國當他的趙王去。

面對和呂家最為親近的酈寄投來的殷殷期待的目光，呂祿終於做出了他一生中最為重要的決定：他拿出印權交給酈寄，並且說了這樣一句話：傳令下去，由太尉（周勃）接管北軍（禁軍）。然後，他帶著家人上路去封地了。就這樣，酈寄憑著和呂家的交情，憑著一張利嘴就把呂祿搞定了。

周勃接任北禁軍領袖後，馬上就整治了士兵，他號召士兵們全都起來反呂，並且充分發揚民主的作風，給了他們二次選擇的機會，願意效忠呂氏的祖露右臂，願意效忠劉氏的祖露左臂。這些士兵早就對呂氏不滿了，此時自然呼啦啦地祖露左臂加入扶劉滅呂的行動中來了。

要消滅呂氏，搞定掌握南北禁軍領袖的呂產和呂祿就行了，現在呂祿被搞定了，就只剩下呂產了。只要把呂產搞定，誅呂行動就再無懸念了。

呂產聽到賈壽的「前方工作」彙報後，馬上意識到情況不妙。特別是賈壽的那句「怕是現在交了將印去封地也為時已晚」更讓他感到了前所未有的危機。呂產決定對皇帝「動武」，來個挾天子以令諸侯。呂產於是帶了幾個得力武將直奔未央宮去找皇帝。哪知他一到未央門就吃了閉門羹。

宮廷之內竟然有人敢來阻攔他，他惱羞成怒，正要叫武將一起上，

宮裡卻突然湧現幾千名手持刀劍的士兵來。為首的那個氣宇軒昂、虎虎生威的人竟然是朱虛侯劉章！

呂產眼看風頭不對，馬上來了個「三十六計，走為上計」。

然而，一切都已經晚了，劉章大聲叫道：「呂產想造反，大家抓住這個叛賊啊！」

幾千士兵一窩蜂衝向呂產，呂產就算有三頭六臂也只有逃的份了。幸虧他帶的幾個武士本領也非同小可，用血肉之軀擋住了眾人追擊的步伐。

半路上，呂產終於等來了他的支援部隊。劉章的幾千人馬面對上萬禁軍，情勢突然發生逆轉，已變得凶多吉少。

然而，就在這個關鍵時刻，老天再一次顯靈，突然間狂風大作，天昏地暗。就在這時，劉章顯示出一個將才的氣魄和才幹來。他大聲叫道：「這是天要滅呂氏啊！大夥兒殺啊！」

劉章的話一出口，數萬禁軍也驚得雲裡霧裡，說實話，他們雖然是呂產的部下，但早已對呂產不滿了，此時又見老天也站在正統的劉氏家族一方，一時間再無鬥志，一些人逃命去了，一些人反戈一擊，反而加入了誅呂行動中。總之，在一瞬間，數萬禁軍竟然煙消雲散了。

呂產見自己大勢已去，只好使出吃奶的力氣逃命，最後逃到了一座花園，花園的廁所成了他人生的最後歸宿。劉章那飽含怒火和怨氣的一劍終於結結實實地刺在了呂產身上……

隨後，周勃馬上派人追上了正在去往封地的呂祿，也給了呂祿當胸一劍。

接下來的事就很簡單了，呂氏家族的成員都成了階下囚。而呂氏家族中輩分最高的人物呂嬃因為不服陳平和周勃的叛亂，用惡語對陳平和周勃給予人身攻擊，結果以「誹謗罪」被亂棒活活打死。

　　呂氏家族其他幾個主要人物的結果是：燕王呂通被殺，魯王張偃被廢，濟川王劉太被改為梁王。樹倒猢猻散，至此，呂氏家族殺的殺、逃的逃、走的走、散的散，四個字：灰飛煙滅。

三、治漢之術

（一）為什麼是文景之治

1. 休養生息背後的那位少女

呂后八年（西元前180年），呂后病死，丞相陳平、太尉周勃與朱虛侯劉章等宗室及大臣誅滅了想篡權的呂氏族人，迎立劉邦的第四子代王劉恆為帝，這就是漢文帝。

漢文帝的母親是薄太后，當年呂太后在宮裡專科橫跋扈，為了躲避災禍，薄太后就和兒子劉恆一起來到了劉恆的封地代國（也就是現在的山西中部、東北部、河北北部一帶，國都在現在的山西省平遙）。

劉恆在當代王的時候，就以勤政孝順聞名天下，他又是劉邦健在的兒子中最年長的一位，因此被擁立為皇帝。

漢文帝在位二十三年，其基本國策就是：休養生息。

白登之圍以後，劉邦知道當時漢朝的實力還不足以和匈奴相抗衡，於是決定實行休養生息政策，黃老學派的無為而治思想成了治理國家的主導思想。

黃老學派是道家學派的一支，道家把黃帝、老子尊奉為道家創始人，主張「無為而治」，認為統治者只要政治措施簡單，不勞民傷財，老百姓就會安居樂業而不會起來造反。

劉邦逝世之後，他兒子漢惠帝和呂后繼續執行休養生息政策。

漢文帝即位之後，他在劉邦休養生息政策的基礎上，又進一步採取

了與民休息的措施，歸納起來如下：

第一，薄賦輕徭。

減免田賦：劉邦當年廢除了戰國時的「十一稅」和秦王朝的「秦半之賦」，採用了更低更符合老百姓的新稅形式──「十五稅一」（即按十五比一的比例徵收田賦）。漢文帝前元二年（西元前 178 年），漢文帝下詔把「十五稅一」改為「三十稅一」。後來，為了進一步減輕老百姓的負擔，漢文帝前元十三年（西元前 167 年）到景帝（漢文帝的兒子劉啟）元年（西元前 156 年）十二年內，全部免除田賦。直到漢景帝二年（西元前 155 年）才恢復「三十稅一」。

算賦：漢文帝把每人每年交一百二十錢，減為四十錢。後來，漢景帝把算賦的起徵年限從十五歲推遲到二十歲。

徭役：漢文帝時取消了大型工程建設，不再大規模徵調勞動力。服役時間由原來的每個勞動力每年一次，改為三年一次。「丁男三年而一事」，這樣的減免，在中國封建社會史上是空前絕後的。

第二，提倡節約。

漢文帝即位之初，列侯多居長安，遠離所屬食邑，造成「吏卒給輸費苦」，給人民增加了一項新的運輸負擔。漢文帝二年（西元前 178 年），即詔令列侯回歸封邑，除詔令特許外，其他任何人不許留居長安，以減輕人民的負擔。

不僅這樣，漢文帝還以身作則。在位二十三年，宮室、園林、狗馬、服飾、車駕等，什麼都沒有增加（宮室、苑囿、狗馬、服飾無所增益）。但凡有對百姓不便的事情，就予以廢止，以便利民眾。他曾打算建造一座高臺，召來工匠一計算，造價要值上百斤黃金，漢文帝便放棄了。文帝平時穿的是質地粗厚的絲織衣服，對所寵愛的慎夫人，也不准她穿長得拖地的衣服，所用的幃帳不准繡彩色花紋，以此來表示儉樸，

為天下人做出榜樣（衣不曳地，幃帳無紋繡，以示純樸，為天下先）。他建造的陵墓霸陵，一律用瓦器，不准用金銀銅錫等金屬做裝飾（皆瓦器，不得以金銀銅錫為飾）。不修高大的墳；要節省，不要煩擾百姓。他還下令撤銷衛將軍統轄的保衛自己的軍隊。現有馬匹，只留下日常所需要的，其餘的都交給驛站使用。

第三，扶持經濟。

弛山澤之禁：漢文帝元六年（西元前 158 年），漢文帝下令，開放原來歸屬國家的所有山林川澤，准許私人開採礦產，利用和開發漁鹽資源，從而促進了農民的副業生產和與國計民生有重大關係的鹽鐵生產事業的發展。弛禁的結果，「富商大賈周流天下，交易之物莫不通」。

廢除過關用傳制度：漢代在軍事重鎮或邊地要塞，都設關卡以控制人口流動，檢查行旅往來。出入關隘時，要持有「傳」，即通過關卡的符信（憑證），方可放行。漢文帝取消出入關的「傳」，從而有利於商品的流通和各地區間的經濟連繫，對於農業生產的發展也有一定的促進作用。

第四，慎獄輕刑。

漢文帝在位期間前後執行三次量刑改革。

漢文帝元年（西元前 179 年）十二月，廢除一人有罪株連全家的「收孥相坐律」令（秦代法律規定，罪人的父母、兄弟、姊妹、妻子和子女都要連坐，重者處死，輕者沒入官府為奴，稱為「收孥相坐律」）。

漢文帝前元二年（西元前 178 年）三月，廢除「誹謗妖言」罪。對於皇帝不能隨便議論，更不能有所怨恨，如果觸犯，就是犯了「誹謗妖言罪」。百姓不高興時因為常詛咒天地，這又和「天子」有了連繫，百姓因此就犯了「民詛上罪」。文帝將這些罪名予以廢除，說這些罪名使大臣們不敢說真話，高高在上的皇帝也就不能知道自己的過失，這對國家政事是很不利的，無法招賢人納良才。

　　漢文帝前元十三年（西元前 167 年）五月，下令廢除肉刑，改為笞刑。漢律規定的肉刑，大致分為三種：一為黥（在臉上刻字），二為劓（割鼻），三為斷左右腳（就是把腳截去）。改革後的笞刑為：將黥刑改為充苦工，罰人日夜守城；將劓刑改作杖責三百下；斷腳刑改作杖責五百下。此後罪人受罰，就不必殘毀身體受盡極刑了，從人性的角度來看，當然改得好，是社會文明進步的需要。但改革的發表得從一個女子說起。

　　這個女子的名字叫緹縈。

　　緹縈的父親淳于意是一位很有名的醫生，他以前做過太倉令，後來因為不願和那些官場上的人同流合汙，就辭官當起了醫生，專門給老百姓治病開藥，老百姓都非常尊敬他。

　　有一次，有個富人的老婆得了重病，聽說淳于意醫術高明，就把他請了過來。結果，病人吃了他開的藥，病情也沒見好轉，沒過幾天就死了，這讓富人對他懷恨在心。

　　為了報復淳于意，富人就拿錢賄賂官府，誣陷淳于意害死了他老婆。那位官吏收了富人的錢，得到了好處，自然就得給人家辦事。於是，他也不調查，就不問青紅皂白，一口咬定淳于意有罪，把他抓來判了「肉刑」，之後押到長安準備受刑。

　　淳于意沒有兒子，只有五個女兒。臨走時，他望著女兒們一邊嘆氣，一邊傷心地說：「唉！只可惜我沒有兒子，危難的時候也沒個人能幫幫我。」其他四個女兒都只是低著頭哭，只有最小的女兒緹縈又是悲傷，又是氣憤，心想：「憑什麼女孩就不能幫父親排憂解難呢？」緹縈就偷偷地跟著押送父親的解差，來到了長安。

　　到了長安以後，緹縈趕快找人幫自己寫了一封信給朝廷，官員得到書信後，把這封信交給了文帝。文帝聽說來信的人是一個鄉下小姑娘，感到很詫異，趕快拆開信來看，只見信中寫道：「我叫緹縈，是原來的太

倉令淳于意的小女兒，我的父親做官的時候，廉潔公正，為老百姓做了許多好事。他還懂醫術，辭官後一直在鄉下給老百姓看病開藥。

「可是現在他卻被奸人誣陷，要對他實施肉刑。我不但為父親難過，也為所有受過肉刑的人傷心。肉刑實在是太殘忍了，好端端的一個人，受完刑之後就變成了殘疾，永遠都恢復不了。

「用刑不就是為了讓犯人改過自新嗎？可是一旦受了肉刑，就是犯人想改過也晚了。皇上為什麼要用這種可怕的刑罰呢？我願意進宮給皇上當牛做馬，替我父親贖罪。」

漢文帝看完，為緹縈一片孝心所感動，於是釋放了淳于意。為此，他還廢除了肉刑。這便是歷史上有名的「緹縈救父」。

漢文帝即位以後，有一年，發生了兩回日食，這可是難得一見的怪事。他看到之後，認為這肯定是自己哪裡做得不對，老天爺來警告他了，於是對大臣們說：「白天像這樣平白無故就成了黑夜，今年已經有過兩回了，這肯定是老天爺在責怪我沒有治理好天下，我實在是愧對蒼天啊！」

接著，他又說道：「大家都幫我想想到底是哪裡做得不好，坦誠地告訴我，我好改過來。現在先減少徭役的費用，減輕百姓的負擔。還有，邊疆的軍隊雖然不能撤，但保衛我的軍隊可以撤掉，宮裡的馬夠用了就行了，其餘的都送到驛站去。」

還有一年，遭遇了旱災，天上半年都沒掉下一滴雨來，這還不算完，各地都生了好多蝗蟲，怎麼也滅不乾淨，結果很多地方一粒糧食也沒有收上來，上萬人餓了肚子。

漢文帝知道了這件事，心想，糧食收不上來，百姓們可怎麼活？無論如何也不能讓大家都餓死啊，就趕快下令各方諸侯別再向朝廷進貢，讓百姓們進山打柴打獵，下河捕魚。他還減少了官員的數量，把自己吃

的、穿的都降低一等，還開倉放糧，允許百姓用糧食換爵位。

　　一般來說，皇帝即位後，都要開始為自己修建陵墓，漢文帝也不例外。但是，漢文帝害怕勞民傷財，就不要求為自己修建多麼高大的墳墓，說簡簡單單就好。即便是陪葬的東西，漢文帝也很節儉，他堅持不用黃金、白銀、銅來製作隨葬品，只挑了幾件普通的瓦器、陶器來陪葬。

　　漢文帝劉恆在位二十三年，雖未開疆拓土，卻能倡節儉，薄徭賦，行仁政，養民生。漢初的社會經濟之所以能夠得以迅速恢復，百姓能夠安居樂業，他可謂功莫大焉、名垂青史。

2. 外交危機上高懸的那封信箋

　　皇帝這個職業看起來風光無限，權力至高無上，實際上也是高危險職業，要是沒有手段，沒有智謀，那就會被大臣們耍得團團轉，大權旁落，處理政務要是解決不好就容易爆發大的危機，輕點的小命不保，嚴重的改朝換代。

　　漢文帝劉恆當上皇帝後，一點也不覺得輕鬆：他一方面要鞏固皇權，另一方面還要應對外部危機 —— 北邊匈奴的挑戰和來自南越的趙佗稱帝，都是非常棘手的問題。如果處理不好將會帶來更大的危機。

　　首先，來看漢文帝是如何避免戰爭，「平定」南越的興風作浪的。

　　秦始皇統一六國之後，就派兵去征討嶺南的廣大地區，經過了千辛萬險，艱難坎坷，終於把嶺南納入大秦的版圖之中，還在那裡設定了三個郡：南海郡、桂林郡和象郡。其中任囂被委任為南海郡尉，趙佗是他郡下的一個縣令。

　　幾年之後，秦二世繼位，陳勝吳廣起義，之後又是楚漢爭霸，中原地區亂成了一鍋粥。秦二世三年（西元前 208 年），任囂臨終前召來了趙

佗，他給趙佗分析了天下形勢，告訴他，現在是個機會，你完全可以趁中原戰亂的機會在這裡建立國家。然後，他向趙佗頒布了任命書，讓他接替自己的位置。

趙佗沒有讓任囂失望，他在任囂死後很快就控制了南海郡。漢高祖四年（西元前 203 年），趙佗又起兵兼併了桂林郡和象郡，在嶺南建立起了南越國，自稱南越武王。

後來，劉邦打敗了項羽，建立了西漢政權，這個時候的中原地區經過了多年征戰，已經是疲憊不堪，對於南越這個地方，劉邦也不想用蠻力去征服了。漢高祖十一年（西元前 196 年），劉邦派大夫陸賈出使南越，勸說趙佗歸漢。一則陸賈的口才好，二則大漢的天威在後面撐腰，權衡利弊之後，趙佗決定臣服漢朝，成為漢朝的南越王。

可是沒過幾年，劉邦就去世了，呂后開始掌控朝廷，這呂后和趙佗彼此都瞧不上，漢朝和南越國也出現了裂痕。呂后先發制人，單方面對南越國展開了貿易制裁，趙佗也不甘人後，宣布脫離漢朝的管制，獨立了。

之後，雙方也交過幾次手，趙佗勢力不強，沒占到什麼便宜。可是因為南越的地理位置優勢，漢朝的軍隊也沒能打過去，就這麼僵持幾年之後，呂后被趙佗熬死了。呂后一死，漢朝的軍隊也就停止了對南越的進攻，本來是僵持的雙方，現在一方撤走了，趙佗便自負起來，馬上正式宣布稱帝。

漢文帝即位後，趙佗來了個「投石問路」。他給漢文帝寫了一封信，提了三點要求：

第一，要在河北老家真定找父母的墓地並修葺好。

第二，找一找我老家的堂兄弟。

第三，撤掉長沙國駐守的將軍。

趙佗來信願意調解雙方的關係，漢文帝當然不想兵戈相見，他先是派人找到趙佗父母的墓地，把其父母的墳墓修葺好，並派專人給守靈。隨後，他又派人找到趙佗在真定的堂兄弟，直接任命他做了高官。

最後，漢文帝給趙佗寫了封信，表示了三層意思：

第一，呂后時期禁止雙方貿易往來，是因為呂后年齡大了，聽了一些大臣的建議，希望你不要計較。

第二，你提的要求我已經全部做到，如果還要輕啟戰端，雙方都會有損失，雙方應該和平相處，但有一點，你必須把帝號去掉，不能再稱帝。

第三，我派陸賈出使你們南越國，協商處理好未盡事宜。

陸賈可不是一般人，南越趙佗本來就與他打過交道，很佩服他的為人，陸賈一到南越，趙佗馬上把皇帝的稱號去掉，並給漢文帝回信，委婉地表達了稱帝不是自己的本意，而是一場美麗的誤會，以後肯定以漢朝為尊。

就這樣，漢文帝僅憑一封信就把漢朝與南越國之間的關係穩妥解決了，這封信也因此流傳千古，傳為奇談。

南方威脅好解決，北方的壓力卻很大。漢文帝在位時期來自北方匈奴的威脅相當嚴重，他在位的二十三年期間，匈奴內部政權不穩定，單于更換頻繁，所以漢朝屢次遭受匈奴的入侵。

儘管如此，漢文帝對於匈奴的處理就是堅持和親的基本國策，因為漢朝這時候的軍事實力還不足以對抗匈奴，若輕易發起戰爭損失太大。

漢文帝時期還有一個大麻煩：出了一個叛徒叫中行說，因為不滿跟隨和親團隊去匈奴，便準備投降匈奴，臨走的時候還放了句狠話：「讓我去，我將成為大漢帝國的一大禍患。」為了穩定住匈奴，漢朝這邊利用服裝、車馬、美食、音樂、美女、豪華建築，招降匈奴，許諾高官厚祿，

讓他們享受各種娛樂。效果非常顯著，匈奴人很嚮往投降漢朝的生活。

中行說投靠匈奴後，認為匈奴會被漢朝同化，這很危險，必須加以抵制，讓匈奴認清絲綢服裝不能騎馬打仗，重振匈奴文化自信給漢朝皇帝以壓力，大力發揚了匈奴文化。同時中行說還做了諜戰情報工作，極力挑撥漢匈之間的關係。

漢文帝前元十四年（西元前 166 年），匈奴再次入侵漢朝邊境。匈奴單于親自率領十四萬騎兵一舉攻下了北地郡，殺死了郡守，而後長驅直入進占朝那（今寧夏彭陽縣西）、蕭關（今寧夏固原東南）、彭陽（今寧夏鎮原東南），兵鋒直抵雍縣（今陝西鳳翔南）、甘泉（今陝西淳化西北），和長安城只有二百餘里的距離。

這不單單是搶劫百姓了，已經威脅到漢文帝的身家性命。漢文帝這回是真的惱了，繼位這麼多年，從來沒上過這麼大的火，他先是派出三個將軍，分別率軍駐守隴西北地和上郡，又任命中尉周舍為衛將軍，郎中令張武為車騎將軍，讓他們領十萬騎兵，駐守在渭河以北地區。

漢文帝慰勞出征的將士們，親自給他們訓話，講述這次戰鬥的重要性，然後大軍未動，就先給予官兵們賞賜。這還不算完，漢文帝還要御駕親征，大臣們極力勸阻，可是沒想到皇帝真的生氣了，怎麼也拉不住。最後，薄太后親自出面，才讓漢文帝打消親征的念頭。自己不能親自統軍了，漢文帝就任命東陽侯張相如為大將軍，成侯董赤、內史欒布為將軍，統兵迎擊匈奴。

經過了幾個月的艱苦戰鬥，勇猛的漢軍將士們打跑了匈奴人，大漢取得了勝利，可是匈奴人並沒有服氣，他們很快又捲土重來。

和匈奴打了幾次交道之後，漢文帝深深地意識到，這個鄰居不好對付，為此，他在邊打邊談的情況下，仍然堅持贈送禮物，派遣使者，高舉和平大旗，極力維護邊疆的和諧穩定。

樹欲靜而風不止。漢文帝後元四年（西元前 160 年），老單于死了，他的兒子繼位，這就是軍臣單于。漢文帝後元六年（西元前 158 年），軍臣單于出動六萬大軍，兵分兩路分別攻擊上郡和雲中郡，搶奪了很多財物，殺死了不少無辜百姓。

漢文帝只好抖擻精神，繼續和匈奴作鬥爭。他任命中大夫令勉為車騎將軍，駐紮飛狐口（今河北蔚縣），任命蘇意為將軍，駐紮勾注（今山西雁門關附近），命將軍張武屯兵北地。這還不夠，又任命河內郡守周亞夫為將軍，駐軍細柳；劉禮為將軍，駐軍灞上；徐歷為將軍，駐軍棘門；以保衛長安。經過幾個月的調動，匈奴人看漢朝防衛如此森嚴，料想再做動作也未必能討到便宜，只好撤軍回家。

漢文帝時期，內憂外患，國內各方政治勢力還沒完全掌控，就得應對來自北邊匈奴、南邊南越的外部危機。漢文帝非常了解漢匈之間的力量不均衡，故不輕易對匈作戰，就算作戰也是點到為止，可以說是順應了歷史發展潮流，給漢朝的發展帶來了契機。在位二十三年間，漢文帝一直堅持和親為主、打擊為輔的策略，減輕了老百姓的負擔，維護了西漢政權的穩定。經濟的穩步發展，為漢武帝時期打擊匈奴奠定了基礎。

3. 人才輩出中隱藏的那個小人

漢文帝上任後，除了重用老將陳平和周勃外，他還慧眼識珠，親自發現並提拔了一些人才作為朝中棟梁來用。這其中就包括張釋之。

張釋之字季，南陽堵陽縣（今河南省方城縣）人。原本是騎尉（相當於警衛員），官路極為坎坷，十年內都沒有得到升遷，個中辛酸可想而知。後來，漢文帝偶然發現了他，任他為謁者（類似於軍隊裡的傳令兵）。到了這個位置，跟皇帝接觸多了，他的才華終於得到了展示，他談古論今，滿嘴「之乎者也」，把漢文帝唬得暈乎乎的。於是，漢文帝大手

一揮，他便變成了謁者僕射（謁者的負責人）。

隨後，他青雲直上，遷升為公車令和中郎將，直至廷尉，官位二品，位九卿之列，僅次於三公。

張釋之成了最高司法部門的負責人後，賞罰分明，量刑得當，成了鐵面無私的「張青天」。

一次，漢文帝出巡路過中渭橋，結果拉車的馬被一個行人驚嚇，這在當時叫做犯蹕（即衝犯了皇帝的車駕），事後這個行人自然被拘捕了。

張釋之審理後，得出事情的來龍去脈：犯法的行人原來聽到了行車的聲音，因為來不及躲閃，就躲到了橋下邊。過了一會兒，他覺得漢文帝的車馬應該走遠了，就從橋下出來，結果恰好撞上了漢文帝的車駕。驚慌之下拔腿就跑，又使馬受到了驚嚇。於是，張釋之依照法律規定做出這樣的判決：罰金四兩。

漢文帝被一個不知天高地厚的行人給驚擾了，以為交給張釋之後，張釋之一定會為自己出一口惡氣，結果卻看到了這樣的判罰。

漢文帝道：「輕也！」（判得太輕了！）

張釋之道：「輕乎哉？不輕也！」（輕嗎？不算輕了！）

漢文帝道：「孰輕孰重？」（什麼叫判得輕，什麼又叫判得重呢？）

張釋之道：「輕者自輕，重者自重。」（犯罪輕的人自然要輕判，犯罪重的人自然要重判。）

漢文帝道：「擾天子之罪何謂輕？」（驚擾天子的罪名算是輕的嗎？）

張釋之道：「天子犯法與民同罪，如果違背律條，輕而重判或者重而輕判，就會使法律失去信用。既然陛下讓臣來處理，就要按照國法辦事，如果我帶頭任意行事，那豈不是給各地的官員做了壞榜樣嗎？」

漢文帝聽張釋之說得有理，也就不再追究這件事了。

漢文帝雖然是個賢德的帝王，但他一生信奉老子的《道德經》，運用

老子「無為」的思想理論來治理天下，熱衷於求道，有一些旁門左道之人乘機渾水摸魚。這裡得提一個代表人物 —— 鄧通。

鄧通籍貫是蜀郡南安（今四川省樂山市）人，沒什麼文化，擅長空談、拍馬屁，綽號黃鼠狼。他叫「黃鼠狼」是有原因的。

鄧通土生土長在農村，又沒有一門技術，卻選擇了到長安來「闖蕩」。達官顯貴他一個也不認識，想經商又沒有本錢。走投無路之下，他當起了黃頭郎。

黃頭郎，便是御船水手。做水手雖然苦了點、累了點，但好歹有飯可吃，有衣可穿，不用再夜宿街頭了。

就在他因為肯吃苦賣力，上級有關部門決定把他升遷為船長的時候，漢文帝的一個夢徹底改變了他的命運。

漢文帝這天晚上做了個奇怪的夢 —— 飛天，他夢見一個「黃頭狼」水手把他推向了「天界」，完成了騰雲駕霧之舉。

急於解夢的漢文帝來了個千里大尋人。

漢文帝親自出馬，叫御船上的所有黃頭郎集合在一起，挨個檢視。輪到鄧通時，眾人都笑了起來，別人的衣服雖然髒了些破了些，但好歹縫縫補補後不至於袒胸露背吧！但鄧通呢！衣服東破一塊、西破一塊倒也罷，背後那個黑洞簡直就和老鼠洞如出一轍嘛。

然而，眾人的笑聲很快就停止了，因為原本一直凝神端坐著的漢文帝這時突然跳起來，大喝一聲：「停！」

鄧通被漢文帝這一驚天地、泣鬼神的大喝嚇得傻站在那裡一動也不敢動。漢文帝一把衝上前，說了句：「就是他。」然後全然不顧眾人驚疑和發呆的眼神，像是挽起妙齡少女一樣挽起他便走。

就這樣，鄧通因祖上積德，一夢之託便紅運高照，成了漢文帝身邊最紅的侍臣，後來官至上大夫。他只因衣服上有一「洞」而發跡，而那洞

又正好有黃鼠狼那樣大，而到了漢文帝身邊後又很會拍馬屁，所以其綽號「黃鼠狼」也算是實至名歸。

無德無才溜鬚拍馬的人竟然成了漢文帝身邊最紅的人，一人之下萬人之上的丞相申屠嘉無法接受。

鄧通在朝廷文武百官議事時，也不知是吃了什麼，「臭屁連天」。更要命的是，他還調戲侍女。這一切別人沒在意，申屠嘉卻看了個清清楚楚，等朝會結束，眾人散去，申屠嘉就到漢文帝那裡打了個小報告。哪知漢文帝只回了四個字「我知道了」就沒了下文，氣得申屠嘉吹鬍子瞪眼睛。

透過這件事，申屠嘉知道，有漢文帝的庇護，想除去「黃鼠狼」，以他之力那是不可能的。然而，申屠嘉既然能當丞相，自然也不是平庸之輩，他冥思苦想，便想出了一個「教訓」鄧通的好辦法。

他派人去「請」鄧通來他的府裡做客。鄧通雖然肚子裡沒有什麼墨水，但還不至於很傻，一聽跟自己八竿子打不著的申丞相突然宴請自己，他自然心生疑竇，再加上漢文帝已把申屠嘉狀告他的事告訴了他，他自然不敢去了。

申屠嘉見鄧通不肯來，並沒有灰心，而是充分發揮百折不撓的精神，一次不來二次請，二次不來三次請。而鄧通見他這麼「一廂情願」，也毫不含糊，來一個拒一個，來兩個拒一雙。

申屠嘉作為堂堂一國丞相，竟然請不來一個小小的中大夫，這不單單是「教訓」的問題了，而是延伸到「面子」的問題了。於是，申屠嘉動真格的了。鄧通一看這架勢，申丞相是來真的了，他本來想惹不起還躲不起嘛，但事實證明，官大一級壓死人，惹不起的人連躲都躲不起。沒辦法，他只好硬著頭皮去丞相府了。只不過他去的時候還多了一個心眼，那就是入宮找了漢文帝一趟。

　　有了漢文帝「不怕」兩個字，就如同得到了一張免死護身符一樣，鄧通轉悲為喜，便去了丞相府。結果申屠嘉把他整得很狼狽。

　　鄧通知道自己被申屠嘉「糊弄」了，自然哭著跑去向漢文帝告狀了。但因為當時申屠嘉和他的手下並沒動手，甚至都沒有碰過他，他磕破了額頭，完全是自己弄的，無憑無證可尋，再加上人家畢竟是一國丞相啊！漢文帝也沒有辦法為他「申冤」。

　　漢文帝為了安慰鄧通幼小而脆弱的心靈，給了他兩點實惠。一是把他由中大夫提升為上大夫。二是將蜀郡的嚴道銅山賞賜給他，並允許他自己鑄錢。

　　申屠嘉原本想好好教訓一下鄧通，讓他收斂收斂囂張的氣焰，哪知弄巧成拙，人家自己打了自己一個巴掌後，官職上又升了一級。申屠嘉心裡雖然極為不平衡，但也沒有辦法。

　　不但申屠嘉對鄧通極為「痛恨」，太子劉啟對鄧通更加「痛恨」。原來，漢文帝因為長年累月地伏案批奏，屁股上長了一個痔瘡，越來越大，到後來就潰爛了。這樣漢文帝就坐立不安了。

　　鄧通為了報答漢文帝對自己的「厚愛」，為了減輕漢文帝被痔瘡折磨的痛苦。就想出一個絕妙的辦法，用嘴吸吮毒瘡，以除去毒瘡上的敗膿。據說漢文帝每次被他吸吮過後都會好很多。毒蛇裡的血，是奇毒無比；而毒瘡裡的血，卻是奇臭無比。鄧通卻一點都不厭惡，堅持幫漢文帝吸。這讓漢文帝感動不已。

　　後來，太子劉啟入宮探病，漢文帝想試一下劉啟的表現。叫劉啟來吸，結果劉啟只吸了一口就嘔吐不止。

　　鄧通和劉啟形成了鮮明的對比，從此，漢文帝對鄧通更加寵愛了。而太子劉啟後來知道「吸吮膿血」的主意出自鄧通，從此和鄧通成了「大仇人」。

　　漢文帝後元七年（西元前 157 年）六月，漢文帝忽然得了重病，在生命垂危之際，他召來文武百官，欽點了三個人，其中就有鄧通。為了保證鄧通在他死後「不受傷害」，漢文帝對文武百官道：「你們誰也不許動我的紅人。」

　　漢文帝金口一開，結果是誰都不敢動鄧通，但「準皇帝」劉啟是個例外，他不但動了這個得了「免死金牌」的「大紅人」，還把鄧通折磨得很慘，鄧通最後被活活餓死，遠不如來一刀痛快。這當真是善有善報、惡有惡報啊！

（二）七國叛亂是怎麼回事

1. 禍起一項令：削藩，削藩

　　漢文帝後元七年（西元前 157 年），四十七歲的漢文帝劉恆在未央宮逝世，太子劉啟登基即位，史稱漢景帝。

　　漢景帝剛繼位不久就面臨一場政治風暴 —— 吳楚七國叛亂。

　　七國叛亂緣起漢景帝最寵愛的大臣晁錯發表的「削藩策」。

　　晁錯是漢景帝的謀士。早在漢文帝時，匈奴人對中原一直虎視眈眈，弄得當時以和為貴的漢文帝大為頭痛。正在施行「與民休息」政策的他，不願與匈奴大動干戈，再起禍端。但是，如果總是忍氣吞聲，邊境又會亂成一鍋粥，無法收拾。

　　在這種「戰也不行，不戰也不行」的情況下，當時還是太子謀士的晁錯站出來，提出了「募民實邊」的策略。漢文帝照著他的建議去做，果然，邊境問題得到了很大改觀。

　　漢景帝上任後，晁錯由漢文帝時的中大夫一躍成為內史（掌民政之官）。他為人剛正，直言敢諫，為發展西漢經濟和鞏固漢政權制定並主持

實施了許多政策。他在漢景帝面前一向知無不言，言無不盡，而景帝對他一直言聽計從。

一天，晁錯上報的奏章中出現了「削藩策」三個大字。這一政策直指吳王。那麼，這個吳王又是何許人呢？

大漢朝從高祖劉邦建國時起，便開始分封諸侯王國。到漢景帝時，全國分封的諸侯王國共有二十多個，而其中實力最強大的就是吳國。

吳國的國王劉濞非等閒之輩。他是漢高祖劉邦二哥劉仲的兒子。大漢剛立國時，劉邦封劉仲為代王。後來，匈奴進攻代國，軟弱無能的劉仲嚇得屁滾尿流，來了個「棄國而逃」，一時成了天下聞名的「劉跑跑」。對此，劉邦大為惱火，認為二哥丟了他劉氏的臉，於是廢其王位，降為合陽侯。

再後來，淮南王英布造反，劉邦帶兵親征，劉仲剛滿二十歲的兒子劉濞為了替父親立功贖罪，主動請纓隨劉邦出征。在征戰過程中，劉濞一馬當先，英勇善戰，立下了赫赫戰功。對此，劉邦大為讚賞，封劉濞為吳王，讓他管轄沿海富裕的三郡五十三城。

劉邦剛把王印交給劉濞就後悔了，因為京城中一位有名的相士說了這樣一句話：「劉濞後腦有反骨，日後必反。」

對此，劉邦又驚又駭。他想收回封給劉濞的王印，但君無戲言，封出的王就如潑出去的水，不能隨便收回。再說劉濞不但無過，而且還有功，僅僅因為相士的一句話就撤他的職也不妥。

暫時不好來硬的，劉邦只好來軟的。一次，劉濞來京城朝覲，劉邦對他表現得很親暱，一方面好酒好菜招待著，一方面噓寒問暖。

正在劉濞感動得一塌糊塗時，劉邦不失時機地「亮劍」了。他拍著劉濞的肩膀，喃喃地說：「亂我心者，昨日之日不可留；憂我心者，他日之日不可爭。」

劉濞一聽很驚愕，頭搖得像撥浪鼓，明確表示自己聽不懂。劉邦也不再轉彎抹角，直言不諱道：「有讖語說，漢五十年東南方向有叛亂者，不知道會不會與你有關啊。」

劉濞一聽，一邊跪地磕頭，一邊發誓：「臣雖肝腦塗地，亦不能報答您的恩情。臣萬死不辭，亦不會做出大逆不道之舉。」

劉邦一聽，懸著的心終於放下了。親不親，一家人，骨肉相連，血脈相連，他想劉濞就算吃了熊心豹子膽也不會做出逆事。

然而，劉邦雖然棋高一著，但他料想不到自己還是百密一疏，被劉濞的一面之詞所惑，忘了誓言只不過是美麗的謊言，忘了流言也有成真的時候。

劉邦在世時，劉濞不敢輕舉妄動。劉邦死後，劉濞開始有所作為了。

都說飽暖思淫欲，已富甲一方的劉濞不但思淫欲，而且還思權欲，他已不滿足僅在一方為王了。加之他兒子劉賢入京朝見時，和當時還是太子的劉啟因為「賽棋」（一種智力遊戲）發生了爭執。爭執到最後雙方都騎虎難下。惱怒之下，劉啟拿起棋盤對準劉賢的頭就是一招「泰山壓頂」，劉賢倒下後就沒有再站起來。

對兒子的死，劉濞很生氣，從此他再也沒有入京，吳國和中央朝廷的關係也進入了長久的「冷戰」階段。劉濞開始大規模鑄錢、煮鹽和養兵。前兩者都是經濟發展的需要，後者是自衛的需要。

漢景帝上任後，雙方關係進一步惡化。冤有頭債有主，劉濞心中的疙瘩如蠶蛹吐絲般越結越大。

對此，晁錯看在眼裡，急在心裡，他主動站出來，上奏漢景帝道：「若再放任劉濞等諸侯王這樣下去，各諸侯國的實力將越來越強，如此割據一方，大有分裂國家的跡象，只有削奪他們的封地，才能維護朝廷的

統治。」

漢景帝早已對劉濞長年累月的「因病不能上京朝覲」的藉口深感不滿了，此時晁錯的提議正合他意。但是，削藩是大事，他也不敢擅自做主，於是馬上召集朝中重臣前來商議。

當漢景帝詢問眾臣的意見時，眾人的嘴巴都像貼了膏藥似的，沒有一人敢吭聲。如此冷場讓景帝有點難堪。

良久，晁錯正想說既然大家不反對那就是預設來圓場時，人群中走出來一個人，英氣逼人。正是竇嬰。

竇嬰是竇太后的親姪子，雖說此時他還是個詹事的小官，但因為有「政治背景」，所以他的話自然很有分量。眾人屏氣凝神，準備聽聽竇嬰的高見，但竇嬰只有短短的一句話：「臣認為這樣削藩有所不妥。」

說完這句話，竇嬰再無多言。眾人伸長了脖子張大了嘴等了半天，也不見下文。但是，就是這樣淡淡的一句話，卻告訴眾人一個事實，那就是皇太后的親姪子反對削藩。

晁錯雖然有景帝的恩寵，但面對背景非同一般的竇嬰，他卻不敢貿然力爭。結果可想而知，因為竇嬰這句無頭無尾的話，削藩一事就此打住。

削藩的計畫雖然暫時擱淺，但想做一番大事業、轟轟烈烈過一生的晁錯並沒有灰心，相反，他時刻準備著。都說機會是留給有準備的人的，這話一點也不假。不久，晁錯苦苦等待的機會終於降臨了。

漢景帝三年（西元前 154 年）的冬天，楚王劉戊頂著凜冽的寒風，來京覲見天子。每年按時入京覲見皇上，是每位諸侯王的「必修課」。然而，劉戊不會知道，他這次入京，竟點燃了中國歷史上著名的「七國叛亂」的導火線。

劉戊是漢景帝的堂弟，他的祖父是元王劉交。劉交在楚地稱王二十

多年，重用名士穆生、白生、申公三人，一時間國泰民安。劉交死後，兒子劉郢繼承了他的王位，仍然重用這三位名士，依然國泰民安。劉郢去世後，兒子劉戊繼位。劉戊卻是個貪酒好色、胸無大志之輩，一上任便不把三位「老古董」放在眼裡。穆生、白生、申公三人在相勸無效的情況下，先後告老還鄉。

沒了三老的約束，劉戊變得更加放蕩起來。漢景帝剛繼位不久，薄太后一命嗚呼，全國一片哀悼，劉戊卻依然過著聲色犬馬的放縱生活，彷彿一切與自己無關。

若要人不知，除非己莫為。劉戊的一舉一動沒有逃過晁錯的火眼金睛。此時劉戊千里迢迢來上朝，正是晁錯表現的大好時機。

機不可失，時不再來。晁錯當機立斷，馬上向漢景帝打了一個小報告：薄太后喪葬期間，劉戊與人通姦，依律當斬。

漢景帝接到報告後卻很為難，這通姦一罪，說大則大，說小則小，怎麼處置劉戊令他十分頭痛。權衡利弊，念手足之情，漢景帝免了他的死罪，只削奪了他楚國的東海郡作為懲罰。

晁錯初試牛刀，劉戊光榮地成了削藩的奠基石。首戰告捷後，晁錯再接再厲，找了點芝麻大的小罪過，鼓動漢景帝削去了趙王劉遂的常山郡，然後又以「賣爵罪」削去了膠西王劉卬的六個縣。

至此，晁錯的削藩措施可以說取得了良好成效。

2. 反就一個字：帶頭大哥與眾小弟的生死情

兔死狐悲。就在晁錯準備大刀闊斧地削藩時，劉濞堅決拒絕。他認為與其這樣坐以待斃，倒不如豁出去了。他心一橫，決定造反。

要造反，就得聯合眾王。思來想去，劉濞把首選的目標停留在了膠西王劉卬身上。劉卬剛剛被削了封地，他的一口怨氣正沒處撒，此時

正好可以火上澆油。再者，劉卬素來勇猛，敢作敢為，是典型的「武力派」，找到他就等於找到了一個好幫手。

打定主意後，劉濞派中大夫應高去膠西說服劉卬。到了膠西，必要的客套過後，應高馬上來了個單刀直入：「吳王貴為一方諸侯，如今卻心事重重。我們都是一家人，所以吳王特派我來跟您說說他的心事。」

「洗耳恭聽。」劉卬道。

「吳王身體一向不好，不能朝見天子已經有二十多年了，他常常害怕受到朝廷的猜疑，卻又不能把個中緣由解釋清楚。為此，吳王只能節衣縮食，小心做事，唯恐有半分不是。」應高說著，頓了頓，隨後話鋒一轉，「當今天子寵愛庸臣晁錯，聽從他的讒言擅改法律，侵削各諸侯王的領地，徵收各種苛捐雜稅。你們膠西國素來對朝廷忠心耿耿，卻被平白無故地削了封地，今天是削地，明天說不定就『削頭』了。不知道大王有沒有這樣的顧慮呢？」

「知我者，謂我心憂；不知我者，謂我何求。吳王真是我的知己啊！」劉卬長嘆一聲，「你有什麼好辦法嗎？」

應高等的就是這句話。他當即臉一板，義正詞嚴地說道：「俗話說，先發者制人，後發者制於人。與其這樣坐以待斃，倒不如先下手為強。吳王此番叫我來，就是請大王一起出兵的。」應高終於亮出了底牌。

「萬萬不可啊，身為人臣，怎麼能做出這樣大逆不道的事呢？」事實證明，劉卬別的本事沒有，作秀的本事卻和劉邦有得一拚。他明明早已心動，但必要的過場還是要走的，這樣一來可以試探吳王的可靠性，二來成與不成都給自己留了臺階。

應高沒有直接回答劉卬的話，而是談起了前不久天空出現百年難遇的彗星，以及天下蝗蟲四起這兩件事。凡是天下將發生大事前，都會出現一些不祥的徵兆。劉卬自然知道應高話裡的意思。

眼見劉卬還是隱而不發，應高使出了殺手鐧：「御史大夫晁錯蠱惑天子，削藩奪地，天下諸侯都有舉義之意。現在吳王已做好了充分的準備，只等大王一句話，吳王便可立即發兵直取函谷關，守住滎陽這個軍事要地，占領敖倉的糧道。等大王兵馬一到，共同進軍長安，天下唾手可得。那時，共分天下，豈不美哉？」

話說到這裡，已經足夠了，劉卬等的就是這樣一句承諾。應高已經順利完成了自己的使命，接下來就看劉卬的表現了。

劉卬辦事雷屬風行，毫不含糊。他定下來的事都是鐵板釘釘，九頭牛也拉不回來的。他不顧手下重臣的堅決反對，義無反顧地走上了反漢的道路。他不但自己上了賊船，還主動連繫了齊、淄川、膠東等國。

就在吳王劉濞和膠西王劉卬各自忙碌準備起兵時，削吳國會稽、豫章郡的「削藩書」送到了劉濞手上。他不用再等什麼了，也不用再找什麼藉口了，一萬個理由太多，只要這份「削藩書」就足夠了。

劉濞聯合楚王劉戊、趙王劉遂、膠西王劉卬、膠東王劉雄渠、淄川王劉賢、濟南王劉闢光共七國，率二十萬大軍，以「請誅晁錯，以清君側」為口號，高舉反漢大旗，從廣陵（今江蘇省揚州市）向最近的梁國進軍。一場「七國之亂」就這樣拉開了序幕。

漢景帝聽說七國叛亂後，急得像熱鍋上的螞蟻，於是招來「罪魁禍首」晁錯詢問對敵良策。晁錯似乎早已胸有成竹，他自信滿滿地說了八個字：「兵來將擋，水來土掩。」

漢景帝問：「那派誰出征呢？」

晁錯答：「天子若親率大軍去平亂，叛軍一定聞風喪膽，不戰自潰。」

如果是在平時，晁錯這樣拍漢景帝的馬屁，漢景帝自然會很受用，但此時的漢景帝已被七國叛亂的聲勢嚇倒，豈是幾句甜言蜜語就能被矇混住的？

漢景帝反問道：「朕如果親征，京城由誰來把守？」

漢景帝的意思已經很明確了，他是堂堂一國之主，怎麼能夠親自出征冒險呢？萬一他有個三長兩短，這大漢豈不是要亡國了？可惜當時的晁錯太過自信，他連想都沒想，便接道：「陛下親自去出征，微臣願守京城。」

漢景帝的心一下子掉進了冰窟窿，他多麼希望晁錯說的是「微臣願帶兵出征，陛下在京城靜候佳音便是」。漢景帝平時最信任晁錯，況且這次七國叛亂又是因他而起，關鍵時刻他應該主動站出來挑大梁幫漢景帝分憂才對。現在竟然讓漢景帝冒死親征，他留下來吃香的喝辣的，簡直太不像話了。於是，漢景帝破天荒地沒有採納晁錯的建議，並且對晁錯的人品產生了懷疑。

就在漢景帝焦頭爛額時，他突然想起了父皇的遺言：「天下有變，可用周亞夫為將。」於是，周亞夫被景帝直接提升為太尉，成了「平亂大元帥」。

接下來，周亞夫率軍攻打吳、楚這一路叛軍主力部隊；酈寄攻打趙國；欒布率兵攻打齊國；竇嬰駐紮滎陽，一來為監軍，二來可隨機應變，出兵支援。

就在漢景帝派出四路大軍，準備靜候他們的捷報時，朝中走出來一個人，對漢景帝說了這樣一句話：「臣有一計，不用一兵一卒一刀一槍，便可平定七國之亂。」

不戰而屈人之兵，這何嘗不是景帝最想要的結果？漢景帝仔細打量來人，原來是袁盎。那麼，此人又是什麼來頭呢？

袁盎和項羽一樣，也是楚人。他的父親名聲極壞，是雞鳴狗盜之輩，因此袁盎小時候有個不雅的綽號，叫「賊二代」。但是，「賊二代」袁盎並沒有重蹈父親的覆轍——繼續當賊，而是改邪歸正了。他先是在紅

極一時的「呂氏家族」的重量級人物呂祿手下做事，儘管只是毫不起眼的舍人，袁盎卻毫無怨言，做得勤勤懇懇，兢兢業業。

隨著呂氏家族一夜之間倒臺，他也失業了。袁盎選擇的第二任老闆是劉恆。當時的劉恆還沒有當皇帝，是雄踞一方的代王。袁盎不遠千里投奔，不但給劉恆增強了信心，而且還及時給他帶來了朝廷的最新動態。劉恆被推上皇帝寶座後，沒有忘了袁盎，給了他一個郎中（侍從官）的職務。

對此，袁盎並不滿足。他透過幾次精心策劃的諫言，讓劉恆對自己另眼相看，器重有加。隨後，袁盎的仕途平步青雲，扶搖直上。到景帝時，他已官至御史大夫，跨入了朝中的「三公」之列，成了舉足輕重的人物。

此時，漢景帝已被造反的寒風吹得頭痛心痛哪裡都痛，見了袁盎就像抓住了一根救命稻草，直問他有什麼好辦法能解七國之亂。

袁盎的回答只有六個字：「斬晁錯，可平亂。」他的意思很明確，七國之亂是因為晁錯的削藩惹起的，解鈴還須繫鈴人，斬了晁錯叛亂自然便會平息。

袁盎之所以在關鍵時刻對晁錯落井下石，這和晁錯自身有關。晁錯受法家思想影響，產生了獨特的性格：大膽、正直、準確、深刻、嚴厲、正直、卑鄙、殘忍。

然而，晁錯的舉動也注定是孤僻而不合群的。他的許多思想和主張在以無為而治為國策的朝堂上顯得格格不入，他積極而有前途的思想使他在政治上樹敵不少，袁盎和申屠嘉等漢朝初年的名臣普遍不喜歡晁錯的為人。

漢景帝即位後，把最為寵幸的晁錯封為御史大夫，地位超過了九卿，名列三公。大權在握的晁錯也因此展開大刀闊斧的變革，他修訂並頒布了許多法律。

出頭的椽子先爛，晁錯的獨寵也引起了朝堂上其他大臣的擔憂和打壓。如舊臣代表、兩朝丞相申屠嘉就對晁錯恨之入骨。晁錯一次曾為了出行方便，私自砸開了太廟的一堵牆。申屠嘉知道這件事後，於是向漢景帝打了一個小報告，要求以大不逆之罪處死晁錯。結果聽到風聲的晁錯當晚就去找漢景帝求助。

漢景帝笑說：「這沒什麼大不了的。」只一句話讓晁錯懸著的心放下來了。

就這樣申屠嘉的「屠晁計劃」失敗了，他為此氣病倒了，不久竟然撒手人寰。

此後，晁錯在宮中的地位節節攀升，成為朝中炙手可熱的紅人。

申屠嘉死了，後果卻很嚴重。因為，袁盎曾是申屠嘉的門客，和申屠嘉關係很好。申屠嘉的死，讓袁盎對晁錯痛恨至極，兩人徹底決裂。

晁錯當然也不是好惹的，他也極力打壓袁盎，並派人去調查袁盎收受吳王賄賂的事件。後來證據確鑿，袁盎應被下獄治罪，好在漢景帝特別開恩，寬恕了袁盎，只是將他降為平民。

袁盎為了自保，去尋求竇嬰幫忙。竇嬰是竇太后的親戚，也是晁錯的政敵。竇嬰於是全力保護袁盎，並極力引薦給漢景帝。

晁錯削藩引起了七國叛亂後，袁盎在竇嬰的引薦之下，終於見到漢景帝，他說了這樣的一番話：「吳國之所以要起兵造反，就是因為晁錯大舉推行削藩政策，使得天下諸侯人人自危。吳王為了保全自己的地位和性命，不得不起兵反抗。現在他們打出的旗號是清君側，誅殺陛下身邊的小人，這指的就是晁錯啊。只要陛下您下達命令誅殺晁錯，吳王等諸侯聽到消息，就一定會安然撤軍的。」

袁盎把罪責都歸咎於晁錯，目的很明顯，藉此清算自己的政治對手。

形勢逼人，形勢迫人，形勢壓人。漢景帝默然良久，決絕地說道：「我不會因為溺愛一個人，就棄天下百姓於不顧，就對不起天下。」

不久，丞相陶青、廷尉張歐、中尉陳嘉聯名上了一封彈劾晁錯的奏章，指責晁錯提出由漢景帝親征、自己留守長安及作戰初期可以放棄一些地方的主張，是「無臣子之禮，大逆無道」，應該把晁錯腰斬，並殺他全家。

漢景帝為了求得一時苟安，不顧多年對晁錯的寵信，昧著良心，批准了這道奏章。這時，晁錯本人還完全矇在鼓裡呢！

漢景帝派中尉到晁錯家傳達皇命，騙晁錯說讓他上朝議事。晁錯穿上朝服，跟著中尉上車走了。車馬經過長安東市，中尉停車，忽然拿出詔書，向晁錯宣讀。忠心耿耿為漢家天下操勞的晁錯，就這樣被當街腰斬了。

晁錯在歷史上是一個爭議頗多的人物。他的優點很明顯，同時，缺點也很明顯。但是，不管怎樣，在那個時代，他的確是一位傑出的政治家。對此，明代李贄曾說「晁錯不善謀身，但不可以說他不善謀國」，以此讚揚了晁錯為了國家利益而不顧個人安危的獻身精神。

漢景帝揮淚斬晁錯後，馬上封袁盎為「和平大使」，去吳國「議和」談判。然而，事情遠沒有這麼簡單，劉濞的野心不僅僅是斬了晁錯那麼簡單，他要的是整個天下。因此，面對袁盎帶來的喜報，劉濞表面上喜不自勝，內心卻是拒絕的。

於是，他把報喜的袁盎軟禁了起來。劉濞知道他是個人才，想任他為大將，但遭到了袁盎的拒絕。後來，劉濞決定斬了這個不識時務的袁盎，幸虧袁盎得貴人相助，連夜逃了出來，撿回了一條小命。

3. 定就一個人：誰是平反功臣

用犧牲晁錯和恢復被削封地的妥協辦法沒能使吳楚等七國退兵，為此漢景帝頭痛不已。關鍵時刻，他想起了一個人 —— 周亞夫。

周亞夫是西漢的傳奇人物。他乃名門之後，是太尉周勃之子。周勃是最早跟隨劉邦起義的元老之一，在推翻暴秦和楚漢之爭中，他立下了赫赫戰功。特別是在誅滅呂氏一族中，他造成了中流砥柱的作用，和陳平被漢文帝視為左膀右臂。

周勃死後，他的大兒子周勝繼承了爵位。然而，周勝不爭氣，在權力寶座上屁股還沒坐熱，就犯了事被免了職。念及周勃的功績，漢文帝封周勃的二兒子周亞夫為條侯。

周亞夫遺傳了父親幾乎所有的優點，他能征善戰，用兵如神。

漢文帝後元六年（西元前 158 年），不安分的匈奴再一次入漢朝境內「打穀草」，一時間邊塞風雲四起。漢文帝也不是等閒之輩，他馬上從朝中精選出三位將軍，在京畿附近的灞上、棘門、細柳一帶結營駐守，建構起了「品」字形防禦體系。

為了籠絡人心，鼓舞士氣，漢文帝風塵僕僕，深入到這三處軍營訪視。到了灞上、棘門，兩營的主帥都舉行了「十里夾道相迎」的隆重儀式，看到漢軍兵強馬壯，雄糾糾氣昂昂的精氣神，文帝很是高興，臉上盛開了一朵朵花兒。然而，好景不長，他臉上的花兒很快便凋謝了，因為他來到細柳慰問時，卻吃了閉門羹。

而做出如此「大逆不道」之舉的人就是細柳營的「營長」周亞夫。但見細柳營劍拔弩張，嚴陣以待，一副如臨大敵的模樣。漢文帝想進去都被士兵攔住了，他自報身分，營衛卻說：「將在外君命有所不受，我等只聽從將軍的命令，不聽從天子的詔令。」漢文帝最後沒轍了，只好取出代表身分的符節交給營衛，讓其代為通報。

周亞夫這才傳令開門。到了內營，只見周亞夫身穿鎧甲，手持佩劍出來相迎。見了漢文帝也是稍微欠了欠腰，說道：「臣以軍禮接駕，望陛下勿怪。」

漢文帝見狀大為感動，在表達慰問之情後，立即打道回府。他剛退出營帳，細柳營立刻關閉營門，又進入「一級嚴守」狀態。漢文帝忍不住感嘆道：「這才是真將軍啊！」

後來，匈奴被逼撤軍，各路人馬依次撤回後，漢文帝對周亞夫賞識有加，視他為國家棟梁。再後來，漢文帝突然染疾，病入膏肓之際，給漢景帝留下了「天下有變，可用周亞夫為將」之言。

漢景帝三年（西元前154年）二月中，漢景帝下了一道詔書，任命周亞夫為「平亂大元帥」，並號召將士奮力殺敵，同時下令嚴懲參加叛亂的官吏，從而鼓舞了漢軍士氣。

早已嚴陣以待的周亞夫接到漢景帝的命令後，經藍田出武關，迅速向軍事重地滎陽進軍。

而此時，吳、楚兩國聯軍已把梁國圍得水洩不通。梁國的軍事要地棘壁（今河南省永城市）也被吳、楚叛軍攻克。梁王劉武只好死守睢陽（今河南省商丘市）。得知周亞夫的軍隊到了滎陽後，劉武自然想抓住這根救命稻草，於是派人去向周亞夫求救。

但是，令人頗感意外的是，周亞夫居然對劉武的求救不予理睬，一副事不關己、高高掛起的姿態。

眼看自己的一封封「求救信」都如泥牛入海，杳無音信，劉武急得像熱鍋上的螞蟻。最後沒辦法了，他只好改變方式，直接派人送信到長安給漢景帝。

漢景帝接到劉武的求救信後，馬上給周亞夫下達了「速去救援梁王，不得有誤」的命令。

事實證明，周亞夫就是周亞夫，他的所作所為就是和常人不一樣。接到漢景帝的聖旨後，他非但沒有進軍，反而來了個退軍，公然置殺頭之罪於不顧，向昌邑（今山東省鉅野縣）後撤。到了昌邑後，他便築壘自守，像一隻縮頭烏龜一樣，躲在那裡再也不出來了。漢景帝的「進軍令」和梁王的告急書如雪花般飛過來，周亞夫全都視而不見。

周亞夫之所以這樣做，是策略部署的需要。他已打定主意，認為「楚兵剽輕，難與爭鋒，願以梁委之，絕其糧道，乃可制」。

因此，他的目光不是停留在被劉濞等七國聯軍包圍的睢陽，而是緊緊盯著滎陽。滎陽一地太重要了，項羽和劉邦長達四年的楚漢之爭，說白了就是圍繞滎陽爭來爭去，最後得滎陽者也得了天下。

周亞夫接到正式開戰的命令後，二話不說，目標直指滎陽。他並沒有按正常的行軍路線走，用直達的方式去滎陽，而是以迂迴的方式繞道右行，走藍田，出武關，至洛陽，入武庫，最後成功抵達滎陽，從而把這個軍事要地牢牢地控制在了漢軍手裡。

既然滎陽這麼重要，是兵家必爭之地，為何先發制人的劉濞不先下手為強呢？

事實上，劉濞舉兵時，他手下一員年輕且富有朝氣的將領桓將軍便這樣勸過他。桓將軍說吳國步兵多，擅長在崎嶇的險惡之地作戰；漢朝軍騎兵多，擅長在寬廣的平原之地作戰。他勸劉濞應揚長避短，在行軍過程中，繞開經過的城市不去進攻，而一直向西前進，以迅雷不及掩耳之勢迅速奪取武器庫，霸占敖倉的糧道，占領滎陽。這樣進可攻退可守，以此號令天下諸侯，大事可成也。

應該說桓將軍的建議和周亞夫的策略思想不謀而合。然而，劉濞在徵求一些老將的意見時，眾人都以「一個乳臭未乾的小子懂什麼兵法」為由投了反對票。最終，劉濞也認為攻城拔寨方顯英雄本色，於是率兵在

梁國一座城一座城地攻打。他的努力也沒有白費，至少效果顯著。梁國除了睢陽這個劉武的老窩還在頑強死守外，其他重城，包括軍事要地棘壁都已丟失。

此時，後知後覺的劉濞終於幡然醒悟，明白自己犯了嚴重的軍事路線錯誤。然而，世上沒有後悔藥可吃，這時候，就算他有三頭六臂，也無法挽回頹勢了。

周亞夫占領滎陽後，為了避免與劉濞叛軍發生正面衝突，故意退守昌邑，迷惑劉濞。同時，周亞夫悄悄派了一支精銳部隊迂迴敵後，深入吳楚聯軍的空虛後方，展開了「破糧行動」。

而這時，已是垂死掙扎的劉濞索性拋開一切，對所圍的睢陽城展開了更猛烈的進攻。

正在睢陽岌岌可危、即將告破之際，周亞夫的聲東擊西戰術收到了奇效。他派出的奇兵弓高侯韓頹當不負眾望，成功繞到敵人後方取得了「破糧行動」的圓滿成功。

沒有了糧草，睢陽是沒法打了。劉濞在夢碎的同時，決定孤注一擲，去昌邑找周亞夫展開生死大決戰。

此時的周亞夫已經是穩操勝券，於是選擇了避戰。對劉濞的猛攻，他嚴防死守。就這樣，劉濞強攻數日非但沒有絲毫進展，反而損兵折將。眼看這樣下去不是辦法，力求速戰速決的劉濞來了個半夜劫營。

是夜，他率領大軍出發，目標直指周亞夫的大本營。一切都出奇的順利，敵人營帳前靜悄悄的，連個哨兵都沒有。

「真是天助我也！」劉濞心中一喜，「這回非要把周亞夫這個老匹夫碎屍萬段才解恨。」劉濞手一揮，吳楚聯軍如秋風掃落葉般衝進了周亞夫的大營。然而，他們的歡喜很快就成了竹籃子打水一場空，因為進來之後，他們才發現偌大的一座敵營裡竟然空空如也，沒有一個人影。

　　劉濞再傻也明白是怎麼回事了，趕快下令撤軍。這時候，周亞夫一聲令下，漢軍從四面八方擁出來，慌亂中的吳楚聯軍只有挨宰的份了。

　　前進無路，後退無門，此時軍中已斷糧，吳楚聯軍陷入了進退兩難的尷尬境地。周亞夫眼看時機已到，率吳楚聯軍和漢軍展開了最後的決戰。結果毫無懸念，吳楚聯軍兵敗如山倒。

　　事實證明，劉濞行軍打仗的本事沒有，逃跑的本領卻得到了叔叔劉邦的真傳。眼看戰局無法挽回，劉濞沒有坐以待斃，而是選擇了三十六計，走為上計。他只帶了兒子劉駒和幾千親衛軍連夜逃走，剩下十多萬吳楚聯軍只能作鳥獸散。

　　劉濞父子成了喪家之犬，四處逃竄時，卻發現天下之大，此時竟已無容身之處。好在天無絕人之路，正在他驚慌失措時，東越王向他示好。劉濞幾乎連想都沒想就朝東越去了。

　　東越即東甌，惠帝三年（西元前 192 年），曾封東越君長搖為東海王，王位世襲。吳、越兩國是近鄰，關係向來很好。吳王發兵反叛時，東越王還發了一萬人馬相助，用東越王的話說，人雖然少了點，但禮輕情意重，僅表寸心。

　　而此時，作為一個敗軍之將，東越王竟然不嫌棄自己，這讓劉濞很感動。他馬不停蹄地趕到東越國，一見東越王的面，卻發現他的臉冷得像寒冬的雪，一雙眼睛像刀子般盯著自己。

　　一股涼意湧上劉濞的心頭。原來人世間根本就沒有真正的情意，在利益面前，情意不值一提，什麼友情，什麼海誓山盟都抵不過功名利祿，榮華富貴。可惜他明白得太晚了。對一個敗軍之將來說，不成功便成仁，這才是真理。

　　劉濞心甘情願也罷，不心甘情願也罷，總之，他的人生就這樣走到了盡頭。他揮一揮衣袖，留下了壯志未酬的遺憾。

　　一號主謀劉濞死了，二號主謀楚王劉戊也只有三十六計，逃為上計。周亞夫不是等閒之輩，他將「詭道十二法」進行到底，使出了「能而示之不能，用而示之不用」這一招，對劉戊採取只追不打、只圍不殲的高級策略。最終，劉戊戰又不能戰，退又不能退，只能以自殺的方式結束了自己的一生。

　　接下來，膠東王劉雄渠、淄川王劉賢、濟南王劉闢光在走投無路的情況下全都自盡而亡。只有趙王劉遂的政治覺悟遲鈍些，還做無用功，拚死抵抗了一段日子，最後在孤立無援中兵敗自殺。齊王劉將閭最後也喝下毒酒，走上了黃泉路。

　　造反只三月，萬事皆成空。只經歷了短短三個月，七國叛亂便匆匆落幕。

　　值得一提的是，漢景帝在平息吳楚七國叛亂之後，趁機在政治上做了一番改革，一是下令諸侯王不得繼續治理封國，而由皇帝派去的官吏治理；二是改革諸侯國的官制，改丞相為相，裁去御史大夫等大部官吏。如此一來，諸侯王失去了政治權力，僅得租稅而已，力量被大大地削弱了。

四、血腥的盛漢

（一）變革前那一道傷 ───────────

1.獨尊儒術的臺前幕後

　　漢景帝後元三年（西元前 141 年）正月十七日，四十七歲的漢景帝病故，年僅十六歲的太子劉徹即位 —— 他就是歷史上大名鼎鼎的漢武帝。

　　劉徹登基後，馬上做了三件當務之急的事。

　　第一件事：感恩戴德。

　　對誰感恩，戴誰的德？當然是漢景帝了。因為漢景帝交給了他一個好攤子。漢景帝和他父親文帝在位期間，很好地施行了漢高祖劉邦的「與民休息」政策，不但穩定了社會，還提高了人民的生活水準，共同開創了中國歷史上有名的太平盛世 ——「文景之治」。

　　「文景之治」是個怎樣的局面呢？有司馬遷《史記》原話為證：「國家無事，非遇水旱之災，民則人給家足，都鄙廩庾皆滿，而府庫餘貨財。京師之錢累鉅萬，貫朽而不可校。太倉之粟陳陳相因，充溢露積於外，至腐敗不可食。眾庶街巷有馬，阡陌之間成群……」

　　國富民強，豐衣足食。面對如此大好局面，劉徹自然感恩戴德。

　　第二件事：感恩回饋。

　　劉徹感恩回饋的人自然也是他至親至愛之人。他封祖母竇太后為太皇太后，封母親王娡為太后，封他金屋藏嬌的太子妃陳阿嬌為皇后，而勇於拿「青春賭明天」的王娡之母臧兒也鹹魚翻身，被封為平原君。

第三件事：思想變革。

劉徹上任後，並沒有因為國富民強而裹足不前。相反，雄心勃勃的他很快做起了思想變革：罷黜百家，獨尊儒術。

漢朝自開國以來，吸取了暴秦滅亡的教訓，沿用了戰國以來流行的「黃老」的治國方針，以「無為而治」為治國的核心精髓。幾十年來，一脈相傳。

如果劉徹也在這一條道上走下去，那劉徹就不是漢武帝了。他決定展開一場思想變革，推翻黃老，獨尊儒術。

要變革，首先就得有人才。如何才能讓天下人才為己所用呢？劉徹馬上下了一道聖旨，公開應徵有才之士。

他的聖旨一出，天下文人騷客聞風而動，特別是自秦始皇以來被打壓的儒生終於時來運轉。面對這樣千載難逢的好機會，他們自然各個都爭先恐後地往京城裡趕。

漢武帝發表的「官員考試」之所以能產生這樣轟動的效應，原因是如此選拔人才的方式史無前例。要知道，在他從政之前的漢初七十餘年光景裡，朝廷選拔官員基本上都延續了秦朝的規章制度，大致分為三種方式。

第一種方式：軍功制。凡是在軍隊功勞簿上有名的人，可以直接入選。

第二種方式：任子制。凡是郡太守以上官員，在任期滿三年之後，可以保舉其子弟一人入選。

第三種方式：貲選制。凡是交納一定的錢財，便具有入選的資格。

這三種方式，說得再直白點就是有功、有權、有勢和有錢之人才可以理所當然地到朝中為官。也正是因為這些條件的限制，官場上紈褲子弟多如牛毛，而真正的才學之士大都懷才不遇，流落民間。漢武帝不拘

一格選人才的方式，正是給了大家一個公開、公平、公正的競爭機會，能在全國產生轟動效應也就在情理之中了。

面對眾多儒生的到來，漢武帝很高興。這次公開招考也很成功，在歷史上留下了濃墨重彩的一頁。漢武帝招攬了大量有用之才，其中尤以「雙子星座」──董仲舒和東方朔──最為閃亮。

董仲舒是這次考試的頭名。他是廣川（今河北省景縣）人，少年聞名，從小就研讀《春秋》，並以弱冠之年獨創了流傳千古的成語「目不窺園」而聞名天下。傳說他鑽研學術到了痴迷的地步，整天守在書房裡朗誦《詩經》，鑽研儒學，成了不折不扣的「宅男」。他自己家中有一個風景優美的後花園，但他連續三年都沒有踏進過，所以「三年不窺園」成了當時儒者的精神追求。

博覽群書的董仲舒在而立之年徹底摘掉了「宅男」的帽子，開始四處遊學。別的大師講課要按天、按時收費，他不但不收取任何費用，而且還要倒貼──貼時間和車旅費等，他卻樂此不疲。

付出就有回報，他的無私奉獻收到了良好成效，他送出去的是知識，留下的是董氏這塊金字招牌。他的聲名到了極盛的地步，那些「國家級」教授在他面前也自嘆不如。

俗話說：「千里馬常有，而伯樂不常有。」事實證明，董仲舒是千里馬中的千里馬，而漢武帝劉徹是伯樂中的伯樂。他拿著董仲舒的考卷看了一遍又一遍，讀一遍參悟人心，讀二遍醒悟人性，讀三遍感悟人生，讀百遍愛不釋手，讀千遍意猶未盡……漢武帝馬上下令召見了董仲舒。

與其說是召見，不如說是漢武帝對董仲舒的第二次考驗。只是先前是筆試，現在是面試。

「朕有個問題百思不得其解，煩請先生解惑。」漢武帝對董仲舒恭敬有加，態度誠懇至極，沒有半點考官的架子，反倒像一個誤入歧途的人

等待高人指點一樣。

「三皇五帝從興造成衰弱，這是不是天命呢？夏、商、周三代受天命而興起，它們的祥兆是什麼？災異變化又是什麼？是天命，還是道義？朕希望社會能流行純樸的風氣，朕希望四海昇平，百姓能安居樂業，朕也希望法律能堅決地實行下去，所有人都有安全的保障，朕希望能享受上天的保佑……卻不知該如何修治整飭，達到心中宏願，故請先生賜教。」漢武帝大有把埋藏在心底十六年來的「十萬個為什麼」都問出之意。

面對漢武帝撒豆子般的提問，董仲舒不急不躁，從容淡定，娓娓而談，一一作答。他的話條分縷析，成了流傳後世的經典，史稱「天人三策」，歸納起來有五個要點。

第一，新王改制，君權神授。

董仲舒說，新的王朝建立後，新的皇帝即位後，一定要改變舊朝的制度和禮儀，而這其中最主要的就是要「改正朔，易服色」，達到以順天命的目的。

「正朔」的「正」指正月，即一年之首；「朔」指初一，即一月之首。「改正朔」說白了就是改變前朝曆法的意思。

「服色」指的不僅僅是服裝的顏色，還包括車馬、祭牲等顏色。每一個朝代崇尚的顏色都不同，如夏朝尚黑，商朝尚白，周朝尚赤。「改服色」說白了就是改變前朝所崇尚的顏色。

之所以要「改正朔，易服色」，以順天意，是因為君權神授。皇朝的更迭是天意，非人力所為，這證明了新政權的合法性。人君受命於天，奉天承運，實行統治，代表天的意志治理人世，一切臣民都應絕對服從君主。而皇帝的權力是上天賜予的，是命中注定的。如果君主濫用權力，苛法暴政，無法無天，違背天意，老天就會發出警告。如果警告沒

用，老天就會以災異等形式來鞭策、約束君主的行為，直至剝奪君主手中的權力。

董仲舒的「君權神授」理論使君主的權威得到了空前提高。他把君權建築在天恩眷顧的基礎上，從而使君主的權威絕對神聖化，這有利於維護皇權。同時又告誡君主要懂得潔身自愛，做到慎言、慎獨和慎行。

第二，大一統，大一統。

董仲舒按照《春秋》所提倡的「大一統者，天地之常經，古今之通誼也」，極力主張實行「大一統」。

「大一統」即天下統一，這正好跟極富政治理想和抱負的劉徹不謀而合。劉徹當時面臨的形勢是，內部剛剛平定七國叛亂，各大諸侯雖然心存敬畏，但人心不穩；外部匈奴日益強盛，常常騷擾大漢邊疆，為所欲為。

在內外形勢都很嚴峻的局面下，如何建立高度的「中央集權制」，這正是剛登基的劉徹面對的當務之急。而董仲舒提倡的「大一統」正中劉徹的要穴，自然很得他的讚賞。也正是因為這樣，劉徹一生都在追求大一統的中央集權，並且傾盡人力、物力、財力和匈奴展開了「雖遠必誅」的持久戰，只為了達到中國「大一統」的目的。

第三，立太學，舉賢良。

打天下，靠人才；治天下，更需要人才。正如劉邦所說，「我能在馬背上打下天下，總不能在馬背上治理天下吧」。治理天下，沒有人才，一切都是空話。

「立太學」是指建立國家級的中央大學，透過官府扶植來培育人才，透過設立鄉學培育人才，以供朝廷社稷所用。

「舉賢良」指將官員「公開應徵」，即舉賢制度化，源源不斷地向朝廷輸送能人異士，讓大漢王朝人才薈萃，國泰民安。

第四，罷黜百家，獨尊儒術。

董仲舒說，天下民眾，只要學習《詩》、《書》、《禮》、《樂》《易》、《春秋》「六經」和《論語》就可以了，凡是不在此範圍之內的其他各家學派的學說，應該禁止傳播，堅決杜絕這些學說與儒家學說同存共議。這樣一來，可以達到統一思想的目的。只有思想統一了，法紀制度才能統一；只有法紀制度統一了，民心才能統一；只有民心統一了，國家才能治理好。

當然，這個統一是要講究方法的，秦始皇也是為了統一天下民眾的思想，採取的方法卻不妥，是血淋淋的「焚書坑儒」。而董仲舒提倡的「罷黜百家，獨尊儒術」是溫柔戰術，不殺你也不坑你，只要你一心一意讀儒學就行了。

第五，主更化，常善治。

「更化」指改變、革新，「主更化」就是指要變革。董仲舒認為，一個國家要想治理好，就必須執行行之有效的改變。

劉徹不是一個想躺在先皇功績簿上過日子的皇帝，他想有所作為。聽了董仲舒的「天人三策」後，他感嘆道：「妙，實在是妙！妙不可言，妙語連珠啊！」

漢武帝對董仲舒的面試到此結束。董仲舒的建議他悉數採納。考慮到官場用人的規矩，漢武帝並沒有直接把董仲舒留在朝廷為官，而是先把他安排到了基層，任江都相，輔佐自己的兄長劉非。

隨後，漢武帝尋找到一些志同道合的儒家弟子後，馬上大刀闊斧地開始了改革，發表了新政策，史稱「建元新政」。

「建元新政」主要包含三方面的內容。

第一，列侯不留京。

列侯每年都有一次進京朝覲的機會，但是在京城停留的時間必須在

規定時間內，一旦到了期限，就必須無條件離開京城，回到封地，鎮守一方，造福一方。

之所以發表這個政策，是因為從漢高祖劉邦開始，封侯便形成了這樣一個不成文的規定，把縣作為「嫁衣」封給某人，並且以縣名來對應稱侯。有了封地，有了爵位，按理說受封的人肯定會獨守一方，享太平之樂，擁富貴之榮。然而，此一時彼一時，漢朝經過「文景之治」，特別是到了漢武帝時，封侯之人都不願留在封地，而是想方設法留在京城。一是京城比封地繁華得多，二是大多數諸侯要麼是皇親國戚出身，要麼是娶了公主為妻的。這些人從小衣來伸手飯來張口，過慣了奢靡豪華的生活，哪裡肯到窮鄉僻壤去體驗生活呢？三是為了仕途的需要，京城是權力的中心，不到京城不知道自己官小，不到京城不知道自己權小。漢朝有這樣的「潛規則」，丞相人選必須從列侯中選擇。為了得到皇帝的器重，為了能攀上丞相這權力至上的寶座，誰都想長期留在京城，伺機而動。

列侯不准滯留京城，這項新政可以說是漢武帝為加強列侯作風而實行的新舉措。

第二，關中不設防。

早在秦朝時期，為了確保首都咸陽的絕對安全，發表了這樣一條硬性措施：凡是出入函谷關的人，必須持有特別通行證。劉邦建國後，沿襲了秦朝的做法，依然實施執證入關。這樣的做法雖然在一定程度上確保了京城的穩定，但弊端也很明顯，那就是給交流帶來了極大不便。普通百姓只能望關興嘆，經濟交流也因此受阻，極大地影響了政通人和。

漢武帝下令廢除通過函谷關的關禁，一來可以更好地顯示太平盛世，二來可以真正讓百姓享受平等出行的機會。這條新政可以說代表了漢武帝「開放」的治國理念。

第三，宗親無特權。

漢武帝時，宗親仗著勢力大、後臺硬，無法無天，胡作非為，經常做出一些違法，甚至是草菅人命的事，一來給皇室宗親抹了黑，二來造成了社會的不穩定。漢武帝下令堅決打擊宗親違法亂紀行為，宗親犯法，與庶民同罪，嚴懲不貸。

總而言之，這三條新政歸根結柢就是兩個字：惠民。

2. 老虎不發威，當我是病貓

漢武帝的新政雖然符合國計民生，為他喝采的人卻很少，原因是樹敵太多。

樹了哪些敵人呢？不是外人，都是自己人 —— 皇親國戚。他們本來小日子過得風生水起，但新政讓他們在仕途上斷了走捷徑的最後奢望，在行為上受到了極大的約束。一轉眼間，他們擁有的特權都被剝奪了，他們自然會反對和抵抗。

如何抵抗呢？他們當然不能直接和漢武帝動手，而是找竇太后告狀。

一個人這麼說，竇太后不置可否。兩個人這麼說，竇太后不值一哂。三個人這麼說，竇太后就不可不信了。

當然，竇太后畢竟是太后，儘管她怒了，卻沒有表露出來，而是採取了以靜制動的方針，想看看漢武帝接下來還會有怎樣的舉動。

哪知，漢武帝接下來的舉動讓竇太后再也靜不下來了。

點燃竇太后心中怒火的人是御史大夫趙綰。他給漢武帝提了一條重磅建議：朝中大事理應皇帝一個人說了算，以後不必再請示東宮了。

東宮就是指竇太后，不請示東宮，就是不請示竇太后。

應該說趙綰的出發點是好的，他是為漢武帝攬權，擺脫竇太后的操

控。然而，他太小看竇太后了。趙綰急於求成的這個小報告竟成了竇太后手中的把柄。

竇太后聽說此事後，憤怒異常。從表面上看，她憤怒的是趙綰的大不敬；從更深層次的原因來看，是因為她骨子裡堅決信奉黃老之學，堅決反對儒家學說。也正是因為這樣，她要求自己的兒子漢景帝、孫子漢武帝都要「獨尊黃學」。

其實，儒家學說和黃老學說之間的對戰由來已久。漢景帝也是個思想叛逆之人，他當時就為了學術信仰和竇太后展開了一次針尖對麥芒的爭鬥。

漢武帝開始思想變革以來，竇太后一開始只是觀望，想看看年輕的漢武帝究竟會把漢朝折騰成什麼樣。但是，這場好戲只看了一部分，就被不識抬舉的趙綰給攪沒了。凡事不向東宮請示，那就等於剝奪了竇太后的政治權力。權力是一把「雙刃劍」，任何人任何時候都不想放下，竇太后自然也不例外。

怒不可遏的竇太后開始發威了。她乾脆果斷地使出了竇氏三板斧。

竇太后的第一板斧：取而證之。

竇太后畢竟經歷過了這麼多風風雨雨，是老江湖了，她雖然舉起了手中的「屠龍刀」，卻沒有馬上揮出來，就是要繼續等待揮刀的最佳時機。當然，這個等，不是白等、乾等，而是主動出擊地等。

她派出了一個由自己的親信組成的「調查團」，暗中調查御史大夫趙綰和郎中令王臧二人的罪證。

先蒐集罪證，再揮出「屠龍刀」對其展開最後一擊，這是竇太后的看家本領，也是致勝法寶。遠的不說，先前對付逼死自己寶貝孫子劉榮的郅都使的就是這一招。前車之鑑，後事之師。可惜御史大夫趙綰和郎中令王臧被漢武帝強大的光環所籠罩，被革新的強大力量所感染，被自己

超強的自信所迷惑，認為革新已成燎原之勢，所以輕視了竇太后的絕地反擊。

竇太后是什麼人物，輕視了竇太后，後果很嚴重。果然，很快，竇太后的「調查團」就不負厚望，蒐集到了趙綰和王臧的罪證。竇太后為他們二人各精心挑選了五條罪狀，組成了「罪十條」，然後打包一起交給了漢武帝。

竇太后的第二板斧：分而懲之。

漢武帝接到竇太后送來的「大禮包」時就知道事情壞了。他當然是想為趙綰、王臧兩人開脫罪名，但人證、物證俱在，而且還有竇太后的監督，他只好聽命立案，把趙綰、王臧兩人的事移交給「司法部門」去調查處理。

趙綰和王臧就這樣入獄了。「司法部門」的人忙碌起來，正準備大刀闊斧審訊時，竇太后沒有猶豫，不再遲疑，終於揮出了手中的「屠龍刀」，給「司法部門」的最高長官下達了嚴格命令：把趙綰、王臧兩人往死裡整。

接下來，趙綰、王臧兩人的遭遇就可想而知了，他們面對的是生不如死的嚴刑逼供。

痛不欲生的結果是死路一條，忍辱負重的結果可能還是死路一條。與其這樣將痛苦堅持到底，不如一了百了。想通了這一點，趙綰和王臧選擇了自殺。

然而，趙綰和王臧料想不到，他們雖然以死明志，但並沒有達到捨生取義的效果。他們死了，竇太后的氣焰更囂張了，她給他們蓋棺論定：畏罪自殺。

漢武帝此時愛莫能助，只能唏噓長嘆。

竇太后此時怒氣未消，還要繼續「屠龍」。

接下來，輪到竇嬰和田蚡遭殃了。考慮到竇嬰、田蚡兩人畢竟是「外戚」的內部人員，竇太后放下了手中的「屠龍刀」，使用了「溫柔一劍」。這一劍揮出，硬生生地削掉了竇嬰、田蚡兩人的官帽。

死罪可免，活罪難逃。能保全竇嬰、田蚡兩人一命，竇太后已是特別開恩了。

一手打造的「四大天王」一夜之間便煙消雲散了，漢武帝除了感到寒意侵骨、痛心疾首，更多的是無奈和無助。當然，竇太后的「屠龍刀」和「溫柔劍」也讓漢武帝清醒了過來。他知道此時自己羽翼未豐，現在和竇太后直接鬥力，不但勝算不足一成，弄不好還會把自己搭進去。

對此，他做出了亡羊補牢之舉，把用「駟馬安車」請來的申公送回去了。申公也是個聰明人，眼見風頭不對，留在朝中多半是死路一條，要謀生眼下只有「走」這一條路。於是，他及時打了「辭職報告」，漢武帝順水推舟，准奏，申公一刻也不敢停留，一夜之間消失得無影無蹤。竇太后原本是想再拿他開刀的，此時見他歸隱了，鞭長莫及，也就不再追究了。

竇太后的第三板斧：取而代之。

竇太后成功拿掉了漢武帝精心打造的「四大天王」後，馬上起用自己的人擔任朝中最重要的丞相、御史大夫等重職，把漢武帝好不容易洗好的牌又洗了一遍。

新上任的丞相許昌和御史大夫莊青翟是朝中元老級人物。兩人雖然在朝中屬於無功績、無德、無能的「三無」人員，但因為他們都信奉黃老學說，且是擁后派的重量級人物，所以被委以重任也就在情理之中了。

而新上任的郎中令石建和內史石慶還是弱冠之年，屬於後起之秀。他們又是何許人物？為什麼能從默默無聞一下子位列朝中四甲之列呢？

原因很簡單，因為石建和石慶都有一個好爸爸——萬石君石奮。

萬石君石奮是河內郡人。他是個初生之犢不畏虎的人物，十五歲時就跟隨漢高祖劉邦，經歷了驚心動魄的楚漢爭霸。他做得最得意的一件事就是把其秀色可餐的姊姊推薦給了劉邦，同時自己也走上了仕途，被封為「中涓」。他的家人都被接到長安享受貴族待遇。到漢文帝時，他先是被封為太中大夫，隨後又被封為太子太傅。漢景帝劉啟繼位後，他被提為九卿之位，後來又被升為諸侯國的相國。

石奮之所以能在仕途上青雲直上，除了依靠裙帶關係，更重要的是他為人處世得宜。石奮雖不善言談，卻敏於行事。「戰戰兢兢，如臨深淵，如履薄冰」這十二個字是他性格的主要特徵。

在石奮的言傳身教下，他的家人，甚至僕人待人接物都非常恭敬，特別謹慎。如此一來，萬石君一家因孝順謹慎聞名於各郡縣和各諸侯國，即使齊魯二地品行樸實的儒生們，也都認為自己不如他們。

也正是因為這樣，石奮的長子石建、二子石甲、三子石乙、四子石慶，都因為品行善良，孝敬父母，辦事嚴謹，做官做到了二千石。對此，漢景帝有話要說了，他發出感嘆：「石君和四個兒子都是二千石官員，加起來等於一萬石了，作為臣子的尊貴榮寵竟然集中在他一家啊！」為了表達對石奮的崇高敬意，他尊稱石奮為萬石君，從此，萬石君這個稱號便傳播開來。

在這樣的關鍵時刻，竇太后之所以向石家示好，就是看中了石家的「名人效應」。石家謙卑，禮讓有加，門風極好，重用石家，對穩定政局顯然有好處。

但是，考慮到萬石君石奮此時年事已高，竇太后便從他的四個兒子中選了石建和石慶兩人分別擔任郎中令和內史，從而打造了自己的新隊伍。

薑還是老的辣，竇太后用實際行動給年輕的漢武帝上了一堂生動的政治課。

3. 戰還是和，這是一個問題

漢朝自立國以來，最大的敵人便是北方的匈奴。漢武帝之前，基本上採取和親政策，極其大方地將公主和錢財往匈奴那裡送，雖然匈奴人還是沒死心，但從此「時小入盜邊，無大寇」。

到漢武帝時，匈奴如幽靈般如影相隨，避不開、躲不了、逃不掉。這時候，漢武帝對匈奴面臨著是戰還是和的抉擇。最終，他選擇了戰，且堅定地血戰到底，一雪國恥。這也是漢武帝在繼思想變革之後，做出的第二個大舉措。

如果說漢武帝的思想變革是為了治國、理國的需求，那麼，他堅定地平定匈奴就是護國強國的需求。他之所以敢摒棄漢高祖一直流傳下來的和親政策，另闢蹊徑地動用武力也是有原因的。

要知道，此一時非彼一時。經過五代人的共同努力，透過休養生息政策，這時的漢朝已經發生了翻天覆地的變化，綜合國力已是一躍千里，糧多、錢多、馬多、武器多、軍隊多。

糧多解決了吃的問題，錢多解決了穿的問題，馬多解決了行的問題，武器多和軍隊多解決了打仗的問題。總而言之，這五個多合起來就能解決戰的問題。

就在漢武帝磨刀霍霍，準備戰的時候，匈奴人似乎覺察到了不祥的氣息，主動示好。漢武帝建元六年（西元前 135 年），匈奴單于派使者到長安求見漢武帝，請求和親。

為此，漢武帝馬上召開了一次朝議，討論接不接受和親的問題。他這樣做的目的有二：一方面主動徵求大臣們的意見，落得個廣開言路的好名聲；二來測一測大臣們對邊疆問題的期望值，為自己的武力平定匈奴做鋪陳。

朝議開始後，一改上次漢武帝為竇嬰和田蚡舉行辯論會時的沉悶，

現場氣氛非常熱烈，主和派和主戰派討論得熱火朝天。

首先，主戰派的代表人物大行（相當於現在的外交部部長）王恢發言。王恢之所以能成為主戰派的代表人物，是因為他長年在基層工作，而且還經常與匈奴打交道，主張以武力解決匈奴問題是其深思熟慮之後的舉措。

「言而無信，不知其可也。匈奴是一個不講仁義的民族，匈奴人是一群不講信用的人。自從漢高祖以來，我們送的公主還少嗎？我們給他們的錢財還不夠多嗎？可是那又如何？給了他們好處，他們就高興一下，他們就收斂一下，等你人走茶涼，他們馬上就變臉了，擅自毀約，私自出兵，獨自偷歡，從來不把信義放在腦海，從來不把道德留在心間，從來不把漢朝放在眼裡。分分合合這麼多年，鬧鬧騰騰這麼多年，我們勞民傷財，賠了夫人又折兵，說明了什麼呢？說明匈奴是永遠馴化不了的敵人，是反覆無常的小人，是無信無義的畜生。」

王恢一張嘴，洋洋灑灑，有理有據，把大家都鎮住了。

「要想結束這種提心吊膽的日子，要想過上幸福安寧的生活，和親不是辦法，而是毒藥，飲鴆止渴不是辦法啊。唯一的辦法就是拿出破釜沉舟的氣勢，拿出一往無前的鬥志，向著匈奴前進、前進、再前進，打敗他們，擊破他們，趕走他們，超越他們，徹底戰勝他們。只有自力更生，才能歲歲平安、年年和諧啊！」

王恢說完這番話，頓了頓，來了個總結陳詞：「總而言之，對匈奴不能再像以前那樣了，只能靠武力才能踏出一片豔陽天來！」

隨後，主和派的代表人物御史大夫韓安國開始了陳述，他顯然也是有備而來的。韓安國侃侃而談，娓娓道來，條分縷析，層次分明，談了主和的三點理由。

理由一，強龍壓不過地頭蛇。匈奴是游牧民族，他們居無定所，如果我們主動出擊去找他們，猶如大海撈針一般。就算費盡千辛萬苦找到

了他們，也早已是強弩之末。這時候，匈奴趁機反擊，我們就會吃不了兜著走。如果說我們是強龍，那麼匈奴就是地頭蛇，強龍雖強，強龍雖大，但壓不過地頭蛇啊。

理由二，以卵擊石，不可毀也。匈奴是在馬背上長大的民族，他們的騎兵威力很大，視刀山火海如浮雲，有排山倒海之威力。我們的騎兵雖然也不弱，但跟他們相比，便是小巫見大巫了。如果我們非要與之相爭，就好比以卵擊石，怎麼能打敗他們呢？怎麼能取得勝利呢？

理由三，知己知彼，百戰不殆也。匈奴人擅長游擊戰，深得兵法之奧妙，在作戰中打得贏就打，打不贏便跑。他們不羞遁走，認為只要能保全性命就是勝利。與之相比，我們的優勢在哪裡？我們的長處在哪裡？我們又真正了解匈奴多少？我們拿什麼去征服匈奴呢？

最後，韓安國總結陳詞道：「總而言之，與其摸著石頭過河，冒險和匈奴人展開刀鋒上的較量，不如求和。」

一邊主戰，一邊主和，相對相立，相映成趣。看到這個結果，漢武帝很無奈，他的原意是主張動武的，但此時的「臣意調查」結果已經出來了，大多數大臣還是保守派，還是願意繼續走和親的老路線。

漢武帝權衡利弊和輕重後，宣布道：「朕同意韓安國的意見，繼續和親。」

主和派和主戰派的第一次交鋒以主和派的勝利告終，但主戰派卻如革命的種子，雖然還是「星星之火」，但成「燎原之勢」已是歷史發展的必然。

隱忍與負重是一把「雙刃劍」，當忍無可忍，無法承重之時，也就是物極必反之時。果不其然，漢武帝和匈奴的和親只走過了短短三年的「蜜月期」，便進入了「更年期」。漢武帝建元八年（西元前 133 年），漢武帝第二次召開朝會，商議匈奴問題。

　　這次漢武帝一改往昔先聽大臣發言，再做決定的傳統做法，會議一開始，他就主動提出自己的主張：「朕飾子女以配單于，金幣文繡賂之甚厚，單于待命加嫚，侵盜亡已。邊境被害，朕甚憫之。今欲舉兵攻之，何如？」

　　漢武帝的話裡表達了三層意思：我對待匈奴，又是嫁送公主又是贈送禮物，可謂仁至義盡，而匈奴呢？他們又是侵我土地，又是擄我臣民，可謂無禮至極、傲慢至極、可惡至極。這樣下去不是辦法啊，所以我決定對匈奴用兵。

　　這一次漢武帝改變思路，創新思維，採取先發制人的策略，真真切切、明明白白地直接表明了自己的立場。

　　有了漢武帝的金玉良言，主戰派代表人物王恢勇氣大漲、信心大增，又是第一個站出來舉雙手表示強烈支持。但是，主和派的韓安國也不甘落後，同樣站出來舉雙手表示強烈反對。這一次主戰派王恢和主和派韓安國又展開了一場激烈的口水戰，整個過程分成三個回合展開。

　　第一回：講故事，以事喻人。

　　王恢講的故事大致內容是這樣的：戰國時期的代國，其北境緊鄰匈奴，南境緊鄰晉國，東境緊鄰燕國，身處三國夾縫，腹背受敵，形勢極為不利。然而，代國憑藉強軍務邊，強民務實，強國務民，使百姓安居樂業，國泰民安，連一向虎視眈眈的匈奴也不敢進犯。

　　「現如今，我們大漢的國土比代國何止大百倍，國力比代國何止強千倍，為什麼卻屢屢遭到匈奴的騷擾和冒犯呢？這是因為匈奴沒有領會到我們大漢的真正實力和威力。要想讓他們體會到我們的強大，就只有動武，就只有進攻，就只有征服，就只有一個字：打！」王恢講完故事後，義正詞嚴地總結道。

　　將求和進行到底，是主和派的一貫主張，他們的代表人物韓安國自

然不甘落後，他採取以牙還牙的策略，同樣講了一個故事。

「君不見，匈奴之兵北下來，騷擾邊疆來複還。君不見，高祖怒劍率軍徵，三十萬雄軍拔地起。君不見，白登之圍七晝夜，朝如青絲暮成雪。君不見，高祖突圍後無私怨，不再興兵去報復……」韓安國搖頭晃腦道。

「高祖以國家為重，以江山社稷為重，以天下黎民百姓為重，願國家安全，願社會安穩，願人民安寧。最終，在歷經了高祖、惠帝、呂后、文帝、景帝五代勵精圖治後，大漢王朝終於迎來了太平盛世。這番局面也證明，和親是我們的一項非常成功的基本策略，怎麼能說改就改，說變就變呢？」

第二回合：講實際，以理服人。

針對韓安國所講的高祖被圍之事，王恢反駁道：「高帝身被堅執銳，濛霧露，沐霜雪，行幾十年，所以不報平城之怨者，非力不能，所以休天下之心也。今邊境數驚，士卒傷死，中國槥車相望，此仁人之所隱也。」

這段話裡表達了兩層意思。第一，和親這一基本策略的發表是出於高祖的仁義之心。高祖是從馬背上打下來的江山，是不畏懼戰爭的，之所以在白登之圍後採取和親政策，那是出於仁愛之心，而不是出於畏懼之心，並不代表當時的大漢沒有能力和匈奴動武，沒有實力征服匈奴。第二，如今，基本策略已經失效。此一時彼一時，高祖當年和親的目的是為了天下百姓過上好日子，但現在，匈奴陰魂不散，日騷夜擾，百姓哪裡還有好日子過？現在唯一要做的，就是加強國防建設，加強抵禦匈奴無窮盡的騷擾，增強打擊匈奴的能力，破敵於疆外，抗敵於門外，震敵於漠外。

王恢的「理」講得非常深遠，邏輯清晰，幾乎無懈可擊，韓安國也找

不到反駁的理由，一時語塞。好在他畢竟是老江湖了，在朝中能把政治玩於股掌之間，豈能沒幾把刷子？他思維停頓片刻，馬上回過神來，接著提出了三個不值得。

第一個不值得：與其撕破臉，不如三思而行。戰爭不是兒戲，不是你想玩就能玩的東西。一旦和匈奴撕破臉了，徹底鬧翻了，就沒有退路可言，就只有一條血路走到底了。和平是寶，戰爭是草，身在和平年代，卻要做不和平的事，是軍民不想也不要看到的。身為君王重臣，卻要馳騁沙場，是極具風險的事啊。個人恩怨和國家榮辱要劃清分界限，要三思而行，切莫衝動啊！

第二個不值得：與其摸著石頭過河，不如躺著枕頭入夢踏實。匈奴所在的漠外一望無垠，他們就像無根的野草，飄浮不定，搖擺不定。

我們難以找到他們，更難以追擊到他們。退一萬步來說，就算找到、追到他們也無濟於事，以疲憊之師根本無法和他們的精悍之兵相抗衡啊！

第三個不值得：與其以戰屈人，不如以和為貴。退一萬步來說，就算我們不遠千里戰勝了匈奴，但這樣的勞師遠征，花費的人力、物力、財力無數，這對國家的發展會有很大的影響啊！兩者，戰爭中不確定的因素太多，一旦出現了差錯或疏漏，就會陷入被動，甚至是萬劫不復的深淵。以和為貴，方是治國之本、立國之策啊！

第三回合：講策略，以誘伏人。

眼看韓安國說來說去，顯然還是在換湯不換藥地重述自己第一回合的觀點，王恢再次予以反駁。

「只有放手一搏，才能創造出一塊真正屬於大漢的和平天空出來。平定匈奴，就是要摸著石頭過河才能奏效。匈奴人居無定所又如何？只要堅持找，哪怕山高匈奴遠，也能攪他個天翻地覆，創造出神奇來！」

王恢正說得熱血澎湃，激情四射，突然停了停，說道：「鬥力不如鬥

智，伐力不如伐謀，不戰而屈人，才是最佳選擇。以和為貴，就是要不戰而屈人之兵。」

韓安國聽到這裡又驚又喜，王恢這第三點「以和為貴，不戰屈人」，分明是贊同自己的「和親政策」。他正要接茬，但見王恢繼續說道：「我們應順單于之欲，誘而致之邊。吾選梟騎壯士，陰伏而處以為之備，審遮險阻以為其戒。吾勢已定。或營其左，或營其右，或當其前，或絕其後，單于可擒，百全可取。」

這段話其實是王恢闡述自己不戰而屈人之兵的策略。歸納起來就是十六個字：以飽待飢，以利誘之，以逸待勞，以伏擊之。這就是歷史上的馬邑之謀。

王恢的話有理有序有節，有因有果有方案，漢武帝聽了大為高興。他沒有讓辯論再繼續下去，而是以「裁判長」的身分宣布道：「朕同意王恢的意見，同意對匈奴開戰。」

（二）忍無可忍，就無須再忍

1. 驚天動地的馬邑之謀，被一個細節攪沒了

馬邑在現在的山西省朔州市。馬邑之謀是當地一個叫聶一的土豪獻給王恢的計謀。王恢在和韓安國的第二次辯論中，適時將其丟擲，最終快刀斬亂麻，促使漢武帝下定了動武的決心。

漢武帝建元八年（西元前 133 年）六月，正值仲夏時節，漢武帝部署了對匈奴作戰的計畫，派出了「五大將軍」：御史大夫韓安國為護軍將軍，衛尉李廣為驍騎將軍，太僕公孫賀為輕車將軍，大行令王恢為將屯將軍，太中大夫李息為材官將軍。具體部署如下：韓安國、李廣和公孫賀三虎將率漢朝的主力部隊呈「品」字形埋伏在馬邑附近的山谷裡，主要

任務是等匈奴大兵進入山谷後，發動致命一擊；王恢和李息率軍埋伏在馬邑之外，主要任務是「關門」，斬斷匈奴大兵的後路，來個甕中捉鱉。

負責請君入甕的，正是獻計人聶一。

聶一按照王恢的部署，扮成經商的大老闆來到匈奴，並在夾縫中找到機會，向匈奴的軍臣單于毛遂自薦。

軍臣單于對聶一很感興趣，於是召見了他。雙方一見面，寒暄一番後，聶一直奔主題，說道：「我有一件很貴重的禮物要送給您。」

軍臣單于一聽又驚又喜，怔怔地看著聶一，等他的下文。聶一不慌不忙地說道：「我可以把馬邑縣的縣令、縣丞殺死，將整座馬邑城獻給大王。」

「無功不受祿，這麼大的禮物，我恐怕受不起啊。」軍臣單于心跳加快，臉上卻平靜如常。

「事成之後，大王只需分一份財產給我，並允許我在那裡自由經商就行了。」聶一笑道，「這叫攜手共進，互贏互惠。」

軍臣單于心裡嘀咕道：「此人不愧是一位極具眼光的商人啊，這樁買賣可以做。」

「願聞其詳。」軍臣單于微笑著說。

「裡應外合。」聶一胸有成竹地答道。

接下來，好戲上演了。聶一馬上由「經商土豪」變身為「超級劍客」。他快馬加鞭地趕回馬邑，砍了兩個死囚的頭，然後掛在城頭上，請匈奴的使者來觀看。

匈奴使者經過一番現場勘察，馬上向軍臣單于報告：聶一殺死了縣令和縣丞。

聽了使者的話，軍臣單于二話不說，馬上開始「外合」。他徵調各地匈奴精兵於麾前，然後親自率領大隊人馬向馬邑一路狂奔而來。

當匈奴大軍到達漢朝邊界的武州（今山西省左雲縣南），距離馬邑只有一百多裡路時，軍臣單于突然叫部隊停下來，因為他發現了一個奇怪的現象：四處的山岡上明明有成群結隊的牛羊，卻沒有一個人影。這裡太安靜了，安靜得簡直讓人壓抑。這和他們以前來打家劫舍時百姓四處逃跑、牛羊八方逃竄的熱鬧場面大相逕庭。

軍臣單于心生疑竇，馬上掉轉馬頭，直撲雁門郡。結果可想而知，軍臣單于打了漢軍一個措手不及，雁門郡不費吹灰之力便被他們拿下了。

雁門郡尉史面對軍臣單于的嚴刑逼供，供出了馬邑之謀。軍臣單于驚恐之餘馬上撤了軍，邊撤邊對尉史說道：「吾得尉史，乃天也！」。意思是，我能夠得到漢朝的尉史，這是冥冥之中的天意啊。為了感謝尉史識時務的招供，軍臣單于還將他封為天王。

與尉史賣國求榮的「上天」相比，王恢卻不幸入了地獄。

軍臣單于在率軍火速撤軍時，唯一能阻止他們「免費一日遊」的人便是王恢。

其實，匈奴的一舉一動都在負責「關門」的王恢眼裡。當看到軍臣單于向馬邑步步靠近時，他嘴裡頭笑得是喲呵喲呵喲，心裡頭美得是嘟個哩個嘟。但是，當匈奴大軍在武州突然轉身往回走時，王恢不由得僵住了。這時他面臨一個選擇：打還是不打。

打擊匈奴是他夢寐以求的事，是他苦心謀劃、經營多年的心願。此時，匈奴近在咫尺，他怎麼會不想衝上去和他們真刀真槍地打一場呢？然而，眼下他只有三萬兵力，這時和匈奴硬拚，無疑是拿雞蛋碰石頭，自取滅亡。

打，於公來說，可以給漢武帝一個交代，不管怎麼樣，自己是盡心盡力了；於私來說，能完成一己之私欲，圓自己的愛國夢。

不打，於公來說，可以保全三萬漢朝將士的生命，可以減少國家的損失；於私來說，可以全身而退，不背落敗的責任。

王恢在打與不打之中，最終選擇了不打，放任匈奴大軍與自己擦肩而過。結果，等其他幾路大軍聞風而動，想要追擊時，匈奴早已逃得無影無蹤。就這樣，馬邑之謀草草收場，漢軍偷雞不成蝕把米。

消息傳到漢武帝那裡，他龍顏大怒。這次花了這麼大的人力、物力、財力、精力，最後竟然無功而返，對排除萬難，一心想要平定匈奴的漢武帝來說，簡直是奇恥大辱。

「匈奴大軍犯我大漢，竟如入無人之境，視我泱泱大國為何地？他們以為是自己的一畝三分田，免費消遣、旅遊之地嗎？」

恥辱、憤怒的漢武帝馬上展開問責，王恢自然首當其衝。他是這次馬邑之謀的主謀，又是唯一可以阻止匈奴退軍的人，他卻眼睜睜地看著匈奴人大搖大擺地走掉。弄成這般局面，他不負責誰負責？

對此，王恢辯解道：「始約虜入馬邑城，兵與單于接，而臣擊其輜重，可得利。今單于聞，不至而還，臣以三萬人眾不敵，秖取辱耳。臣固知還而斬，然得完陛下士三萬人。」

這段話包含兩個關鍵詞。

第一個關鍵詞：小不忍則亂大謀。是的，我當時是有機會阻止匈奴退軍，是可以襲擊他們的輜重，是可以冒險一搏，但結果會是什麼樣的呢？三萬士兵勢必會陷入匈奴十幾萬大軍的包圍當中，勢必會成為匈奴發洩的對象。如果是這樣，只怕我們三萬人非但不能阻止匈奴，反而會落得個全軍覆滅的悲慘下場。

第二個關鍵詞：捨生取義，殺身成仁。我知道我這樣空手而歸，肯定是死罪一條，但如果犧牲我一個人，而保全了三萬將士的性命，我無怨無悔。

對此，漢武帝絲毫沒有被感動，恥辱和憤怒早已盛滿他的心，他根本聽不進這些辯解之言。他大手一揮，王恢立刻被打進了死牢。

身陷囹圄的王恢很不甘心，決定孤注一擲，展開最後一搏。他散盡家財，然後找到了田蚡。

收人錢財，替人消災。田蚡收了王恢的千金後，本想硬著頭皮去漢武帝那裡說情，但他是個聰明人，又知道此時的漢武帝是老虎的屁股摸不得的，於是頭腦一轉，轉而去找王太后。

王太后一直把弟弟田蚡視為掌中寶、心頭肉。此時，面對田蚡的請求，她自然不會推託。於是，她馬上就王恢的事向漢武帝提起了「申訴」。

「馬邑之謀是王恢提出來的，雖然最後這件事情他都辦砸了，但他沒有功勞也有苦勞，沒有苦勞也有疲勞，不能只看結果不看過程就全盤否定他的辛勤付出和良苦用心。如果現在把王恢殺了，今後誰還敢為陛下效命，為國家效忠呢？這不是令親者痛，仇者快嗎？」

王太后的這番「申述」也算是入情入理，然而，漢武帝此時正處於憤怒階段，除了馬邑之謀的失敗讓他憤怒外，竇嬰和灌夫之死也讓他氣憤。

竇嬰和灌夫是他內心一千個一萬個不願斬殺的忠臣，但在王太后和田蚡的雙劍合璧之下，他最終選擇了妥協，揮淚斬殺了竇嬰和灌夫，但傷疤從此留在心中，對王太后、田蚡聯手攬權而逐漸壯大的外戚勢力，漢武帝本來就擔憂、提防、痛惡、惱火，此時王太后橫插一腳，讓漢武帝原本就一直無法平息的怒火燒得更旺了。於是，這一次他一改往昔溫順、服從的姿態，公然反駁了王太后。

「正因為馬邑之謀是王恢首先提出來的，他才要負全責。我們從全國各地徵調大軍部署，要花費多少錢，浪費多少國家稅收？更何況，就算

不能全殲匈奴，只要王恢當機立斷，果斷出兵，同樣可以打匈奴一個措手不及，同樣可以收穫一些匈奴的輜重，同樣能安慰一下我大漢將士的心，給天下人一個交代！」

漢武帝發狠了，訓話連篇；王太后畏縮了，無話可說；田蚡生病了，大門不出；王恢認命了，自殺謝罪。

至此，馬邑之謀以漢武帝之怒和王恢之死告一段落。

2. 抗擊匈奴的絕代名將，有一段曠世情緣

西漢時期名將衛青在漢武帝在位時官至大司馬大將軍，封長平侯。他在對匈奴的征戰中曾七戰七捷，收復河朔、河套地區等功不可沒。同時，衛青對將士愛護有恩，對同僚大度有禮，位極人臣而不立私威，從而贏得了後人的一致稱讚。

鮮為人知的是，衛青的發跡竟然是靠兩個女人的幫助。

第一個幫助他的女人不是別人，而是同母異父的姊姊衛子夫。

第二個幫助他的女人不是別人，是漢武帝的親姊姊平陽公主。

要了解個中關係，得從衛家的家庭背景開始說起。衛子夫的母親本是平陽侯曹壽家裡的婢女，後來嫁給衛氏為妻，生了一男三女，長子名叫長君，長女名叫君孺，次女叫少兒，小女便是子夫了。

有兒有女，本來這是一個幸福的家庭了，然而，隨著衛氏的英年早逝，衛母僅憑一介女流之力怎麼能養活四個孩子呢？於是又回到了平陽府做婢女。

當時，衛母剛剛喪夫，總得要時間讓她撫平心中的創痛吧！

事實證明，撫平衛母心中創傷並不是時間，而是一個人，一個叫鄭季的人。鄭季在撫平衛母心中創痛的同時，順便也把衛青帶到了這個光明的世界來。鄭季在完成了他該完成的使命後，朝衛母揮一揮衣袖走

　　了，除了留給衛母更大的創傷外，還添了個累贅 —— 衛青。

　　鄭季回到了自己的家（已有老婆孩子），衛母還在那個支離破碎的家。從此，可以用一首歌來形容衛青的處境：「爸爸一個家，媽媽一個家，剩下我自己，好像是多餘的。」

　　就這樣，衛青如同跳梁小丑，在母親家裡住一段時間，然後便到父親家裡去（因為母親家裡實在窮得揭不開鍋），在父親家住一段時間又回到母親家（因為父親家裡後媽的打壓），如此反覆。

　　衛青這個遭人嫌棄的累贅卻被一個人當成寶貝一樣來對待。這個人就是漢武帝的親姊姊平陽公主。

　　平陽公主見衛青可憐，又見他長得眉清目秀，就收留了他，並且給了他一個小小的官職 ——「弼馬溫」（專門看馬的）。

　　從此，天高任鳥飛，海闊憑魚躍。衛青有了無拘無束的生活，再也不用遭人白眼受人唾罵，再也不用餓肚子鬧饑荒了。後來，因為痛恨父親鄭季的薄情寡義，憐惜母親的含辛茹苦，他索性連姓都改成「衛」了。

　　再後來，他長大了，衛母的三個女兒都有了不錯的歸宿。大女兒嫁給了太子舍人公孫賀；二女兒嫁給了平陽公主家臣霍仲孺；三女兒衛子夫的夫君便是漢武帝。

　　後來，陳阿嬌和衛子夫爭寵，陳阿嬌的母親長公主在萬不得已的情況下，使出了綁架這個下三爛的招數，結果可憐的衛青成了倒楣鬼，成了階下囚。

　　一切出奇的順利，長公主忍不住發出了得意的笑來，她甚至可以猜想到把衛青碎屍萬段後，衛子夫的花容失色、平陽公主的痛不欲生⋯⋯呵呵，她要的就是這個效果，她要的就是這種打擊報復的痛感。

　　然而，長公主料想不到，她高興得太早了，因為「煮熟的鴨子」又飛了，衛青被一個人救走了。

　　冒死救衛青的人叫公孫敖。原因是：公孫敖和衛青是哥兒們。

　　死裡逃生後，衛青本著「大事化小，小事化了」的原則，他本來想忍著（畢竟長公主也不是好惹的），這事就這樣不了了之。然而，他的哥兒們公孫敖卻沒能忍住，他把這件事告訴了平陽公主。平陽公主那是什麼人，是當今皇上的親姊姊啊！她怎麼能眼睜睜地看著她的「地下情人」被長公主平白無故地來了個「進出宮」的羞辱呢？

　　按「連鎖反應」規律，漢武帝自然也知道了這件事。雖然本著家醜不可外揚的原則沒有進一步追究這次綁架事件，但出於彌補心理，先是封衛青為太中大夫（直接到漢武帝身邊當祕書），然後又封衛子夫為「夫人」。

　　可以說，衛氏姊弟因為這次「綁架」風波因禍得福。特別是衛青，這個原本無家可歸的「流浪兒」、遭人唾棄的「棄兒」、平陽公主收留的「孤兒」，從此飛黃騰達。

　　而衛青自從到宮中後，得到漢武帝的賞識，特別是在對匈奴制定「武力」解決策略後，衛青被委以重任，四次抗擊匈奴的反擊戰中，衛青都是領軍大元帥。

　　特別是後兩次的大勝利，衛青更是青雲直上，成了漢武帝身邊紅得不能再紅的人。總之，當年衛青能「發跡」，全靠平陽公主協助。

　　衛青風光的背後，卻是平陽公主失落的背影。

　　彈指一揮間，衛青和平陽公主已經分開了整整十年。這十年裡，衛青的變化簡直是翻天覆地。他從奴隸到將軍，從無名小輩到大將軍，從一無所有到成家立業，而且連孩子都有好幾個了。

　　而這十年裡，平陽公主的日子卻並不好過。她的丈夫平陽侯曹壽英年早逝留下她守活寡。漫漫的長夜何等的寂寞，平陽公主卻夜夜思念著一個人，這個人就是衛青。

　　平陽公主一生最大的功勞是獻給弟弟漢武帝的衛子夫成為了皇后，穩定後宮三十八年。平陽公主比漢武帝的皇后陳阿嬌、衛子夫都要聰明的是，她不貪心。

　　她不貪心，是因為她心裡早就被衛青占據了，然而此時的衛青已不是當年的衛青了，他已有妻有子，有那麼多士兵性命相托，有國家給他的期待和責任……因此，對於平陽公主來說，能見上衛青一面都是一種奢望。

　　當然，衛青並非是一個薄情寡義之人，他一有空，還是會去看望平陽公主的。而平陽公主只要看到衛青來了，那雙失魂落魄的雙眼便會一下子變得水汪汪地明亮，一如夜明珠般發出奪人的光彩來。而一旦衛青走了，她便會失魂落魄地長吁短嘆。

　　不能把悲傷留給自己，不能空等閒空悲切，不能抱憾終身，於是，平陽公主產生強烈的再嫁願望。

　　平陽公主是個敢作敢為、雷厲風行的人。她心隨愛動，身隨心動，主動找到衛皇后溝通。衛皇后自然樂得這樣親上加親了，於是不斷在漢武帝耳邊吹風。

　　姊姊的「老大難」問題也是漢武帝的一塊心病，漢武帝自然願意成人之美。他的話是這樣說的：「我娶他姊姊，他娶我姊姊。看來咱劉家和衛家真是三生有緣啊！」

　　隨即，漢武帝給兩人賜婚。於是，一場皇家豪華婚禮上演，鼓樂齊鳴，冠蓋雲集，漢武帝和衛皇后都親臨祝賀。平陽公主和衛青這對新婚夫婦笑容滿面地迎送賓朋，滿耳聽的都是賀喜之聲。現在，劉家姊弟和衛家姊弟成了兩對夫妻，真是親上加親的強強聯手，旁人只有羨慕啊！

　　新婚之夜，衛青百感交集。他曾經以為這只是自己心裡永遠的夢，然而，當夢想實現時，歲月早已在他的臉上和心裡刻滿了滄桑。

不幸的是，衛青四十八歲就病逝了，平陽公主死後與他合葬在茂陵，永遠不分離。

3. 功名利祿背後的辛酸，升還是降都是命

漢武帝元朔六年（西元前 123 年），漢武帝再次對匈奴採取了軍事行動。

衛青還是當仁不讓的領軍大元帥。這一次，漢武帝給他安排了「6+1」的人員配備。「6」是指六個將軍，而那個「1」則是指一名小將 —— 霍去病。

霍去病，河東郡平陽縣（今山西省臨汾市）人，是大將軍衛青的外甥。他的人生境遇和衛青很相似。他是個私生子，母親是衛子夫的姊姊衛少夫，他的父親是平陽縣小吏霍仲孺。

身為小吏的霍仲孺不敢承認自己跟公主的女奴私通，於是霍去病只能以私生子的身分降世。父親不敢承認，母親又是個女奴，看起來霍去病是永無出頭之日了。然而，奇蹟卻降臨在了他身上。

隨著他姨母衛子夫的發跡，衛家的人都由最下等的奴才變成了上等的貴人。先是衛青得到了漢武帝的重用，而衛青也沒有辜負漢武帝的厚望，在對戰匈奴的戰場上，其天才般的軍事才華得到了最大的發揮，接二連三的勝利更是讓漢武帝眉開眼笑，信心大增。他封衛青為大將軍，讓他站上了人生和事業的最高峰。

霍去病在十八歲時便有了官職 —— 侍中，一躍成了漢武帝的貼身隨從。對一般人來說，這肯定是一件令自己受寵若驚、感激涕零的事，然而，霍去病並不滿足，他有更高的理想和追求，舅舅衛青便是他崇拜和追趕的對象。

也正是因為這樣，這次漢武帝大張旗鼓地展開軍事行動時，霍去病

主動請纓，要求去戰場上鍛鍊鍛鍊。

因為裙帶關係，漢武帝不但答應了他的請求，而且還破格封他為驃騎將軍，讓他隨衛青征戰。

霍去病當真是少年英雄，他帶領一支由八百鐵騎組成的「特種部隊」，以初生之犢不畏虎的英雄氣魄向匈奴腹部地帶風馳電掣般地挺進，很快就深入到了匈奴的心腹地帶。

勇於冒險才能抓住成功的機會。就這樣，霍去病在匈奴境內如入無人之境，終於找到了匈奴的老窩。

老窩裡，三個匈奴軍官正在杯中訴真情。霍去病沒有遲疑，一聲令下，就開始往裡闖。他身先士卒，率先衝到三個匈奴軍官面前，手起刀落先砍了一個軍官，其他兩個軍官暈乎乎的頭腦馬上轉為清醒，立刻放棄抵抗，很識時務地舉起了雙手 —— 與其被砍掉腦袋，不如乖乖就範。

擒賊先擒王，三王一死二降後，剩下在夢中驚醒過來的匈奴士兵在弄不清楚狀況的情況下，再加上群龍無首，以為是漢軍的主力部隊來劫營了，嚇得沒命地跑，只恨爹娘沒多給自己生兩隻腳。一時間，匈奴營中亂作一團，被殺死、踩死的匈奴士兵數不勝數。

霍去病剛一出道，就上演了一出「以少勝多」的經典戰役，戰果頗豐。他不僅一舉斬殺匈奴士兵兩千多人，還生擒了伊稚斜單于的叔父羅姑比和相國。

結果可想而知，論功行賞時，漢武帝封霍去病為冠軍侯，意為勇冠三軍，並食邑兩千五百戶。小荷才露尖尖角，抗擊匈奴的歷史大舞臺注定會讓霍去病成為主角。

漢武帝元狩二年（西元前 121 年），漢武帝對河西地區展開了兩次大規模的軍事行動。因為匈奴展開了軍事轉移，漢武帝也順應形勢地開啟改革創新。

　　這一年的春天，漢武帝做出了一個超大膽的決定——革了大將軍衛青的「將命」——將他雪藏起來不用，封霍去病為驃騎將軍，作為出征大元帥。完全起用一個新人承擔起這次軍事行動的重任，創新力度之大可想而知。

　　接到任務後，霍去病帶領一萬騎兵從隴西郡出發，深入匈奴境內去「尋匈」。漢軍一路勢如破竹，接連摧毀匈奴五個小型軍事基地，最後成功找到了匈奴的老窩。霍去病沒有絲毫客氣，來了個「肥肉精肉筒子骨一鍋端」。

　　「肥肉」是指匈奴的折蘭王、盧侯王，霍去病將他們都斬了，還俘虜了渾邪王的王子、相國和都尉。

　　「精肉」是指漢軍一口氣斬殺了匈奴士兵八千多人。

　　「筒子骨」是指漢軍繳獲了匈奴渾邪王用來祭天的金人神像。

　　捷報飛傳到漢武帝的耳朵裡後，他高興得手舞足蹈，馬上開出獎勵單：一是物質獎勵，加封霍去病食邑兩千戶；二是精神獎勵，在雲陽甘泉山下修祠供奉那尊被繳獲的金人神像，供世人瞻仰。

　　夏天，漢武帝再接再厲，再次發動了一場對匈作戰。

　　這次軍事行動兵分兩路。第一路軍是主力部隊，掛帥將軍毫無懸念，還是由一戰成功二戰成名的冠軍侯霍去病擔任，合騎侯公孫敖為副帥。他們率領數萬騎兵從北地（今甘肅省慶陽市）出發，攻打河西地區。

　　第二路軍是由「飛將軍」李廣擔任主帥，西遊歸來的博望侯張騫這次不再當嚮導，而是擔當副帥的大任。這一路軍主要發揮牽制匈奴軍隊和呼應霍去病西路大軍的作用。

　　結果李廣因為立功心切，孤軍深入匈奴腹地，遭遇匈奴人的「口袋」伺候。雖然李廣靠水桶陣勢和「大黃」牌連弩弓保住了性命，但他所帶四千精兵已剩下不到一千，損失慘重。

　　而與此同時，霍去病跨越居延海、橫穿小月氏（大月氏的分支），劍鋒直指祁連山。事實證明，霍去病的迂迴戰術又打了匈奴士兵一個措手不及。

　　霍去病如天兵般突然出現在祁連山時，駐守在這裡的匈奴士兵毫不知情。在他們眼裡，祁連山這樣山高皇帝遠的地方，安全無比。然而，這一次霍去病不請自來，殺死和俘虜了匈奴士兵共計三萬多人，擒獲了匈奴的單桓王和酋塗王等五個大王，以及他們的王母、王妻、王子共計五十九人，擒獲匈奴的相國、將軍、都尉六十三人，戰果之豐令人咂舌啊！

　　匈奴遭遇到了前所未有的打擊。霍去病襲擊祁連山這一天，成了匈奴的「哀悼日」。一向天不怕、地不怕的匈奴發出了這樣的悲歌：「亡我祁連山，使我牲畜不蕃息；失我焉支山，使我婦女無顏色⋯⋯」

　　在隨後的抗擊匈奴中，霍去病屢立戰功，漢武帝論功行賞，設了一個最高武官的職務——大司馬，由霍去病和衛青二人共同擔當，可見對其的器重和信任。

　　霍去病之所以能在這麼短的時間內以火箭般的速度直追已經「領跑」了十餘年的領頭雁衛青，概括起來，是因為他擁有十二個字的大優勢：有勇有謀有識，立言立行立功。

　　第一，來看霍去病的勇。霍去病「為人少言不洩，有氣敢任」，且具有極強的冒險精神，勇於啃硬骨頭，善於打硬仗。十八歲時他第一次隨衛青出征，只帶了八百敢死隊，便在匈奴腹地橫衝直撞，毫無顧慮，最終殲滅了匈奴三千士兵，擒獲了匈奴單于叔父和相國等人，一戰揚名。隨後每次征戰，他幾乎都是選擇這樣「士兵突擊」的方式襲擊匈奴部隊，並且每次都沒有空手而歸，戰果輝煌。

　　第二，來看霍去病的謀。在處理渾邪王投降的事情中，霍去病粗中

有細，小心謹慎，先是讓大部隊在漢境內嚴陣以待，自己則帶一支超級精銳部隊渡過黃河，名義上是迎接，實際上是提防渾邪王使詐。結果面對匈奴士兵突然自亂陣腳的潰逃，霍去病異常冷靜，從容不迫，親自率軍擒住了賊王渾邪王。明白了事情的真相後，他馬上當機立斷，追捕潰逃的匈奴士兵，最終成功「降伏」匈奴士兵，沒有出現「放虎歸山」的嚴重後果。

第三，來看霍去病的識。他對匈奴人的性格和習性掌握和研究得很深。匈奴最擅長的是游擊戰，而他偏偏也玩起了游擊戰，並且作戰時的目標不是單一的，而是隨機應變的，通常是在匈奴腹地長驅直入，然後找到目標就打，打贏了就跑，絕不戀戰，絕不讓匈奴識破自己的戰術和具體人馬。

第四，來看霍去病的言。霍去病有兩句絕世名言，除了流傳千古的「匈奴未滅，無以家為」外，還有一句「顧方略何如耳，不至學古兵法」。

在他發跡前，漢武帝想教他《孫子兵法》和《吳起兵法》，結果，霍去病出人意料地拒絕了漢武帝的美意，說了句名言，意思是說戰爭只需臨場作戰的方略就夠了，沒有必要學習古代兵法。霍去病這種大剌剌、豪爽奔放的性格和言行很符合漢武帝的胃口，對他寵信有加也就在情理之中了。

第五，來看霍去病的行。霍去病是個雷厲風行、風風火火的人。每次出征前，他都會在軍隊中精挑細選出最出色的士兵作為自己的敢死隊，並且把軍隊的管理權牢牢地掌握在自己一人手裡，統一排程，統一支配，指南打南，指北打北，不會因為其他副將的牽制而影響執行力。

第六，來看霍去病的功。在決戰漠北之巔時，他出其不意地抓獲了一些匈奴士兵，然後，又果斷地讓他們當軍隊的嚮導，所以才很快找到了匈奴左賢王的主力部隊，最終斬殺、生擒匈奴士兵七萬多人，將匈奴

主力幾乎來了個一鍋端。從此，匈奴人十年都不敢再踏進漢朝邊疆一步，這便是霍去病最大的奇功。

當然，霍去病每次能立下大功，除了自身的資質外，更重要的是靠部將的支持，正所謂眾人拾柴火焰高嘛。也正是因為這樣，漢武帝對在漢北大戰中戰功輝煌的霍去病大封特封時，也賞賜了其他功臣。

另外，值得一提的是李廣的兒子李敢。這次出征，他們父子沒有同路，李廣是衛青麾下的急先鋒，而李敢卻成了霍去病統管的校尉。在和左賢王的大戰中，李敢立下了赫赫戰功，被封為關內侯，食邑兩百戶。

李廣是悲情的，他傾盡一生努力，也沒有實現自己的人生夢想，封侯成了他刻骨銘心的遺憾。

李敢是幸運的，他透過不懈努力，很快實現了自己的人生目標，封侯成了他無與倫比的榮耀。

但李敢終究也是悲情的，因為他在接過封賞的同時，心裡卻在滴血。父親的離去讓他傷心欲絕。為父報仇成了李敢心中的第一要務。

冤有頭債有主，李敢把報仇的目標鎖定在了衛青身上。他知道自己明裡鬥不過權大勢大的衛青，於是決定採取暗招對付衛青。

都說機會是留給有準備的人，這話一點不假。很快，李敢苦苦等待、苦苦尋覓的機會就到來了。一次，衛青到軍中巡營，李敢躲在一個角落裡，拿起李家流傳下來的神箭，對準衛青就是凌空一箭。

離弦之箭直奔衛青面門，說時遲那時快，衛青的貼身護衛及時覺出了異樣，一把推開了衛青，於是李敢蓄勢的一支神箭成了空箭。很快，李敢就被衛青的護衛隊擒住了。護衛們準備將李敢斬首示眾，以儆效尤，卻被衛青阻止了。

「饒了李敢吧，他只是想為父親報仇。李廣的死，我也有責任，我也十分難過。這件事就此打住，誰也不能向外透露半句，否則嚴懲不貸。」

衛青說道。

刺客事件看似到此告一段落。然而，世上沒有不透風的牆，儘管衛青下達了封口令，但還是有一個人知道了這件事。

這個人就是霍去病。霍去病原本是個正人君子，在這件事上卻做了「小人」，因為他無法忍受舅舅受辱，選擇了打擊報復。

機會很快來臨。一天，漢武帝到甘泉宮狩獵，陪同人員包括霍去病和李敢。結果就在獵場，李敢成了霍去病的獵物，霍去病用箭結束了李敢短暫的一生。

整個過程，漢武帝看得清清楚楚、明明白白，只是悲劇的發生就在電光石火間，因此他沒能夠及時阻止霍去病的報復行為。看著李敢被血染紅的身軀，漢武帝頭搖得像撥浪鼓，牙齒咬得咯咯響。良久，他嘆息道：「這可如何是好啊，我如何向天下交代呢？」

漢武帝的話裡三分無奈，三分嘆息，三分懊悔，一分愁緒。顯然，霍去病是他的親戚，又是他最為器重的將才，他自然不想為此事治霍去病的罪，但李敢畢竟是飛將軍的兒子，不是一般的人，受關注程度高。他在眾目睽睽之下被射殺，沒有說法顯然是不行的。

好在漢武帝的心腹都是心思極細之人，他們自然明白漢武帝所思所感所想，很快就提出了兩點建議。

第一，封鎖現場，封鎖消息。所有在場的人都不得對外洩漏這件事的真相，否則罪加一等。

第二，編造理由，統一口徑。所有人對外都說李敢是被鹿撞死的，他的死純屬意外。

事已至此，漢武帝自然做不出揮淚斬霍去病這樣的舉措來，只好死馬當活馬醫，同意了心腹的建議。

萬事勸人休隱瞞，舉頭三尺有神明。霍去病射殺李敢後，也折了自

己的陽壽。漢武帝元狩六年（西元前 117 年），年僅二十四歲的霍去病病逝。善念剛起，福雖未至，禍已遠離；惡念剛生，禍雖未至，福已遠去。

對此，漢武帝很悲傷。在悲傷淚流成河之際，他以實際行動表達了對霍去病這位超級功臣的緬懷。

第一，入皇陵。漢武帝特意把霍去病安葬在為自己準備的茂陵旁邊。

第二，封諡號。漢武帝封霍去病為景桓侯。

第三，長相送。漢武帝徵調邊疆士兵，以及隴西、北地、上郡等五郡匈奴移民，讓他們全部披上黑甲，組成黑甲軍，列陣恭送霍去病的靈柩從長安一直到茂陵。

第四，立豐碑。漢武帝下令將霍雲病的墳墓修建成祁連山的樣子，代表他的豐功偉業和不朽功勳。

（三）將征服進行到底

1. 無情名將：老死他鄉不戀國

漢武帝是一位雄才大略的帝王，他執政期間，對一直騷擾漢邊疆的匈奴採取了武力打壓的政策，結果在這場「雖遠必誅」的僵持戰中，透過衛青、霍去病兩大將領的帶領，把匈奴趕到邊遠之地去了。

漢武帝晚年，起用了新的人才 ── 李廣利。和衛青、霍去病一樣，李廣利也屬於「外戚軍人」，他的妹妹李夫人不但長得美，而且舞跳得也好，深受漢武帝的寵愛。也正是依靠這樣的「裙帶關係」，原本名不見經傳的李廣利得到了漢武帝的重用。隨後，漢武帝以「貳師將軍」李廣利征伐西域的大宛有功，封他為海西侯，並賜食邑八千戶。

相對於李廣利一夜之間的發跡，一個叫李陵的小將也躍躍欲試。

　　李陵是誰呢？他就是「飛將軍」李廣的孫子。李廣有兩個兒子，小兒子李敢被霍去病暗箭射死，沒有留下一兒半子。大兒子李當戶因病早死，卻留下了遺腹子李陵。

　　漢武帝為了試探他的真實才能，命他帶領八百騎兵去匈奴「偵探」。李陵以初生之犢不畏虎之勢，深入匈奴境地兩千里，雖然沒有和匈奴士兵面對面地交戰，卻帶回了沿途的「地圖」，這讓漢武帝很高興，於是封他做了「騎都尉」，讓他帶領五千精兵，在酒泉、張掖一帶教射練兵，以防匈奴入侵。

　　也正是因為這樣，「貳師將軍」李廣利出征大宛一年後，漢武帝派李陵率兵做後援支持，以做到萬無一失。結果行軍到邊塞時，李陵才得到消息說李廣利已經回國了，他便只帶領五百鐵騎去沙漠迎接他們，隨後繼續留守邊疆一帶。

　　漢武帝太初四年（西元前 101 年），眼看議和不成的漢武帝派李廣利率三萬騎兵，從酒泉出關，向匈奴「復仇」。為了讓李廣利穩收勝果，又派李陵一項超級任務──「將輜重」，「輜」就是載衣物的車，「重」就是載武器裝備，意思就是做後勤支持任務。

　　李陵和他的祖父一樣，自認為是將帥之才，並且在邊疆摩拳擦掌了好幾年，一直沒有得到一展才幹的機會。好不容易要對匈奴作戰了，漢武帝居然讓他做後勤工作，他當然不願意了。

　　再說李廣利在征伐大宛的「平庸」表現也很讓他不滿。他認為憑自己的才能一定能比李廣利做得更好，於是他公然向漢武帝上書，請求帶五千步兵單獨出征匈奴。

　　對此，漢武帝覺得李陵不服從命令，很不高興，就說：「你這次出征的責任重大，任務艱鉅啊。可惜我這裡卻沒有多餘的騎兵調派給你。」

　　李陵卻拍著胸脯說：「臣用不著騎兵，只要這五千步兵就可以直搗匈

奴單于的王庭。」

漢武帝覺得他很有氣魄，就答應了他。同時，還派「路弩都尉」路博德帶兵做他的後勤保障接應等工作。

路博德是名老將，曾經在平定南越中立下過汗馬功勞，此時自然不甘心給李陵這個後輩當後應，便上書給漢武帝，說現在正值秋高氣爽，匈奴兵強馬壯之際，不太適合用兵，不如等到明年再說。

多疑的漢武帝很生氣，認為是李陵後悔了才要路博德寫的上書，於是當機立斷，命李陵和路博德立即帶兵出征。

李陵早已磨刀霍霍，接到命令後率自己訓練的五千精兵出發了，一開始很順利，一連向北行了一個月，暢通無阻，到浚稽山（約在今阿爾泰山脈中段）後，李陵把所經過的山川地形畫成了地圖，並派部下陳步樂向漢武帝報告。

漢武帝很高興，就封陳步樂為郎官。但很快，就傳來了壞消息。

原來李陵的部隊在隨後的深入過程中，遇到了匈奴的大部隊，結果李陵的五千步軍被圍了個嚴嚴實實。

李陵靠著超級的本領，一路突圍，成功渡過了沼澤，躲過了匈奴士兵的火攻，到達山丘地區的森林裡。

率軍的且鞮侯單于眼看殺也殺不死漢軍，燒也燒不死漢軍，心中的怒氣已到了極點，近十萬人馬對付區區幾千漢軍，竟然拿不下，這不單單是能力的問題了，還關係到「面子」問題。於是，且鞮侯單于命太子親自掛帥，帶騎兵做先鋒來阻擊漢軍。

都說光腳的不怕穿鞋的，但穿鞋的卻怕騎馬的。漢軍都是步兵，哪有騎馬的匈奴士兵快，眼看又要被他們追上了，李陵命士兵們入了森林裡再說。到了森林裡，就是騎馬的怕穿鞋的了。

接下來漢軍在森林裡展開了游擊戰，結果匈奴的騎兵優勢頓時變成

了劣勢，因為騎著馬，行動不方便，反被遊刃有餘的漢軍打得暈頭轉向，不知今昔是何夕。結果匈奴又有數千士兵不幸地獻身了。

非但如此，李陵本著「擒賊先擒王」的原則，為了嚇跑匈奴士兵的窮追圍阻，還利用樹木做掩護，偷襲了且鞮侯單于。眼看拿這麼一點漢軍都沒辦法，惱羞成怒的且鞮侯單于站在山頂上，正在「高舉高打」，只見他指東打西，指南打北，指著兔子當漢軍打，正忙得不亦樂乎。

屏息，拔弓，舉箭，拉弦，說時遲那時快，這飽含李陵全部力氣的一箭，傾盡了他所有的力量和怨氣。他果然不愧是飛將軍李廣的後代，箭法那自然是沒得說了，力道之猛，速度之快，以雷霆之勢，直奔且鞮侯單于的面門。

然而，就算是再神的神射手，在距離面前也得低頭。距離太遠自然會產生偏差，李陵這蓄勢一箭最終因為「距離太遠」，只是擦著且鞮侯單于的頭皮而過，寸寸長髮頓時化作落葉般片片飄落。李陵這一箭便如張飛在長坂坡那一聲「獅子吼」一樣，且鞮侯單于嚇得魂不守舍，只有兩個字：潰逃。

逃了數十里，且鞮侯單于這才停住馬，說了句掩蓋失態的話：「這支漢朝的精兵，愈戰愈勇，猶如神助，這般有恃無恐，這是漢朝的誘敵之計，前面定有埋伏，還是得停兵觀望好些。」

士兵們卻不同意單于罷兵的舉動，異口同聲道地：「單于親征，數萬精兵對付區區幾千漢軍，以石擊卵，竟不能勝，傳出去了，我匈奴顏面何存？」

且鞮侯單于見士兵們這樣說了，知道不能再當懦夫了，只好又掉轉馬頭追擊漢軍。然而，追擊的結果，又被打游擊戰的李陵殺死數千士兵。

面對這樣一支神兵，且鞮侯單于的信心徹底沒了，嘴裡卻是這樣地

嘆道：「罷了，罷了，得饒人處且饒人，放他們一條生路吧！」

然而，世上的事就是這樣，往往在山重水復疑無路時，偏偏又會柳暗花明又一村。就在且鞮侯單于準備放棄時，一個人的出現改變了且鞮侯單于的想法，從而也改變了李陵的一生。

一個原本不顯山不露水的叫管敢的人浮出了水面，他原本只是一個軍侯，但做出了一個驚人之舉，關鍵時候投降了匈奴。投降的原因不為名不為利，只為想出心中的一口惡氣。

管敢是因為他的上司校尉韓延年笞責了他，為了出這口惡氣，他當上了叛徒。他向且鞮侯單于彙報了漢軍的真實情況，歸納起來有三點。

第一，兵少。李陵的漢軍只有區區五千人，逃亡過程中已傷亡過半。

第二，無援。漢軍並沒有在前面設埋伏，也沒有後援部隊。

第三，箭盡。漢軍已到了強弩之末，連箭都所剩無幾了。

且鞮侯單于一聽臉上笑開了花，他的想法由「懦弱撤兵」變成了「豪情萬丈」。接下來，心裡有底的且鞮侯單于再也沒有心理壓力了，發動了更為慘烈的進攻。漢軍只有退的份了。撤至軒汗山口附近時，距離邊塞不過一百來裡，只要到了邊塞就是漢朝的地盤，就可以逃脫虎口了。然而，一百里的距離卻成了李陵一個遙不可及的夢，一個永遠無法到達的終點站。

此時的漢軍已沒有了箭，兵器也沒剩下什麼了，只好將大車遺棄，取車輻作為兵器，躲進了峽谷之中。而尾隨而至的匈奴人則依靠人多勢眾的絕對優勢，占據險要地段，投擲壘石，猛烈攻擊，結果漢軍死傷纍纍，慘不忍睹。

好不容易熬到晚上，漢軍除了捱打再無反擊能力了，而匈奴士兵也累了，再加上漢軍已是他們的甕中之鱉，所以雙方就這樣「默契」地進入

了休戰狀態。

夜已深，星滿天，漢軍營裡卻無人入睡。箭盡糧絕，又被匈奴士兵重重包圍在山谷裡，今夜如果不能找到對付匈奴的辦法，或者說逃出敵人的包圍圈，只怕這個小小的山谷便是他們的葬身之處了，你說他們能睡得著嗎？

士兵急，李陵更急，對於他來說，豪情壯志還沒有得到施展，逃出去才是硬道理，留得青山在，不怕沒柴燒。於是，他獨自一人提刀出營，去檢視敵情，尋找敵人的突破口。

走了一圈，但見四周匈奴營帳裡篝火熊熊，旌旗飄飄，人影綽綽，想突圍簡直比登天還難。長吁短嘆了許久，李陵才悻悻回營，對左右軍吏感嘆道：「我們已到了最危險的時候，我們每個人都被逼迫到絕境了，只要再有幾十支箭，就可以脫離險境了，可是如今一支箭也沒有了！都說巧婦難為無米之炊，沒有箭這仗是沒法打了。天一亮，我們就只有束手被擒的份了。與其坐以待斃，不如給大家一次機會，各自逃生吧，老天如果有眼，應該不會讓我們全軍覆沒，連向天子彙報情況的人都沒有吧？」

李陵接下來給士卒每人發了些乾糧，以抵禦飢渴，讓大家分散突圍，到遮虜障會合。

夜半時分，李陵含淚向將士下達了拔營逃生的命令，頓時戰鼓雷動，人聲鼎沸，殺聲喊聲馬鳴聲響徹山谷，李陵乘著夜色和混亂，一馬當先衝向敵人，校尉韓延年緊隨其後，拚死殺出了一條血路，兩人衝出谷口，回過頭來一看，悲哀地發現，僅有數十名壯士相隨。

而此時，追在他們後面的匈奴士兵有數千鐵騎之多，韓延年為了保護李陵脫險，想以血肉之軀來阻止匈奴鐵騎的追擊。然而，事實證明，這只不過是飛蛾撲火。李陵眼看已是四面楚歌，黯然馬上，拋下手中的

長劍，長嘆道：「如此敗軍之將還有什麼顏面去見陛下啊！」說完下馬向匈奴士兵舉起了雙手。

李陵連日來和匈奴血拚到底都沒有退縮過，此時低下高昂的頭顱，向匈奴稱臣，原因有三：

第一，管敢的投降，極大地打擊了李陵的信心。

第二，韓延年的戰死，嚴重地摧垮了李陵的鬥志。

第三，漢朝援軍的久等不至，徹底斷絕了李陵的信念。

李陵投降後，殘餘部眾分散突圍，只有四百餘人逃歸漢境，好歹沒有全軍覆滅，可見李陵的連夜分散的方式還是正確的。

聽到李陵投降的消息，漢武帝很憤怒，就責問早先被李陵派遣回宮報喜的陳步樂。陳步樂剛升為郎中，正沉浸在喜悅之中，聽說漢武帝要找他「訓話」，嚇得自殺了。

陳步樂自殺後，漢武帝把所有的怒火都指向了兵敗投降的李陵，派人把李陵的家給抄了，把他的家人和族人全部抓起來殺了。

李陵聽說被滅族了，心死了的他從此換上了匈奴的衣服，學習說匈奴的語言，和匈奴妻子相敬如賓，死心塌地地做一個胡人，當真可悲可憐可嘆。

2. 悲情太子：小人做伴不還鄉

在古代，巫蠱之術是指用巫術詛咒及用木偶人埋地下，以達到害人的陰惡目的。一代明君漢武帝到了晚年開始犯糊塗。他疑心自己多病是被人使用巫蠱而導致的。

漢武帝晚年有一位寵臣叫江充，他因為得罪了太子劉據，又見漢武帝的身體一天不如一天，很擔心害怕太子劉據繼皇位後，自己的仕途也就到頭了，於是對漢武帝打了個小報告，中心思想只有一個：如果能除

去宮中滿天飛的蠱氣，陛下也就疾去病好了。

漢武帝覺得有道理，馬上任命江充為「巫蠱辦」的總管，在宮中追查巫蠱之事。江充派人把早就準備好的桐木人悄悄地埋在太子宮裡，然後「例行」去檢查時挖出來，並馬上向漢武帝打了報告：太子行巫蠱之術，預謀不軌。

劉據眼看風頭不對，趕快去見當時正在甘泉宮養病的漢武帝，但是屢次都被江充等人攔住，吃了閉門羹。劉據走投無路之下，聽從了太子少傅石德的勸說，率兵誅殺了奸臣江充等人。

劉據終於舉起手無縛雞之力的拳頭，痛痛快快地做了回真男人，然而，他不會知道，他痛快的背後留下了兩大致命傷。

第一大致命傷是劉據抓住江充後太過興奮和激動，結果在大腦發熱的情況下，當場就解決了江充這個「不法分子」。先斬後奏，朝廷不是沒有這樣的先例，但問題是他在砍江充的腦袋時，忘了做一件事，一件舉手之勞，卻關係他的腦袋的大事，那就是沒有得到江充的供詞。

在江充還沒有「招了」的情況下，劉據就擅自對江充處以極刑。江充死了是小事，如何向漢武帝交代卻是件大事了。

第二大致命傷是劉據發動突然襲擊，但他的目標太窄，只盯著罪魁禍首江充一人，卻忽略了「巫蠱辦」的其他幾個主要成員。結果除了倒楣的韓說和胡巫被順便抓了，「巫蠱辦」的另兩位危險人物蘇文和章贛卻成了漏網之魚。於是，江充前腳被抓，他們後腳就踏進了甘泉宮。斬草不除根，後患無窮，可惜劉據當時沒能明白這一點。

漢武帝原本正在甘泉宮裡度假，正在享受心靜自然涼的美好時光，結果卻被一群不速之客的闖入而點燃起三把火。

第一把火：虛火。點火人：蘇文和章贛。

蘇文和章贛僥倖得脫後，馬上向漢武帝彙報「太子造反」的獨家小道

消息，漢武帝聽後第一反應是驚，第二反應是不可置信。對他來說，太子雖然在言行上「叛逆」了些，在做人上「另類」了些，在做事上「迂腐」了些，但人還是誠誠實實、本本分分的。因此，他覺得蘇文的「造反」兩字有一點言過其實，就讓內侍去把太子叫來，準備來個當面「質問」。

因此，可以說蘇文和章贛此時點燃漢武帝內心的只是一把虛火。

第二把火：實火。點火人：貼身內侍。

沒想到，就是這樣小小的一個內侍，卻成了左右劉據命運的人。這個內侍雖然不是「小人幫」的正式成員，但也屬於「小人」。因此，他接到跑腿的任務後，關鍵時刻心理素質不夠強大的缺點暴露無遺。

如果說以前他對太子劉據是敬的話，那麼現在他對劉據就是怕了。怕什麼呢？這個太子連京城最紅的「巫蠱辦」的老大江充都敢擅自抓了直接砍了頭，他這一去太子的東宮該不會是黃鶴一去不復返吧？

去太子府是不敢去了；可是不去，又怎麼向漢武帝回命呢？只剩下華山一條道可以走了──編謊言來騙漢武帝。他是這樣一把鼻涕一把淚地說的：太子的的確確是造反了，我去請他，他非但不肯來，反而想殺了我滅口，幸好我跑得快，要不然就再也見不到陛下了。

漢武帝的第一反應還是驚，第二反應還是不可置信。但無論如何，漢武帝內心的實火點燃了卻是不爭的事實。

第三把火：旺火。點火人：丞相劉屈氂。

正在這個關鍵的節骨眼上，丞相劉屈氂的祕書長（長吏）到了，給漢武帝的報告同樣只有簡單明瞭的四個字：太子造反。

原來，丞相劉屈氂聽說太子造反，嚇得七魂丟了三魄，二話不說，拔腿就以百米衝刺的速度向城外跑。據說中途連丞相大印跑丟了也渾然不覺，由此可見丞相的慌張程度。什麼仁義道德，什麼捨己救人，天塌下來什麼也不管，先保住性命比較重要。

劉丞相跑到了驛站才派唯一跟著自己的祕書長騎快馬到甘泉宮向漢武帝報告。

都說眾口鑠金，其利斷金。江充、章贛這樣直接跟太子打交道的人，自己最貼心最信任的內侍，以及丞相的祕書長都報告說太子造反，這一把旺火終於燒得漢武帝火冒三丈、怒髮衝冠，他立刻派丞相劉屈氂領兵去鎮壓。

太子劉據無奈之下，只好釋放了京城內所有的囚徒來對抗。

兩軍在長安街巷激戰五天五夜後，寡不敵眾的太子劉據大敗。無奈之下，劉據只好帶著兩個兒子開始了漫漫逃亡路，翻過千層山，躍過萬道水，到了湖縣泉鳩里（今河南省靈寶市附近）。

劉據到這裡也不隱瞞自己的身分，直接告訴了當地村民他所遭遇的情況，事實證明，泉鳩里的人雖然少，但各個深明大義，聽到太子聲淚雨下的「表白」後，紛紛表示了對太子的同情和憐憫，更有甚者還流下了淚。

結果，這個小村莊的人不但收留了劉據這幾個「難民」，而且還免費提供吃喝。可惜這裡乃是窮鄉僻壤，一沒交通優勢，二沒地理優勢，三沒特產，生活水準離「溫飽」還差一大截，劉據等人的到來，無疑加重了他們的負擔，但他們任勞任怨、日夜加班地編織草鞋，靠這個賣一點錢來維持太子等人的生活。

這樣一來，太子心裡就過意不去了。曾幾何時，他衣來伸手飯來張口，過著錦衣玉食的生活；曾幾何時，他呼之即來揮之即去，擁有呼風喚雨的權力。現如今，他卻靠這裡的父老鄉親的「血汗錢」來養活自己。

心懷愧意的劉據為了「減輕他們的負擔」，寫了一封信。這不是一封上訪信，而是一封求助信，他想求助湖縣一位頗有交情的老朋友。以前劉據是太子，他所交的人不是達官顯貴，就是富得流油的富翁。這位老

友便是屬於後者，別的都嫌少，就是錢多。

找這樣的人打打牙祭，夠劉據幾個人吃上好幾年。鑒於當時的情況特殊，劉據又不好直接去投奔老友，直接寫信要點「救濟款」無疑是最佳辦法。然而，劉據不會知道，就是這樣一封小小的信，讓他走上了不歸路。

因為當時的條件有限，送信要經過很多「手續」，結果信還沒送到老友手裡，風聲早已傳到了官府的耳朵裡。

「什麼？泉鳩里來了幾個來路不明的人？」這一份報告，引起了當地知縣李壽的高度重視，此時追捕太子的通緝令已傳遍五湖四海。他當機立斷，連夜帶領一群精兵強將展開了一次突襲行動。

小小的泉鳩里被大量的官兵圍了個水洩不通。結果泉鳩里的村民和官兵們展開了一場激烈的「太子保衛戰」。太子劉據也許是不忍看到官民「相煎」，於是他緊閉房門，用一條白綾結束了自己的生命。

而官民的決鬥，就好比是專業和非專業的比拚，結果毫無懸念，泉鳩里的全部村民以及太子劉據的兩個兒子，用血淋淋的生命代價，譜寫了一曲可歌可泣的悲歌。

提著太子劉據的人頭，李壽笑了，笑得那樣燦爛，笑得那樣無邪，笑得那樣不可一世。天上掉餡餅居然被他接到了，這意味著憑藉這塊餡餅，他的一生將有享之不盡的榮華富貴。

李壽馬上派人快馬加鞭去京城「報喜」。接到喜報的漢武帝非但沒有喜，表情反而是：憂傷的淚直往下流。

他痛哭失聲，如果不是自己放不下「面子」，如果聽從大臣們的勸告，下令救放太子，太子會有這樣「屍首異處」的下場嗎？人世間，有多少後悔可以重來呢？

太子的死，令漢武帝追悔不已，他馬上就開展了「一查二誅三思」活動。

　　一查：對宮中的木頭人展開調查。很快，各個部門的調查報告如雪花般飛到漢武帝的辦公桌前，結論是：太子宮和衛皇后宮裡根本就沒有埋什麼木頭人，都是以江充為首的「巫蠱辦」的人搞的鬼。最終漢武帝下的結論是：劉據本沒有造反之心，只因被江充等小人所逼，才起兵反抗，屬於「正當防衛」中的「防衛過當」，雖有小錯，但錯不及殺。

　　二誅：誅殺以江充為首的「巫蠱辦」和「小人幫」的所有成員。巫蠱門蓋棺定論後，考慮到罪有應得、死有餘辜的江充早已魂歸天國，漢武帝把怒火都遷移到蘇紋身上，結果蘇文被一根根點燃的柴火活活燒死。而其他誅殺太子的人也落得個不得善終的下場，邘侯李壽、題侯張富昌在侯位上屁股還沒坐穩，就被拉出去砍了頭。正如莫羅阿所說的名言一樣：如果你相信天上會掉餡餅，那你一定是第一個被餡餅砸傷腦袋的人。接到「餡餅」的李壽和張富昌的結局無疑更嚴重更悽慘，他們不單單是被傷得那麼簡單，而是被餡餅砸碎了腦袋。

　　三思：先在長安興建「思子宮」，隨後又在太子自盡的湖縣建了「歸來望思臺」。老子曾說過這樣的名言：「朝聞道，夕可死矣。」解決了蘇文，消滅了「小人幫」，遣散了「巫蠱辦」，砍了逼死太子的罪人李壽和張富昌，漢武帝終於用實際行動報了太子劉據的仇，還了劉據一個「公道」。但逝者已去，漢武帝的思念和懺悔卻是一天一天地增加，與其這樣「朝思暮念夜成空」，還不如來一點實際的，於是修建了「思子宮」和「歸來望思臺」。世事無常，歸去來兮，一個「思」字真真切切地代表了漢武帝的心聲：是後悔，是感傷，是懷念，還是無盡的思念？

　　老邁的漢武帝是怎樣的心境，讓人去猜吧。唐代的李山甫為此留下著名的〈望思臺〉：「君父昏蒙死不回，謾將平地築高臺。九層黃土是何物，銷得向前冤恨來。」

3. 絕情美人：殺母存子空餘恨

　　江山代有美人出，各領風騷數幾年。繼陳阿嬌之後是衛子夫，衛子夫色衰之後是王夫人，王夫人早逝之後是李夫人，而李夫人早逝之後，又一個集美貌與智慧於一身的奇女子出現了。這個女子名叫趙鉤弋。

　　趙鉤弋的家鄉在河間（今河北省境內）。相傳漢武帝一次北巡過黃河時，看見河間青紫雲氣，氤氳繚繞，就向隨行的方士詢問：「此主何徵兆？」方士們原本就是濫竽充數之人，便信口開河地說道：「這裡的天空祥雲籠罩，一定有奇女子出現。」

　　對於風流成性的漢武帝來說，這無疑是打了一劑強心針，於是他派人挨家挨戶去尋找。士兵們不負漢武帝期待，真的找到了一位奇女子。

　　漢武帝一看，又喜又驚。喜的是這果然是一位絕世美女，美得連花兒也會為之遜色。

　　面對這樣一位奇女子，漢武帝忍不住上前去掰這美女的拳頭，奇蹟出現了，那美女無人能開啟的拳頭卻慢慢展開，手中緊握著一個碧綠的玉鉤。武帝大為驚異，連稱「妙極，妙極」。

　　既然是仙苑奇葩，漢武帝便不假思索地把她帶回長安，在長安城為她特地建築專門的宮室，名「鉤弋宮」，封趙鉤弋為夫人，稱作鉤弋夫人。老夫少妻，趙鉤弋自然成了漢武帝的掌上明珠。

　　趙鉤弋也真爭氣，在當年就懷了孕，並生下一個男孩，命名劉弗陵。漢武帝老年得子，樂不可支，並題名趙鉤弋的宮門為「堯母門」。

　　既然漢武帝都把鉤弋夫人比喻成堯母了，那麼她的兒子就是堯了，而堯不是皇帝又是什麼呢？種種跡象表明，漢武帝大有在太子問題上廢長立幼的動態。

　　巫蠱事件發生後，太子劉據走上了不歸路。雖然最後漢武帝在長安興建「思子宮」來表達對太子之死的後悔和思念。但隨之而來的是更多的痛

楚，因為他的六個兒子，除了太子劉據外，其他五個，劉閎過分謙讓，來了個「英年早逝」；劉髆又「心急吃熱豆腐」，結果自己「燙傷」了自己；而劉旦很識大體，信誓旦旦地上疏「主動退出」；可憐的劉胥又根本就不入漢武帝的「法眼」；只剩劉弗陵坐享其成，成為太子的唯一合法繼承人。

話又說回來了，劉弗陵也有兩大得天獨厚的優勢。一是自身條件好，從懷胎而生開始，劉弗陵就開始了他傳奇的一生。小小年紀便是四肢發達（身材魁梧），頭腦也發達（腦子特別靈活），具備當「大領導」的先天條件。二是和漢武帝脾氣性格最相像，套用漢武帝自己的話來說就是「很類己」。這和劉據的「不類己」形成鮮明的對比。

然而，劉弗陵的優勢越是明顯，漢武帝的煩惱也就越多。他在思考和擔心著這樣兩個問題。

煩惱一，劉弗陵年齡太小。

劉弗陵的優勢很明顯，但唯一的劣勢就是年齡太小，還不滿八歲，要他繼承皇位，要親政至少還得等上十年。這十年，他能不能坐穩皇帝的寶座？能不能制服天下？這是一個未知數。

年齡太小這是劉弗陵的致命弱點。因此，自己百年之後，劉弗陵能不能制服兩個「不安分」的哥哥劉旦和劉胥成了漢武帝頗為頭痛的事。

煩惱二，鉤弋夫人太年輕。

鉤弋夫人正值花兒綻放般的黃金年代，才二十多歲，一旦自己百年之後，這朵嬌豔的國花會不會紅杏出牆呢？如果她到時候因為寂寞，做出了「寂寞難耐」的事（驕奢淫亂）怎麼辦？她到時候是堂堂的皇太后，誰能管得了她？還有，劉弗陵還小，如果鉤弋夫人代他親政，被她抓住了朝中大權，到時候屠殺劉家的人，竊取劉氏天下怎麼辦？她會不會學呂后，成為呂后第二呢？

「主少母壯」這個難題擺在漢武帝的面前，讓漢武帝「費思量」。思來

想去，想來思去，為了避免呂后事件重蹈覆轍，最終，漢武帝決定採取「殺母存子」之法先解決第二個煩惱。

「殺母存子」這個很好理解，就是殺掉鉤弋夫人，然後留存劉弗陵。

欲加之罪，何患無辭。漢武帝既然狠下心對自己最心愛的女人下毒手，就沒有什麼能阻攔他的行動了。

一次，漢武帝隨便找了一件芝麻大的小事，故意對鉤弋夫人做了前所未有的「獅子吼」，結果嚇得鉤弋夫人摘下頭上身上所有的金銀首飾，趴在地上磕頭主動承認錯誤，左一句不是故意的，右一句非常抱歉。

然而，這一次漢武帝似早已鐵了心，也不管鉤弋夫人認罪態度良好不良好，先把她打入了死牢再說。

漢武帝後元元年（西元前88年），鉤弋夫人困在雲陽宮裡生不如死，絕望之下的她以一塊白絹結束了她短暫的、如花一般的二十多年的青蔥歲月，後被葬於甘泉南。

那麼，如果漢武帝不殺劉弗陵之母鉤弋夫人，放任鉤弋夫人最後成為太后，又會發生什麼呢？

其一，安分守己，如薄太后一般，什麼事都不管。這是最好的局面。

其二，如竇太后、王太后一樣適度干涉朝政，安插自家人，這點漢武帝自身深有體會。

其三，爭權奪利，如呂太后一般，讓外戚把持朝政，這是最壞的局面。

這三個可能，對於未來的漢昭帝劉弗陵而言，第一個收益為零，其他的收益均為負。

綜上所述，漢武帝以這種最無情的方式處死鉤弋夫人雖然有點殘酷無情，但或許是最穩妥的處理方式。無情最是帝王家，誠不虛也。

五、權力的邏輯

（一）霍光：成因一人，敗因一人 ——————

1. 託孤大臣的鐵腕手段

漢武帝後元二年（西元前 87 年），漢武帝立年僅八歲的劉弗陵為太子。不久，積憂成病的漢武帝自知大限將至，於是立了以霍光為首的五位託孤大臣。

霍光，字子孟，河東郡平陽縣（今山西省臨汾市）人，他是著名將領霍去病的同父異母的弟弟。他的父親霍仲孺先在平陽侯曹襄府中為官吏，與平陽侯的侍女衛少兒私通生下了霍去病，後來又娶妻生下了霍光。霍去病在京城發跡任將軍後，才知道他的父親是霍仲孺。漢武帝元狩四年（西元前 119 年），二十一歲的霍去病以驃騎將軍之職率兵出擊匈奴，路過河東時開了個「小差」，父子倆正式相認，霍去病為其父購買了大片田地房產及奴婢。當時，霍光僅十多歲，一下子由「貧寒窘迫」變得錦衣玉食，當真是時來運轉。隨後，霍去病得勝回京時，又將「小弟弟」霍光帶至京都長安，把他安置在自己帳下任郎官，後升為諸曹侍中，參謀軍事。兩年後，霍去病去世，霍光做了漢武帝的奉車都尉，享受光祿大夫待遇，負責保衛漢武帝的安全。所謂「出則奉車，入侍左右」。在跟隨漢武帝時期，他謹慎小心，受到漢武帝的極大信任，同時，他也從錯綜複雜的宮廷鬥爭中得到鍛鍊，為他以後主持政務奠定了基礎。

都說伴君如伴虎，但霍光在朝中為官二十餘年，居然沒有任何過

失，可見霍光為官之精到。再加上霍光多多少少和衛子夫沾親帶故，巫蠱事件致使太子劉據和衛皇后雙雙斃命，在朝中「一片漆黑」時，霍光好歹也算是自己人了。也正是因為這樣，漢武帝首先想到的就是霍光。

此時漢武帝早已把劉弗陵立為接班人，但並沒有向天下人公開，於是他畫了一幅畫送給霍光。畫用一句話來概括就是：成王坐在周公的背上朝見天下諸侯。

這幅畫是什麼意思呢？周武王臨終時，兒子成王還很小，周武王就將成王託付給他的弟弟周公姬旦。現在，漢武帝送這幅畫給霍光，就是要他效仿周公，輔佐少主劉弗陵。

出乎漢武帝意料的是，畫送給霍光後，便如泥牛入海沒了音信。是霍光沒有看懂，還是另有隱情？

答案隨後揭曉，漢武帝後元二年（西元前 87 年），漢武帝病危，霍光淚流滿面地問道：「陛下如果有個三長兩短，可以立誰為太子繼承皇位呢？」

漢武帝道：「你難道不知道我送你那幅畫的意思嗎？」

霍光自接到畫後就知道了漢武帝的意思，只是他一直做事謹慎，知道不到萬不得已不能亂說。此時見漢武帝問，他仍然裝糊塗地說：「臣很愚鈍，請陛下明示。」

漢武帝道：「朕決定立劉弗陵為太子，你要承擔周公的責任，輔佐少主的事就交給你了。」

霍光推脫道：「臣才疏學淺，還是金日磾更適合些。」

金日磾當時就在場，連忙跪在地上說：「我的祖籍不是漢人，還是霍光更合適些。」

漢武帝聽了他們兩個人的話，不做任何評論，而是說了這樣一句模稜兩可的話：「輔佐幼主的事就交給你們了。」

之後，漢武帝正式下詔書立幼子劉弗陵為皇太子，而「託孤五人組」也正式出爐：司馬大將軍霍光、車騎將軍金日磾、左將軍上官桀、丞相田千秋和御史大夫桑弘羊。

漢武帝對皇太子劉弗陵的遺言：一是輕賦減稅，真心為百姓服務，才能得到百姓的擁護和愛戴；二是開門納諫，多聽來自不同階層人員，特別是百姓的意見；三是廉潔奉公，以秦二世滅亡為教訓，做一個賢德聖明的君主。

對五位託孤大臣的遺言是：全心全意輔少主，盡心竭力為國家。

漢武帝後元二年（西元前 87 年）二月十四日，七十歲的漢武帝病死於五柞宮。

「周公」霍光作為首輔大臣，充分顯示其辦事能力的老到和幹練，立即上演了「四步走」。

第一步走，把皇太子劉弗陵「扶正」。漢武帝死後的第二天，霍光手持寶劍，親自把只有八歲的劉弗陵「請」上了皇帝的寶座。劍光閃閃，寒氣逼人，朝中文武百官無不臣服。劉弗陵便是漢昭帝。

第二步走，把皇上的御璽拿在手裡。御璽在手，霍光等五位託孤大臣便擁有了主宰天下的實權，這也為漢昭帝掌政提供了條件。

第三步走，為劉弗陵提供生活起居指南。把劉弗陵的姊姊鄂邑公主接到宮裡與劉弗陵同住，負責他的飲食起居和日常照料。

第四步走，厚葬漢武帝。很快成立專門的負責機構，把漢武帝的遺體從五柞宮運到未央宮入殮。

三月二十二日，長安城裡出現了十里送別漢武帝的場面，茂陵成了漢武帝最終的魂歸之處。

2. 最毒婦人心

漢武帝死後，霍光掌權攝政，隨著時間的推移，打造了不可一世的霍氏集團，權傾朝野。

霍光是位厲害得不能再厲害的大人物，他的老婆也是個厲害的人物。霍光的老婆霍顯原姓不得而知，出嫁後，她選擇了從夫姓，改名為霍顯。霍顯最大的特點是六個字：野心、毒辣、愚蠢。

首先，來看霍顯的野心。

漢昭帝英年早逝後，因為其無後，以霍光為首的朝中元老大臣最開始是選了資歷最老的劉賀來當皇帝，結果這個劉賀是個真正扶不起的阿斗，在當皇帝的一個月時間內，做盡了荒淫無道之事。最後，因「巫蠱之亂」而慘死的原太子劉據的孫子劉病已迎來人生轉機。

太子劉據死後，留下了襁褓中的孫兒，因為是嬰兒，他沒有被斬殺，而是被關進了監獄。

太子劉據生平宅心仁厚，深得官員和民眾的喜愛，因此劉病已得到了負責巫蠱一案的官員的照顧。漢昭帝即位以後，巫蠱一案得到赦免，劉病已被送往張賀掌管下的掖庭生活。張賀是劉據的舊部下，因此對劉病已照顧有加。

而許平君的父親許廣漢是張賀的手下，在這種場景下，許廣漢自然結識了劉病已。

許廣漢的女兒許平君原本是許配給內謁者令歐侯氏的兒子為妻子的，結果還沒過門，歐侯氏的兒子便因病身亡了。許平君就這樣又變成了「待嫁閨女」了。而這時劉病已也已成年。

男大當婚，女大當嫁，結果經過大家一撮合，劉病已和許平君就結成了一對。

一年後，劉病已時來運轉，在朝中後繼無人的情況下，朝中耿直大

臣丙吉極力推薦，霍光也覺得讓毫無根基的劉病已繼位，他容易掌控，可以確保手中的實權不旁落。於是劉病已繼位，是為漢宣帝。

劉病已登基後，妻子許平君立刻被封為婕妤。而空缺的皇后之位，當時的攝政王霍光是有想法的，他想讓自己的女兒霍成君成為皇后，以更加「穩固」皇權。

然而，漢宣帝不願意，他感念患難之情，想立許平君為皇后，為此，他想出了一妙招，突然沒來由地下了一道「尋故劍」的詔書，詔書大致意思是說：以前我身分貧微，但是有一把故劍，我們感情深厚，現在十分想念它。不知道眾愛卿中有沒有人能幫我將那把舊劍找回來呢？

朝中大臣們都是聰明人，很快猜出漢宣帝的弦外之意。群臣就奏請立許平君為皇后。就這樣，漢宣帝順水推舟地立許平君為皇后。

按理說事情到這裡應該告一段落了。然而，霍顯卻不接受，她馬上展示出第二個特點：毒辣。為了能讓自己的女兒成為皇后，她決定對皇后許平君下黑手。

漢宣帝本始元年（西元前 73 年）正月，許皇后懷孕期滿，即將分娩。正在這個節骨眼上，她感到身體「不舒服」。愛妻心切的漢宣帝二話不說，馬上把各地名醫請來診治，再召請一些女醫生當「護理」。漢宣帝料想不到就是這一紙詔書，竟然改變了兩個人的命運。

一詔剛下，就有一位名叫淳于衍的女醫生前來應徵。她來勢不凡，打出的口號是：誰說女子不如男。許皇后一看架勢不錯，問了一些醫學方面的問題。這個淳于衍竟然對答如流，許皇后很滿意。再問來歷，原來這淳于衍是皇宮警衛（掖廷戶衛）淳于賞的妻子。專業水平足夠，政治背景也足夠，許皇后馬上作出如下批示：留下試用。

淳于衍果然不是一般人，她不但精通醫理，而且做事一絲不苟。很快，她就被許皇后留用做「長期護理員」。然而，許皇后不會知道，她留

下的不是一個「女護理員」，而是一個女殺手。

淳于衍之所以甘當女殺手，是因為她想為自己的丈夫謀一份好工作。當時的升遷大權都在霍光手上，而「消息通」霍顯知道淳于衍是因為丈夫「待業」在家，才出來工作養家餬口後，便主動給她這樣的暗示：現在安池管理局（安池監）正缺少一名主事的，我看你丈夫是合適的人選哦！

這是一份官銜大、薪水高、油水多的輕鬆工作，許多達官顯貴爭破頭都想著這個位子。面對天上掉餡餅的好事，淳于衍感動得差一點沒直呼霍顯為再生父母。

霍顯說幫忙可以，但是有個條件，淳于衍說什麼條件都可以答應。然而，當霍顯把條件說出來時，淳于衍驚訝得汗毛都快豎起來了，原來霍顯的條件是讓她在做護理時毒死許皇后。

淳于衍感到為難了，她雖然是個勢利女人，早已被霍顯說的「鐵飯碗」誘惑而動了心，但顧慮還在。畢竟毒死許皇后不是一件小事，上面追查下來，到時候只怕會吃不了兜著走啊！眼看淳于衍猶豫不決，霍顯給她灌了一劑強而有力的迷魂藥：「你難道不知道女人的生育，都是『圍著開蓋的棺材繞圈圈』的嗎？女人生育本來就是一件危險的事情，每十次生育，就至少有三人死於難產或留有後遺症的。在這方面，你不用擔心會陰溝裡翻船……」

淳于衍就這樣被霍顯拖上了賊船。這個雷厲風行的女人，甚至沒有把這件事告訴丈夫就開始行動了。她先是以「護理員」的特殊身分，把搗成粉末的「附子」（毒藥的一種）藏於內衣中，悄悄地帶進皇宮。

淳于衍的一切準備工作已做好，只等待下手的時機了。都說機會留給有準備的人，這話一點不假。許皇后經過十月懷胎，終於迎來了分娩的幸福時刻。痛苦過後是甜蜜，她生了一個女兒，母女平安。漢宣帝懸

著的一顆心終於放下，考慮到許皇后產後身體虛弱，漢宣帝命御醫們用藥好生調養。

御醫們為了自己的仕途著想，都想盡辦法研究新的滋補藥物。就在御醫們各顯其能、各顯神通時，淳于衍卻給了許皇后一記「猛藥」，她把「附子」粉末，摻到御醫們研製的藥丸裡。「附子」雖然不是下肚便七竅流血而死的劇毒之藥，但這種帶「火性」的慢性毒藥是產婦的禁用藥。

結果可想而知，許皇后吃了藥後，一開始毫無異樣，但隨著時間的推移，藥性開始發作，表現異常：氣喘、氣籲、氣悶……許皇后上氣不接下氣地問貼身護理員淳于衍：「我的頭怎麼突然好重？」淳于衍卻敷衍道：「良藥苦口利於病，沒什麼的，別亂想。」

時間一分一秒地流逝，許皇后的生命也在一分一秒地流逝。等到御醫們趕來時，許皇后早已錯過了最佳救治時期，她脈搏已散亂，就算扁鵲在世，也無能為力了。可憐的許皇后就這樣死於宮廷鬥爭。

許皇后慘死後，漢宣帝自然下令徹查，直到這時，霍顯才把這件事告訴了霍光。一直被矇在鼓裡的霍光知道事情真相後，長嘆一聲道：霍家必亡於一婦人之手。但事已至此，他也無計可施，只好用手中的權力壓著不讓漢宣帝查此事。

漢宣帝當然很快就知道了個中玄機，只是礙於霍氏勢力，沒有發作，而是選擇了隱忍。他表面上裝作一無所知地立霍顯的女兒霍成君為皇后，但另一方面對霍成君又「舍愛」，很少寵信她，更不讓她懷孕。也正是因為這樣，霍皇后婚後三年都沒有子嗣。同時，漢宣帝很快立自己跟許皇后的長子劉奭為太子，徹底絕了霍皇后的念想。

而這時霍顯展現出第三個特點：愚蠢。霍顯又企圖毒殺太子劉奭。於是，她指使女兒想盡辦法對劉奭下黑手。霍皇后於是屢次召見太子並給他食物，但是宣帝以及太子已經開始提防霍家人，太子一同隨行的人

總會先品嘗賞賜的食物，導致霍皇后暗藏的毒藥一直無法使用。

毒殺許皇后已經觸碰到了漢宣帝的底線，而毒殺太子劉奭更是罪不可赦，愚蠢的霍顯的種種舉動為其日後埋下了苦果。

霍顯的三板斧使完後，該輪到漢宣帝「亮劍」了。漢宣帝選擇「亮劍」的時機是有講究的 —— 等到霍光死後。

3. 樹倒猢猻散

漢宣帝時期，有一位名相叫魏相。他先後執掌朝政九年，和丙吉一起被漢宣帝稱為左膀右臂。他在位期間，整頓吏治和豪強，併成功剷除了以「攝政王」霍光為首的霍氏集團，為漢宣帝親政鋪平道路，為「孝宣中興」打下了堅實的基礎。

魏相，年輕的時候好學，精通《易經》，後來做了茂陵縣縣令，上任後，他就燒了一把大火。當時朝中的「二把手」御史大夫桑弘羊的一位宿客到茂陵出差，為了引起茂陵縣縣令的高度重視，宿客來之前給魏相直言他就是桑弘羊。魏相聽說桑弘羊來了，自然不敢怠慢，馬上去迎接，結果卻只見到桑弘羊的宿客。

面對宿客的糊弄，魏相大怒，大怒的結果是可憐的宿客被他依法處死了。

處死了桑弘羊的宿客，大家都為魏相擔憂，認為他引禍上身了。然而，桑弘羊聽聞事情來由後，並沒有對魏相有任何「問罪」之舉。

也就是透過這件事，魏相名震天下，而他所在的茂陵也被他治理得井然有序，生機勃勃。隨後，魏相又被升為河南太守。

上任不久，他又「惹」了一把火。這次燒火的是朝中丞相田千秋的兒子。田千秋因病去世，正在洛陽管兵器庫的「倉管員」—— 田千秋的兒子做了驚人之舉 —— 辭職。原因主要有兩個：一是為父親守孝的需要；

二是覺得官場水太深，為了明哲保身，他決定辭職告老還鄉。

然而，田千秋的兒子辭官後，最悲傷的卻是魏相，他知道禍患來了，感嘆道：「別人肯定以為是我把他的兒子趕走了，看來我的禍期不遠了。」

果然，很快霍光的譴責令就到了：「年少的皇帝剛剛即位不久，而函谷關是保衛京城的屏障，武器庫是國家的軍事重地。因此，讓丞相的弟弟做函谷關的都尉，丞相的兒子委屈做武器庫的倉管員。你作為父母官，不以國家大局考慮，丞相屍骨未寒，你就落井下石，這樣做是不是太不厚道了呢？」

很快，朝中眾臣的聯名上書就到了皇帝那裡，中心思想只有一個：狀告魏相以權謀私。

就是這一折騰，魏相馬上被抓到京受審。據說河南戍卒數千人對大司馬大將軍霍光攔駕，共同請願在邊關多留守一年來為魏相贖罪；又有河南的老弱百姓上萬人雲集函谷關要求入關，向皇帝告御狀，為魏相鳴不平。但手臂擰不過大腿，最終魏相還是被霍光交到「最高法院」廷尉那裡治罪。

魏相就這樣開始了悲慘的牢獄生活。數年後，漢宣帝上任了，為了顯示皇恩浩蕩，他馬上來了「大赦天下」，魏相無罪釋放，官復原職，又回到茂陵去做太守。不久，他又升遷為揚州刺史。

又過了兩年，魏相被提升為諫議大夫、大司農，直到任朝中的二把手──御史大夫。

這時候，霍光病逝了，漢宣帝不敢得罪霍氏集團，只好「順應民意」地任用霍光哥哥的兒子霍雲做尚書令，讓霍光的兒子霍禹做右將軍。

朝臣都附和霍氏子弟，魏相卻是個另類，他聯合漢宣帝的老丈人許廣漢，對漢宣帝提出了一個主張：削霍。並制定了「削霍」的方案策略，

其中關鍵一條就是：朝中奏摺可不透過尚書令，直接送給皇帝。這句話的意思不言而喻，直接架空掌握朝中人事權的尚書令，以防止霍氏集團「左右」皇上。

漢宣帝當然心領神會，他馬上下了一道詔書。霍雲的尚書位子屁股還沒有坐穩，漢宣帝就宣布，大家上疏奏事，可以不透過尚書，直奏給皇帝，並美其名曰：為官民減壓。

這樣做實際上已把霍雲的尚書權力架空。漢宣帝把朝中的「人事權」抓在自己手中後，接下來開始奪霍家的兵權。他採用明升實降的方法，先是把博陵侯霍禹尊為大司馬，給了他和他父親霍光一樣的官銜，與此同時，取消了他右將軍的軍印，封親信張世安為衛將軍，統管北方八校尉，負責京師及軍事調動工作。隨後，漢宣帝用這種方法，又陸續將霍氏家族在朝中掌握軍政大權的成員調離了京城。不久，漢朝政府的軍政大權，都被與霍家有仇的官員以及漢宣帝的祖母史良娣家族及許皇后的許氏家族控制。

盛極必衰，失去實權的霍氏家族很快就體會到了什麼叫落地的鳳凰不如雞。此時，彈劾霍氏家族的奏章如同雪花般飛向漢宣帝，漢宣帝緊握著這些奏章，終於露出了久違的笑容，有了這些「罪證」，摧毀霍氏家族只是時間問題了。

魏相勇於對霍氏集團「亮劍」，霍氏集團自然不能放任不管。

漢宣帝地節四年（西元前 66 年），這是一個奇熱無比的夏天，憤怒到了極點的霍家人召開了一次家族會議。會議由霍禹主持，他作為霍氏家族的接班人，會議一開始便丟擲這樣的觀點：怎樣才能從朝中奪回失去的權勢？

於是，霍氏家族成員紛紛發言，在強烈宣洩對漢宣帝的不滿時，對號入座地說該如何如何把某某某拉下水，這樣才能恢復以前的風光。

就在眾人口沫橫飛、口吐蓮花時，一直沉默不語的霍顯說話了。她當真是「不鳴則已，一鳴驚人」。她一張嘴就把眾人給鎮住了：你們各個都是鼠目寸光，官復原職有什麼屁用，如果我們不發動宮廷政變，廢了漢宣帝，自立為王，我霍氏家族遲早都要玩完。

「漢朝待我霍家不薄，這樣做未免太不厚道了吧？」沉默過後，霍禹代表霍家成員弱弱地問了這麼一句話。

事已至此，「老毒物」霍顯只得來了個實話實說，把毒死許皇后的事全部抖了出來。

殺害皇后的事將來被皇帝知道了，霍氏家族難免遭滅頂之災。事已至此，霍氏家族已到了「箭在弦上，不得不發」的時刻了。接下來，會議的主旨由「爭權」變成了「奪位」。橫豎都是死，不如來個轟轟烈烈，就算死也死得痛快。

會議於是奇蹟般地達成了一致，密謀發動政變，步驟如下。

具體來說分三步走：一是矯太后詔；二是斬殺魏相；三是廢掉漢宣帝。

然而，計劃趕不上變化。就在霍家磨刀霍霍時，因為保密工作做得不好，計劃洩露了。謀反的消息很快就被霍家一個馬伕的朋友張章知道了。這個張章本來是來「敘舊」的，聽到這樣的消息，先是被驚得目瞪口呆，接著拔腿就以百米衝刺的速度往皇宮裡跑。

結果可想而知，霍氏家族的謀反還沒來得及付諸行動，漢宣帝的「鎮壓軍」就到了，結果以迅雷不及掩耳之勢把霍家圍得水洩不通，打出的口號是「殺無赦」。自知難逃厄運的霍禹和霍顯相繼以自刎的方式結束了自己的生命。而霍氏家族的「中流砥柱」霍禹和霍顯死後，意味著霍家已是一群烏合之眾。漢宣帝手中高舉多年的「屠龍刀」絲毫沒有留情，對霍氏家族無論男女老少，一律格殺勿論。

誅滅霍氏家族後，霍皇后成了唯一的「倖存者」，漢宣帝沒有直接砍

了她的頭，而是以「失德罪」把這位年僅二十三歲的皇后打入了冰冷的昭臺宮。從此，庭院深深深幾許，霍家千金獨自悲。直到十二年後，霍皇后終於盼來了漢宣帝。然而，漢宣帝不是來赦免她的，而是把她打入了更陰森恐怖的「雲林館」去獨居。至此，霍皇后最後的希望落空，絕望之餘，在一個悽風淒雨的夜裡，她以一塊白絹結束了自己的一生。

至此，霍光一手打造的風光無比的霍氏家族，只因為他錯愛了一個不該愛的「大無畏」的女人霍顯，落得子孫絕滅的悽慘下場。這正應了一句話：盛極必衰。

（二）明犯強漢者，雖遠必誅

1. 江山代有名將出

我們常常說「百聞不如一見」，意思是聽到一百次不如親眼見一次，表示聽得再多也不如親見可靠。這個故事的典故出自西漢的名將趙充國。

趙充國字翁孫，隴西上邽（今甘肅省天水市）人，少年時仰慕將帥而愛學兵法，並且留心邊防事務。最初以「良家子」身分參軍當騎兵，後因善於騎射調入羽林軍（皇宮衛隊）中。

衛青、霍去病去世後，漢武帝一手打造的「後雙子星座」中的貳師將軍李廣利，因為太想證明自己，太想表現自己，結果適得其反。漢武帝天漢二年（西元前 99 年）五月，在對匈奴的「軍事打擊」中，他因為犯了「孤軍深入」的兵法大忌，結果被匈奴的右賢王圍了個「鐵桶陣」。就在這個生死攸關的關鍵時刻，一個人走到了李廣利面前，他說了這樣一句話：匈奴只圍不攻，是想透過饑荒這樣的辦法逼迫漢軍投降啊！男子漢大丈夫，流血不流汗，怎麼能坐以待斃呢？

　　一籌莫展的李廣利像是抓住了一根救命稻草，他雙手緊緊抓住這個人──趙充國粗糙而碩壯的雙手，放下「高貴」的身分直接就問該怎麼辦。

　　趙充國說，目前擺在漢軍面前的路只有兩條：一條是生路，另一條是死路。不知道將軍願意選擇生路還是死路呢？

　　「好死不如賴活，當然是生路了。」李廣利此時說。

　　有了李廣利這句話就足夠了，接下來看趙充國的表演了。他是這樣說的：要想走生路只有拚死突圍、死裡求生，要想走死路只有繳械投降。

　　李廣利毫不猶豫地採納了趙充國的意見，並任命他選拔一百名壯士組織突圍。趙充國不負眾望，是夜，他手提環手刀，一馬當先，帶領百餘精銳如離弦之箭奮勇殺出。李廣利率領大軍掩殺在後。匈奴見漢軍頑強突圍，馬上展開了「反突擊」。趙充國領兵衝殺在前，好生驍勇，所到之處，莫不披靡，兩軍酣戰良久，漢軍血戰突圍，充國雖勇，然匈奴甚眾，身亦負傷二十餘處。

　　福大命大的趙充國並沒有死，儘管他身上已是傷痕累累，收穫卻是很大的。因為這件事被「兩耳都聞天下事」的漢武帝「聞」到了，於是，這個一國之君來了個單獨召見，結果「眼見為實」，在「英雄，英雄」的讚嘆聲中，提升他為中郎（皇帝的侍衛官），隨後升為車騎將軍長史（軍隊幕僚的長官）。

　　趙充國的血沒有白流，他終於迎來了「雲開見月明」的時刻。就在眾人皆以為趙充國從此仕途不可限量時，「年度新人王」趙充國卻慢慢淡出眾人的視線。

　　就這樣年復一年、日復一日，趙充國已從翩翩少年變成了垂暮老人，似乎他的一生注定就將這樣過完時，漢宣帝的上任，卻給了趙充國一個重塑自我的機會。

漢宣帝元康三年（西元前 63 年），羌人叛亂，他們強渡湟水，占據了漢朝邊郡地區。當然，他們既然敢冒犯，自然是有備而來：為了「造反」，羌族兩百多位部落酋長會盟，甚至因此化干戈為玉帛，消除仇怨，交換人質，訂立攻守同盟條約，成立了「西聯盟」。

漢宣帝此時沒有了霍氏家族的羈絆，正是雄心勃勃想「建功立業」的時候，聽到這一消息後，第一反應是驚（驚訝小小的羌人是不是吃了熊心豹子膽），第二反應是怒（這是一種赤裸裸的宣戰和蔑視）。於是，他叫來一個人商量對策，這個人便是當年因「傷痕累累」而發跡的趙充國。

事實證明，漢宣帝沒有看錯人，儘管此時的趙充國已是白髮蒼蒼的垂暮老人，但趙充國並沒有「老」，面對漢宣帝的殷殷期待，他知無不言言無不盡，詳細地分析了羌族的情況以及與匈奴的關係，指出他們「解仇交質」是很危險的訊號，如果再與匈奴勾結在一起，組成「西北大聯盟」，到那時只怕就不是「虎視眈眈」這麼簡單了。

他給漢宣帝的建議歸納起來只有兩點：

第一，全民總動員，立即讓邊防各部隊做好戰備工作，防禦和反擊一個都不能少；

第二，派出「間諜」馬上去羌族地區，在阻止羌人和匈奴的「西北大聯盟」的同時，使用反間計和離間計，把羌族各部的「西聯盟」弄得再回到四分五裂的狀態。

面對趙充國的金玉良言，漢宣帝頭點得像雞啄米似的，隨後他把「間諜」這個艱鉅的任務交給了光祿大夫義渠安國。

事實證明，漢宣帝這次走對了政治路線，卻選錯了人，最終趙充國的「離間計」以失敗而告終。

義渠安國捅了馬蜂窩回來，朝野震驚，前面形勢嚴峻，關鍵時刻，漢宣帝沒有猶豫，他決定起用七十三歲的趙充國為「征西大元帥」，討伐

隴西的羌族。

接下來就看趙充國的表演了。只見他率領一萬多騎兵日行千里夜行八百，到了金城郡後，來了個「不眠也不休」，連夜偷渡「軍事要紐」黃河，並且構築銅牆堡壘嚴陣以待。

面對羌人的「單挑」，漢軍選擇閉守不出。

羌兵在漢軍陣前徘徊來徘徊去，使出渾身解數，只恨爹娘沒多生出幾張嘴來，罵得嗓子都啞了，有力氣沒處使，打又不能打，最後沒轍了，只好躊躇滿志地進兵、垂頭喪氣地退兵。

羌兵走後，趙充國沒有再做縮頭烏龜，他開始行動了。他派人去偵察地形。結果竟有意想不到的發現：羌地的軍事要道四望峽竟然沒有守兵。

「天助我也。」趙充國說完這句話，率軍連夜穿過四望峽，直達西部都尉府（今甘肅省蘭州市）。到了這裡，趙充國又有話要說了，發出這樣的感嘆來：「看來羌人到底還是不善用兵嘛，四望峽一夫當關，萬夫莫開，如果羌人在此設下數千騎兵，我軍就是插翅也飛渡不過這個鬼見愁的大峽谷啊！」

趙充國走捷徑橫穿寸步難行的四望峽到達西部都尉府後，幾乎繞到了羌人的後方。羌人驚為「天兵下凡」，急忙組織反擊。

然而，此時的趙充國還是採取老辦法，面對羌兵的挑戰，避門不戰。不出戰也罷，趙充國還作出這樣一個奇怪之舉，每天設宴擺酒犒勞將士，完全是一個慶功宴的場面。

話說當時的羌人各部，以先零和罕、開部為大，這兩部原本是水火不相容的仇敵，自不安分的先零首先發起反漢的號角後，派人到罕、開兩部展開「人事調解」，大致內容無非是「眼下不是內拚的時候，應該以大局為重，我們團結起來，共同對付和推翻壓在我們頭上的漢朝這座大

山」。

天下大勢，合久必分，分久必合。罕、開原本就是一家人，在自家人先零的調解下，很快就消除仇恨和隔閡握手言和。重歸於好之後，他們以民主的方式推薦了一個首領：靡當兒。

都說群眾的眼睛是雪亮的，但事實證明，這一次眾人的眼睛裡都蒙了一層沙，靡當兒這個看似「老實忠厚」的明主，卻是個不折不扣的「叛徒」。他上任後，決定還是重走和平友好的道路，不與漢朝作對，非但如此，他也不希望其他的羌人各部造反。考慮到先零是沒辦法搞定的事，深感身上肩負重大責任的他，絲毫不敢懈怠，上任後馬上就派他的弟弟雕庫來見西部都尉，陳述其本不願反的立場。

然而，就在這個節骨眼上，部分罕、開部落的人不聽新首領靡當兒的領導，擅自加入了先零的反叛隊伍中。西部都尉本來生活得好好的，絲毫沒有半點提防之心，雕庫的到來，他們是熱烈歡迎的，但部分罕、開羌人的行為讓他們對雕庫的「誠意」和「目的」產生了懷疑。熱烈歡迎之後，便是好酒好飯地招待這位「貴賓」。可憐的雕庫哪裡料到，西部都尉的「賓館」並不好住，從此他就被「軟禁」在這裡，在這樣「花天酒地」的生活中長期待下去。

而「天外來客」趙充國到來之後，二話不說，下令釋放被「囚禁」的雕庫，條件只有一個，宣傳兩項漢朝的「惠民」政策。

然而，趙充國料想不到，就在他站在最前線以「不戰而屈人之兵」之策分化羌人各部的時候，漢宣帝卻急得如熱鍋上的螞蟻，惶惶不可終日，甚至任命鎮守在邊境的酒泉太守辛武賢為破羌將軍，要求趙充國極力施行分兵合擊罕、開的計畫。

趙充國捱了罵，被批評，卻不妥協。他義正詞嚴地展開了回擊：將在外君命有所不受，皇帝您還是收回成命吧。

趙充國的「苦口婆心」終於感化了漢宣帝，他只能無奈地宣布合擊罕、開的作戰計劃「流產」，並且叫趙充國自己看著辦。

趙充國等的就是這句話。無論如何挑釁，漢軍就是不交戰，此時的先零漸漸地產生了麻痺大意的思想。趙充國眼看時機成熟，沒有再猶豫，在一個瓢潑大雨的夜裡，發起了總攻，結果毫無提防的先零只有逃的份，留下了大量輜重：牛羊十萬餘頭，車四千餘輛，其他戰利品更是數不勝數。

趙充國在追擊先零的過程中，經過罕、開境地時，對士兵們執行了嚴格的約束，違令者軍法處置。

面對「秋毫無犯」的漢軍，部落首領靡當兒發出這樣的感嘆來：「漢兵果然講誠意啊！」隨即表示願意服從漢王朝。

至此，趙充國「擊敗先零，分化罕、開」的計畫已初見成效。

趙充國雖然打敗了先零，但是離「征服」兩字還差得遠。如果是本著「宜將剩勇追窮寇」的原則，這時應該對先零窮追猛打才對，然而就在這個節骨眼上，趙充國卻來了個鳴金收兵。這時，就有許多殺紅了眼的將士不理解了，他們紛紛追問道：「此時是全殲先零的最佳時機，怎麼不追了呢？」

然而，趙充國有他自己的理由：

第一，狗逼急了都會跳牆，更何況人呢？

第二，我肚子痛，就算想再追下去也是力不從心。

趙充國生病也是事實，據說是因為水土不服，染了風寒而肚子裡不舒服。誰也料想不到，就在趙充國「傷痛」期間，羌人紛紛以投降的方式來為這個老而彌堅者「療傷」。當人數超過了一萬人時，趙充國馬上「疾去病好」，因為他此時已心中有數了：羌人被徹底打敗只是時間問題了。

此時他作出了這樣一個驚人之舉，撤兵，把所有騎兵都撤走，只留下一萬步兵。而步兵的任務不再是「打仗」，而是開荒種田。

屯田守邊。這仗還沒有打完就弄了這樣一個新鮮玩意兒，漢宣帝自然不能不管了，於是派破羌將軍辛武賢來到最前線，命令他倆合兵一處進攻先零，改「分而擊之為合而擊之」。

趙充國再次拒絕和辛武賢合作，馬上向漢宣帝打了一個小報告，詳細闡述了國家、軍隊和邊防三者之間密不可分的關係，並且說出了再打下去的利害關係，並提出了自己的觀點：安撫。不再向羌人動用軍事行動，而是採取安撫的辦法，引誘羌人歸降。與此同時，在邊疆地區組織軍民屯田駐防，耕種守邊兩不誤，既維護了邊疆的和平穩定，又為國家減壓，何樂而不為呢？

漢宣帝接到上疏後依舊開了個「討論會」，結果對趙充國「督兵屯田」的建議，參與會議的朝中大臣，十有七八表示不贊成。有了眾大臣的支持，漢宣帝底氣十足地「質問」趙充國：「即如將軍之計，虜當何時伏誅？兵當何時得決？孰計其便，復奏。」

意思就是說，如果按照將軍的意思實行罷騎兵而屯田的策略，羌虜要何時才能誅滅，我們的士兵們何時才能卸甲歸田呢？你還有什麼理由，馬上奏上來。

應該說漢宣帝雖然是在「質問」，但語氣還是「謙和」的。如果趙充國識相的話，應該馬上順應「聖意」，三緘其口才對。然而，事實證明，趙充國就是趙充國，他馬上就來了個「復奏」：羌人與漢民一樣，都有「避害就利，愛親戚，畏死亡」之心。如果罷騎兵而屯田，「順天時，因地利」，勝利在望。再加上羌眾已經動搖，前後來投降的超過了萬餘人，這都是我們宣傳「寬恕」的結果。與此同時，他還提出留兵屯田「十二便」，並強烈要求朝廷採納他的策略。

接到趙充國的第四次上疏，漢宣帝再次召開「討論會」，結果這一次大臣們贊成趙充國的已占了一半的人。眼看討論會沒有得出什麼結果，漢宣帝再次向趙充國提出了「質問」：「如果羌人得知朝廷罷兵屯田，再

乘虛而襲，我們怎麼辦？」

趙充國答：「先零羌所剩精兵不多，而且還『失地遠客，分散飢凍』，再加上罕、開等部落已和他們分道揚鑣，羌人實際上已是一支沒有什麼戰鬥力的烏合之眾。我們只要屯田兵扼守要道，做好戰備，以逸待勞，是不怕敵人進攻的。相反倒是北方的匈奴不可不防，西域的烏桓不可不憂啊！」

最後，他再次陳述督兵屯田的好處：內有無費之勞，外有守禦之備。並且指出自己是個「不真誠的話不說，說了的話就要真誠」的人，正是為了國家社稷著想，他才甘願冒著掉腦袋的危險冒死上疏的。

趙充國的「肺腑之言」這一次感動了朝中的大臣，贊成他的人此時已達十之八九。漢宣帝最後沒轍了，想出了一個折中的辦法：一面叫趙充國採取安撫的政策方針，而置屯田；另一方面叫辛武賢帶兵出擊。

結果，辛武賢動用大量人力物力財力，當年只斬殺羌人幾千人，而趙充國兵不出營就收降五千多人。

面對既得的成績，趙充國沒有小富即安，而是再接再厲，第六次上疏：「羌人約有五萬軍兵，已經斬首七千六百級，投降三萬一千二百人，淹於湟水和飢餓而死的也有五六千人，現在逃跑的只有不到四千兵馬。況且罕羌首領已經明確表示，要殺死先零羌的首領楊玉以謝罪過。於情於理，於公於私，在羌人的問題上都不用再動用武力了，請皇上下令撤軍吧。」

事實勝於雄辯，這一次漢宣帝不得不批准了趙充國的建議。果然，第二年秋天，先零羌首領楊玉不出意外地被部下殺死，其部屬四千多人全部歸降漢軍。

記大德不拘泥於俗見，立大功不迎合於眾人。讓我們對趙充國這位英雄表達崇高的讚美吧。

2. 遠去英雄不自由

漢宣帝甘露三年（西元前 51 年），自從呼韓邪投降漢朝後，郅支骨都侯不得已只好「西遁」到堅昆（今葉尼塞河上游至阿勒泰一帶），本著不入虎穴，焉得虎子的原則，郅支骨都侯把兒子駒於利受主動送到漢朝去當人質。

但漢朝已經「收留」了呼韓邪，便婉言謝絕了他的好意，派衛司馬谷吉將駒於利受遣送回國。並且表示：兩國交戰，不殺來使。

郅支骨都侯這麼「委屈」求來的居然是「凌辱」，盛怒之下的他把谷吉的人頭砍了下來。

郅支骨都侯在大呼過癮後，這才想起一件事，惹禍了！漢朝不會放過他。感到孤立的他決定打好周邊關係，團結一切可以團結的力量，共同對付漢朝日後的「復仇」。

正在這時，康居國國王主動示好。他不但主動示好，而且還把女兒嫁給了他。投之以桃，報之以李，郅支骨都侯為了回報康居國王，也把自己的女兒嫁給了他，這種互嫁的形勢可謂開歷史先河。

有了康居國的支持，郅支骨都侯的實力大增，很快就對「親漢」的烏孫付諸武力，結果烏孫被他們打得大敗。他們大搖大擺地在赤谷城下轉悠了一圈，才帶著牛羊等戰利品瀟瀟灑灑地揚長而去。

對此，小小的烏孫國無力還擊，只能以目相送。

打了勝仗，郅支骨都侯單于很高興，也很興奮，幾杯烈酒下肚，在康居王的女兒、也就是他現任的閼氏面前大吹特吹起來，什麼打遍天下無敵手，什麼世人皆螻蟻、唯我獨尊，等等。

康居王的女兒聽了這些話，心裡很煩。心裡煩倒也罷了，最重要的是她表現出來了。郅支骨都侯單于眼看她不聽話，心裡也很煩，他心煩倒也罷了，最重要的是他也表現出來了。

郅支骨都侯單于於是拔出劍，這一劍直接就把康居王的女兒送去了另一個極樂世界。

喝酒誤事就是這個道理。康居王的女兒死了，郅支骨都侯單于的麻煩來了。康居王明裡雖然對他敢怒不敢言，暗裡卻早已和他決裂了。

就在郅支骨都侯單于失去一個聯盟時，他還做了以下兩件傷害鄰國感情的事。

一、在都賴水濱修建水上城堡以防漢軍。修建水上城堡所花費的人力和物力堪比秦始皇修建萬里長城和阿房宮，困難自然可想而知了。即便如此，郅支骨都侯非但不體恤民情，反而對築城民眾稍有怠工就砍斷手足，投入水中去餵魚。手段之殘忍令人心驚膽顫。

二、命令大宛等國進貢。

這兩件事發表後，取得的「效果」顯而易見，那就是：眾叛親離。

就在此時，漢朝也知道了郅支骨都侯殺死漢使谷吉的事。

此時漢朝內部正在「內鬥」，漢元帝又迷戀於聲色，不問政事。因此，並沒有及時採取行動。然而，此時鎮守在烏壘城（今新疆維吾爾自治區輪臺縣東北小野雲溝附近）的西域都護甘延壽卻很是著急。

就在此時，他的副手陳湯主動出馬為他排憂來了。

陳湯，山陽瑕丘（今山東省兗州市北）人，他的經歷和朱賣臣有一點類似，因為從小兩耳不聞窗外事，一心只讀聖賢書，當溫飽成為一個問題時，他討過飯，很受鄉里「鄙夷」。為了不遭白眼，他當起了流浪漢，憑著「一缽飯，一瓢飲」流浪到了長安。就在他貧困潦倒時，認識了富平侯張勃。

張勃覺得他很有才能，於漢元帝初元二年（西元前 47 年）推薦他為茂材。一切看似都出奇的順利，不料，在等待安排職位期間，陳湯的父親卻死了。

　　陳湯聽聞，表情是：悲，大悲，非常悲，悲天憫人；哭，大哭，痛心哭，嚎啕大哭。

　　然而，大悲大哭之後，他卻彷彿大徹大悟了一般，決定為了前程，不回家奔喪。他的原意是，只要當了大官，九泉之下的父親一定會原諒他的。然而，那個時代對奔喪、守孝十分看重。這件事被人檢舉，陳湯因此被關進了監獄去「反省」。

　　後來，他又得到了貴人相助，終於被任為郎官。飽經坎坷的陳湯並不以此為滿足：按照漢朝的規定，成為郎官僅僅意味著進入官場，並不能保證一定會獲得升遷；出身卑賤者，改變命運的唯一途徑就是到邊塞建功立業，因此陳湯多次主動請求出使邊塞。直到漢元帝建昭三年（西元前 36 年），漢元帝任命甘延壽為西域都護時，他同時被任命為西域都護府副校尉。

　　這對陳湯來說是機會。而把握機會的人往往展現在細節上，所謂細節決定成敗。單從這一點來看，陳湯無疑是典範，具體表現有二。

　　一、不通地理者，不為將才。在奔赴西域都護幕府所在地的路上，每經過城邑山川時，陳湯都要登高望遠，觀察地形。

　　二、知己知彼，百戰不殆。到達目的地烏壘城後，陳湯四處打聽關於北匈奴的情報和動向。

　　做完這些事，他站出來了，對甘延壽說了這樣一番話：「郅支骨都侯單于遠遁西域後，漢朝邊境雖然暫時安定，西域各國卻處於不安定的狀態。郅支骨都侯單于凶殘好戰，聯合康居，他是想在吞併烏孫和大宛後，北攻伊犁，西取安息，南擊大月氏，最後把整個西域都占為己有。到那時，郅支骨都侯單于就會成為西域大患。而此時，西域各國都還處於觀望的態勢。如果漢朝對谷吉之死沒有任何說法，如果聽任北匈奴這一支在西部繼續壯大，西域各國到底是該和漢朝走，還是臣服於北匈奴？」

「那怎麼辦？」甘延壽問道。

「先發制人，後發制於人。」陳湯回答得乾淨、俐落。

隨後，他提出具體方案：趁郅支骨都侯單于現在還城不堅弓不強，沒有險要地勢可守，發動我們邊境的屯田士兵，再聯合西域各國人馬，一舉發動進攻，郅支骨都侯單于必然無處可逃，死無葬身之地。

結論是：如此一來你我將成就千秋功業。

對於陳湯的高談闊論，甘延壽很欣賞也很贊同，但他說要等等，先寫報告申請，等到朝廷批准再行動。

對此，陳湯引用一個關鍵詞予以勸說：將在外，君命有所不受。

但甘延壽還是不同意。然而，就在這個節骨眼上，甘延壽突然病了，病得不算輕，據說要躺在床上靜養，不能參與管理之事。

陳湯這個副校尉自然成了「代理主官」。他沒有讓機會從自己的手指間白白地溜走，而是做了兩個大膽的決定：

一、以都護名義假傳漢廷聖旨，調集漢朝在車師（今新疆維吾爾自治區吐魯番地區）地區的屯田漢軍。

二、集合西域諸國，發出征召令（「獨矯制發城郭諸國兵、車師戊己校尉屯田使士」）。一聽說要討伐郅支，十五個西域國家都派兵前來助戰，其中就包括那個被郅支骨都侯單于多次攻殺的烏孫。

人聲鼎沸，戰馬嘶鳴。就在陳湯準備出兵之際，臥病在床的甘延壽才得知消息。此時生米已煮成熟飯，甘延壽雖然「怒髮衝冠」，但箭在弦上，不得不發，他也只能「預設」了。

漢元帝建昭三年（西元前 36 年），正值寒風刺骨的冬天，大漢王朝西域都護、騎都尉甘延壽和副校尉陳湯統率四萬漢胡聯軍向康居挺進。大軍分成六路縱隊，其中三路縱隊沿南道（塔里木盆地南邊緣）越過蔥嶺（帕米爾高原），由大宛進入康居；另三路縱隊，由北道（塔里木盆地北

邊緣）橫穿烏孫進入康居。總之，一句話，南北兩軍約定在康居會師，誓言是：不見不散。

甘延壽、陳湯統率北軍走到闐池（今吉爾吉斯斯坦境內伊賽克湖）西岸時，遭遇剛剛從烏孫國都城赤谷（今吉爾吉斯斯坦伊塞克湖東南附近）打劫滿載而歸的康居副王。

來得好不如來得巧，陳湯大手一揮，漢胡聯軍在彈指一揮間就把康居副王那幾千騎兵殺得丟盔棄甲。陳湯把奪回來的物資全部物歸原主，烏孫國臣民在感激之餘，紛紛以實際行動來抗匈援漢。

有了烏孫國的支持，陳湯的信心更足了。進入康居國境東部後，他立刻做了三件事。

一、嚴明紀律。不准燒殺，不准搶掠，凡有犯者一律格殺勿論。

二、諭以威信。結交康居當地頗有威望的「貴族」人士屠墨，兩人歃血為盟，永為兄弟。

三、收集情報。挨家挨戶地走訪當地怨恨郅支骨都侯單于殘暴的康居人，打探和了解匈奴人的實情。

三管齊下，效果是顯而易見的。在康居嚮導的指引下，漢胡聯軍勢如破竹，直搗三十里開外的郅支骨都侯單于的城池。

眼看陳湯的「多國部隊」如同天降，郅支骨都侯單于先是震驚，隨即茫然，最後又恢復了平靜。為了讓自己有充足的備戰準備，他決定以緩兵之計來糊弄陳湯。於是，他立刻派人去質問陳湯：「你們數萬大軍開到這裡，想做什麼？」

「做什麼，做什麼。郅支骨都侯單于不是說願意歸順我漢朝，願意把兒子送來當人質嗎？漢朝天子對此十分重視，特發兵前來相迎，麻煩單于把兒子交來，我們立刻就東歸。」陳湯也不是吃素的，來了個「反糊弄」。

聽了陳湯的話，特使暗暗叫苦，只好回去向郅支骨都侯單于彙報。

「行李還沒有準備好，再等幾天吧。」郅支骨都侯單于繼續糊弄。

「沒關係，你們慢慢弄，我再給你們幾天時間準備。」陳湯接著反糊弄。

接下來兩人心知肚明，卻都瞞天過海般裝著什麼都不知道。這樣交往了幾個回合後，該準備的都準備得差不多了，陳湯來實的了，他故作生氣地說：「我等遠道而來，糧食也快吃完了，你們那邊卻一味拖延是何道理？莫非郅支骨都侯單于戲耍於我？」

話已點明，糊弄到此為止，接下來雙方只有華山一條路可走：開打。

戰幕隨即正式拉開，漢胡聯軍挺進到都賴水（今哈薩克南部之塔拉斯河）畔，離敵城只有三里處紮營。郅支骨都侯單于此時心裡很自信，他堅信最終的勝利將屬於他們。因為他們擁有「天時」和「地利」，然而郅支骨都侯單于料想不到，陳湯卻擁有「人和」。

果然，首先是郅支骨都侯單于派出一支一百多名匈奴騎兵組成的敢死隊，直衝漢軍營壘而來，目的只有一個：「投石問路」—— 給陳湯一個下馬威。結果陳湯毫不手軟，讓他們留下了買路錢 —— 人頭。

投石問路失敗後，意味著「天時」散盡，匈奴士兵只好「閉門不出」，他們對「地利優勢」還是很自信的。接下來就看漢胡聯軍的攻城表演了。

攻城前甘延壽和陳湯下達了總攻擊令：「聽聞鼓聲，直撲城下，四面包圍，各就各位，開鑿洞穴，堵塞門戶，盾牌在前，強弓在後，齊心協力，城樓必破。」

隨著震耳欲聾的擂鼓聲，漢胡聯軍如蜂般擁向城樓，頓時，殺聲、喊聲響成一片，弓箭密密麻麻射向城樓。單于城是一座土城，另有兩層堅固的木城。匈奴人頑強抵抗，從木城柵格裡向外放箭，因為擁有「居

高臨下」的天然地理優勢，漢胡聯軍傷亡慘重。

眼看強攻的效果並不好，甘延壽改變了策略部署，命令士兵由放箭改成放火。

木城最怕的就是「火」，結果漢胡聯軍的火成功地燒掉了郅支骨都侯單于的外城，匈奴兵只好全部退到內城。

連失了「天時」和「地利」的絕對優勢，郅支骨都侯單于知道自己的處境已是岌岌可危。不逃出去，一個字：死；逃出去了，還是一個字：死。（周邊國家哪個沒有受過他的荼毒？就連和親的康居國公主都被他殺了，天下之大有他的安身之處嗎？）

為了生死保衛戰，郅支骨都侯單于實行了全民總動員，連他的幾十個大大小小的老婆（閼氏）都被迫上城頭守城。

郅支骨都侯單于原本以為把自己的老婆都派上陣，肯定能造成以身作則、穩住軍心的作用，然而，這些手無縛雞之力的女人，不僅沒有幫上忙，反而成了漢胡聯軍的射靶對象。

眼看大大小小的老婆如秋風掃落葉般倒了一大片，本就憐香惜玉的郅支骨都侯單于那個心疼就沒法說了。就在他心有旁騖之際，只聽見「啪」的一聲響，一支箭正中他的鼻子。

這一箭不致命，卻勝似致命 —— 它嚴重摧垮了匈奴士兵的鬥志。

面對敵人的退縮和膽怯，甘延壽認為發動最後「總攻」的時機到了。然而，就在這時，戰場風雲突起：郅支骨都侯單于的救兵到了 —— 康居國的一萬多騎兵從漢軍身後殺來。

郅支骨都侯單于殺了康居國公主，按理說康居國沒有救郅支骨都侯單于的道理。這裡只能這樣理解：可能後知後覺的康居王還不知道女兒已被郅支骨都侯單于殺死了，而郅支骨都侯單于的女兒又不斷對康居王「咬耳朵」，雙管齊下之後，康居王沒有見死不救的道理。

腹背受敵，甘延壽和陳湯並沒有慌張，他們兩個商量之後，達成一致意見：棄已是「雞肋」狀態的郅支骨都侯單于，全力對付康居軍。

乘著夜色，陳湯帶著一隊人馬繞到康居軍的後面去了。

事實上這是一場偷襲與反偷襲之間的較量。康居兵分成十餘隊，每隊一千餘人，奔馳號叫，那氣勢表現為志在必得。

這邊漢胡聯軍先對康居兵展開了堅苦的防禦戰。他們知道，只要能多堅持一會兒，成功的希望就會多幾分。果然，康居兵多次進攻都沒有取得實質性的進展後，士氣不免有所低落。堅持到天矇矇亮時，他們終於扛不住了，康居兵於是單方面地宣布：休戰。等吃飽喝足恢復體力再戰。然而，事實證明，戰場上這種單方面的休戰是無效的。他們屁股還沒坐穩，就聽見背後殺聲四起，回頭看時，漢軍如同天兵天將般湧現出來。

偷襲反成了被偷襲，康居騎兵在甘延壽和陳湯的夾擊下，只有逃命的份了，一萬多人馬，逃出來的不到一千人，康居騎兵終於體會到了什麼叫丟盔棄甲。

在漢胡聯軍和康居騎兵展開偷襲和反偷襲戰時，郅支骨都侯單于在整個過程中，卻充當了一個不折不扣的「看客」角色（那一箭所帶來的威懾力竟然如此強大）。

「斷援」後，再無懸念可言，就看甘延壽和陳湯如何執行「甕中捉鱉」了。捉鱉行動使漢軍侯杜勳成了幸運兒，他第一個衝進宮中，把郅支骨都侯單于的人頭砍了下來。

陪同郅支骨都侯單于一起上路的還有他的妻妾、太子、王公等一千五百一十八人，數目可謂浩浩蕩蕩、怵目驚心。另外，還活捉番目一百四十五人，俘虜匈奴兵一千多人，另有匈奴開國一百多年所累積的物質財富，全部分給漢軍士兵和參戰的西域各國部隊。

　　拿破崙說過：「上帝總是站在物質力量強大的一方作戰。」甘延壽和陳湯以實際行動證明了漢朝的強大。充滿硝煙的戰爭，就以這種「快刀斬亂麻」的方式結束了。

　　凱旋後，甘延壽被封為義成侯，官位提升為長水校尉；而陳湯被封為關內侯，官位升遷為射聲校尉。同時，漢元帝還大赦天下，舉國上下頓時沉浸在一片歡樂的海洋裡。

3. 昭君出塞留傳奇

　　王昭君，南郡秭歸縣（今湖北省宜昌市興山縣）寶坪村人。她父親王穰因為老來得女，視她為掌上明珠，兄嫂也對其寵愛有加。王昭君天生麗質，聰慧異常，琴棋書畫，無所不精。漢元帝建昭五年（西元前34年），漢元帝在全國舉行「選美大會」，結果正值二八年華的王昭君被選入宮。

　　然而，入宮後，王昭君並沒有見到漢元帝。原因是漢元帝的後宮佳麗成千上萬，日理萬機的他對後宮佳麗應接不暇。因此，漢元帝想出了一個省時省力省心的絕妙辦法，叫畫師毛延壽把各大佳麗的肖像畫成一幅畫，然後，他一有空就拿著畫像看，覺得如意的話就可以侍寢。

　　各大佳麗的命運就掌握在畫師毛延壽手上了。為此，各大佳麗都送上大把大把的銀子，只為了讓畫師毛延壽把自己畫得更美更有氣質些。

　　這漸漸形成了後宮的「潛規則」。然而，自命清高的王昭君卻不願走賄賂的路。結果毛延壽很憤怒，於是「黑」了她一把，在她的面頰上點了一顆痣，結果使得畫中的王昭君其貌不揚。

　　漢元帝看到王昭君的畫像時，對生有剋夫相的王昭君避之唯恐不及。也正是因為這樣，五年光陰彈指一揮間就過去了，王昭君都沒有受到漢元帝的寵幸。

　　王昭君正在感嘆中打發著漫漫長夜時，命中有的終於來了。漢元帝竟寧元年（西元前 33 年），南匈奴單于呼韓邪前來朝覲，王昭君的命運也隨之改變。

　　呼韓邪單于為了讓匈奴的最後一支血脈傳承下去，提出「累世稱臣」的方案，具體來說就是兩個字：和親。

　　漢元帝見又多了一個匈奴單于女婿，他沒有不答應的道理。

　　從最開始的劉邦要把魯元公主作為和親的犧牲品，到後來的漢朝統治者一代比一代聰明的緣故，和匈奴和親的公主越來越假，最後演變到了漢元帝時，索性連諸侯王的女兒都可以高枕無憂了，直接從民間選拔民女冒充公主作為和親的對象。

　　漢元帝原以為隨便弄個宮女就可以「糊弄」和敷衍呼韓邪單于。然而，辭別時，看見王昭君絕世的容貌時，他內心產生了波動，宮中有如此美貌女子，自己竟然什麼都不知道。

　　他的疑問很快就有了矛頭 —— 畫師毛延壽。他不是傻子，很快就明白了這樣一個簡單的道理，他被毛延壽糊弄了，漢元帝盛怒之下，毛延壽就成了刀下鬼。

　　然而，毛延壽死了，漢元帝卻哭了。君無戲言，說出去的話便如潑出去的水，是收不回的。也正是因為這樣，只能痛心疾首地眼睜睜地看著王昭君踏上異國他鄉的旅程。

　　就這樣，王昭君別長安、出潼關、渡黃河、過雁門，踏上了異國他鄉之路。

　　關於王昭君為什麼要選擇出塞，還有一種與此截然相反的說法 ——這是毛延壽設下的救國計策。

　　王昭君入宮後，毛延壽見她貌美如仙，怕漢元帝會從此沉溺於王昭君的美色中不能自拔，荒廢了政事，從而步商紂王後塵，導致覆國之

災，於是故意醜化了王昭君，讓她沒有見到漢元帝的機會，這樣王昭君便一直被冷落在後宮中。直到呼韓邪單于請求和親的時候，毛延壽為免除後患，便向漢元帝推薦將王昭君遠嫁匈奴，一來可以徹底將王昭君與漢元帝分開，二來可以安撫匈奴的情緒，免除兩國之間的戰爭。

但有一些人認為王昭君是自請出塞的。根據《後漢書‧南匈奴傳》的記載，昭君是自請出塞遠嫁的。她在深宮幾年，不能為帝王寵幸，所以心生怨恨，想利用這個機會改變自己的處境。

同時，一些人對王昭君「自請」出塞也表示了懷疑。他們認為王昭君出塞，是由於漢元帝的命令，而非她個人的意願。這個說法的根據是在《漢書‧元帝傳》和《漢書‧匈奴傳》中，並沒有記載王昭君自請出塞，只記載了漢元帝把昭君賜給呼韓邪單于。這兩部書的成書時間比《後漢書‧南匈奴傳》要早三百年，可信的程度應該更大。

據說在出塞過程中還有一段小插曲：王昭君在出塞的路上鬱鬱寡歡，陣陣馬嘶聲，聲聲撕裂了她的心肝；絲絲雁鳴聲，聲聲悲鳴著她的心魄。她坐在坐騎之上，百感交集，不由得撥動琴弦，彈奏了一首「離別曲」。

琴聲婉轉而淒涼，歌聲傷感而悲切，隨行之人無不唏噓感嘆。據說這時正好有一隻南飛的大雁打此飛過，聽到這悅耳又蒼涼的琴聲和歌聲，看到騎在馬上的這個絕世美貌奇女子，竟然痴呆了。牠居然忘記了自己身在空中，需要擺動翅膀才能飛翔，這樣停頓片刻後，大雁便如一支離弦的箭跌落下來。這便是王昭君「落雁」這個雅稱的由來。

歷時一年多，王昭君於第二年初夏到達漠北。她受到匈奴人民的盛大歡迎，呼韓邪單于派大隊騎士、氈車、胡姬前來迎接。王昭君百感交集，再看兩邊的風景，此時已變成了平沙雁落，黃塵滾滾，牛羊遍地，無邊青草。終於到了王庭，但見此時一座座帳篷中，張燈結綵。呼韓邪單于站在王庭外迎接這位來自中原的絕世美人。胡笳悲鳴，駿馬奔馳，

萬民歡騰，王昭君終於真真切切地體會到了一回什麼叫「受寵若驚」。

漢成帝建始元年（西元前 32 年），王昭君為呼韓邪單于生下了一個白白胖胖的兒子，取名伊督智牙師，後被封為右日逐王。

老來得子，呼韓邪單于樂極生悲，只過了一年，就去世了，大閼氏的長子雕陶莫皋繼承了單于的職位（號為復株累若鞮單于）。匈奴有這樣一條不成文的規定：父妻子繼。說得再直白一點就是，兒子不但可以繼承父親的王位，而且還可以繼承他的一切，包括妻子和嬪妃。也正是這個原因，正值風韻之年的王昭君理所當然地成了雕陶莫皋的妻子。

年輕的單于對王昭君更加憐愛，王昭君也終於體會到了什麼叫「愛情」。他們的愛情結晶是兩個「弄瓦之喜」，長女叫須卜居次，次女叫當於居次，後來分別嫁給了匈奴貴族。

雕陶莫皋與王昭君過了十一年的夫妻生活而去世，這時已是漢成帝建始元年（西元前 32 年），王昭君已經三十五歲，正是絢爛的盛年。她沒有在喪夫之痛中沉淪，而是參與匈奴的政治活動，對於匈奴與漢朝的友好關係造成了至關重要的作用。按史書的說法是：「邊城晏閉，牛馬布野，三世無犬吠之警，黎庶忘干戈之役。」

王昭君死後，葬在大黑河南岸（今內蒙古自治區呼和浩特市南郊）。傳說入秋後塞外的草全都變沒了，只有王昭君墓上的草四季常青，因此被稱為青塚。

六、西漢的衰敗

（一）紅顏禍水：一代妖后趙飛燕 ——————

1. 漢成帝的「重口味」

漢元帝竟寧元年（西元前 33 年）五月，在位十五年的漢元帝駕崩於未央宮，享年四十二。

漢元帝的逝世，意味著太子劉驁終於熬出了頭。他的太子路一開始走得很順利，因為從一落到地上就被祖父漢宣帝視為「極品中的珍品」（第一個皇孫），捧在手裡怕掉了，含在嘴裡怕化了。劉驁這個名字也是漢宣帝賜的，如果大家檢視一下《新華字典》，就知道「驁」還有三個字可以代替：千里馬。單從這一點就知道漢宣帝對他的期望了。漢朝的豐功偉業還要靠他來繼承和發揚光大。也正是因為這樣，他在當時創造了一項紀錄：四歲被立為太子。和漢武帝經歷千辛萬苦才被立為太子相比，他幸運多了。

事實上，幸運一直伴隨著他，被立為太子十四年後，也就是太子劉驁十八歲時，他如願地登上了皇帝的寶座，史稱漢成帝。

本著一朝天子一朝臣的原則，漢成帝上任後也逃不脫「大洗牌」的「潛規則」。首先封皇太后王氏為太皇太后，然後封母后王氏為皇太后，最後封舅舅陽平侯王鳳為大司馬大將軍，職責是領尚書事。

漢成帝之所以一上任就大打親情牌，是有原因的。

表面上我們看到漢成帝從被立為太子到登基似乎太過一帆風順，如

果用一句話來形容漢成帝，他是幸運的。然而，幸與不幸，往往只隔著一扇門。漢成帝是幸運的，同時他也是不幸的。他的不幸是從出生開始。他的母親王政君是「失戀」的漢元帝（當時還是太子）的「替代品」，他的父皇漢元帝當時根本就對相貌平平的王政君不感冒。

據說那一夜之後，漢元帝就再也沒有臨幸過王政君。然而，王政君自己卻很爭氣，硬是生下了一個皇子。也就是憑著母以子貴的原則，漢元帝把王政君立為皇后，把他立為太子。

然而，不管地位有多高，名分有多大，但父親漢元帝留給太子劉驁的童年記憶是灰色的：冷酷、無情、孤傲……因為他感受不到父皇的半點溫暖。

太子劉驁的成年記憶是白色的：雪白、雪白、雪白……因為這期間他雖然錦衣玉食，卻經歷了大難不死（廢長立幼風波），如果不是憑著史丹一個人的「力挽狂瀾」，他將成為「飄落的皇子」。

也正是因為這樣，他登基後首先大打親情牌，封大舅舅王鳳（母后王政君的哥哥）為大司馬大將軍，完全是為了保護自己。

就在漢成帝的天空呈現藍色時，宦官派頭目石顯也隨之掉進了萬丈深淵。

漢成帝在重用王鳳，一手打造盛世江湖的「外戚派」時，自然想到的是要打壓一直盤踞在宮中掌握朝中重權的宦官派。石顯成了漢成帝的眼中釘、肉中刺，接下來看漢成帝如何穿釘拔刺了。

首先就是降石顯的職，把他由中書令調任太后宮中的長信太僕。說白了這是一份閒職，讓他遠離政治中心，過清閒生活。

然而，正所謂樹欲靜而風不止。石顯的清閒生活並不好過，因為朝中的丞相匡衡和御史大夫張譚開始彈劾他。匡衡和張譚本來初來朝中時是「人之初，性本善」的，但當時以石顯為首的宦官派一手遮天，他們兩

人迫於形勢，只能選擇「明哲保身」地順從石顯。

然而，一朝天子一朝臣，漢成帝即位後，虎落平陽的石顯立刻成了明日黃花。匡衡和張譚覺得「將功贖過」的機會到了，於是聯袂彈劾石顯及其黨羽五鹿充宗等人。

漢成帝本來就想早一點讓石顯回老家安度晚年，此時便趁此機會，當即把石顯的長信太僕這頂並不豪華的烏紗帽沒收了，讓他從哪裡來回到哪裡去。

石顯經不起這樣的打擊，他的生命已伴隨著無限傷感、無限落寞、無限淒涼走到了盡頭，他選擇了當年與范增一樣的下場，在路上以一場大病結束了自己顯赫而短暫的一生。

石顯死了，意味著宦官派將徹底退出歷史舞臺。果然，宦官派成員該貶官的往死裡貶，該削職的往頭上削，該趕出京城的往黃泉路上趕。總之一句話，新官上任三把火，漢成帝也不是吃閒飯的，在處理宦官派這件事上絕不姑息手軟。

只聞新人笑，哪聞舊人哭。宦官派一夜之間灰飛煙滅，有兩個人卻大大地紅了一把，這兩人就是丞相匡衡和御史大夫張譚。他們兩個的聯袂一彈，吹響了徹底摧毀宦官派的號角。也正是因為這樣，宦官派一倒，他們兩人立即成了名副其實的英雄。

然而，這兩位英雄很快就體會到了什麼叫「氣短」。

從客觀的角度來看匡衡和張譚，從最開始的順從石顯，到後來的反戈一擊，雖然純屬明哲保身的需要，朝中一些正義之士卻認為這很不正常。宦官派在時，你們躲起來；宦官派倒了，你們卻站起來了，這是天理難容啊！

彈劾與被彈劾只差一個字，其境界卻差十萬八千里。彈劾二人組匡衡和張譚很快就體會到了什麼叫被彈劾的滋味。送上滋味的是司隸校尉

王尊。彈劾的內容有兩點：一是說石顯得寵時，匡衡和張譚與他同流合污；二是說石顯失寵時，匡衡和張譚卻來了個過河拆橋。結論是他們乃兩面三刀的小人。

那麼，這個王尊又是何許人也，敢在老虎屁股上動手？下面我們不妨先來看看王尊的發跡史。

王尊，涿郡高陽（今河北省保定市高陽縣）人，因為爹死得早，娘改嫁得早，他從小就是一個不折不扣的孤兒，幸虧他叔伯收留了他。

然而，叔伯家裡窮得揭不開鍋，沒辦法，他只得從小就給人放羊，混一口飯吃。他一邊放羊，一邊讀書識字，無師自通的他學會了識字，竟然自學成才。

和漢成帝一樣，他的童年是苦澀而灰色的。而他的少年和青年都是充滿陽光和藍色的。十多歲時，機會不經意間降臨在這個放羊娃身上，他搖身一變成了一個小獄吏。職務還是看守。只是前面是看動物，後面變成了看犯人。又過了幾年，他被提升為書佐。隨後直升為縣令、益州刺史……

在任益州刺史兩年後，他被調到東平國任丞相。應該說他的仕途一路青雲直上，非常順利。然而，一路陽光背後，王尊付出的血淚艱辛卻是鮮為人知的。

在擔任東平國丞相後，他將面臨人生中極為嚴峻的考驗。

東平王劉宇是漢元帝的弟弟，因為後臺足，從小就目無王法，做了一些傷天害理之事。面對這樣的親弟弟，漢元帝既恨又嘆，最後想出的辦法就是：調正直且又敢作敢為的王尊為相，制約和打壓他。

要打造好這個目無王法的王爺，注定不會是波瀾不驚的。劉宇很喜歡到外面去「尋花問柳」，並美其名曰微服私訪。王尊上任後，他馬上就給馬伕下達了這樣的命令：出車必須經過他的批准。

　　這下劉宇就不能隨便出巡了。劉宇被限制了自由，非常生氣：連皇帝老子都管不了我，你敢來管我，是不是活膩了！

　　殺機已出，王尊危如累卵。劉宇想出來除去王尊的辦法很簡單也很實用。喜歡看武俠小說的讀者一定會對這樣的場面不陌生：當小人想除去他的仇人時，在明的發揮不了作用時，只能用暗的，比如說下毒等暗招。而一些更為聰明的人會想出「借刀殺人」的妙計，比如裝假從哪裡弄來一把絕世好刀或好劍，然後請某某某來看，就在他驚羨於寶刀寶劍時，出其不意，一劍刺穿仇人的脖子。

　　而劉宇不知是不是看過這方面的書，總之他也來了個「借刀殺人」，他不是老一套的公式化程序：借刀、獻刀、拔刀、揮刀、收刀，最後把目標幹掉。他先把王尊叫到宮中，然後說了這樣一句極富挑逗意味的話：「我知道你向來以勇猛著稱，不妨拔出你腰間所佩的刀，亮一點絕活給我們開開眼界。」

　　王尊是何等人物，從劉宇陰晴不定的臉色中已看出些許端倪來，悠然道：「這刀我是不會拔的。」

　　「丞相莫非翅膀硬了，敢公然違抗本王的命令？」劉宇怒喝道。

　　「臣不敢違抗大王的命令。」王尊說著把雙手舉起來，然後叫劉宇的武士過來拔刀。

　　劉宇本來叫王尊拔刀，就可以以公堂之上、持刀謀刺的罪名直接把王尊送上斷頭臺。然而，人算不如天算，王尊拒絕拔刀，卻叫他身邊的武士來拔刀，如此一來，他的如意算盤就徹底落空了。

　　「我奉皇上之命來做你的國相，來的時候就已經和親朋好友舉辦了隆重的告別儀式，根本就沒打算活著回去。以前我聽說大王很勇猛，如今看來只不過浪得虛名。大王如果想砍我的頭，直接動手就是，何必假借拔刀這種伎倆呢！」王尊對著發呆的劉宇，索性來了個直言不諱。

王尊的話句句在理，聲聲敲在劉宇的心坎上。他只得哈哈一笑，隨即命令手下備酒設宴。

劉宇的母親公孫婕妤見此卻不勝感慨。她老人家這麼想，自己只有這麼一個寶貝兒子，如果以後都生活在王尊的陰影中，兒子毫無自由毫無歡樂可言。於是，她給朝廷寫了一封信，說王尊很傲慢，他們母子都受他的控制。長此以往，國將不國。

漢元帝接到信後，罷了王尊的官職。從此，劉宇和王尊都自由了，劉宇可以重新過上無拘無束、無法無天的生活了；而王尊也無職一身輕，可以過與世無爭的生活了。

然而，人生命運的轉折往往就在舉手投足之間。就在這時，漢成帝的大舅舅王鳳卻主動示好，把王尊召為軍中司馬。漢元帝駕崩，漢成帝即位後，漢成帝為了打造外戚派，重用了舅舅王鳳。王鳳也沒忘了重用王尊，他立刻把他升為司隸校尉。也不知是不是新官上任三把火的原因，王尊一上來就拿朝中最高領導階層的「一把手」匡衡（丞相）和「二把手」張譚（御史大夫）——彈劾。

漢成帝接到彈劾奏摺後，也很為難，不知道如何處理這件事。他們兩個雖然有過失，但不管怎樣，在揭露石顯的罪行方面還是造成了模範帶頭作用。此時如果重重處罰他們，自己剛剛登基不久，勢必造成不良的後果。如果處罰得輕，那無疑是隔靴搔癢，無關大礙。不知道如何處理的漢成帝這次索性來了個「高高掛起」——暫時不處理。

漢成帝不處理，丞相匡衡卻坐不住了。他得知自己被彈劾後，長嘆一聲：該來的終究還是來了。知道沒有好果子吃的他，很識相地向漢成帝遞了「辭職報告」。

人在河邊走，哪有不溼鞋！匡衡的本意是，既然事情已經到了這種地步，如果能全身而退，就算失去一切又何妨？

應該說匡衡是很有自知之明的，功名利祿是身外之物，唯有生命最可貴。然而，這一次漢成帝沒有成全匡衡的美意，駁回的理由是：現在國家正是用人之際，正需要像你這樣的人才盡力，怎麼能隱歸山林呢？

為了徹底打消匡衡的後顧之憂，漢成帝只好委屈王尊，把他降為高陵令。

漢成帝從大局著想，最終犧牲王尊，以穩定民心。王鳳在這件事上也只能真真切切地當了一回看客，愛莫能助。

然而，事實證明這只是漢成帝的「權宜之計」，匡衡終究沒能逃出被貶的命運，後來他被「遣」回故里，不幾年便病死於家鄉。

2. 趙氏姊妹的「溫柔鄉」

提起西漢的美女，趙飛燕不得不提。

趙飛燕和她的孿生妹妹趙合德生在江南水鄉姑蘇。她們的母親是江都王的孫女姑蘇郡主，嫁給中尉趙曼後，可能是覺得這樣的「下嫁」有一點委屈，便找了個情郎 —— 舍人馮萬金。馮萬金果然人如其名，兩人很快就生了一對私生女。考慮到這樣的「婚外情」不宜留有把柄，姑蘇郡主狠狠心便把她們丟在郊外，讓她們自生自滅。三天三夜後，姑蘇郡主終於還是忍不住去看「動靜」，結果趙氏姊妹既沒有被狼叼走，也沒有餓死。這下沒法了，只好把她們抱回家裡撫養。

我們很難想像，在當時的封建社會，趙曼是如何面對這對從天而降的私生女的。但有一點可以肯定，那就是被「戴綠帽子」後的趙曼從此變得很憂鬱和消極，不久就去世了。母女三人從此只能依靠馮萬金了。然而，馮萬金沒過幾年就追隨趙曼去了陰曹地府。

沒了依靠，母女三人過起了流浪生活。她們從姑蘇一直流落到京師長安，寄居在城郊的陋室之中，靠著纖纖雙手，替人做女工為生。趙母

在這樣的貧病交加中撒手人寰後，趙氏姊妹便寄託在同里的趙翁家中，成為趙翁的義女，過著一種寄人籬下的生活。

趙翁當時已是花甲之年，膝下卻沒有一兒半女，憑空撿到一對花兒一樣的少女，自然喜不自禁，馬上就像親生女兒一樣培養起來，讀書識字、琴棋書畫無所不教。不出幾年，趙氏姊妹已頗具大家閨秀的風範。

光陰荏苒，趙翁眼看自己已到了「來日不多」的年紀了，便為趙飛燕姊妹謀求發展。機遇不期降臨，不久，趙飛燕姊妹就被當時的長安第一公主 —— 陽阿公主（漢成帝的姊姊）收為侍女。

剛進公主府的時候，姊妹倆任職「舍直」，並非歌舞伎，然而她們對歌舞有天生的敏感，很快就超過了那些專門培養的家伎，成了陽阿公主府裡的頭牌。由於趙飛燕原名宜主，窈窕秀美，憑欄臨風，有翩然欲飛之態，被稱為「趙飛燕」。姊妹倆對歌舞到了幾近痴迷的程度，據說為了精研技藝常常廢寢忘食，全然不顧別人的冷嘲熱諷。

都說機會留給有準備的人，這話一點都不假。就在趙飛燕努力時，機遇意外地降臨了。

話說從漢成帝鴻嘉元年（西元前20年）的春天開始，漢成帝迷上了微服出訪這項戶外運動。和當年的漢武帝一樣，他也有自己的「經紀人」—— 富平侯張放。

富平侯張放是敬武公主的兒子，之所以得到漢成帝的青睞，一是因為他是漢成帝的姑表弟，二是張放的妻子是漢成帝的原配許皇后的親妹妹，再加上兩人年紀相若，自幼便情趣相投，是不折不扣的哥兒們。因此，漢成帝微服出訪時，常常帶上張放，並美其名曰：兜風。

這一天，漢成帝帶著張放又去兜風，無意中轉到了陽阿公主的府邸來了。漢成帝一時心血來潮，馬上來了個「臨時造訪」。陽阿公主見皇上來了，立刻舉行了盛大的「接風宴」。

盛宴之上，歌舞先行。按常規來推斷，歌舞只是個「盤外餐」，僅僅給酒宴提神助興罷了。然而，事實證明，這位漢成帝和他的先輩劉徹一樣，在這樣的風月場合很快就遭遇了愛情。

陽阿公主挖來趙氏姊妹，目的就是為了釣漢成帝這條大魚。

陽阿公主手一揮，府中歌女舞姬輪番上陣，輕歌曼舞，別樣的風情，獨特的韻味，新鮮感且不失刺激，使得漢成帝眼花撩亂，有一點飄飄然了。

等到趙飛燕出場時，歌聲嬌脆，舞姿輕盈，若空谷鶯鳴，似仙子凌波；再看她纖眉如畫，秀髮如雲，尤其是一對流星般的眸子，含情脈脈地轉身一瞥，閃爍出無限誘人的風情與醉人的魅力，漢成帝便如霧裡看花，看不真切，也看不明白，一下子如痴如狂，如夢如幻。

接下來的事很簡單了，漢成帝走過場似的詢問了趙飛燕的一些家底後，將趙飛燕帶回了皇宮。芙蓉帳裡，玉體橫陳，漢成帝這才真正體會到了什麼叫銷魂蝕骨的滋味。

受寵的趙飛燕很快就被漢成帝封為婕妤，爵比列侯，連許皇后也要禮讓她三分。

趙飛燕在宮中受寵，趙合德還在陽阿公主家裡「閒置」。漢成帝終於從小道消息知道趙合德姿容不在姊姊趙飛燕之下，不禁起了得隴望蜀之心，於是派人以百寶鳳毛步輦前往陽阿公主府接她入宮。在漢成帝想來，這樣高的禮遇去請趙合德那肯定是手到擒來，不費吹灰之力。出人意料的是，趙合德卻拒絕了他的美意，理由是：「沒有得到姊姊的召喚，我是絕不會入宮的。如果你們要強迫我入宮，那就只好以死相抗了。」

面對趙合德的「欲迎還拒」之術，漢成帝決定先安撫趙飛燕，不但賜給她很多奇珍異寶，而且還弄了一棟裝修豪華的別墅——遠條館給她住。最終趙飛燕只好親自去請趙合德入宮。

　　這下趙合德終於可以名正言順地進宮了。進宮前，她香湯沐浴，精心巧妙地打扮了一番。「七分靠長相，三分靠打扮」這話一點都不假。趙合德本來就很美，這一打扮更是美不勝收。果然，漢成帝一看到她這般千嬌百媚的樣子，頓時酥了半邊。

　　「皇上如今是我姊夫，姊妹共侍一夫之事，如果沒有姊姊的允許，我是寧死也萬萬行不得的。」趙合德繼續上演「欲迎還拒」之術。

　　拒絕皇帝的下場，通常都是掉腦袋的事。然而，時機、分寸、火候都把握得恰到好處，趙合德的「婉拒」，漢成帝非但沒有一點生氣的樣子，反而點頭稱讚不已。

　　然而，這一切都讓侍立在漢成帝身後的一位宮廷老女官看在眼裡。這位見多識廣的老婦人名叫淖成誠，早在漢宣帝時期就已在宮中擔任教習之職，號稱「淖夫人」。眼看皇帝為一個初次見面的宮婢，竟然不惜當眾如此自降身分，不由得輕嘆道：「這個女人是禍水啊，日後一定會出大亂子的。」

　　三天後，吊足了漢成帝胃口的趙合德才給他「餵食」。她那豐潤飽滿的美妙軀體和舉世無二的媚功，使得漢成帝在春風一度之後，發出這樣的感嘆來：溫柔鄉裡死，做鬼也風流。

　　然而，漢成帝料想不到，他的這樣發自內心的感慨日後竟然會一語成讖。日後葬送他的正是這戀戀不捨的溫柔鄉。

　　自從漢成帝寵愛趙飛燕姊妹後，很快就把許皇后變成了「棄后」，取而代之的自然是趙飛燕，這當真是只聽新人笑，哪聞舊人哭。

　　趙飛燕被封為皇后後，移居豪華無比的東宮，很快露出了真實面目，竟然揹著漢成帝偷情，偷情的對象是皇帝的侍郎馮無方。

　　侍郎馮無方本來就長相俊美，一次偶然的英雄救美，讓趙飛燕記住了這個小白臉。據說此後，趙飛燕使出渾身解數在漢成帝面前為馮無方

申請了一張可以隨便進入後宮的特權。一個乾柴，一個烈火，這偷情的滋味只有個中人知道了。

俗話說有了初一就有十五，趙飛燕自從和馮無方開啟「婚外情」的門扉後，一發不可收拾。接下來，侍郎慶安世又成了她的「新歡」，對於這位貌似潘安的美男子，趙飛燕借學琴為由「占為己有」。而其他的侍郎也紛紛成為趙飛燕獵色的目標。

當然，趙飛燕之所以敢這樣明目張膽地偷情，主要原因就是想借種。

要知道，趙飛燕美則美矣，唯一頭痛的就是不孕。她集漢成帝萬千寵愛於一身，卻沒能生下一兒半女來，在後宮裡混，沒有兒子意味著什麼，趙飛燕自然明白。於是，這樣放蕩的「婚外情」，目的只為借種生子。然而，趙飛燕其實心知肚明，這只不過是她自欺欺人之舉罷了，因為非但是她，連她妹妹趙合德也是永遠的「不孕不育」患者。

那麼趙氏姊妹為何患了不孕不育症呢？原來這對姊妹花當初潛藏在陽阿公主府裡時，為了「包裝」的需要，把一種叫做「息肌丸」的藥丸塞入肚臍。這種藥丸確實功效顯著，用後膚如凝脂，肌香甜蜜，青春不老。這也是漢成帝痴迷趙氏姊妹的原因之一。可是這麼好的藥卻不是人人都可以用的，除非是只想過「二人世界」的人。都說是藥三分毒，這話一點都不假，這息肌丸雖然具有超級美容的作用，但唯一的副作用也是致命的，它能破壞子宮，從而導致不孕。

姊妹倆就是因為息肌丸的幫忙把漢成帝死死迷住，為此漢成帝精力耗盡，靠藥物滿足淫樂，最終落了個洩陽流血而亡的悲慘結局。

也正是因為這樣，趙氏姊妹雖得專寵，但兩人都從未懷過孕，更別說生兒育女了。趙飛燕自己不能懷孕生子，更害怕別的嬪妃懷孕生子，原因是怕別人母因子貴，直接「危及」自己的皇后位置。於是，趙飛燕聯

合妹妹趙合德做出了瘋狂之舉，想盡一切辦法不擇手段地阻止其她宮人懷孕生子，結果是：生下者輒殺，墮胎者無數。這裡不妨舉兩個例子來簡單地說明一下。

一是宮女曹宮生了一男孩，漢成帝欣喜若狂，特意派六個宮女去服侍曹宮。趙氏姊妹知道後，來了個「先斬後奏」，假傳詔令竟然活生生地逼死了曹宮，皇子自然也沒能倖免於難。

二是許美人生了一男孩，漢成帝同樣欣喜若狂，派中黃門靳嚴帶著御醫和乳孃去悉心照料的同時，這回漢成帝吸取了曹宮之死的教訓，沒有再瞞著趙氏姊妹，而是來了個「直言相告」。他滿以為這次趙氏姊妹一定會網開一面。哪知趙氏姊妹聽說後，立刻來了個分工合作，趙飛燕來了個一哭二鬧三上吊的表演。而趙合德乾脆直接亮出殺手鐧——絕食。並配以如下語言：「你乾脆讓有兒子的許美人坐上我這個昭儀的位置算了，我還是回老家去吧！」雙管齊下，逼得色迷心竅的漢成帝只得「含淚」賜死許美人母子。

此時「痴情」的漢成帝在趙氏姊妹之間疲於奔命，已經沒有年輕時那樣到處去「撒網」的激情了。而趙氏姊妹卻火眼金睛地四處「滅種」，此消彼長，就這樣，已到了「不惑」之年的漢成帝竟然沒有一兒半女。他不禁在疑惑：膝下猶虛為哪般？

可憐的漢成帝不會明白，民間流傳已久的童謠竟然一語成讖：

燕燕尾涎涎，張公子，時相見；

木門倉琅根，燕飛來，啄皇孫，皇孫死，燕啄矢。

3. 在劫難逃的命運劫

漢成帝綏和二年（西元前 7 年）三月十七日，漢成帝突然病逝在趙合德的溫柔鄉裡。

漢成帝死得太過離奇，太過窩囊，甚至連傳喚太醫的時間都沒有，一石激起千重浪，面對鋪天蓋地的流言蜚語，一向深居簡出的皇太后王政君都坐不住了。她在「悲傷淚流成河」後，親自籌備的專案小組馬上成立了。朝中四大王牌人物領銜：大司馬王莽（王根的後繼人）、丞相孔光（幾經波折終於登上丞相的位置）及御史和廷尉組成，目的只有一個——「嫌疑犯」趙合德，步驟是：調查取證——捉拿嚴審——量刑判刑。

然而，事實證明，有自知之明的趙合德知道漢成帝死後，自己難逃一劫，她根本就沒有讓「專案組」浪費大量的人力物力，就果斷地以一杯毒酒結束了自己年輕而寶貴的生命。

可憐一朵嬌嫩的花，就這樣凋落了。當真印證了「紅顏薄命」這句話。

趙合德的以身殉情，卻挽不回漢成帝的起死回生，四月，太子劉欣即位，史稱漢哀帝。漢哀帝上任後，首先尊太后王政君為太皇太后，皇后趙飛燕為太后。

趙合德和趙飛燕是姊妹，既然漢成帝的死跟趙合德有千絲萬縷的關聯，那麼為什麼在趙合德識時務地以身殉情後，趙飛燕卻安然無恙，甚至還被繼承皇位的漢哀帝封為太后呢？

原因很簡單，這是漢哀帝的「報恩之舉」。漢哀帝劉欣當初之所以能被立為太子，跟趙氏姊妹的強而有力支持有密不可分的關係。雖然漢哀帝無力救趙合德的命，但趙飛燕的命他還是力所能及地可以救的。因此，在他的努力下，趙飛燕被升為皇太后。

當年因為漢成帝太過於寵愛趙氏姊妹，紅極一時的王氏家族也不得不把朝中的權力分一杯羹給她們。此一時彼一時，漢成帝死後，新上任的漢哀帝玩起了知恩圖報，然而，不甘心的王氏家族自然不會再選擇沉默。他們行動了起來。

　　王氏家族開始收集證據，經過一番明察暗訪，趙氏姊妹的罪證立刻浮出水面，結論是：漢成帝之所以絕後，全是趙氏姊妹所作所為。於是，一封小報告馬上由司隸解光呈到了漢哀帝的辦公桌前，嚴格來說這是一封「起訴書」：「起訴」趙氏姊妹當年殘殺皇子的種種罪狀，要求嚴懲元凶趙飛燕。

　　王氏家族一致認為有這樣的鐵證在手，漢哀帝想要庇護也是有心無力。再加上「雙飛燕」中的趙合德已死，剩下的趙飛燕已是孤燕難飛、在劫難逃。

　　然而，人算不如天算，王氏家族的美夢被熟人擊碎。這個人就是漢哀帝的祖母傅昭儀 —— 傅太后。

　　傅太后當初收買了趙氏和王氏兩大王牌，才使得劉欣成功登上太子的寶座。如今劉欣順利過渡為漢哀帝，但太后的位置還得由王政君來做；而傅昭儀也稱太后，只是太后前面加了兩個字的輔助語：定陶。

　　說得再直接一點，傅太后就是屬於「偏房」一樣，也正是因為這樣，傅太后時刻在考慮如何爭權奪利，如何盡快讓自己變為「正室」。此時，眼看王氏家族對已是明日黃花的趙飛燕窮追猛打，她沒有視而不見，而是在趙飛燕危難之時顯身手，對漢哀帝展開了「逼宮」。結果漢哀帝為了保全趙飛燕，只好撤了趙氏家族的另兩位成員趙訢和趙欽的侯爵。

　　這件事的結果是，孤家寡人的趙氏家族徹底落寞下去了，傅氏家族馬上又浮出了水面。傅太后在自己的親孫子登基後，自然不肯讓王家再踩在自己頭上。

　　傅太后首先在名分上與王政君來了個「並駕齊驅」，馬上將自己的姪孫女、定陶王妃小傅氏冊立為皇后。有了皇后這個重要的砝碼，緊接著，傅氏家族中的人馬紛紛到朝中就任重要職務。

　　一個是新寵，另一個是舊愛，王氏家族和傅氏家族馬上上演爭權大戰。

　　眼看傅家勢力越來越大，趙飛燕也不放過一切向傅太后討好的機會：傅太后壽日，她派人送去了文犀避毒箸兩雙、沉水香玉壺一個、流波紋無縫衫一件，還有大批珍寶，真可謂千金一擲；傅太后窮奢極欲，尤愛聽歌觀舞，趙飛燕便將自己的女樂送給她，還憑自己的歌舞才能親自指導教練。

　　趙飛燕還有一件最賣力氣的事。漢哀帝建平二年（西元前 5 年）夏，漢哀帝的母親丁太后因病死去，漢哀帝下詔把棺柩送回定陶，與他的父親劉康葬在一起，並徵發定陶附近五萬人修建陵園。漢哀帝自認為盡了孝道，先祖會福佑他，國運卻毫無轉機，他本人也染病在身。亡親之痛和前程之憂使這個病弱的皇帝愁眉不展。恰在這時，司隸校尉解光等向漢哀帝推薦方士夏賀良，說他精通讖學，知道神靈預言，是孝成皇帝時宣講《天官曆包元太平經》的甘忠可的弟子。甘忠可雖因劉向劾奏他假借鬼神，誣罔聖上而下獄死，但夏賀良繼承其師遺志，私下予以教授。解光等人大力吹捧夏賀良的學說，說劉向純屬誣告，甘忠可是死得冤枉，應對其弟子夏賀良大加禮遇。漢哀帝信以為真，遂召夏賀良進宮，請他講授如何得到神靈的幫助。夏賀良說：「木、火、土、金、水五德依次執行，周而復始。王朝受命於天，並代表著其中一德，氣數盡了，必將被另一德所取代。如今，漢家歷數將盡，只有再受天命，才能保住漢室，延續帝業。陛下經常生病，災異屢有發生，這是上天對陛下的告誡！」漢哀帝忙問他有何良策，夏賀良說，當務之急是更改年號，重受天命。漢哀帝相信了夏賀良的話，改建平二年為「太初元將元年」，自稱「陳聖劉太平皇帝」，把計時用的漏器由舊制一百度，刻成一百二十度，並下詔大赦天下。

　　「再受天命」這天，漢哀帝舉行了隆重的儀式，其規模不亞於登基大典。儀式完全按照夏賀良設計的程序，拜天祭地，求神弄鬼，充滿了神

祕色彩。許多大臣頗持異議，認為夏賀良之言是胡言亂語，不足為信。唯獨趙飛燕得知後，特意向漢哀帝呈上一道賀表，敬稱漢哀帝為「陳聖劉太平皇帝」，恭維說：「天運更迭，王朝遞嬗，古今至理。陛下為永安國家，改元易號，再受天命，堪稱明智之舉。上天將賜陛下康泰，漢祚久長，祝願真命天子宏圖大展，萬壽無疆！」

趙飛燕這道賀表，使漢哀帝得到了精神上的幫助。他在一片反對聲中找到了支持者。緊接著，漢哀帝下令恢復已拆除或停止祭祀的祭壇神廟七百餘所，大量增加祭祀的次數。趙飛燕對此不僅極力鼓吹頌揚，還主動提出減少中宮的費用，把省下來的錢用來建廟。這件事更使漢哀帝感動，多次褒揚趙太后「賢惠」。

然而，趙飛燕的努力很快付諸東流。急於看到成效的漢哀帝因夏賀良的話並不靈驗而惱怒。在朝廷大臣們的強烈要求下，他下詔將改元詔書廢除，只保留大赦一項，並以反動惑眾罪將夏賀良逮捕入獄，處以死刑；舉薦者解光等也被革職，免除死刑，流放到敦煌郡。

弄巧成拙，儘管漢哀帝沒有怪罪趙飛燕，她的投機獻媚卻引來朝野上下一片「唏噓」聲，她的人氣和地位都以自由落體的方式呈直線下滑趨勢。

更令趙飛燕雪上加霜的是，此時的棟梁卻突然間轟然倒塌了。

漢哀帝元壽元年（西元前 2 年），帝太后（傅太后）所居的桂宮正殿發生一場大火，殿頂全部塌落，殿內用物大部分化為灰燼。傅太后以為是凶兆，忙令人搶修重建。然而，這場無名火災過後不久，傅太后便不明不白地死了。

靠山倒了，趙飛燕悲痛欲絕，傅太后下葬漢宣帝渭陵那天，她眼中大顆大顆的眼淚流個不停。她心裡很清楚，靈車遠去的方向離自己的墳塋並不遠了。

後來，王氏集團的代表人物王莽成了朝中的「攝政王」。他沒有手

下留情，先是以「謀殺罪」（謀殺皇子）把趙飛燕頭上太后的帽子摘了下來，把她由「東宮」趕到「北宮」。然後，由「北宮」趕到「義陵」── 去守漢成帝陵墓。按照王莽的話來說就是讓這個令漢成帝絕後的「毒后」去贖罪和懺悔。

最終，趙飛燕在絕望中選擇了自殺。

（二）宦官擅政：王氏的起與落

1. 選秀風波，那最是一瞥的風情

王莽因為整死一代紅顏禍水趙飛燕而名聲大震，從此他開始登上歷史的大舞臺。

王莽出身於漢朝的外戚王氏家族，從一介儒生，以其周全的為人處世之道，擅長沽名釣譽，鼓吹仁義道德，使自己罩上聖人的光環，製造天命所歸的假象，其手段之高，古今罕見。最終，他在眾人的歡呼聲中一步步走上了皇位，將兩漢「攔腰截斷」，成為歷史上舉足輕重的人。

當然，王莽之所以能發跡，還要從他的姑母 ── 皇太后王政君說起。

王莽的祖父王禁，本是漢宣帝時期的小廷尉史，好酒好色還娶了一夥小老婆，嫡妻李氏見丈夫如此離譜不免也寒了心，一怒之下與他和離，改嫁給了河內郡的苟賓為妻。

要是按照王禁這散漫的做派，王家就算等到猴年馬月也難發跡，可幸運的是，李氏給他生下了一個女兒 ── 王政君。

本來王禁對這個相貌平平的女兒王政君沒有什麼特別的想法，只想等她長大成人就找個門當戶對的人家嫁了完事。然而，女兒的婚事卻屢生波折。

女兒好不容易長大，王禁就為她張羅了一樁婚事，結果出人意料的是，王政君還沒有過門，她的未婚夫就死了。王政君剋夫的聲名就此傳開了。

為此，王禁急得差點白了頭。好在不久，東平王劉宇主動上門提親了——納妾。儘管是當偏房，王禁卻樂開了花，女兒能攀上東平王，那可是前世修來的福分啊。

然而，意外再度發生，王政君正要過門，這個未來金龜婿也突然一命嗚呼了。

兩度未嫁喪夫，王政君剋夫之名從此傳遍了十里八鄉。

王禁這下急得如火燒眉毛，慌亂中請來一個相士給女兒看相，結果相士的話給了他一個大驚喜：此女貴不可言。

吃了「定心丸」的王禁沒有再選擇讓女兒「早嫁」，而是轉而讓她在家專心「進修」：讀書寫字、彈琴學畫。總之，隨後王政君過起了讀書進修的生活。

春去秋來，秋去春來，轉眼間王政君已成了十八歲的大姑娘。王禁來了個主動出擊，把女兒送進了宮裡，以求得到皇帝這個天下最大的「貴人」垂青。

然而，「大貴人」就近在咫尺，王政君卻感覺到遠在天邊。她在宮裡待了一年多，皇上連正眼都沒有看她一眼，更別提當寵妃生貴子了。

這世上的事就是這樣，當你希望越大時，往往失望越大；而當你沒什麼希望時，希望卻又在不經意間降臨。就在王政君一天天「愛念」（嘮叨），一點一點「死念」（絕望）時，後來的漢元帝劉奭也好不到哪裡去，他也在一天一天愛戀，卻一點一點失戀。「失戀」的原因是：他最寵愛的司馬良娣死了。

這位司馬良娣不但人長得漂亮，而且知書達理，琴棋書畫無所不

通。總之，在劉奭眼裡怎麼看怎麼舒服，什麼都好。

也正是因為這樣，劉奭把這位美人捧在手心怕掉了，含在嘴裡怕化了，就在劉奭要把她由「偏房」（良娣）轉為「正室」（太子妃）時，司馬良娣先是「偶染風寒」，接著「身體有恙」，緊接著「臥床不起」，再接著「病入膏肓」……

眼看自己最愛的女人突然間就到了「無法救治」的地步，劉奭在大罵御醫無用之時，更多的是傷心和自責，嘴裡左一句「都是我對你照顧不夠」，右一句「都是我對你不夠好」之類的話，大有把「所有罪過」都自己扛之意。

眼看這樣下去，劉奭沒完沒了，司馬良娣有話要說了。她的話用書面語來說就是：臨終遺言。

「我的死，不是太子您對我照顧不夠，也不是您對我不夠好，更不是我的天命該如此，而是……」司馬良娣就在這個節骨眼上還不忘「打啞謎」，引得劉奭屏住呼吸，只有洗耳恭聽的份了。

「我是被其他姬妾詛咒而死。」司馬良娣說完這句沒頭沒腦的話就去閻王那裡報到了。

司馬良娣死了，劉奭無法接受，他不但發飆，而且還發誓了。誓言簡潔易懂：從今之後，再不碰後宮的女人。

遷怒比憤怒更可怕，劉奭的女人們真真切切地領會到這個詞的意思。從此，庭院深深深幾許，漫漫長夜長又長，寂寞的人兒獨自悲。

如果司馬良娣能為劉奭留下一兒半女後再來個「含冤」而逝也罷，這樣即便痴情的劉奭從今之後不再碰其他女人，至少劉家的香火能得以延續下去。

然而，問題是：司馬良娣「無後」。

司馬良娣「無後」，劉奭這樣做等於「絕後」，漢宣帝自然不能「落

後」，我劉氏香脈怎麼能到了你這裡就「絕後」？

冥思苦想之後，漢宣帝想出了一個絕妙的逼劉奭「延後」的辦法：舉行一次選美大會。

漢宣帝的選美和現在的娛樂節目的選拔賽大同小異，只不過考慮到時間和效率問題，這一次漢宣帝直接跳過「海選」，而到後宮的宮女中來舉行「複賽」。複賽只有一場，名額只有一個，而「裁判」只有一個，不是漢宣帝，而是太子劉奭。這裡，他擁有一句頂萬句的一票否決權。而漢宣帝的身分是：贊助商、組織者、策劃人。

隨著「幕後推手」漢宣帝宣布比賽開始，各大美女開始登場。面對這次難得的「鯉魚跳龍門」機會，各大美女各顯其能，各顯神通，又是舞姿表演，又是才藝比拚，總之一句話，忙得不亦樂乎。

忙活了大半天，各大美女最後站成一條「長龍」，接受主考官劉奭的「生死裁決」。面對各大美女期待的目光，劉奭卻一點面子都不給，他像一個做錯了事的孩子，自始至終耷拉著腦袋，似在悲憫，似在神傷，又似在輕嘆，此時此刻那個熟悉的影子占據了他生命的全部。

「奭兒覺得哪位稍勝一籌啊？」漢宣帝眼看劉奭大有將沉默進行到底之勢，情非得已下由「幕後」站到了「前臺」，對劉奭來了個輕輕的、柔柔的、弱弱的「旁敲側擊」。

「這個，這個……」劉奭一驚，終於從沉思中驚醒過來。他是個明白人，知道眼下這種局面，如果自己不給出個答案，非但自己下不了臺，漢宣帝也下不了臺。他終於抬起了頭，儘管他心裡一千個不願意，一萬個不願意，儘管他對那一排美女連正眼都沒有興趣看，只是來了個走過場似的「驚鴻一瞥」，但就是這「驚鴻一瞥」，卻引出了一道千古奇緣的佳話來。因為就在這一瞥的電光火石間，一道耀眼的紅光灼傷了他深邃而憂鬱的雙眸，他像是抓住了一根救命稻草，脫口而出：「就是她。」

就是這樣一句漫不經心的話，改變了王政君一生的命運。漢宣帝馬上就為劉奭和「幸運女」王政君安排了洞房之喜。酒不醉人人自醉，色不迷人人自迷。儘管第二天「清醒」過來的劉奭並不喜歡相貌平平的王政君，以後再也沒臨幸她，但這一夜的雨露對於善於抓住機會的王政君來說已經足矣。

漢宣帝聽說王政君懷了他的嫡孫，高興之餘，馬上把王政君的身分變成了太子妃。漢宣帝甘露三年（西元前 51 年），王政君生一子。對這個嫡長皇孫，漢宣帝異常憐愛，親自為他取名「驁」，字太孫。

三年之後，漢宣帝駕崩，太子劉奭即位，是為漢元帝，立尚是幼兒的劉驁為太子，王政君被封為婕妤。按說，母以子貴，兒子被立為皇太子，她應該頭頂鳳冠。但因元帝不寵愛她。他想立最寵愛的妃子傅氏為后。整整躊躇了三天的漢元帝，因為怕引來非議，最後還是無可奈何地立了太子生母王政君為皇后。

王政君就這樣陰差陽錯地雄霸了後宮，這也為王莽日後的發跡打下了堅實的基礎。

2. 政壇風波，那最是人性的沉浮

王莽是一位在歷史上備受爭議的人物。有人說他是「鉅奸」，有人說他是盜國賊，有人說他是政治家，也有人說他是改革家。拋開是非恩怨，下面我們來看看這位中國歷史轉捩點上的特別人物。

王莽，字巨君，從小便有「恭儉」的良好習慣。恭就是恭敬，儉就是節儉。王莽之所以會有這樣好的脾性，全拜他的父親王曼所賜。其父王曼是漢成帝的生母王政君的異母弟弟。王曼在王政君這個山頭還沒起來時就死了，等到王政君做了皇太后四處封侯的時候，當然沒有王曼的份。王莽還有個大哥，和他爹一樣早早地見閻王了，結果家裡就剩下了

兩個寡婦和尚是小孩的王莽。雖然身為貴族，但是處於貴族的末端，小王莽早早嘗盡了人間的辛酸貧寒，知道「折節為恭儉」。

作為一個家底不硬的貴族，青春期的王莽自然把希望寄託在裙帶關係上，謀職大隊中的「黃牛票」還要靠自己爭取才行。因此，王莽勤勤懇懇地在求任的大道上做出努力。

漢成帝陽朔三年（西元前 22 年），王莽用敏銳的政治眼光發現，他苦苦等待的機會不期降臨了。當時，王莽的伯父 —— 大將軍王鳳病重臥床，身邊的猢猻們都已經散了，加上久病無孝子，王鳳養尊處優的孩子們，哪裡知道一位將死之人內心的寂寞和敏感呢？但是王莽知道。他對照自己的苦難童年，開始實施自己善於作秀的政治手段，趁著王鳳理智尚在，隨即打鋪蓋捲定居在伯父的床頭床尾，精心守護。藥要親自嘗，飯要親自餵，連續幾個月沒洗澡，王莽盡心盡力的侍奉把王鳳打動了 —— 身邊的這個姪子，比親生兒子還親啊！所以王鳳臨死的時候，特意叮囑姊姊王政君和外甥漢成帝，一定要給王莽安排個職位。對此，漢成帝很快就拜王莽為黃門侍郎，這一年，王莽二十四歲。

正式進入仕途後，王莽面臨選邊站隊的艱難選擇。因為當時的大將軍繼任者王音與王家武侯展開了赤裸裸的內鬥，對此，王莽傾盡家財前途押寶在了武侯集團。結果再次證明王莽獨具慧眼，他也因為武侯集團大獲全勝而升為校尉。

經過王莽幾年的辛苦經營，黑道白道都和他有了交集。王莽趁熱打鐵，買通從事中郎陳湯，讓他幫自己在成帝面前美言幾句。從事中郎是皇帝的近侍官，陳湯辦事也極有效率，奏摺寫得曲折婉轉，觸動人心：「父早死，獨不封，母明君供養皇太后，尤勞苦，宜封。」於是，王莽獲封新都侯。他結交的各方勢力群起響應，他很快便聲名鵲起。

三十歲的王莽成為貴族的高層人物之後，依舊夾著尾巴做人，勤勤

懇懇地服侍自己的皇帝表哥，深得皇帝的喜歡。

王莽不但不貪汙、不受賄，而且慷慨大方，經常用自己的薪資救濟手底下的賓客。賓客生個病什麼的，他又是噓寒問暖，又是送金送藥，總之，王莽以治病為標竿，切實做到了「散輿馬衣裘，振施賓客，家無所餘。收贍名士，交結將相、卿、大夫甚眾。故在位更推薦之，遊者為之談說，虛譽隆洽，傾其諸父矣」。

很快，王莽「仗義十三郎」的名號打響了，他獲得了從貧民到貴族的一致認同。這使得王莽結識權貴十分便利，有誰不想炫耀自己跟西漢帝國的「好青年」王莽是朋友呢？

也正是因為王莽擁有了超強的號召力和影響力，他不再選擇小富即安，而將目標直指天下權臣 —— 大司馬一職。

他當時最大的競爭對手是淳于長。淳于長是皇太后王政君的外甥，王氏集團「官二代」的典型代表，他因為在立趙飛燕為皇后一事中立過大功，得到了漢成帝的重用，受封列侯，位居九卿，權貴壓倒公卿。

淳于長的巴結籠絡手段不亞於王莽。他在外結交諸侯、州牧、太守，那些人賄賂他的錢財和皇帝給予的賞賜累積鉅萬。淳于長因為有這種與生俱來和後天培養的雙重優越感，所以壓根兒沒把王莽這個「草根」放在眼裡。

當然，王莽也不是吃素的，他不動聲色地蒐集淳于長的罪證，手裡的小本本記了他的許多猛料，歸納起來就是一句話：淫於聲色，不奉法度。

正在這時，大將軍王根病重在床。王根也和他哥哥王鳳一樣，在彌留之際感受不到人間的溫暖，簡直是孤獨寂寞冷。而他的外甥淳于長正春風得意，最有希望成為未來的大將軍，自然也無暇關心王根的身體。王根對此深為不滿。

天賜良機，機不可失，時不再來。王莽故伎重演，背上幾年前伺候王鳳的鋪蓋捲，揣上淳于長的黑紀錄，跑到了王根家，一把屎一把尿地照顧起王根的起居來。

王根感動之餘免不了要跟王莽抱怨：現在的年輕人不懂得關心老年人，尤其淳于長，太不像話了！王莽聽到這話都要哭了——辛苦十幾天就等您老人家這句話了。他趕快從懷裡掏出小本子，一條一條地揭淳于長的短。精彩之處，氣得王根吹鼻子瞪眼捶胸長嘆，大怒道：「竟然有這等事，為什麼不告訴我？」

他讓王莽立刻把這些告訴皇太后。皇太后聽後也很氣憤：「這孩子放肆到這種地步，快去奏告皇上！」於是，王莽馬上把這件事告訴了漢成帝。

漢成帝倒是很淡定，左手一挽袖子，緩緩說道：「朕要好好查查他。」這一查，直接終止了淳于長的政治生涯。他被免去了官職，遣送回封國，落得罪至大逆、斃於獄中的下場。

淳于長垮臺後，社會輿論給予了「爆料王」王莽一致的肯定，在高層中「莽以獲忠直」而聞名，民間更是給了王莽「大義滅親」的高度評價。

就這樣，深諳厚黑學精髓的王莽，經過自己一系列的努力，一舉剷掉對手，為自己的仕途迎來了一馬平川。

漢成帝綏和元年（西元前 8 年），王根做了兩件事，兩件驚天動地的事。

第一，主動讓位——辭職告老「乞骸骨」。

第二，主動讓賢——推薦王莽接替自己的大司馬之位。

漢成帝很快便批准了王根這兩個請求。

至此，王莽搖身一變，成了朝中的大司馬，成了一號權臣。這一年，王莽才三十八歲，便爬到了身為人臣的頂峰。

3. 摔璽風波，那最是無奈的血淚

漢平帝元始元年（西元 1 年），漢哀帝去世，又沒留下子嗣。太后王政君聽說皇帝駕崩，當天就起駕到未央宮，收回傳國玉璽，隨後下詔，要求朝中公卿推舉大司馬人選。

群臣會意，紛紛舉薦王太后的姪子王莽。很快，王太后詔命王莽再任大司馬，錄尚書事，兼管軍事及禁軍。

王莽重回權力頂峰，代理政務的他馬上做了四件當務之急的事。

第一件事：誅殺一個人。王莽以快刀斬亂麻之勢斬殺了漢哀帝的男寵董賢，從而把朝中大權牢牢地掌握在了自己的手上。

第二件事：擁立一個人。王莽擁立年僅九歲的中山王劉衎為新天子，這便是漢平帝。有了這個傀儡皇帝的存在，王莽顯得更加位高權重，得到朝野的擁戴。

第三件事：糊弄一個人。為了討好王太后，讓她在不知不覺中主動交權，王莽對太皇太后極其恭順小心，無微不至。他見王太后久居深宮，厭倦宮廷的單調生活，不時慫恿她出巡四郊，慰問孤兒寡婦。他還封給王太后的姊妹爵位，把最好的采邑分給她們。同時，他又耍了一個花招，讓公卿大臣聯名上奏，說太皇太后年高體弱，不宜繼續參與政事，哪怕是一件小事也不應該管。於是，王政君只得把全部大權都交給了王莽。

第四件事：培養一個班底。王莽拔擢附順者，誅滅忤恨者。他把自己的親信全部安插在朝廷各個要害位置和部門，整個朝中大事都在他的掌控之中。同時，他誅滅怨恨他的人，甚至連王太后的叔父王立也不放過，將其逼至告老回鄉才善罷甘休。

與此同時，王莽借力打力，四兩撥千斤，不斷強化自己在朝中的勢力。他主動巴結當時著名的儒者大司徒孔光。孔光是三朝元老，深受王

太后和朝野上下的敬重，但為人膽小怕事，過於謹慎。王莽一邊主動接近和拉攏他，引薦他的女婿甄邯擔任侍中兼奉車都尉；一邊以王太后的名義逼迫孔光為自己宣傳造勢，利用孔光上奏的影響力替自己排除異己。

就這樣，王莽逐漸培植了自己的黨羽，其堂弟王舜、王邑為腹心，自己的親信甄豐、甄邯主管糾察彈劾，平晏管理機事要務，王家班底初具規模。

該得到的已經得到了，該打壓的已經打壓了，王莽突然就想起已經死去多年的丁、傅兩位「后」來。當年正是拜她們二人所賜，他才光榮地「失業」回家去了。如果不是漢哀帝的命太短，他「再就業」的機遇微乎其微。也正是因這樣，王莽對丁、傅二后恨之入骨，儘管他一回到朝中，就把丁、傅兩家的勢力來了個「一網打盡」，然而，事隔多年，他依然對丁、傅二后耿耿於懷。

也正是因為這樣，挖掘丁、傅二后的墳墓成了王莽的「夢想」。事實證明，王莽是個有夢想的實幹家，他是這麼想的，也是這麼做的。王太后聽說，忙對他說，你這樣做不好吧，人都死了，還要這樣做，會造成不良影響啊。應該說王太后完全是以「商討」的口氣來勸導王莽的。

然而，這次王莽回答得很堅決：「丁、傅兩位太后棺材裡分別留著太皇太后和帝太后的璽綬，如果不拿出來廢掉，那就不代表她們早已成了廢后啊！」

王太后沒轍了，只好叮囑他一定要保留丁、傅兩后的全屍，點到為止。

據民工的「盜墓筆記」記載：挖傅太后的墳墓時，突然土石崩塌，壓死民工達數百人；而挖丁太后的墳墓時，突然噴出四五丈高的內火，燒死燒傷數百人。

但不管怎樣，掘了丁、傅二后的墓，王莽終於洩了私憤。

重回權力巔峰，王莽向著取代漢朝發起了最後三步走。

第一步走：猶抱琵琶半遮面。

漢平帝元始元年（西元 1 年），王莽暗示益州地方官，命令塞外蠻族自稱越裳氏部落，向天子進獻一隻白野雞、兩隻黑野雞。王莽向太皇太后報告此事，建議她下詔，用白野雞祭獻宗廟。群臣都大肆歌頌王莽的功德，認為他像周公姬旦一樣，使周成王獲得白野雞，此乃祥瑞。姬旦被稱為「周公」，王莽也應該被賜號為「安漢公」，並增加他的采邑人戶，與公爵爵位相稱，上順天意，下順民心。

於是，太皇太后下詔封王莽為「安漢公」，這中間的曲折過程也讓人「噴飯」。開始的時候王莽堅決推辭不受，要求封賞其他幾個大臣。太皇太后再堅持，王莽又四次上書堅持推讓，還稱病不上朝以表示決心。

左右臣子對太后說：「還是不要硬改變王莽謙讓的心意，只論功賞賜孔光等人吧。」王莽這樣才肯起床。太皇太后依王莽的意見，下詔賞賜除了王莽之外的幾個大臣後，王莽還是躲在家裡不上朝理事。

群臣又進言：「王莽雖然克己謙讓，但朝廷對應當表彰的大臣，還是應及時加以封賞，以表明重視元勳，不要使百官和人民失望！」

於是，太皇太后再下詔，任命大司馬、新都侯王莽為太傅，主管四輔事務，稱「安漢公」。這時，王莽才「惶恐不已」，趕快起來接受封號。

王莽這種猶抱琵琶半遮面的作風雖然很不痛快，但一直非常有效。王莽與其三大親信升任「四輔」之位：王莽為太傅，領四輔之事；孔光為太師，王舜為太保，甄豐為少傅。「四輔」大權獨攬，除封爵之事外，其餘政事皆由「安漢公、四輔平決」。

第二步走：成為根正苗紅的外戚。

王莽不斷透過種種手段擴大和鞏固自己的權力。王莽是在王氏外戚

集團專權的氛圍中成長起來的，最清楚自己的權力與自己的皇后姑母王政君的關係。而在哀帝當朝時他從大司馬位子上被趕下臺的挫折，也使他更進一步認識到外戚的重要，因此，對漢平帝劉衎選皇后一事，他必須全力干預。

漢平帝元始二年（西元 2 年），王莽決定讓自己十四歲的女兒做十一歲的漢平帝的皇后，以進一步鞏固自己的祿位和權力。但是，狡猾的他沒有直接「把愛說出口」，而是一邊向皇帝提了一個建議──舉辦一次大規模選秀，優中擇優，挑選合適的女子做皇后；另一邊堂而皇之地向自己的姑母太皇太后上了一篇奏章，說是以前國家的災難大都是因為皇帝沒有子嗣造成的，而配娶的皇后都沒有為天下母的威儀和品德。現在應依五經經義定出選取皇后的標準和禮儀，從聖帝、明王、周公、孔子、列侯等在長安的後代中，選取符合條件的淑女做皇后。

太皇太后對此批了一個大大的「諾」字。於是，一場轟轟烈烈的選后活動在京都開始了。在主管官員呈上的名單中，王氏家族的女子大有人在。王莽恐怕王氏其他人的女兒會與自己的女兒爭當皇后，就上書說：「我本身沒有高尚的品德，女兒的資質才能又為下等，她不適宜與眾女子一起被挑選。」

太皇太后以為他謀國至誠，就下詔說：「王氏家族的女子，是我娘家人，就不要參加挑選了。」

王莽這樣做，當然是醉翁之意不在酒了，而在乎自己的寶貝女兒。明面上，在靠太皇太后擺平了王氏家族的「情敵」後，王莽暗地裡馬上又唆使其爪牙上書。

於是，儒生吏民每天守候在宮門外上書的有千餘人，公卿大夫有的前往廷中，有的俯伏在宮內官署的門下，紛紛上書道：「安漢公功勳盛大，如此輝煌，如今應當立他的女兒為皇后。剔除了安漢公的女兒，天

下人將把期望歸聚到哪一位身上呢！我們希望能讓安漢公的女兒做天下之母！」

接下來，王莽再派遣長史及以下官員，分別去勸說阻止公卿及諸生的請願，然而上書請願的人反而越來越多。太皇太后不得已，只好聽從公卿的意見，挑選王莽的女兒為皇后。王莽又為自己辯白說：「應該廣選眾女。」公卿爭辯說：「再選取其他女子，就會出現兩個正統，不妥當。」王莽只好說：「那就請大家檢視我的女兒吧。」

結果當然毫無懸念，王莽的女兒在眾花魁中成功突圍，當選皇后。

第三步走：原形畢露。

但是，做了代理皇帝的王莽並不滿足，他開始考慮正式登皇位了。廣饒侯奏報齊郡冒出一口新井，車騎將軍奏報巴郡發現一頭石牛，太保奏報扶風雍縣發現仙石。王莽一概收下，然後拿這些東西去嚇唬自己的姑媽——太皇太后，還說：「七月中，山東臨淄縣的一個鄉長做了幾個夢，夢見有聲音對他說：『我是天公的使者。天公讓我告訴你，代理皇帝應當做真皇帝。如果你不相信我，這個驛亭裡會出現一口新井。』亭長早晨起來檢視亭中，發現確實出現了一口新井。」

一時間，各地的投機分子開始紛紛製作各式各樣的符命。梓潼縣人哀章在長安學習，一向品行不好，喜歡說大話。他看見王莽居位攝政，就製造了一只銅櫃，做了兩道標籤，一道寫作「天帝行璽金匱圖」，另一道寫作「赤帝行璽某傳予黃帝金策書」。所謂某，就是高皇帝的名字。那策書說王莽是真天子，皇太后應遵照天意行事。圖和策書上甚至都寫明王莽的大臣應該是誰，而且這個傢伙趁機把自己的姓名也塞在裡面，共十一人，連將來的官職都寫明瞭。這個銅櫃最終自然也到了王莽手中。王莽就拿這個櫃子說事，讓王舜直截了當地去告訴王政君，自己要當真皇帝，讓她交出玉璽。

王政君明白王莽的真意後，指著王舜的鼻子怒罵道：「你們蒙受漢家厚恩，富貴累世，不思圖報，反乘人之危，搶奪漢家江山，毫無情義可言。像你們這種人死了連豬狗都棄之不食！他既然自立為新皇帝，就該另制新璽，何必用此亡國不祥之物！我是漢家的一個老寡婦，垂死之人，死了也同這塊玉璽一起埋葬！」

王政君一邊哭，一邊罵，左右侍從宮人也都流下了眼淚。王舜跪在地上，又羞愧又難受。他沉默了一會兒，抬起頭來對太皇太后說：「臣也無話可說。只是如今『新皇帝』一定要這塊玉璽，太后怎麼可能保得住呢？」

王政君心想，王舜這話說得倒也中肯，王莽是不會甘心的。她怕受到更大的脅迫，只得取出玉璽，恨恨地摔在地上，罵道：「我是將死的人了，知道你們兄弟一定會被滅族的！」

王莽得了玉璽，高興極了。為了討好王政君，他尊王政君為「新室父母太皇太后」，還毀廢漢元帝的宗廟，專為王政君修築一廟，以供將來奉祀之用。因她人還健在，故取名「長壽宮」。

待宮室布置完備，王莽還特意設宴，在長壽宮宴請太皇太后。誰知王政君一看到丈夫的宗廟被毀，又驚又傷心，哭著說：「這是漢家的宗廟，都是有神靈保護的，為何毀壞它？假如鬼神無知，又何必用廟？我是先帝的后妃，豈能用先帝的宗廟陳放吃食？」哭完，她又對左右說：「此人輕慢神靈，必不為神保佑！」

此後，王政君在悲傷中又活了五年，王莽始建國五年（西元 13 年）去世，享年八十四歲。死後，她被王莽葬於漢元帝的渭陵，但中間用一道溝把她與元帝隔開了。

新朝初始元年（西元 8 年），王莽順利即位，宣布取代漢，改國號為「新」。到此為止，王莽的皇帝夢終於實現。

七、新朝的困局

（一）冰火兩重天 ————————————

1. 跳起來摘桃子

王莽登基後，馬上來了個雙管齊下。

第一管：論功行賞。

為了打造王氏最高權力機構，王莽組建了最高領導機構 ——「四輔」、「三公」、「四將」，合稱為十一公，他們成了王莽政權的核心。同時，王莽封妻子王氏為皇后，立小兒子王臨為皇太子，其餘子孫也分別封侯。

一朝天子一朝臣，王莽對功臣和自己的親人大封特封是情理之中的事。不僅如此，為了顯示他的皇恩浩蕩，王莽召集天下諸侯入京，表示要沿襲周制，裂地分茅。但是，具體分封的方案遲遲沒有做好，導致兩千多大小諸侯滯留在京城，一時間「洛陽米貴」。

第二管：改革創新。

人事變動安排好後，王莽為了顯示他新朝的「新」，立刻實行了改革，發表了一系列新政，改革土地制度、奴婢制度、貨幣制度和商業制度。

應該說王莽改革的初衷是好的，也是為天下百姓著想的，然而，事實證明，這一切只是看上去很美。新政非但沒有取得預期的實效，反而適得其反，成了掀翻新朝的前奏曲。

　　首先，來看王莽的土地改革政策，他等於是在一定意義上廢除了土地私有制與土地買賣，然後分田地，均貧富。

　　要知道，王莽手下的官僚多數是大地主，身為地主卻不能私有土地，誰能受得了這個？不僅地主受不了，就連廣大自耕農也受不了，因為年景不好的時候他們得賣土地度荒，現在土地都不能賣了，他們就只有死路一條了。

　　土地是中國人的命，要地就是要命，所以但凡土地改革，非革命無以大成。但是，王莽只敢改制不敢革命，所以到最後只好被別人革了命。

　　這樣的土地改革，既觸怒了各州官僚的利益，又進一步剝奪了黎民百姓生存的底線，失了官心，更失了民心，必然會走向失敗。

　　新朝始建國四年（西元 12 年），大臣給王莽上書，中心思想只有一個，取消「王田制」。王莽眼看形勢不妙，只好低調宣布「諸名食王田，皆得賣之，勿拘以法。犯私買賣庶人者，且一切勿治。」

　　就這樣，王莽改革的第一招失敗了。

　　其次，來看王莽的奴婢制度。王莽的本意是好的，因為當時為奴者眾多，導致農業生產的勞動力數量大量減少，影響了國家財政收入，所以王莽要求停止奴隸交易。他的這番好意卻不符合當時的「國情」。當時的「國情」是很多農民都沒有土地，而貴族豪強們不買王莽的帳，不肯給農民田地，因此，很多農民食不果腹，為了謀生，只能賣身為奴。王莽這一改革，使得農民連奴隸都當不成了，為了生存，他們只能造反當強盜。

　　再次，來看王莽的貨幣改革。為了對貨幣政策實行改革，王莽開拓創新，一氣呵成地發明了二十八種貨幣，包括金幣、銀幣、銅幣，還有先秦時的布幣，甚至把上古時的那套烏龜殼、貝殼也給翻了出來，簡直

如同一場古錢幣的群英薈萃，什麼亂七八糟的東西都放在市場裡流通，而且幣制改來改去，沒完沒了地折騰。最後，市場上新錢舊錢、真錢假錢滿天飛，連官府自己都折算不清楚，完全被繞暈了，更別提老百姓了。

終於，新朝的金融市場徹底崩潰了。老百姓用王莽造的錢，則破財；不用王莽造的錢，則遭災 —— 以擾亂「金融市場罪」下獄，罰作官奴或發配邊疆，甚至亂點鴛鴦譜，強制「易其夫婦」。

於是，整個國家都被攪亂了。商人破產，手工業者失業，農民失地，貴族失望，朝野上下因得罪改制而被連坐者更是數不勝數，連監獄都爆滿了。

最後，來看王莽的商業改革。王莽一廂情願地認為，要以國家強力取代私有經濟，真正實現一切權力歸官府。

上有政策，下有對策。面對王莽的新政，商販們各顯神通，馬上採取了應對措施，與地方官府勾結，大做假帳，大賺黑錢，弄得商業市場一片烏煙瘴氣。

總而言之，王莽嘗試性的改革，非但沒有給百姓和國家帶來半點好處，還讓官府、官員、富商與農民之間已有的衝突更加尖銳了。王莽空有「頂層設計」，但真正落實下去，到百姓手中時，就像一條肥美的魚，經過層層剝削，只剩下一堆白森森的魚刺，變得慘不忍睹。

屋漏偏逢連夜雨。更令王莽頭痛的是，正在新政失敗、民怨沸騰的時候，老天似乎也看不慣他了，天災接連不斷，蝗蟲遮天，青黃不接。民以食為天，沒有糧食，百姓怎麼活？

天災的連鎖反應是流民四起，勞動力嚴重緊缺。隨後，很多老弱病殘餓死於路邊，更多青壯年男女加入了逃荒的隊伍。

面對「白骨露於野，千里無雞鳴。生民百遺一，念之斷人腸」的局

面，王莽也並非坐視不理，他馬上推出了「衣食住」三大惠民政策。

衣：王莽讓官府劃撥了大量賑災款和物資去支援災民。

食：王莽組織專家發明了一種新型「冷凍食品」，讓災民吃。這種「冷凍食品」用料非常簡單，是用草木煮成的，冷凍後就成了硬塊。

住：王莽從國庫裡拿出白花花的銀子修建大量「保障性住房」，供災民們臨時居住。

總之，為了解決災民的「衣食住」問題，他可謂全力以赴，不遺餘力。然而，事實證明，這只是王莽一廂情願的做法，稍有頭腦的人就會知道，那些看上去很美好的「惠民政策」，最後的命運和他推行的新政一樣，同樣會打水漂。他撥出的賑災款和物資還沒有到達災民手中，就已被官員層層剝削得差不多了。

如此一來，王莽看似環環相扣的「衣食住」三大惠民政策，終究成了竹籃子打水一場空。處於懸崖邊緣的老百姓被逼得無路可走，只剩下起義這一條路可走了。

2. 跌入塵埃的劉秀

話說王莽篡位後，野心勃勃的他實行了大刀闊斧的改革，但結果是雷聲大雨點小 —— 失敗了。加上天災，各地鬧饑荒，流民、難民多如牛毛，社會動盪不安。新朝天鳳四年（西元 17 年），數十支由流民組成的武裝力量誕生了。其中，規模最大的是活躍在青州、徐州的樊崇武裝（也就是後來的赤眉軍），以及荊州的綠林軍。他們揭竿而起，只為有一口飯吃，有一件衣服穿。

就在各地流民紛紛拿起木棒、鋤頭等工具開始武力鬥爭的這一年，劉秀卻窩在老家舂陵（今湖北省棗陽市），兩耳不聞世間事，一心只務莊稼工作。

劉秀的六世祖是漢文帝的兒子漢景帝。漢景帝是一個賢明的君主，他對內採取休養生息的政策，對外採取和親政策，和漢文帝聯合開創了中國歷史上著名的「文景之治」。事實證明，漢景帝不但是治國能手，還是治理後宮的高手。別的不說，他一共生了十四個兒子，這就是一件不簡單的事，廣施雨露之下，收穫頗豐。

都說尾上結大瓜，漢景帝的最後一個兒子卻結成了「歪瓜」。十四子劉發本來是不該生的，卻偏偏出世了。

原來，有一天夜裡，漢景帝酒後情欲大增，便叫程妃來侍寢。但是，這一天正巧碰上程妃來了月事，不方便行好事。不願錯過天子垂青機會的程妃想出了一招：她把自己的侍女唐兒精心打扮一番後，讓她替自己侍寢。可能程妃的易容術太好，把唐兒裝扮得太像自己，也可能漢景帝醉得太深了，絲毫沒有看出唐兒不是程妃。

就這樣，一夜春風後，唐兒收穫了漢景帝愛的種子。就這樣，陰差陽錯之下，漢景帝的第十四個兒子出生了，漢景帝頗有感觸地給他賜名為一個「發」字。

後來，劉發得到了自己的封號 —— 長沙王。但是，這個長沙王在漢景帝所有兒子中地位最低，封地也最少、最偏僻（當時的長沙屬於沒有開發的荒野之地），原因很簡單：母微子卑。劉發的母親唐兒只是一個侍女，劉發能被封王已經是皇恩浩蕩、君恩廣施了。

然而，劉發並不滿足於守著自己這貧瘠的一畝三分地。他夢想著努力改變自己的境地，得到別人的認可。十三年後，劉發終於等來了改變命運的機會。

這一年的冬天比以往來得更早一些，諸侯王紛紛進京朝貢。漢景帝為諸王舉行了一次盛大的「接風宴」。在宴會上，漢景帝讓皇子們起舞助興。皇子們自然不會放過這展示才華的好機會，個個輕歌曼舞，動如靈蛇，舞得美不勝收。但是，輪到劉發登臺表演時，他卻做出了兩個莫名

其妙的動作：一是微微地張開衣袖，二是輕輕地舉了舉手臂。眾人還沒明白是怎麼回事，劉發的表演就結束了。

「見過笨的，沒見過這麼笨的。」兄弟們紛紛嘲笑他。

「奇了怪了，見過奇的，沒見過這麼奇的。」漢景帝詢問他原因。

「兒臣國小地狹，不足迴旋。」劉發慢條斯理地回答道。

漢景帝原本對劉發的所作所為「怪之」，但聽完劉發的所言所語後，馬上轉為「笑之」，心裡已「悔之」，隨後「補之」—— 增封劉發武陵、零陵、桂陽三個郡。

劉發大發之後，為他的兒子帶來了好運。後來，漢景帝為了加強對諸侯王的絕對領導權，採取了晁錯的建議，實行「推恩令」。本著化整為零的原則，把偌大的天下分成了數不清的豆腐塊。這是諸侯王不願看到的局面，對劉發的次子劉買來說卻是天大的喜事。按照各個王國的王位由長子世襲的原則，劉買原本跟封王、封侯是沾不上邊的，但因為這次推恩令的實施，他時來運轉，成了零陵郡泠道縣春陵鄉一個不折不扣的侯爺。

劉買死後，他的兒子劉外的官位變成了郁林太守，劉外的兒子劉回的官位是鉅鹿都尉，劉回的兒子劉欽成了南頓令。

從祖上的皇到王，從王到侯，從侯到太守，又從太守到都尉，再由都尉到縣令，劉秀祖上這一脈可謂是一代不如一代。劉欽作為一縣之長，雖然官不大，但好歹食邑六百，確保家裡人豐衣足食還是沒問題的。但是，他不是一個安於現狀的人，他認為家族復興，匹夫有責。不過，已是風燭殘年的劉欽知道自己是無法完成「興業強族夢」了，所以就把希望寄託在了兒子身上。也正是因為這樣，漢哀帝建平二年（西元前 5 年），當集各種祥瑞於一身的劉秀降臨時，他才會如此激動，彷彿劉秀的降生，便是承接了自己的夢想。

漢平帝元始三年（西元 3 年），劉欽去世，小小的劉秀就體會到了什麼叫棟梁倒塌的滋味，但也激勵他從小就開始奮起之旅。

皇天不負苦心人，就在天下進入災荒之年時，劉秀卻獲得了大豐收。

天災人禍，米價瘋漲，價如黃金。劉秀首先賺到了錢，其次贏得了名聲。

他在做生意的同時，在他姊夫鄧晨的引導下廣交朋友，結識到了兩個人。

第一個是奇人，他的名字叫蔡少公。

蔡少公雖然姓蔡，人卻不「菜」，他非常精通圖讖。

圖讖是一種由所謂的方術大師發明出來的東西，據說能推算出未來的變數，預言人的富貴興衰。圖讖玄之又玄，高深莫測，令人遐想，而蔡少公就是因為精通圖讖而天下聞名的。

有一次，鄧晨帶著劉秀特意拜訪蔡少公。擇日不如撞日，他們正巧趕上蔡少公公開演講，圍者甚眾。眼看觀眾賞臉，蔡少公更來勁了，不但口若懸河、滔滔不絕，還說出了一句石破天驚的話：「王莽的新朝是曇花一現的王朝，將取而代之的真龍天子叫劉秀。」

有人問道：「大師所說的劉秀是指國師劉秀吧？」

有人答：「這不是明知故問嗎？」

眾人口中的國師劉秀原名叫劉歆。劉歆，字子駿，是西漢著名學者劉向的兒子。劉向學問淵博，著述頗豐。劉歆繼承了父親博學多才的品質，十二歲時就因父蔭任輦郎。他深諳官場學問，善於拍馬屁，樂於算心計，善於和稀泥，不到二十歲便爬到了諫大夫的位置上。他之所以升遷速度驚人，是因為他跟對了人，這個人便是王莽。劉歆身為王莽建立新朝的重要功臣之一，一躍成為位高權重的國師。之後，他做出了一個

詭異的舉動 —— 改名。

劉歆這樣做是有他的道理的。他在無意中看到了一本天下奇書 ——《赤伏符》。他如獲珍寶一樣，對這本書愛不釋手，展開了充分的研究。皇天不負苦心人，他很快便推算出了這樣一句讖語：「劉秀發兵捕不道，四夷雲集龍鬥野，四七之際火為主。」這讖語暗示了將來主宰天下的人叫劉秀。

為了順應「天意」，新朝居攝元年（西元 6 年），心血來潮的劉歆改了名，搖身一變成了劉秀。此時蔡少公在圖讖中提到劉秀，大家自然便想到了他。

正在這個節骨眼上，原本一直充當聽眾的劉秀挺身而出，漫不經心地說道：「你們就這麼肯定是國師嗎？說不定這個劉秀說的是我呢？」

面對劉秀的質問，眾人紛紛報之以笑，笑他不知道天高地厚。

劉秀也笑了。他並不在意別人的冷嘲熱諷，走自己的路，讓別人去說，他正在以待天時。

很快，劉秀期待已久的天時便不期降臨了。這時，他遇到了第二個高人 —— 李通。

李通，字次元，南陽郡宛縣（今河南省南陽市宛城區）人。論經商，劉秀應該要拜他為師，因為李家是經商世家，家境富裕殷實；而且李通混跡於官場，在仕途上也做得風生水起。不僅如此，李通還痴迷於圖讖，這源自他父親留下的一句話，八個字：「劉氏復興，李氏為輔。」

李通對劉秀觀察良久，最後確定劉秀就是隱藏在民間的天子，就是真龍天子。

為了投石問路，試探劉秀的心意，李通派出了自己的從弟李軼，讓他去說服劉秀「順應天意」。

李軼欣然出山，盛情邀請劉秀來家中一敘，不料竟被劉秀拒絕了。

李軼很納悶，心想這個劉秀竟然如此傲慢無禮。不過，想到李通眼神中飽含的期待，李軼只好放低姿態，向劉秀發出了第二次邀請，結果還是被拒了。

為了不辱使命，他充分發揮不拋棄、不放棄的作風，對劉秀發出了第三次邀請。

都說事不過三。面對李軼的不屈不撓，劉秀終於還是赴約了。也就是在這場赴宴上，兩人制定出了「革命」的方案和計劃，內容歸納起來有以下三個方面。

第一，時機定在九月立秋都試日。在漢代，滿二十三歲的男子要在郡中服役一年，實行軍事訓練，都試是對他們的考核，每年立秋這天舉行。都試由郡守主持，各級官員都要參加。選擇這個日子舉事，會有出其不意的效果。

第二，對象為軍隊的最高長官。擒賊先擒王，就等於成功了一半。

第三，目的是號令大眾揭竿而起，建立不朽功業。

計謀定下，劉秀和李通馬上開始分頭行動。

劉秀回春陵，積極說服大哥劉縯共同舉事。結果，劉縯很快和劉秀一起做起準備工作來，他變賣家產，組織人員……然而，就在他們忙碌而憧憬的時候，卻傳來了一個噩耗，李通家出事了。

原來，李通在長安為官的父親李守知道此事後，決定大義滅親，告發了李通的不軌之舉。王莽知道這件事後很生氣，後果很嚴重，隨著他的一聲令下，宛城的李家便被官府抄了家。

李家的滿門抄斬把劉秀和劉縯逼上了絕路，在他們的號召下，和當年的項羽一樣，他們擁有了一支由八千人馬組成的春陵大軍，一場盛世拉開了序幕。

3. 昆陽之戰誰又給了誰

新朝地皇三年（西元 22 年）十月，劉縯和劉秀率八千子弟兵在南陽春陵起兵（史稱春陵兵、漢兵），正式走上了起義之路。隨後吸引了新市軍、平林軍和下江兵等其他義軍的加盟，起義隊伍一夜之間壯大。

為了鎮壓更始政權，王莽派虎牙將軍王邑率二十萬大軍前去禦敵，這支大軍裡除了軍人外，還有一支由老虎、獅子、豹子、犀牛、大象等猛獸組成的超級「特種部隊」。

他們日行千里夜行八百，很快抵達昆陽城北，擺出的陣勢是「軍陣數百里，不見其後」。

面對此情此景，漢軍的表情已由驚愕萬分轉變為驚恐萬狀，驚恐帶來的連鎖反應是不知所措。

何去何從，生死攸關；何計何策，命懸一線。

關鍵時刻，眾人搜腸刮肚也想不出什麼妙計來，卻想到了一個人——劉秀。

於是，原本被「雪藏」的劉秀又被他們以厚禮請上了貴賓席，眾人異口同聲道：「請劉將軍計之。」

劉秀再次挺身而出，從容不迫地說出了自己成竹在胸的妙計——出奇制勝。

「出奇」的前提是死守昆陽，劉秀提出由王鳳、王常率眾堅守昆陽，並且必須做到城在人在，城破人亡，堅守到底。與此同時，劉秀親率一支敢死隊突圍出城，以最快的速度向其他漢軍求援，爭取裡應外合打敗敵人。

聽完劉秀的計謀，眾人一致表示「如此甚好」。

計謀定下後，王鳳、王常負責死守昆陽城，而劉秀率一支十三人的敢死隊乘夜突圍。成功突圍後，劉秀等人來到了定陵、郾城搬救兵。

劉秀突圍去搬救兵後，鎮守昆陽城的王鳳、王常的日子可想而知，只能用「苦熬」來形容。

面對官軍的連日攻打，昆陽城再牢固，士兵再英勇，軍民再團結，一萬守軍怎麼能抵擋得住幾十倍於己的敵軍的強攻呢？

結果已無懸念，城破人亡的命運已經注定。也正是因為這樣，漢軍在堅守七日後，在苦等援兵無望的情況下，終於動搖了，決定投降。

王邑卻拒絕接受漢軍的投降。

昆陽城裡的漢軍連投降這條不光彩的活命路都被堵住了，王邑逼著他們走上了絕路 —— 誓與昆陽城共存亡。

與此同時，劉秀已成功爭取到了外圍漢軍的全力救援，接下來是他「亮劍」的時候了。

王邑、王尋很忙，忙著招呼大軍往昆陽城上衝；王鳳、王常很忙，忙著「招呼」昆陽城下的官軍們；劉秀很忙，忙著行軍布陣。當他帶著滿打滿湊也不足一萬的援軍趕回來時，已到了昆陽城生死存亡的關鍵時刻。

以一敵百，劉秀雖然不畏懼，但也不胡來，畢竟他知道胡來的後果只有一個：飛蛾撲火，自取滅亡。如何才能浴火重生呢？對此，劉秀開始了精心的排兵布陣。

兵馬未動，輿論先行。劉秀讓人偽造了一封來自宛城最高長官的信箋，中心內容只有八個字：宛城已破，援軍將至。他將信故意掉在地上，讓大家都看到了。

果然，聽說宛城被攻破了這樣一個大好消息，大家懸著的心終於放下了，原本畏懼官軍的將士們一掃頹勢，由垂頭喪氣變成了生龍活虎。總之，劉秀的偽信達到了提振士氣、鼓舞人心的作用。

劉秀趁熱打鐵，趁機給大家上了一堂生動的思想政治課，提出了

「我軍可戰」的論述：「王邑犯了屯兵於堅城之下的兵法大忌，連日沒有絲毫進展，已是一支疲憊之師；官軍雖有二十萬之眾，但多半是臨時抽調組成的，各懷其志，已是一支軍心不穩之師；官軍列營數里，首尾相連，不留餘地，已是一支調動和策應相當緩慢之師；敵明我暗，他們不知我軍的虛實，我軍去襲，官軍也不敢派大軍來對抗，已是一支毫無戰鬥力之師⋯⋯」

提振士氣，穩定軍心後，劉秀決定先從這不足一萬人的軍隊裡面精挑細選，選出了一千人，再度組成了一支「敢死隊」，作為開路先鋒。

劉秀就帶著這一千騎兵，日行千里夜行八百，很快就到了昆陽城附近。

面對劉秀從天而降的千人團，王邑以其人之道還治彼身，他同樣派出了一支千人團迎戰。結果毫無懸念，劉秀的千人團很快就吞併了王邑的千人團。

劉秀造成了主心骨的作用。他一馬當先，身先士卒，勇冠三軍，所向披靡。漢軍見狀紛紛稱讚道：「劉將軍平生見小敵怯，今見大敵勇，甚可怪也！且復居前，請助將軍！」

初戰告捷，雖然只是微不足道的小勝，對提升漢軍的士氣卻造成了很好的帶動作用。隨後，劉秀乘勝出擊，屢戰屢勝，步步推進。對此，根本就沒把劉秀這一小股援軍放在眼裡的王邑下達了這樣的命令：「諸營皆按部，毋得動！」意思就是說，沒有他的命令，大家各就各位，不得擅自出戰。

他要親自出戰，把劉秀剁成八大塊。隨後的事實證明，王邑的軍令猶如頂尖高手比武一樣，自縛了手腳，縱使有天大的本領，也沒有完全施展的餘地。果然，當他親自率兵來迎戰時，他已遠遠不是「贏瘋了」的劉秀的對手。

赤腳的不怕穿鞋的。漢軍之所以這麼勇猛剛強，除了有劉秀這樣一位好的「帶頭大哥」外，還有一個天大的好消息令他們渾身充滿力量。

這股力量最初來源於劉秀「善意的謊言」，成功也源於這個「善意的謊言」。劉秀不會知道，就在他造謠的時候，他的大哥劉縯，彷彿與他有心靈感應似的，對宛城給予最後一擊。

宛城作為南陽的首府，城牆堅固，守軍兵器精良，劉縯圍攻了三個多月毫無進展。此時的昆陽城危在旦夕，劉縯急得像熱鍋上的螞蟻，早一日拿下宛城，就可以早一日回援昆陽，因為這裡牽制了十萬漢軍，漢軍的主力都在這裡。

昆陽的形勢一天比一天危急，劉縯也一天比一天灰心。如果王邑的官軍拿下了昆陽，接下來肯定會救援宛城，那時他和整個漢軍就會走上窮途末路。

為了儲存實力，劉縯決定撤兵回援昆陽。他也知道這一撤，很可能永遠都沒有機會再回來了。但是，此時宛城拿不下，而昆陽又不能去，他只有舍熊掌而取魚了。

就在他選擇離開時，宛城的守將岑彭卻叫住了他，似乎是捨不得他走，畢竟一起對抗了好幾個月，一方突然靜悄悄地離開，另一方不習慣啊。

岑彭為了立功贖罪，在宛城一堅持就是三個多月。一百多天相比漫長的歲月來說只是滄海一粟，對在戰火中的官軍來說卻是度日如年，備受煎熬。和一直處於王邑鐵桶包圍中的昆陽漢軍一樣，他們要吃的沒吃的，要穿的沒穿的，要用的沒用的，更重要的是城下那些虎視眈眈的漢軍還想要他們的命。

但是，在這樣的艱苦條件下，他們沒有退縮，沒有氣餒，相反表現出的精氣神令人讚嘆不已。除了不怕死的信念在支撐著他們，還有一個

原因，那就是他們知道援軍肯定會來。

等啊等，盼啊盼，援軍終於來了。岑彭在那一刻，眼睛溼了，那是望穿秋水後看到曙光的激動，是苦盡甘來後嘗到甜蜜的興奮。他甚至叫士兵們隨時準備開啟城門，去迎接援軍的到來，把漢軍送上不歸路。

然而，事實證明，他只是一廂情願，王邑帶領援軍到了昆陽後就停滯不前了，連來宛城露一面都沒有。一打聽才知道，原來他是要先攻昆陽，攻昆陽也就罷了，那是你戰術需要，這個不怪你，問題是你不是號稱有百萬雄兵嗎？就不能分一點點兵力來救宛城嗎？哪怕就幾萬也行，畢竟宛城將士的生死還懸於漢軍之手呢，畢竟宛城的重要性不言而喻！

令岑彭失望的是，王邑沒有分派一兵一卒來救援。哀莫大於心死。後知後覺的岑彭終於醒悟過來了，原來自己是如此的低微，低微得連塵埃都不如。數月的堅守和頑抗，卻換不來同情和支持。忽視他倒也罷了，怎麼可以忽視宛城這個軍事要地呢？十個昆陽也抵不上一個宛城啊！更讓人哭笑不得的是，王邑的所謂百萬大軍居然連昆陽也拿不下。

千呼萬喚，朝廷居然派出如此將領，居然派出如此軍隊！岑彭終於絕望了。他找嚴說商量，提出自己的想法，一個字：降！理由是如今自己這樣賣命，得來的卻是孤立無援，與其這樣白白等死，不如投降，還可以保全眾人的性命。

嚴說聽了，長嘆一聲，半晌才道：「非要如此嗎？」

岑彭道：「朝廷早已不把我們當人看了。再堅守下去也毫無意義。再者，這幾個月我們和劉縯的漢軍不打不相識。我覺得他是個帥才。我等現在投降，正如棄暗而投明也，既可以救眾士兵於水火，又可給他們指出一條光明之路，何樂而不為呢？」

嚴說再度長嘆一聲，從牙縫裡吐出六個字：「恭敬不如從命。」

就這樣，岑彭和嚴說把宛城獻給了劉縯。

宛城的攻破，對漢軍來說是個天大的喜事，對鼓舞軍心、提振士氣也造成了立竿見影的效果。不久，漢軍就在劉秀的帶領下徹底把王邑派來的阻擊隊給打趴下了。

俗話說：「好漢敵不過人多。」此時王邑的軍隊畢竟有幾十萬。如果此時群起而攻之，那麼，劉秀就算有三頭六臂也無濟於事。然而，王邑卻下達了「毋得動」的命令，所以官軍均「不敢擅相救」。

敗，潰敗，大潰敗，敗得一塌糊塗。

接下來，是見證奇蹟的時候了，漢軍開始了表演。戰鬥是激烈的，是刺激的，但也是毫無懸念的。漢軍成了主角，官軍成了配角；漢軍成了主宰者，官軍成了被宰者。

戰鬥中，劉秀開始施展擒賊先擒王的看家本領，透過不懈努力，在亂軍中發現了王尋。在他的指揮下，漢軍成功把王尋射死了。

這個時候，躲在昆陽城裡的漢軍終於發現援軍來了。眼看官軍大敗，他們在王鳳、王常的帶領下，殺出城來支援城外的漢軍。一時間殺聲四起，鑼鼓喧天，鮮血染路，官軍只剩下一條路可以走了 —— 不羞遁走。

對此，如夢初醒的王邑還幻想著力挽狂瀾，做出了最後的掙扎和打拚。可是，任憑他砍殺逃亡的士兵，任憑他喊破了喉嚨，也阻止不了一潰千里的頹勢。沒辦法了，王邑只好使出了殺手鐧 ——「特種部隊」。

接下來「特種部隊」的「巨無霸」出場了。負責「巨無霸」的官兵們原本以為這場戰役根本不值一提，昆陽城就那麼點漢軍，連援軍也那麼少，他們根本就沒有出場機會。因此，當王邑突然叫他們出場時，他們還在打瞌睡，完全不了解戰況。

官兵們接到命令，二話不說，趕快放出魔獸軍團。好傢伙，鐵籠裡關著的老虎、豹子、獅子等動物憋得太久了，一放出鐵籠，頓時大顯神

威，直撲漢軍而去。漢軍原本正打得起勁，突然見敵軍中衝出這等怪動物來，也都吃了一驚，正準備四處逃竄時，奇蹟又出現了。

這次的奇蹟非人力所為，而是天力所致。這時候，突然變天了，先是黑雲籠罩，接著狂風四起，再接著幾聲巨雷火乍響，隨即暴雨如注。

黑雲把天空的光芒都遮擋住了，狂風把旗幟帳篷都吹飛了，大雨把道路都沖垮了。更重要的是，可憐的魔獸軍團，本來正張牙舞爪準備一展威風，但被這閃電、驚雷、暴雨三部曲一弄，因為驚嚇過度，像是得了「瘋牛病」一般，老虎不是那個老虎，豹子不是那個豹子，獅子不是那個獅子，開始四處逃竄。在逃的過程中，又踩死咬死官軍無數。一時間，官軍屍骨遍野，魔獸軍團也隨之煙消雲散。

王邑眼看敗勢不可再挽回，只好選擇了「自由飛翔」，充分發揮「鑽山豹」的風格，拋下一切，一路狂奔，馬不停蹄地逃回了洛陽。

這就是歷史上著名的「昆陽之戰」。

（二）人心齊，成大業

1. 權術：更始皇帝的橫空出世

自成立起，漢軍很快取得了長聚之戰、唐子鄉之戰、棘陽之戰和沘水之戰的大捷，攻破了甄阜和梁丘等軍事重鎮。

當然，隨著參加的人越來越多，軍隊急需一個「帶頭大哥」來主持大局。

當時大眾的皇權思想較為嚴重，因此，眾人紛紛要求馬上立皇上，建政權，謀帝業。關於皇上的人選資格，大家列出了以下條件。

一是必須是高祖後裔。要知道當時天下大亂，民心思漢，而受傳統思想和讖語的影響，普遍贊成「劉氏當興」的觀點，認為只有劉氏的後代

才有能力帶領眾人建功立業。

二是必須德高望重。要知道在亂世之中，作為一個統帥如果不能服眾，那麼隊伍的戰鬥力肯定就會大打折扣。而如何才能服眾呢？六個字：能力、實力、威力。

也正是因為這樣，劉縯成了當仁不讓的熱門人選。

劉縯不僅是高祖後裔，而且才能出眾，威望極高，再加上他帶領起義聯軍取得了多次大捷，名氣更加暴漲。

劉縯對自己也很有自信，甚至想好了謙遜的話語，夢想著「登基」那天的到來。然而，他料想不到，這只是他一廂情願的想法，因為就在塵埃落定之時，突然有一個人站出來，大喝一聲：「立皇上，非我不可；選帶頭大哥，非我莫屬。」

敢說出此話的人名叫劉玄。他的底氣之所以這麼足，是因為他有堅強的後盾。

首先，他符合起義軍立新皇的第一個條件：高祖後裔。

劉玄，字聖公，是劉秀的族兄。劉氏家族敗落後，劉玄一開始流浪江湖，後來因為討不到錢經常餓肚子，他咬咬牙便加入了綠林軍。因為有劉氏宗族這頂帽子在，再加上讀書識字，他在軍中有了職務，負責供應糧草、徵集新兵這樣的後勤服務事宜，能力受到眾人的一致認可。

客觀地來說，劉玄無論才華、威望都比不上劉縯，但他身上有一點卻是劉縯無法具備的，那就是「大眾口味」。

原來，劉玄雖然為劉氏宗族後裔，但他起義時是隻身參加的，沒有堅固的幫手，也沒有自己的嫡系部隊，完全是孤家寡人一個，這樣的人易於控制。劉縯擁有自己的核心部隊，在軍中威望又極高，一旦他掌權，他人要想再從他手上奪權，那無異於虎口奪食，難於上青天。因此，在新市軍和平林軍中，支持劉玄為主的人反而要遠遠多於支持劉縯

的。再加上劉縯治軍從嚴，約束極多，這也是對「自由」極為嚮往的新市軍和平林軍不願意接受的。

也正是因為這樣，劉玄以黑馬姿態被推為皇帝的候選人。如此一來，以劉氏宗族子弟為主的春陵軍自然不接受，他們堅定地推劉縯為皇帝。也正是因為這樣，劉縯和劉玄之間的對決也就在所難免了。

此時，春陵軍支持劉縯，而新市軍和平林軍支持劉玄。因此，客觀上來說，兩人的軍事力量對比是一比二，劉縯明顯處於劣勢。

在這個節骨眼上，下江軍中的精神領袖王常不顧自己和新市軍、平林軍同為綠林軍的情誼，來了個胳膊往外拐，反對平庸的劉玄，支持豪氣的劉縯。這樣一來，兩人的軍事力量瞬間變成了二比二。

難分伯仲，就在雙方僵持不下時，新市軍和平林軍的領袖王匡、朱鮪、張卬三人為了確保立劉玄萬無一失，上演了「三人密謀行」。最後決定以快刀斬亂麻之勢，直接把劉玄推上皇位，等生米煮成了熟飯，一切也就塵埃落定了。

王匡、朱鮪、張卬三人上演「共定策立之」的第一步後，馬上開始第二步走：派人以駟馬之車的高禮節，把劉縯請來，告訴眾人公推劉玄為帝的決定。

應該說王匡、朱鮪、張卬三人原本各有所長、各有所短，王匡有勇無謀，朱鮪有謀無勇，張卬無勇無謀，卻有識。三個人湊到一起，制定的兩步走可謂環環相扣，步步相連，當真是高招。

劉縯一路上忐忑不安，不明白王匡、朱鮪、張卬等人葫蘆裡賣的是什麼藥。很快，他就由納悶變成了鬱悶。聽到眾人要立劉玄為帝的消息，他能不鬱悶嗎？但是，劉縯畢竟是個經過大風大浪的人，在短暫的失態之後，他馬上就恢復了鎮定自若的真面目，不卑不亢，不叫不嚷，說道：「立皇帝乃大事，須慎之又慎，切不可輕率為之，愚鄙之見，竊有未同。」

接下來，他說了四段話來闡述自己的觀點。

第一段話：滴水之恩，當湧泉相報。諸位想要立我們劉氏宗族子弟為皇帝，這份恩情和仁義太厚重了，作為劉氏宗族一員，我倍感榮幸，深表感謝。

第二段話：打鐵還須自身硬。雖然我們接連打了幾次勝仗，雖然自身得到了加強，但天下的起義軍不單單只有我們，全國各地都是，特別是山東的赤眉軍就有數十萬之眾，勢力只比我們大，不比我們小。現在一旦我們明目張膽地立了皇帝，成立了政權，赤眉軍聽到消息後，也一定會效仿我們立一個皇帝，建立政權。這樣一來，我們起義軍勢必為爭奪地盤而自相殘殺，最後受益的還是王莽啊！

第三段話：前車之鑑，後事之師。自古以來，起義之初就稱王立帝的成功事例很少有。遠的不說，秦末陳勝和項羽的失敗就是前車之鑑啊。

第四段話：出頭的椽子先爛。我們現在雖然占領了不少地盤，但相對這天下萬里江山來說卻不值一提，根本沒有稱王稱霸的資格。妄自稱帝，猶如夜郎自大，除了成為天下人的靶子外，沒有一點好處。出頭的椽子先爛，須三思而行啊！

我們不得不佩服劉縯，在極短的時間內居然能說出如此長篇大論來，而且理由條分縷析，冠冕堂皇。

諸將聽後，便只剩一件事可做了——「按讚」。就連「密謀三人行」中的四肢明顯比大腦發達的王匡也被說得回心轉意，加入了「按讚」的隊伍。而書生意氣偏重的朱鮪選擇了沉默。可是張卬不接受，他無謀無勇，但有識，他一眼就識破了劉縯的「緩兵之計」，馬上來了個當機立斷。

張卬拔刀相向。自己的地盤自己做主，作為「東道主」，他不管

三七二十一，拔出身佩寶劍，手腕一揮，砍在身前案几上，案几頓時斷為兩截，轟然倒塌。

就在眾人驚魂未定時，張卬厲聲喝道：「做大事者當機立斷。我們都走上了起義這條道路了，反朝廷的事都做了，還怕稱天子嗎？今天的事就這麼辦了，誰要是不服，案几便是下場。」

面對張卬的「武力逼宮」，眾將很快又倒向了他這一邊，齊刷刷地舉手表示同意。

劉縯見此場面，知道再反對非但無濟於事，反而會引火上身。到了這個時候，話語權已經喪失了應有的威力，實力才是硬道理，武力才是真理。留得青山在，不怕沒柴燒。為此，識時務的他只能選擇退一步海闊天空。

新朝地皇四年（西元 23 年）二月初一，風和日麗，萬物復甦，生機盎然。起義軍在育水之濱的沙場中設壇，陳兵大會。劉玄正式成為起義大軍的首領 —— 皇帝。從此，起義軍有了一個共同的稱號：漢軍。接下來，便是漢軍踏上漫漫征程的時候了。

2. 謀略：甜言蜜語巧脫身

新朝地皇四年（西元 23 年），夏天雖然到了，但春天的潮氣並沒有消散殆盡。

劉秀的心情如同這季節的更替，波瀾起伏，潮起潮落，一半是海水，一半是火焰。

給劉秀灌以「海水」的人是他的大哥劉縯。

也許是老天的眷顧，在昆陽之戰中，除了劉秀立下奇功外，劉縯也功不可沒，因為他拿下了軍事重地宛城，不但給自己留有後退的安身之地，而且還給官軍以心靈上的沉重打擊。

　　王莽的主力部隊被攻破後，其滅亡已是必然之勢。劉氏兄弟立下大功後，威望、人氣暴漲也是必然結果。

　　眾人看劉縯和劉秀的眼光都帶著崇拜，朱鮪等人看劉縯和劉秀的眼光卻是毒辣的。別人的「高」襯托的是自己的「低」，朱鮪等人視劉氏兄弟為眼中釘、肉中刺也就在情理之中了。於是，朱鮪聯合平林軍、新市軍的將領，輪番給更始皇帝劉玄吹耳邊風，中心思想只有一個：殺死劉縯，以絕後患。

　　劉玄很快就在朱鮪等人的策劃下，上演了一場鴻門宴。

　　宴席上，繡衣御史申屠建見劉玄猶豫不決，遲遲不肯拔劍，立刻上演楚漢鴻門宴的翻版，舉玦示意。結果劉玄和當初的項羽一樣，很矛盾，很糾結，思來想去，最終還是下不了手。

　　鴻門宴過後，劉縯依然我行我素，彷彿什麼事都沒有發生一樣。

　　眼看劉縯連自己老祖宗的鴻門宴都忘了，他的舅舅樊宏急了，趕快給他敲警鐘。然而劉縯聽了，還是一笑了之。

　　這時的劉玄在朱鮪等人的唆使下，開始對劉縯展開第二輪攻擊。這一次，劉玄使出的是「苦肉計」，而這出「計」的主角是一個叫劉稷的將軍。

　　劉稷和劉縯同是宗室子弟，劉縯視劉稷為兄弟、知己，劉稷視劉縯為兄長、主子。他和劉縯的關係不是一般的好。

　　劉稷是個眼裡容不下一粒沙的人。早在劉玄登基當天，他便不顧一切地以公開演講的方式表示對劉玄的不服。後來，他立了大功，劉玄表現得很大度，馬上就封他一個頭銜——抗威將軍。劉玄的意思已經不言而喻了：劉稷你有功，封你為將軍，但你竟敢公然在背後罵我，違抗我的龍威，那就叫你抗威將軍吧。

　　結果死腦筋的劉稷卻來了個拒封，公然抗旨，已犯了滔天大罪。手

握劉稷把柄的劉玄，立刻把劉稷打入死牢，並且定了死罪。

誘餌已經撒下，只等魚兒上鉤。事實證明，劉縯就是一隻魚，一隻木魚，一隻笨得不能再笨的木魚。他主動站出來為劉稷求情，並且據理力爭。這給了劉玄「亮劍」的機會，他以「大不敬」為由，直接將劉縯斬首。

對劉秀來說，劉縯的死，無異於晴天霹靂；劉縯的死，無異於滄海桑田；劉縯的死，無異於山崩地裂；劉縯的死，是支柱的倒塌，是海水的泛濫，是心頭永遠的痛。

給劉秀點燃「火焰」的人是他的妻子陰麗華。

面對大哥的冤死，劉秀肝腸寸斷、五臟俱裂、傷心欲絕，但在悲痛之餘，他的頭腦卻是清醒的，他明白自己此時的處境。他就是劉玄手中的一顆棋子，任其擺布，毫無反抗能力。為此，劉秀做出了一個驚人之舉，在劉縯被殺的第二天，他火速從汝南父城的最前線撤下來，單槍匹馬趕往劉玄所在的宛城。

劉秀來宛城，不是為大哥討回公道的，也不是為大哥發喪的，而是主動向劉玄認錯的。他信誓旦旦地表示，今後一定懸崖勒馬，改正錯誤，唯更始皇上的命令是從。

兄罪弟認，劉秀深明大義的良好態度讓劉玄驚訝不已。他本來準備好了「屠龍刀」，準備將劉秀趕盡殺絕，結果劉秀的表現改變了他的想法。出於愧疚和補償，劉玄也做出了一個出人意料的舉動：任命劉秀為破虜將軍，封信武侯。

當然，這只是劉玄的權宜之計，他封劉秀的官位和爵位，只是為了暫時穩住劉秀的心，堵住天下眾人悠悠之口。他心裡深知劉秀是一隻虎，一隻可能比劉縯還凶猛、還可怕的猛虎。為了不放虎歸山，他在加封劉秀的官爵時，還賞了他一套「豪華別墅」，名義上是讓他好好享受生

活，實際上是軟禁了他。

劉秀當然明白劉玄的險惡用心，為了徹底迷惑劉玄，為了韜光養晦，他每天飲酒作樂、醉生夢死，並且大張旗鼓地娶妻，對象就是他的夢中情人陰麗華。

古人婚姻講究父母之命，媒妁之言。劉秀派出的不是媒婆，而是媒公。媒公的名字叫朱祐。

朱祐沒有讓劉秀失望。他用盡三寸不爛之舌，把陰麗華的哥哥陰識搞定了。

原來，**陰麗華身為絕世美女**，引得方圓數百里的貴族子弟、文人異士紛紛往陰府裡鑽。他們來時是滿面春風、心熱如火，去時卻都垂頭喪氣、心冷如冰，因為他們都沒能滿足陰麗華的求婚條件：一是非漢室宗親不嫁，二是非將軍侯爵不嫁。

這兩個條件看似簡單，卻很苛刻，真正符合條件的人鳳毛麟角，劉秀卻恰巧全中了。

這年七月，劉秀和陰麗華喜結連理。新婚當晚，劉秀擁著、抱著如花似玉的新娘，卻淚如雨下，大顆大顆的淚珠打溼了描龍繡鳳的喜枕。男兒有淚不輕彈，只因未到傷心處。此時，劉秀既有傷心欲絕的悲憤淚，也有喜極而泣的幸福淚，還有忍辱負重的委屈淚，更有堅韌不拔的堅強淚。

就這樣，在劉秀人生最困頓的時候，他靠「守拙」保全了自己，靠愛情的力量支撐著向前的動力泉源。

而更始軍挾著昆陽之戰的餘威，勢如破竹，很快攻入長安，新朝的皇帝王莽也死於亂軍之中，新朝滅亡。

之後，更始皇帝劉玄決定定都洛陽。

洛陽經過戰火的洗禮和摧殘，不但外表（城牆城池）千瘡百孔，而且

內臟（城內宮殿）也殘破不堪。

結果劉玄把修建洛陽的事交給劉秀去做。

眼看劉玄要做出放虎歸山之舉，劉玄的心腹對其予以善意的勸阻，提醒他放虎容易捉虎難，需三思而後行。

這時候的劉玄不再是任人擺布的木偶，他武斷地拒絕了眾人的好意，堅持按自己的想法去做，在眾人驚疑的目光中給了劉秀一個新職務——行司隸校尉。

劉秀不鳴則已，一鳴驚人。他帶著鄧晨、馮異等心腹，到了洛陽便大刀闊斧地做了起來，主要做出了以下幾件事。

一、及時招募配備僚屬。

二、著力整理好檔案檔案。

三、依舊章規定開展司察工作。

四、嚴明紀律，對部下執行「約法三章」。

四管齊下，效果是看得見的。當洛陽城的百姓看到劉秀帶領威武莊嚴的部隊出現時，衣著鮮明，衣冠整潔，頓覺眼前一亮，狂喜之情溢於言表。有的老官吏深有感觸地喜極而泣道：「老天有眼啊，都過了這麼多年了，沒想到還能再睹漢朝的威儀和雄風啊！」

劉秀注重禮儀等細節，特別是在閱兵儀式上，以其特有的嚴謹、威武、整齊劃一、有條不紊樹立了良好的外在形象，打造了良好的「品牌」，贏得了百姓的交口稱讚，從而最終引來了「賢者歸之」。這一時期，劉秀得到了銚期和王霸兩位重量級人物。

至此，劉秀手下擁有了馮異、銚期、王霸等蓋世之才。這為他從頭開始，走出自己的創業之路打下了堅實的基礎。

就在劉秀大展雄才時，更始皇帝劉玄也沒有閒著，他為了江山社稷著想，為了達到一統天下的目的，大肆採取招降的措施，主要政策是：

先降者復爵位。劉玄幻想著以這種「換湯不換藥」的方法引誘萬眾臣服。

最終的結果是赤眉原本想歸順，但最終還是分道揚鑣了。

吃一塹，長一智，劉玄把眼光轉向了河北一帶。

得不得，在河北。河北本身位置重要，這裡自春秋戰國時，就是軍事要地和各大政權的聚集地、根據地，兵家必爭。與此同時，河北人傑地靈，英雄豪傑層出不窮。它還是洛陽的天然屏障，只要占據了河北，洛陽便可以安若磐石。

劉玄想到的辦法還是招安。這一次，他不敢怠慢，決定派一位重量級人物出馬，確保河北的招安萬無一失。

就在劉玄茶不思、飯不想地思考最佳人選時，一個人主動站了出來，他的名字叫劉賜。

劉賜是劉秀的族兄，是最早追隨劉縯、劉秀的劉氏宗族成員之一。更始政權建立後，劉賜被封為光祿勳，後被封為大司徒。

劉賜這時站出來，主動表示願意為劉玄解憂。劉玄一聽大喜，自然願聞其詳。於是，劉賜果敢地說了一句話：「諸家子獨有文叔可用。」

聽了劉賜的極力推薦，劉玄覺得很有道理，就當他準備點頭答應時，又有一個人站出，給他當頭潑了一盆冷水。

「這事萬萬不可。」勇於在劉玄面前說出這樣強硬話來的人有且只有一個，他就是朱鮪。

因為朱鮪的反對，一時間，劉玄也不知道該如何選擇。

機遇來敲門，劉秀自然不會袖手旁觀。這一次，他沒有再選擇隱忍，而是決定主動出擊。為此，他與自己的「參謀長」馮異展開一次挑燈夜談。

很快馮異就為劉秀指明了一條大道，搞定兩個人 —— 曹竟父子。

曹詡是山陽人，也是「官二代」，他的父親曹竟才華橫溢，相傳有經

天緯地之才，定國安邦之智，在當地是個無人不知無人不曉的大名人。
王莽執政時，為了請曹竟下山輔佐自己，多次相邀，但曹竟對王莽的為
人很不屑，對其採取了「三不」主義——不理，不睬，不去。

　　劉玄成立更始政權後，也對大才子曹竟仰慕有加，曹竟也願意為劉
玄效力，結果深受劉玄的寵愛。

　　為了搞定曹氏父子，足智多謀的馮異投其所好，設下了古董局
中局。

　　曹竟是個守氣節的清高之人，因此，他的日子過得並不富裕。他有
一個愛好，喜歡收藏古董，這使他原本清貧的生活變得更加拮据。

　　馮異就以改善曹竟生活為出發點，以古董為突破口，上演了一齣好
戲。馮異為自己的戲找了一個很好的配角，這人便是古董店的老闆。馮
異跟他談了一筆交易，讓他去曹竟家高價收購古董。

　　就這樣，曹竟「賣」掉了自己的古董。他雖然得了大筆錢，但古董對
他來說是最心愛之物，因此他心痛至極。就在這時，馮異出現在了曹家
門口，他不是空手來的，而是提著罈罈罐罐——曹竟的古董來的！

　　一來二往，馮異和曹竟的關係熟絡起來。曹竟得了馮異的好處，心
裡總覺過意不去，力思報答。眼看時機成熟了，馮異這才「亮劍」，說
道：「這些其實都不是我做的，我只是替人代勞，這是劉文叔獻給您的薄
禮，以慰仰慕之名。」於是，一心想要回報的曹竟聽說劉秀想去河北招
安，馬上表示願意幫忙。

　　曹竟父子一出馬，自然非同凡響。曹詡用了「行大事者不拘小節」勸
說劉玄，讓劉玄無言以對，無法反駁。這時，劉賜也在一旁火上澆油。
雙管齊下，劉玄很快抵擋不住了，同意讓劉秀掛帥去河北招安。

　　劉玄給了劉秀新的職位：破虜將軍，代大司馬之職。

　　劉秀擁有了自己新的人生：自由飛翔的機會，實現夢想的機會。

3. 法寶：遠交近攻建根基

更始二年（西元前 24 年），「單飛」成功的劉秀離開更始皇帝劉玄的桎梏後，憑著自己強大的人格魅力和超級才能，消滅了王郎，平定了河北。

劉秀在爭霸天下的過程中採取的策略是四個字：遠交近攻。

「遠交近攻」的思想從戰國時期就有了，秦始皇更是透過踐行這一思想統一六國，劉秀更是將「遠交近攻」發揮到極致。具體來說就是，對威脅較大的近敵集中全部兵力全力加以殲滅，而對於相距較遠的割據者，則通使往還，透過交好使眾敵彼此掣肘，互相消耗，從而使得他獲得喘息的機會，進而逐步走向大一統的時代。

劉秀用金蟬脫殼之計掙脫更始政權的束縛，剛到河北時，形勢很不好──「四面受敵」。如果選擇單純地防守必兵分勢紲，劉秀審時度勢地選擇在河北境界內四處進攻，但其中也有選擇性地有輕有重，針對不同的人有不同的對策和策略。

這樣的曠世奇功、絕世佳作，遠在長安的劉玄看在眼裡，急在心裡。劉秀是英雄，是豪傑，這條蛟龍一旦騰飛到了天上，想要再擒住比登天還難。因此，他馬上派御史前往河北，封劉秀為蕭王，意圖把劉秀騙回來。結果劉秀拒絕「回歸」。隨後，劉玄圖窮匕見，直接下令劉秀罷兵，為了達到逼劉秀就範的目的，劉玄還派出了大將苗曾任幽州牧，韋順任上谷太守，蔡充任漁陽太守，並且下令他們馬上上任就職。

劉秀當機立斷，針對劉玄派兵遣將到河北赤裸裸地剝奪勝利果實的野蠻行徑，馬上上演了三步走策略。

第一步走：輿論先行。該譴責還是要譴責，該憤怒還是要憤怒，該交涉還是要交涉，這種聲勢、這種輿論導向還是得做好。越是把劉玄說得昏庸，越是把更始政權說得腐敗無能，越是對劉秀有利。

　　第二步走：安撫為中。攘外先安內。對劉秀來說，現在劉玄及更始政權已經是「外人」了，而河北之地才是他的「內部」，但現在「內部」並不安寧，除了劉玄強行派入河北上任的幽州牧苗曾、上谷太守韋順、漁陽太守蔡充，還有很多起義大軍，如銅馬、大彤等。他們各自為政，總人數加起來不下百萬。如果這些同在河北的「同部同盟軍」都搞不定，那麼，想要攘走外入的更始大軍，那無異於痴人說夢。為此，劉秀派出了有勇有謀的吳漢和智勇雙全的耿弇去做一件事——借兵。為了增加借兵的籌碼，劉秀讓吳漢和耿弇這對「雙子星座」持節並以「蕭王」的名義調發幽州十郡的騎兵。

　　第三步走：兵馬後行。幽州牧苗曾是個聰明人，當然知道劉秀調發幽州郡之兵的用心，自然不會袖手旁觀，他馬上給幽州十郡下達了「禁軍令」——不得接待，不得發兵，不得應調。面對苗曾的「三不」政策，吳漢當機立斷，還以一招「一劍穿喉」——率領二十個精銳騎兵，直搗幽州牧苗曾所在的無終（今天津市薊縣）。

　　苗曾見吳漢只有這麼一點人，以為吳漢是來拜訪他的，馬上來了個開門迎客，他哪裡知道吳漢見了他，不寒暄也不閒聊，而是拔刀便砍。苗曾猝不及防之下成了刀下鬼。

　　就在吳漢大發神威時，耿弇也不甘落後，他以迅雷不及掩耳之勢斬殺了上谷太守韋順和漁陽太守蔡充。結果，「北州震駭」，於是，十郡全部調發精兵。

　　事實證明，劉秀的藉口是一石兩鳥之計。在借的過程中，他出其不意地成功除掉了劉玄派來的「三劍客」。「攘外」成功後，劉秀手握「借來」的幽州十郡之精兵，底氣大增，他馬上做出了「安內」之舉。

　　劉秀的安內行動開始了。他把銅馬作為第一個清除的對象。銅馬勢力超大，實力超強。為此，劉秀派出了鄧禹、銚期、蓋延「三劍客」出擊

銅馬大賊。整個「射鷹」過程可以劃分為三個階段。

　　第一個階段：急於求進，出師不利。正如萬事開頭難一樣，劉秀大軍的開局並不好。首先是勇冠三軍的「開路先鋒」蓋延遭遇了銅馬大軍的伏擊，結果「戰不利，還保城」，被銅馬大軍圍了個水洩不通，形勢嚴峻。好在這個時候鄧禹及時率領大軍趕來增援，才救出蓋延。

　　與此同時，勇猛精進的銚期也在進軍的過程中被銅馬大軍打敗，最後無奈之下，只好退到河邊，選擇了背水一戰。背水一戰的結果只有兩種：要麼絕處逢生、逆境揚帆，要麼視死如歸、死而後已。

　　對銚期這樣的猛將來說，不管選擇哪一種，都是轟轟烈烈、無怨無悔的。但是，對劉秀來說，他不能眼睜睜地看著自己手下的狼虎之將被困而不管。他馬上派出大軍前往相救，並把即將「溺水」的銚期成功營救了出來。

　　總而言之，第一個階段，劉秀的先頭部隊因為犯了兵家大忌，急於求成，結果成了銅馬大軍「殲」的對象，雖然最終都有驚無險地成功脫圍，但出師不利。這給劉秀的大軍敲響了警鐘，冥冥當中似乎印證了前進的道路不可能一帆風順。

　　第二個階段：穩中求進，步步為營。吃一塹，長一智，劉秀馬上改變了策略，做出了這樣兩個部署。一是堅壁清野，堅營自守。這樣做的目的只有一個，避開銅馬大軍鋒芒，消磨他們的鬥志。二是士兵突擊，斬斷糧道。這樣做的目的只有一個，讓銅馬大軍沒有衣穿、沒有飯吃。

　　結果可想而知，銅馬軍人多勢眾，但劉秀的堅守，讓他們的超強戰鬥力沒法發揮，而糧道、糧倉的破壞，讓他們人數優勢反而變成了劣勢，空著肚子怎麼打仗？一個月以後，他們再也堅持不下去了，無奈之下只得選擇「移兵求食」——深夜退兵。

　　第三個階段：快中求進，致命一擊。兵法有云：「敵未動，己未動；

敵一動，己先動。」劉秀自然不會眼睜睜地以行注目禮的方式歡送銅馬大軍離去，而是選擇了「血腥大告別」——蓄勢以待的漢軍傾巢而出，結果在魏郡館陶（今河北省邯鄲市館陶縣）把銅馬大軍打得哭爹喊娘、潰不成軍。

銅馬軍眼看就要走投無路了，這個時候，他們的盟軍到了。於是，他們信心大增，士氣大振，馬上上演三部曲：懸崖勒馬——驀然回首——反戈一擊。結果劉秀的大軍原本順風順水，被打了個措手不及，無奈之下只得選擇重走銅馬軍的路線——夜遁。

銅馬聯軍自然不會讓到手的鴨子飛走了，也同樣選擇了千里追蹤。就在這個危急關頭，劉秀的援軍也及時趕到了——吳漢和耿弇帶領徵調的援軍雄糾糾、氣昂昂地出現了。

吳漢和耿弇來了個雪中送炭，劉秀自然不會放過這個絕好的機會，他選擇了錦上添花——和銅馬聯軍在蒲陽（今河北省邛崍市東南）展開大決戰，再次打敗了銅馬聯軍。

這一次，銅馬聯軍不但敗了，而且是完敗，十二個字：非死即傷，非投即降，全軍覆沒。

勝利讓劉秀如此高興，他彷彿看到了一幅燦爛的風景畫在眼前閃爍，一切是那麼美好。勝利又讓劉秀如此寂寞，他彷彿體會到了高處不勝寒的孤獨感，一切是那麼風平浪靜。勝利卻讓劉秀苦惱，這是幸福的苦惱，面對十多萬銅馬降兵，如何處置的確是個棘手問題。

降兵只有兩種身分，死敵或者盟友。這個很容易理解：真正歸順、死心塌地跟著你做事的就是盟友；兩面三刀、另有圖謀的就是死敵。處置降兵，只有兩種選擇：留或殺。

留，其實很簡單，就是留下來，留下來度過每一個春夏秋冬，說白了就是占為己有，為己所用。殺，其實很簡單，就是坑殺，坑殺所有的

降兵，說白了就是消除隱患，防患未然。

降兵就像是後母生的兒子，如果能融入自然是好事，但如果心懷二志，那就是心腹大患。

殺，坑殺，狠狠地殺，這似乎成了歷朝歷代一些名人、強人最喜歡做的事，畢竟一刀下去，一了百了，好與壞、美與醜、黑與白，一切不安定因素都煙消雲散了。

但是，不是所有人都選擇這樣粗魯的手段來實現自己的人生夢想，比如劉秀。面對十多萬銅馬降軍，他的確苦惱過、猶豫過，他最終選擇的卻是「以柔克剛」的方法。概括起來有三個關鍵詞。

第一個關鍵詞：大加封賞。劉秀對降兵大封大賞，分封降將為列侯，獎賞士兵財物，賜將士們各自歸營帳，這樣做的目的是為了讓他們有飯可吃，有衣可穿，有親可依，有地可倚。

第二個關鍵詞：推心置腹。為了消除「降者不自安」的威脅，劉秀只帶了兩個隨從去各營帳視察安撫。結果劉秀的「單刀赴營」感動了所有降軍將士，他們紛紛表示就算是肝腦塗地、萬死不辭也難以報答這份恩情啊！

第三個關鍵詞：順水推舟。成功俘獲銅馬降兵的心後，劉秀馬上趁熱打鐵，改編了銅馬軍，透過「悉將降人分配諸將」，劉秀成了擁有精兵強將數十萬的大軍閥、大首領了。

劉秀的付出取得了良好的成效，為此，他榮獲了廣大起義軍頒發的一個新的稱呼 ——「銅馬帝」。

八、東漢的中興

（一）治天下也是一項技術工作 ─────────

1. 愛情翻牌：左手陰麗華，右手郭聖通

東漢的開國皇帝劉秀是位雄才大略的帝王，他憑一己之力，力挽狂瀾，重拾了被王莽攔腰砍斷的大漢王朝。同時，劉秀還是一位痴情的皇帝，他一生只愛一個女人的故事傳為佳話。

劉秀寵愛的女人名叫陰麗華。陰麗華，屬於典型的「富二代」。她本人不但長得傾國傾城，而且溫良賢淑，還是亭亭少女時，已經在新野聲名大震。

而當時同樣在南陽的劉秀則屬於落魄人士，他是漢高祖的後裔，九歲失去父母而成為孤兒，寄養在叔父劉良家裡。劉秀二十五歲那年，姊夫鄧晨領著他去拜訪陰麗華的哥哥陰識，結果「邂逅」了正在院子裡給牡丹花澆水的陰麗華。劉秀對這個比自己小近十歲的美麗少女一見鍾情，從此發出了「娶妻當得陰麗華」的愛情宣言。

然而身為一介布衣，想娶陰麗華為妻看似不可能，機會卻不期降臨。

新朝地皇三年（西元 22 年），劉秀和大哥劉縯在南陽起兵反對王莽新朝，陰麗華同父異母的哥哥陰識也參與到起義的隊伍中。

一年後，威望日增的劉縯被更始帝劉玄殺害。正領兵在外的劉秀聽聞噩耗後，審時度勢地做出了不弔喪的決定，並主動回到宛城向劉玄謝

罪，以此來保全自己和劉家軍。

劉秀的主動認錯使得劉玄有了內疚之心，於是「饒恕」了劉秀。

而一直跟隨劉秀作戰的陰識對劉秀的所作所為十分欽佩，認為他將來定是個能成事的人，於是說服家人，把妹妹陰麗華嫁給了劉秀。

二十八歲的劉秀如願以償地娶到了年僅十九歲的陰麗華，實現了「娶妻當得陰麗華」的這個愛情宣言。

三個月後，劉玄擬遷都洛陽，並封劉秀為司隸校尉，先行抵洛陽，為自己打前站。此行生死未卜，因此只有少量人馬可同行。為了妻子的安全，劉秀只好派人把陰麗華送回了南陽老家。從新婚到離別，僅短短的三個月，兩人便天各一方。

回到老家的陰麗華隨著家人幾經輾轉，惶恐度日，在家裡待了近三年的時光，直到劉秀定都洛陽，派侍中傅俊接她到洛陽。可是在洛陽等待她的，卻已物是人非，劉秀身邊不僅多了一個女子，而且還有了一個孩子。這個女子叫郭聖通。

劉秀在河北征戰時為了藉助真定王劉揚的十萬大軍而娶了其外甥女郭聖通。

面對陰麗華和郭聖通，劉秀左右為難。一個是深愛著的結髮妻子；另一個是有了孩子，背後有著十萬大軍的征途伴侶。無奈的劉秀只好把她們暫時都立為貴人，但在他的心底，始終是向著自己的結髮之妻的。

也正是因為這樣，劉秀稱帝後，想立陰麗華為皇后。結果，陰麗華的表現出人意料，她選擇了推讓。這樣三番五次，劉秀只好放棄冊封她為后的念頭。這樣，命運就把皇后的寶座送到郭聖通面前。光武帝建武二年（西元 26 年），劉秀正式冊封郭聖通為后，郭聖通成為東漢王朝第一任皇后，她年僅兩歲的兒子劉彊也順理成章地被立為東漢王朝第一任太子。

　　然而，一宮同樣不容二后，皇后郭聖通和「準皇后」陰麗華注定要展開你死我活的爭鬥。那麼，誰能最終笑傲後宮呢？

　　這時，陰麗華因為謙讓，徹底征服了劉秀的心。他在冊封郭聖通為皇后後，為彌補心中的愧疚，經常光顧陰麗華的寢宮，噓寒問暖，有時一天要去好幾次，大有百踏不厭之勢。而郭聖通的寢宮卻十天半月也難得去一次，不折不扣地成了「冷宮」。劉秀還封陰麗華的父親陰陸為宣恩哀侯，哥哥陰識為恭侯、陰興為列侯，陰氏家族一時風光無限。

　　為了挽回頹勢和敗勢，相貌發達、頭腦簡單、心靈空虛的郭聖通上演的是「一哭二鬧三上吊」的策略。她除了整天以淚洗面，躲在後宮裡哭得梨花帶雨外，還主動出擊，有機會要上，沒有機會創造機會也要上，主動找劉秀攤牌。

　　如果單是以理論理、就事論事倒也罷，怒極生恨的郭聖通偏偏選擇大發脾氣，大吵大鬧，無休無止。郭聖通一如潑婦罵街，對劉秀的怨恨、對陰麗華的妒恨、對現實的不滿、對人生的絕望，總之，多年積壓的怒氣一股腦地往外抖。這種赤裸裸、毫無技術含量的「推銷」，取得的效果是劉秀對她愈惡之。

　　如果此時郭聖通及時懸崖勒馬還來得及，但郭聖通就是郭聖通，她既然選擇了血拚、死戰，就會堅持到底，就不會半途而廢。眼看一時抓不到陰麗華的辮子，她選擇了「遷怒」，把憤怒之火轉向了後宮中的其他宮女。很快，所有的宮女都對郭聖通避而遠之。頓時，後宮陷入了一片腥風血雨之中。

　　自作孽，不可活。面對郭聖通的無理取鬧、不可理喻、無法無天、胡作非為，劉秀善意地提醒她，他喜歡的是溫柔賢惠的女人，而不是野蠻老婆，請她自省、自悟、自重、自尊。但是，郭聖通對此還是視而不見，聽而不聞，依然我行我素，恣意妄為。

宮中充滿腥風血雨，這樣下去後宮難言花落知多少。忍耐到極限的劉秀終於不再沉默，光武帝建武十七年（西元 41 年），他終於在沉默中爆發了，終於正式下詔，廢去郭聖通的皇后之位，立陰麗華為皇后。

郭聖通被廢後，改稱「中山王太后」，和兒子生活在一起，成為中國歷史上唯一一個沒入冷宮反得尊崇的廢后。

對此，親身經歷了建武、永平兩朝，對陰皇后極為熟悉的老臣第五倫在上書中一語道破個中玄機，七個字「烈皇后友愛天至」。意思說陰皇后天性善良，不願去傷害別人。

漢明帝永平七年（西元 64 年），陰麗華去世，諡號為「烈皇后」，死後和光武帝合葬於原陵。

2. 人才洗牌：揮淚斬鄧奉

光武帝劉秀打天下時，手下有一位超級大將鄧奉。

鄧奉在漢軍中可以用名高位重來形容。

首先來看他的「名高」：鄧奉是劉秀二姊夫鄧晨的親姪子，是劉秀原配妻子陰麗華母親的親戚，乃新野名門望族之後。

其次來看他的「位重」：鄧奉後臺足，自身資質優秀。他勇猛頑強，頗有智謀，隨鄧晨投奔起義事業後，立下了不少戰功，劉秀封他做了破虜將軍。

年紀輕輕，兵權在握，前途明亮，人生得意，按理說他會珍惜這來之不易的機會，會心滿意足於眼前的一切。然而，事實證明，順風順水的他卻經不起風雨考驗。

性格決定命運。改變鄧奉命運的正是他的性格。

鄧奉是什麼樣的性格呢？八個字：耿直正義，嫉惡如仇。他認為耿直正義是做人之根，嫉惡如仇是立人之本。他能在仕途上扶搖直上、平

步青雲，正是他這種超脫凡俗的性格使然。然而，人生有起便有落，有盛便有衰，他在隨鄧禹的西征途中，被赤眉軍打得焦頭爛額，最後被劉秀派去的馮異取而代之。應徵回師後，他的心情自然也是一落千丈，跌入谷底。

屋漏偏逢連夜雨，正在這時，一件事的發生又激起了鄧奉的嫉惡如仇之心。

這件事跟他回了一趟家鄉有關。

他懷著忐忑不安的心情來到老家時，卻發現村莊斷壁殘垣，鄉親們屍骨遍地，血流成河。鄧奉經過一番查問，得知村子不是經過了天災才變成這樣，而是經歷了人禍。

這個人禍的主謀不是別人，正是吳漢的部隊。

吳漢是劉秀最倚重的大將之一，因為屢立戰功，被封為大司馬。任何人都有缺點。吳漢在戰場上的本領有目共睹，他的缺點也同樣有目共睹：放縱部下劫掠。後來便成了「黑五毒」：一是為了奪物而掠奪百姓；二是為了奪寶而掘塚陳屍；三是為了奪財而斷人肢體；四是為了奪人而姦淫婦女；五是為了奪恨而裸人形骸。

對此，劉秀也不是不知道，但在當時那種情況下，一切都是為了戰爭的需要，因此他就睜一隻眼閉一隻眼，只是偶爾對吳漢予以口頭警告而已。

江山易改，本性難移。因此，儘管吳漢在仕途上芝麻開花節節高，放縱部眾劫掠這個惡習卻一直沒有改過。光武帝建武二年（西元 26 年）八月，吳漢率大軍攻克了南陽諸縣後，依然讓將士們大肆劫掠。

鄧奉的家鄉也沒能躲過這場風暴。部將們肆意搶劫一番後，整座村莊自然是一窮二白三蕭條了。

鄧奉一怒之下，大手一揮，率領自己的部隊去找吳漢討說法。按理

說吳漢是給鄧奉幾分薄面的，然而，鄧奉的激進舉動卻激怒了吳漢。評理還要帶這麼多人來嗎？他一怒之下，自然也沒能給鄧奉好臉色看。鄧奉不是吃素的，既然談不攏，那就手下見真章吧。於是，兩人當場就打了起來。

鄧奉帶的人馬畢竟有限，自然不是吳漢的對手，落荒而逃。他越想越氣，越氣越恨，恨到心裡癢癢的時候，便找到了自己的好友──宛城守將董欣。聽說朋友有難，董欣馬上來了個兩肋插刀。而南陽的父老鄉親聽說鄧奉的義舉後，也紛紛打著保衛家園的旗幟支持鄧奉。

有了董欣的支持，有了鄉親的支持，鄧奉信心大增，掉轉馬頭，又來挑戰吳漢。這一回輪到吳漢捱打了。

吳漢敗了，他馬上向劉秀彙報，四個字：鄧奉謀反。

劉秀一聽，氣得直唏噓、直捶背，他怎麼也想不到在自己眼裡至忠至誠、在別人眼裡至仁至義的鄧奉居然會在關鍵時刻胳膊往外拐。為此，他調令南陽的守將萬修和堅鐔去征伐鄧奉。結果萬修出師未捷身先死，還在行軍途中便病死了。

不過，堅鐔沒有退縮，他以大無畏的精神直接面對彪悍的強敵，先是出其不意拿下了宛城。然後，堅鐔便後悔了，他被鄧奉和董欣困在城中圍著打。好在堅鐔是個有能力、有勇氣、有骨氣、有士氣、有韌勁的人，雖然孤軍防守，雖然缺衣少糧，但他憑著堅忍不拔和不懈打拚的精神，與士兵們同甘共苦，帶領手下士兵們展開了頑強的反擊，就連自己身受重創也不後退半步，成功堅守了月餘。這為劉秀調兵遣將來支援贏得了寶貴的時間。

面對堅鐔告急的文書，劉秀心急如焚。他馬上派出了一位重量級人物──岑彭去平叛。結果在和岑彭帶領的「特種部隊」交戰中，鄧奉再次展示了自己的力量，取得了完勝，還生擒了建威大將軍朱祐，擊傷了

執金吾賈復。

這下沒轍了，為了拿下這個叛軍，劉秀選擇了御駕親征。

光武帝建武三年（西元 27 年）三月，劉秀做出如下軍事部署。一是令大司徒伏湛留守京師洛陽，主持朝中內務。二是命鄧禹為「禁軍總司令」兼「後勤部部長」，負責徵調兵馬、供應糧草等工作。

解決了後顧之憂，很快，劉秀的大軍直抵河南葉縣。在這裡，劉秀大軍遇到了反將曹欣的當頭一棒。曹欣仗著地理優勢，又是設伏又是打游擊，讓劉秀的大軍根本無法前進。對此，劉秀不慌不忙地對岑彭說了這樣一句話：「今將軍之任也。」

岑彭立即率軍採用「迂迴」戰術，對董欣展開了突襲，結果大獲全勝。董欣的後防支援中心鄧奉眼看情況不妙，選擇了三十六計，走為上計。鄧奉走了，董欣慌了，眼看漢軍強大，慌不擇路之下選擇了「畏威而降」。

四月，劉秀手下的大將岑彭、耿弇、臧宮、傅俊等人合力把鄧奉逼到了無處可逃。

無路可退，無軍可援，鄧奉終於明白了「無法無天」的後果。眼看失敗已是必然，鄧奉無奈之下只好選擇了投降。投降的時候，他選擇了左手衣服，右手人質。左手拿著衣服，那是為了配合當時最流行的方式 —— 脫掉衣服「肉袒」以表誠意。

鄧奉的這種方式打動了劉秀，再加上當年鄧奉跟隨劉秀闖天下時立下的赫赫戰功，劉秀對他大手一揮，便要做出「無罪釋放」的寬大處理。

就在這個節骨眼上，岑彭、耿弇等將領不願接受，他們聯手出擊，把鄧奉推向萬劫不復的深淵：「一個犯了這樣滔天大罪的罪犯如果被無罪釋放了，那就沒有什麼法律的約束了。開了這個前例，以後如何懲惡，如何服眾？長此以往，葬送的是陛下您的大好江山啊！」

劉秀內心是愛惜鄧奉才華的，是不想斬鄧奉的，此時他卻難違眾議。最後，劉秀只能含著淚、忍著痛下令處斬鄧奉。

3. 政治底牌：法不容情的桓譚

光武帝劉秀一統天下後，一方面把有功之臣「冷藏」起來，另一方面積極推行人才策略，大力選賢任能。他經常召集官員到御前談話，了解基層吏治的得失，了解老百姓的疾苦。對新提拔的地方官員，他都要親自考察，重用了一大批好官。

下面，來看一個讓劉秀傷腦筋的牛人 —— 桓譚。

桓譚，字君山，沛國相（今安徽省淮北市相山區）人。他是有名的才子，主要表現在四個方面。

一是桓譚精通音律。這個一半是天生的（桓譚的父親是漢成帝時的太樂令，桓譚出身文藝世家），一半是後天的（桓譚是個積極向上的人，凡事勤學苦練，喜愛鑽研），因此，在音律方面有自己獨到的見解，造詣很深，尤其是擅長鼓琴，可以說是達到了爐火純青之境。

二是桓譚才識淵博。桓譚從小習讀「五經」，並且有自己獨特的方式。他學習「五經」並不尋章摘句，他喜歡深思其中的含義，因此，可以說做到了舉一反三，融會貫通。

三是桓譚口才極佳。他不但滿腹經綸，文章寫得一流，而且還善於表達，善於辯答，曾經多次和劉歆、揚雄這樣的高手辯論，往往能夠一針見血地直擊問題的最深處，令人無懈可擊。

四是桓譚個性飛揚。桓譚為人不拘小節，他平時不修邊幅，又喜歡吃喝玩樂，一副放蕩不羈的形象，尤其喜歡嘲笑那些對大道至理一知半解的俗儒。

結果就是桓譚的這種任性傷了很多人，弄得自己經常遭人排擠，在

仕途這條路上遇到了挫折和打擊。在漢哀帝、漢平帝年間，桓譚一直是候補官員，從未正式任職。

儘管遭遇到了無情的打壓，但桓譚還是沒有被埋沒，很快便露出頭角來。漢哀帝劉欣寵愛帥哥董賢，董賢的妹妹是昭儀，僅次於皇后。傅皇后既沒有性也沒有愛，非常鬱悶，幾欲自殺。

傅皇后的父親孔鄉侯傅晏憂心忡忡。他請教了桓譚。桓譚說：「昔武帝欲立衛子夫，陰求陳皇后之過，而陳后終廢，子夫竟立。今董賢至愛而女弟尤幸，殆將有子夫之變，可不憂哉！」

在西漢的正式檔案中，一直聲稱陳皇后陳阿嬌是由於擄媚術、做巫蠱被廢。為了維護這個謊言，西漢政府下了很大力氣，與漢武帝「胸懷大志」不符合的記載一律刪除，有勇於對此事發表言論的一律殺掉，卻擋不住桓譚這樣的高手，他一針見血地指出陳皇后之所以被廢，就是因為漢武帝陰損，他「陰求陳皇后之過」。

孔鄉侯傅晏此時是西漢高官，他並沒有和桓譚這個「大謠」爭論，趕快問桓譚怎麼辦。桓譚說：「刑罰不能加無罪，邪枉不能勝正人。夫士以才智要君，女以媚道求主。皇后年少，希更艱難，或驅使醫巫，外求方技，此不可不備。又君侯以后父尊重而多通賓客，必藉以重執，貽致譏議。不如謝遣門徒，務執謙愨，此修己正家避禍之道也。」

說實在話，桓譚的計策之所以成功是有一定運氣的。傅皇后嫁給漢哀帝，這是傅太后一手促成的，連漢哀帝當皇帝也是傅太后運作的，漢哀帝不管有多大的膽子，只要傅太后健在，就不可能廢掉她的姪孫女傅皇后。後來，傅太后過世了，漢哀帝直接掌握了權力，果然抓捕了傅皇后的弟弟傅喜。傅喜早有戒備，絕不屈打成招，正趕上漢哀帝過世，這事也就不了了之了。

漢哀帝的寵臣董賢當時官拜大司馬，相當於漢軍「總參謀長」。他知

道桓譚有水準，也想套套交情。結果任性的桓譚根本就不吃他一套，馬上給他寫了一封信，奉勸他做事不要太過分，否則性命難保。接到恐嚇信，董賢知道桓譚和自己不是一路人，只能各行其道了。

後來王莽掌權，為了能夠當皇帝，他做了很多拉攏人心的事，收買迷惑了一批人，連漢室宗親劉歆都成了王莽的「宣傳員」。桓譚對王莽看得很清楚，他獨守自身，「默然無言」。王莽對桓譚這樣一位大儒還是很想拉攏的，他提拔桓譚為掌樂大夫。

王莽失敗後，桓譚在更始政權中官拜太中大夫。劉秀即位後，桓譚被徵召，但沒給什麼職位。對此，桓譚沒有自暴自棄，自怨自艾，而是選擇了自強不息、自力更生。就在這段有官無職一身輕的時期，桓譚完成了他人生的蛻變，他完成了自己的大作，也是流傳後世的名著《新論》。據說《新論》原書是二十九篇，早已亡佚，經後人輯錄，僅得十六篇。儘管已經不是原本，但我們仍然可以看出桓譚的一些思想。後世對桓譚評價很高，認為他是一位唯物主義哲學家。

當然，如果我們仔細分析，就能得出這樣的結論：桓譚寫作《新論》的目的和司馬光編《資治通鑑》的目的一樣，就是輔助政治。

桓譚在《新論‧本造》（相當於序言）中明確宣布：「譚見劉向《新序》、陸賈《新語》，乃為《新論》。」劉向的《新序》是把歷史數據編輯起來用於諷諫政治。陸賈的《新語》是對秦朝滅亡教訓的總結，也是文景之治的治國綱領。桓譚的《新論》主要是從王莽敗亡的過程中吸取教訓，就事論事，顯然是這種思想的延續。

然而，儘管桓譚一直在努力，想透過立論古今來達到吸引劉秀注意力的目的，結果卻令他大失所望。劉秀對他的鴻篇鉅制根本不感興趣，都默然視之。

對此，桓譚充分發揮不灰心、不氣餒的作風，隨後多次上書劉秀，

想透過這種「真情告白」的方式來博取劉秀的青睞。結果還是成效甚微，劉秀依然對他默然視之。

看樣子憑桓譚個人能力是沒辦法讓劉秀發現自己了。好在這時，他人生中的伯樂出現了——大司空宋弘。宋弘發現桓譚是位不可多得的超級人才，馬上向劉秀推薦了他。宋弘是劉秀頗為器重的人，他的推薦引起了劉秀的注意，於是給了桓譚一個議郎給事中的官職。

議郎成了桓譚的平臺，也成了他的舞臺，他有了向劉秀一展自己才華的機會。原本就喜好音樂的劉秀，平常聽的都是正經八百的官曲，突然聽到桓譚來自民間、來自大自然的天籟之音，很快就痴迷了。桓譚的音樂高山流水、怒海波濤盡在其中，普通樂師根本比不了，劉秀越聽越好聽，到後來便經常讓桓譚為他鼓琴彈奏。

玩物喪志，大司空宋弘看不過去了，他告誡桓譚：「吾所以薦子者，欲令輔國家以道德也，而今數進鄭聲以亂〈雅〉、〈頌〉，非忠正者也。能自改邪？將令相舉以法乎？」桓譚也是有大是大非觀念的人，他趕快改過自新。

後來，桓譚以各種理由拒絕為劉秀彈琴，而是改為上書，說的多是平常之事，談的多是興國之聲。他向劉秀呈上〈陳時政疏〉，提出了四大興國建議。

一是任用賢人。他指出：「國之廢興，在於政事；政事得失，由於輔佐。」所以要任用賢能，爭取「政調於時」。

二是設法禁奸。他建議，申明法令，懲辦行凶違法者，包括知法犯法者，爭取社會安寧。

三是重農抑商。他建議打擊兼併之徒和高利貸者，不讓商人入仕做官，讓諸商賈互相揭發奸利之事，除了勞動所得之外，把一切非法所得都賞給告發者。這樣，就可以抑制富商大賈盤剝百姓，而勸導百姓務

農，多生產糧食而盡地力。

四是統一法度。他強調「法令決事，輕重不齊，或一事殊法，同罪異論」。這就容易被奸吏鑽漏洞而「因緣為市，所欲活則出生議，所欲陷則與死比」，這樣上下其手，必然使奸猾逍遙法外，而使無辜者受害。現在應令通義理、明法律的人，「校定科比，一其法度」，通令頒布，使天下人遵守。這才可使吏民有法可依，而難以胡作非為。

桓譚的上書歸納起來為十六個字：關注民生、任人唯賢，改革創新、反腐倡廉。字字真情流露，句句真惰實意，他的愛國之心可見一斑。

實際上，光武帝劉秀發愁的正是這件事，劉秀是個打假求真的皇帝。他看透了王莽的欺詐，也看透了西漢的做作，但是他沒有看透某些思想的虛偽。劉秀是個做事的人，不是一個理論型人，他始終沒有提出一種新的治國理論，無奈之下採用了讖緯學說，這成為東漢二百年統治的核心弱點。

劉秀開創的東漢王朝相當真實，他所崇尚的儒家思想卻非常虛偽，這個內在矛盾始終沒有解決。東漢一朝，不管是皇帝，還是太后，還是權臣，大都比較敬業，不乏積勞成疾的案例。但是，東漢和西漢一樣，也只是存在了二百年，後來的黨錮之禍、黃巾起義多少都和統治理念不清晰有關係。

桓譚就是上天賜給光武帝的機會。那年，朝廷上討論把靈臺建在何處，劉秀對桓譚說：「吾欲以讖決之，何如？」

桓譚沉默良久，冥思苦想了半天，說：「臣不讀讖。」劉秀問其中緣故，桓譚引經摘句予以闡述，歸納起來為三個方面。

一是讖記緯書是邪門歪道，並非仁義正道。

二是唯一有益於政道者，是合人心而得事理。

三是萬物相生相剋，生生不息，生老病死，皆是自然現象。總而言之，桓譚認為讖緯純屬旁門左道，和儒家經典無關，和治國之術無關，

和民生百姓無關。

劉秀聞言，怒不可遏，最後來了個怒吼：「桓譚非聖無法，將下斬之！」

桓譚顯然還沒有達到為論而死的境界，也沒有捨生取義的崇高，在生死一線間，他反應迅速，立刻把頭使勁地往地上叩，真叩得頭破血流，血肉糊塗……眼看再鬧下去，便要鬧出人命來了，良心發現的劉秀憐憫之下，赦免了桓譚的死罪。

死罪可免，活罪難逃。桓譚的人頭是保住了，頭上的烏紗帽卻丟了。本著眼不見心不煩的原則，劉秀將桓譚貶為六安郡丞（相當於郡守的副手）。

辛辛苦苦一輩子，一夜回到從前。對於桓譚來說，他努力了這麼多年，奮鬥了這麼多年，從大的意義上來說，是為國為民，興國安邦；從小的層面來說，就是為了人生夢想、個人抱負。劉秀貶他去基層為官，這顯然是一個極為危險的訊號 —— 失去了寵信，仕途已經被毀了；這顯然是一個難以忍受的事實 —— 出宮容易進宮難，這從中央下調到地方去了，想要再回中央，簡直是難於上青天。

劉秀無情、絕情，桓譚悲情、傷情，心高的他哪能經得起這樣殘酷的折騰，氣傲的他哪能經得起這樣無情的打擊？上任的路成了桓譚的黃泉路。他悶悶不樂，鬱鬱寡歡，古稀之年的他最後兩眼一閉，一輩子就這樣過去了。

值得一提的是，桓譚去世時，他的絕世大作《琴道》還有一篇沒有完成，劉秀的後來人肅宗令班固繼續完成。元和年間，肅宗到東邊巡狩，特派使者祭祀桓譚墓塚。這成了桓譚家鄉人引以為榮的大喜事。

（二）和邊疆有約定 ———————————

1. 馬援：我死不瞑目

　　馬援是東漢初年著名軍事家，為劉秀統一天下立下了赫赫戰功。天下統一之後，馬援雖已年邁，但仍請纓東征西討，西破羌人，南征交趾，官至伏波將軍，因功封新息侯，被人尊稱為「馬伏波」。

　　下面我們就來看其老當益壯、馬革裹屍的故事。

　　話說劉秀平定天下後，好不容易搞定了北方的匈奴，還來不及緩一口氣，南方武陵五溪（今湖南省懷化地區）地方的少數民族又發生叛亂，並且很快攻克了武陵郡官府所在地臨沅（今湖南省常德地區）。

　　叛亂無小事，劉秀自然高度重視，他急派武威將軍劉尚前去征剿，但結果是孤軍深入，全軍覆沒。這讓劉秀很震驚，就在劉秀一籌莫展時，朝中閃出一將，大叫道：「臣願帶兵出征。」

　　這個毛遂自薦、請求出征的人便是伏波將軍馬援。

　　光武帝建武十一年（西元 35 年）夏，劉秀任命馬援為隴西郡郡守。馬援一上任，便整頓兵馬，派步騎三千人出征。先在臨洮（今甘肅省中部地區）擊敗先零羌，斬首數百人，獲馬牛羊一萬多頭。守塞八千多羌人望風歸降。

　　光武帝建武十三年（西元 37 年），武都參狼羌（羌族的一個分支）與塞外各部聯合，殺死官吏，發動叛亂。馬援率四千人前去征剿。部隊行至氐道縣境，發現羌人占據了山頭。馬援命令部隊選擇適宜地方駐紮，斷絕了羌人的水源，控制了草地，以逸待勞，不許出戰。

　　羌人水草乏絕，陷入困境，首領們帶領幾十萬戶逃往塞外，剩下的一萬多人也全部投降。從此，隴右清靜安寧。馬援在隴西太守任上一共六年。由於他恩威並施，使得隴西兵戈漸稀，人們也逐漸過上了和平安

定的生活。

光武帝建武十八年（西元 42 年）春，麓泠縣（今屬越南河內市）發生叛亂，徵側自立為王，公開與東漢朝廷決裂。劉秀任命馬援為伏波將軍前去平亂。馬援在浪泊（今越南河內市）與叛軍大戰三百個回合，大破敵軍，斬敵首數千級，降者萬餘人。第二年正月，平息了叛亂的馬援被封為新息侯，食邑三千戶。

後來，北匈奴對漢朝不安分時，馬援也多次出兵捍衛了漢朝的榮譽。

當時五溪地方的叛亂，武威將軍劉尚全軍覆沒，危急關頭，馬援主動請求出擊，再度顯示了「關山度若飛」的英雄氣概。

漢軍南下攻擊武陵郡境內的五溪叛軍，在取得全面對抗勝利後，在追擊叛軍時，馬援和副帥耿舒在行軍路線上產生了嚴重分岐，結果兩人互不相讓，不得已，馬援只好寫了個報告給劉秀。劉秀看了書信後，批了這樣一句話：將在外，君命有所不受。你是主帥，你看著辦吧。意思很明顯，就是委婉地同意了馬援的策略。

劉秀雖然批得委婉，耿舒卻感到委屈。不滿歸不滿，耿舒還是尊重了上級的指示，於是，大軍開始走「獨木橋」。

接下來的過程正如耿舒所說的那樣，漢軍剛過壺頭山，很快就陷入了五溪叛軍布下的天羅地網之中。

進退無路，漢軍陷入了絕境。屋漏偏逢連夜雨，當時正值炎熱酷暑，不久，漢軍中發生了瘟疫，很快在軍中蔓延開來，病死的將士數不勝數。

對此，馬援採取的措施是，一邊派兵固守營寨，抵禦叛軍的進攻；一邊在溪岸山壁上鑿出一個個小洞來。士兵躲在洞裡面，一來可以休養，二來可以隔離病人。

五溪叛軍困住漢軍後，漸漸加強了攻勢。馬援見形勢十分危急，以

身作則,帶領士兵展開了艱苦的反擊。

眾將士拚死拚活時,副將中郎將耿舒卻在做著另一項「技術工作」──抱怨:是啊,我主張走「陽關道」,你卻偏要上「獨木橋」,現在知道「獨木橋」的滋味了吧。抱怨之後,他開始訴苦。他馬上寫了一封信給自己的兄長好時侯耿弇。信中分兩層意思:一是述說了漢軍現在的艱難處境,請求增兵;二是痛訴馬援的一意孤行,請求調查。

耿舒的意思很明顯,把「兵困」的責任全推到了馬援的身上。

耿弇接到書信後,不敢怠慢,立即把情況向劉秀彙報。

聽說南征大軍陷入了進退維谷之境,劉秀自然很失望。而此時劉秀的女婿梁松等人又落井下石。劉秀一怒之下,馬上來了個雙管齊下,一方面怒罵馬援,另一方面撤銷了馬援的軍事指揮權。劉秀馬上派遣梁松為虎賁中郎將,充任監軍官,去追查馬援的責任,接收馬援的軍隊。

馬援很想勝利,也需要勝利,他很想憑藉自己的力量挽狂瀾於既倒。然而,接到劉秀的譴責和追查的聖旨,馬援悲憤交加,當場吐血暈厥過去了。

馬援年老體弱,加上連日征戰,本來體力和精力就到了極限,此時怒火攻心,一倒下去就再也沒有站起來。馬援以這種悲情的方式結束了自己輝煌而又淒涼的一生。

梁松到時,馬援已死。梁松舊恨難消,趁機誣陷馬援。

接下來的事很簡單了,在梁松的策應下,一些早就看不慣馬援的人開始活動了。是啊,馬援活著的時候太風光了,總是在劉秀面前搶風頭,弄得一些自認為是天才的人都變成了庸才。馬援活著的時候,他們不敢找馬援算帳,死了這筆帳也該有個了結了。

這些視馬援為眼中釘的人趁機誣陷他。馬援以前在南方打仗時,聽說有一種叫薏苡的藥,可以防止中瘴氣,據說具有百毒不侵的功效。馬

援打了勝仗凱旋時，就順便帶了一車薏薏回來。

薏薏一顆一顆的，晶瑩剔透，形狀跟珍珠一模一樣。於是，這些人就給劉秀打小報告說：「馬援貪汙受賄，曾從南方弄來了一車珍珠。」

劉秀看到這個小報告後，顯然是急火攻心了，下詔撤掉了馬援的侯位。

馬援的家人見狀，只好偷偷地埋葬了馬援。據說是用馬革裹著他的屍體，當真了卻了他「馬革裹屍」的願望，一代名將就此長眠於地下。

當然，也有人為馬援鳴冤的，朱勃便是其中一個。

朱勃是扶風人，曾任雲陽（今陝西省淳化縣）縣令，十二歲就能夠流利地背誦《詩經》、《書經》，被人稱為神童。他常常去拜訪馬援的哥哥馬況。見面時，朱勃態度沉靜，言談流暢，談笑自如。

馬援其時才開始接觸書籍，面對朱勃，不由得自慚形穢，自愧不如，悵然若失。

哥哥馬況看出了弟弟的自卑反應。於是，馬況親自為弟弟講授知識，勉勵弟弟。朱勃不到二十歲，右扶風郡就試用他代理渭城縣（今陝西省咸陽市）縣令。可是當馬援晉封侯爵高位時，朱勃卻依然在原地踏步，仍然是一個縣令，一直沒有升遷。馬援發達以後，常常仗著馬家對朱勃舊日的恩情，很瞧不起朱勃，甚至有時還欺侮他。可是，朱勃越發謙恭，依然與馬家保持親近。

等到馬援受到誣陷和迫害時，世態炎涼，親友賓朋一個個都避之唯恐不及。他們對馬家通通敬而遠之，紛紛溜之大吉。此時，朱勃挺身而出，長跪於宮門，上書為馬援申冤，說馬援「以死勤事」，應當得到公平的待遇，詞語懇切，令人垂淚。

此時，馬援的姪兒馬嚴和馬援的夫人也先後六次向皇帝上書，申訴冤情，言辭悽切。最終，劉秀像是被突然點化了一樣，最終命令厚葬馬援。

2. 班超：我棄筆從戎

經過多年摸索，漢明帝劉莊大力推行一個外交政策：聯合西域，共同對付匈奴。隨著這個外交政策的發表，歷史上大名鼎鼎的大人物班超由此登上了歷史舞臺，演繹出一曲可歌可泣的英雄讚歌。

漢明帝在營中千挑萬選，終於確定了出使西域的使者，他就是軍中代理司馬班超。

班超，字仲生，扶風郡平陵（今陝西省咸陽縣西北）人，是著名史學家班彪的小兒子，著名史學家班固的弟弟。

班家都喜歡讀史，當然，與父親班彪和哥哥班固讀史是志在做學問不同，班超讀史是為了圓理想，他想在改變歷史方面做出一番貢獻。

然而，正當班超為了自己理想而讀書的時候，父親班彪去世了，家中的棟梁倒了，家境頓時陷入困境。生活很容易解釋，一個是為了生，一個是為了活。於是，班超跟隨母親來到洛陽，投奔時任校書郎的哥哥班固。

為了生計，班超只能工作 —— 幫人抄書。長此以往，班超還是忍不住滿腹牢騷，一天，擲筆感嘆道：「大丈夫即使沒有遠大的志向，也應該像傅介子、張騫一樣立功於異域，靠業績來取得侯爵之位，我怎麼能一直從事這些侍奉筆硯的事呢？」

樂躬耕於隴畝兮，以待天時。班超的「天時」很快就來臨了。

不久，因為哥哥的緣故，班超被漢明帝任命為蘭臺令史。蘭臺是漢朝收藏圖書的地方，蘭臺令史的職責就是典校圖籍，治理文書，在皇帝和群臣之間行使「監察」和「上傳」的職能，可以說是位卑而職重。當然，這與班超的理想還是相差十萬八千里的。

直到後來，漢明帝劉莊四路出擊北匈奴，車騎都尉竇固奉命出兵。班固與竇固的私交不錯，他向竇固推薦了自己的弟弟班超。竇固便起用

班超做假司馬，讓他率領一支軍隊攻擊伊吾。結果，班超在經過蒲類海（今新疆維吾爾自治區巴里坤湖）時，率軍成功斬了數百敵人而回，一時間名聲大震。

因此，班超得到了竇固的賞識。

漢明帝永平十六年（西元 73 年）夏，上天突然降大任於班超，在打通西域的外交政策上，班超理所當然地成為竇固青睞和寄予厚望的第一人選。他和從事郭恂率領三十六名勇士出使西域，開始了一場驚心動魄、感人至深的「西遊記」。

西域原有三十六國，漢哀帝、漢平帝年間，因為內亂分裂為五十五國，王莽貶王為侯，由是西域怨叛，與中原王朝絕，復役屬匈奴。匈奴斂稅重課，諸國不堪命，建武年間，諸國紛紛遣使求內屬、請都護。光武帝劉秀以天下初定，未遑外事，不許，諸國遂亂，莎車王賢侵凌諸國，諸國更相攻伐。

後來的情況是：鄯善滅小宛、精絕、且末；于闐敗莎車，滅渠勒、皮山。當時南道上鄯善、于闐兩國最強。北匈奴聞于闐敗莎車，遣五將發焉耆、龜茲十五國兵三萬餘人圍攻于闐，于闐王廣德降，以太子為質，歲給貢賦，北匈奴派使者監督于闐國政，于闐暫降於北匈奴。形勢之嚴峻可想而知。

班超所帶的「西遊團」，出使的第一站是鄯善。鄯善國即古時的樓蘭，西域三十六國之一，西漢時改名鄯善，在今新疆維吾爾自治區羅布泊西南。之前，鄯善王安曾上書要求歸附東漢，並且請求漢朝派兵「保護」，然而，當時的光武帝劉秀正致力於國家的經濟建設，再加施行「和平共處」的外交政策，無暇東顧，婉言拒絕了鄯善王安的美意。當時西域的形勢很微妙，西域各國各懷鬼胎，相互吞併。而匈奴為了迫使西域各國臣服於他們，使出的手段是：武力加外交，一邊用強大的武力震懾，

一邊用輿論予以威逼。正是迫於這種壓力，鄯善王安無奈投靠了匈奴。

因此，班超出發前，就感到了肩上沉甸甸的重擔，他知道，西域各國現在可都是匈奴的屬國，此去肯定是像在驚濤駭浪中航行一樣，必定波濤四伏，必定凶險萬分。是挑戰，也是機遇，班超知道風險，但也是揚名立萬的大好時機。

班超一行風塵僕僕地到達鄯善時，鄯善王廣對他們的到來非常高興和熱情，接連三天，大擺宴席，好酒好菜好肉應有盡有。

然而，三天後，飯菜全變成了鹹淡不一的素食。班超馬上意識到肯定是匈奴使者到來的緣故，於是立即把三十六個部下召集到一起：「我們同在絕遠荒域，如今北匈奴使者才來幾天，鄯善王廣已不講禮數了，若是匈奴使者命令他把我們抓起來送給匈奴，到那時，我們的骨頭就只有餵豺狼的份了。現在是我們生死存亡的危急時刻，大家說怎麼辦？」

部下們齊聲道：「如今身處這種危亡之地，要死要活，現在全憑司馬的一句話，你說怎麼辦就怎麼辦。」

「不入虎穴，焉得虎子！」有了部下的支持，班超底氣大增，豪氣十足道地，「為今之計，只有利用夜晚大做文章，採取火攻的辦法進攻匈奴使者。深更半夜，他們不知道我們的虛實，火光一起，定會感到害怕，慌張中便會亂了陣腳。我們趁機便可以把他們一網打盡。消滅了匈奴使者，鄯善王廣自然會害怕，肯定會回心轉意，如此，我們就大功告成了。功成名就在此一舉，關鍵看大家能否齊心協力了。」

班超聲色俱厲，眾人便無異議，都說跟著他做就是。

是夜，他們對匈奴使者駐地發起進攻。雖然他們只有三十多個人，但因為出其不意，殺了數百人的匈奴團。

第二天一大早，班超給鄯善王廣請安，並且送上了北匈奴使者的頭顱。鄯善王廣一看，大驚失色，半晌沒有說出一句話來。北匈奴使者全

部死亡，消息傳開，鄯善國上下震恐。

鄯善王廣眼看別無選擇，只得表示願意歸附漢朝，並主動提出把王子送到漢朝作為質子。

班超一把火重新點燃了西域，漢明帝劉莊很欣賞班超的勇敢和韜略，馬上任命他為軍司馬，再度出使西域。

於是，班超領著他的原班人馬三十六人，再次踏上征途。

班超上次拔掉了鄯善這個「難剃頭」後，第二刀決定從於闐動手，搞定現在西域實力最大的于闐，對穩定整個西域的作用是不言而喻的。

然而，班超一行到達于闐時，情況比第一次還要糟糕，于闐王廣德因為新破莎車，又有匈奴遣使監護其國，雙管齊下，自然是不可一世。面對班超的到來，根本就沒把班超使者團當「官員」看。

如果僅僅是受個冷遇那倒也罷，關鍵是匈奴使者與于闐巫師相勾結，令巫師向于闐王廣德要駒馬。巫師當時是這樣恐嚇廣德的：「神已發怒，問我們為何要傾向漢朝？漢朝的使者有一匹神馬，快去找來給我做祭品！」神有要求，于闐王廣德不敢怠慢，即刻派宰相私來比向班超索求駒馬。

面對巫師的無禮要求，班超倒顯得很自然，他哈哈一笑，說：「一匹馬算什麼，我給了就是了！只是我不知道哪匹才是天神所求之駒馬，還得請巫師親自來挑選才對啊！」

巫師聽說很是高興，心想，漢朝這些使者倒是蠻識時務的嘛。於是，很快就大模大樣地來選馬了。巫師是相馬之意不在馬，而班超也是送馬之意不在馬，就在巫師在寶馬之間流連忘返時，班超開始行動了，他蘊意已久的劍以迅雷不及掩耳之勢出鞘，開始「亮劍」了。

手起，刀落，頭飛。然後，收刀，提頭，班超來到于闐王廣德處，義正詞嚴地說：「我已審明，巫師與匈奴使者串通，裝神弄鬼來離間我

們，欲使漢與于闐交惡而匈奴從中漁利，今日我且面對問你一言，你究竟是親漢還是親匈？」

于闐王廣德早已聽說班超誅滅匈奴使者、威逼鄯善的事，於是決定殺匈奴使者而降班超。

就這樣，班超先打後收，成功地搞定了于闐國。

隨後，班超上表，不但分析了西域各國的局勢和自己的情況，而且全面地平定了西域各國的主張，提出了「以夷制夷」的策略。漢明帝劉莊很高興，又給班超增加了人手。班超得到朝廷的支持，收復了龜茲、姑墨、溫宿等國，整個西域都臣服於漢朝。為表彰班超的功績，朝廷封他為定遠侯，後人將其稱為「萬里封侯」。

班超在西域前後長達三十一年，收服了西域五十多個國家，打通了「絲綢之路」，為西域重新回歸漢朝做出了重大貢獻。漢和帝永元十四年（西元 102 年）八月，七十一歲的班超獲准回國，九月病死，結束了光輝的傳奇人生。

3. 耿恭：我有孤高節

本著「雙管齊下」的原則，漢明帝劉莊派班超在西域大顯神威的同時，也沒有放棄武力征服北匈奴，畢竟智取能一能二能三，但不能總是長久下去。

漢明帝永平十七年（西元 74 年）十一月，劉莊展開了對北匈奴的第二次軍事行動。這一次軍事行動的主帥是奉車都尉竇固，兩員副帥是駙馬都尉耿秉和騎都尉劉張。出發地：敦煌郡的崑崙要塞。兵力：一萬四千名騎兵。作戰任務就是掃除北匈奴在西域的殘餘勢力。

耿秉出生於將門世家，祖父是開國功臣耿況（原上谷太守）。耿況有六個兒子：耿弇、耿舒、耿國、耿廣、耿舉、耿霸，其中耿弇在雲臺

二十八將中高居第四。耿秉是耿國（耿況第三子）之子，此前多次上書請求攻打匈奴。

在前一年的西域會戰中，竇固軍團擊潰匈奴南呼衍王的軍隊，占領了伊吾盧城，匈奴的殘軍撤退到天山。這次的遠征軍進軍到天山腳下便與北匈奴人再續「前緣」，兩軍交戰勇者勝，結果經過一年磨刀霍霍的漢軍再次展現了神奇的力量，打得北匈奴潰不成軍。接下來便向西域前進，之後進攻車師國。

西漢時代，鄭吉擊車師，車師國一分為二，分別為車師前國與車師後國。東漢建國後，由於光武帝劉秀對經營西域持消極態度，車師國重新投靠匈奴人。劉莊對匈奴實行武力攻略後，班超在西域風生水起，西域各國紛紛吃「回頭草」時，車師國並沒有跟著西域別的國家歸順漢朝，仍然對北匈奴情有獨鍾。可以說要想重新經營西域，必先奪車師。然而，在具體的進軍策略上，主帥竇固與副將耿恭產生了不同意見。

竇固認為，應該先打車師前國。耿恭認為，應該先打車師後國。

結果年輕氣盛的耿恭率領所屬部隊向北進軍了。竇固又氣又無奈，只得帶領大軍來了個緊隨其後。然而，事實證明，耿恭「一意孤行」並不是盲人摸象般沒有一點把握，他的部隊造成了出奇制勝的作用。車師後國國王安得按常理推斷，認為漢朝必然會先進攻車師前國，疏於防範，結果被跋山涉水不畏艱險的耿秉來了個一網打盡，斬殺數千敵人，繳獲馬、牛等牲畜十餘萬頭。

車師後國國王安得眼看再堅持下去，只能落得個「城破人亡」的地步，為了保住上老下小，他趕快在城頭豎起了白旗，然後開啟城門，摘去王冠，跪著相迎耿恭的到來。

就這樣，車師後國搞定後，造成的作用是顯而易見的，車師前國國王見孤掌難鳴，趕快學車師後國，也來了個舉手投降。

可以說，在耿恭的帶領下，漢軍兵不血刃地平定了整個車師。竇固上書建議重新設定西域都護及戊、己校尉。漢明帝劉莊將陳睦任命為西域都護，將司馬耿恭任命為戊校尉，屯駐後車師金蒲城（今新疆維吾爾自治區奇臺縣）；將謁者關寵任命為己校尉，屯駐前車師柳中城（今新疆維吾爾自治區吐魯番地區鄯善縣魯克沁鎮），各設定駐軍數百人。

一切都歸於平靜後，漢明帝劉莊下詔，命令竇固班師回京。西域都護陳睦、戊校尉耿恭、己校尉關寵三個百人軍團成了西域的留守。

然而，漢明帝劉莊太小看匈奴了。他原本以為這樣搞定車師就萬事大吉，才下了班師令。但是，他卻忽略了匈奴人的反擊能力，很快匈奴人以牙還牙，同樣派出了兩萬名精銳的匈奴鐵騎，他們在左鹿蠡王的率領下，雄糾糾氣昂昂，跨過西域邊境線，目標直指車師後國。

面對匈奴的大兵壓境，車師後國國王安得並沒有馬上抵抗，而是一邊緊閉城門，一邊派出使者，連夜向屯墾兵團在金蒲城的耿恭緊急求救。

陳睦、耿恭和關寵都是百人軍團。何謂百人軍團，顧名思義，就是每個兵團總兵力只有數百人，跟匈奴的兩萬騎兵相比，沒得比。耿恭決定再次來個出奇制勝，想都沒有想就派出三百人「敢死隊」前往支援車師後國。

在半途中，遇到了大批匈奴騎兵。三百人奮勇作戰，但是敵眾我寡，最終全部戰死，無一降者，無一被俘。漢軍援軍被殲滅，匈奴騎兵轉而全力進攻車師後國，大破車師的軍隊，並陣斬其王安得。隨後，匈奴鐵騎長驅直入，直奔耿恭所在的金蒲城。

北匈奴兩萬騎兵圍城，金蒲只是個百人軍團。耿恭冥思苦想許久，最終還是決定故技重演 —— 出奇制勝。他研製出了一種毒藥，雖然不致命，但比致命更要命，人只要中箭，皮膚便會發生化學反應，有一種強

烈的灼燒感，如同熊熊火焰在沸騰地燒烤，直到傷口潰爛，直到痛不欲生，直到生不如死。

他命令士兵們將這種毒藥塗抹在箭頭上，射殺了很多匈奴士兵。

左鹿蠡王見強攻受阻，趕快調整了策略部署，只圍不打，圍而不攻。耿恭當然不會坐以待斃，他一個人站在城牆上，默默地看著遠處安營紮寨、以逸待勞的匈奴軍。入夜時分，一個想法有感而出，還是重起老路——出奇制勝。

這一次，耿恭出奇制勝的具體策略是：偷襲匈奴大本營。

不到七百的兵力，去偷襲一萬多人的匈奴大本營，按常理推斷，這無疑是天方夜譚。然而，耿恭卻偏偏創造了奇蹟。

耿恭帶領數百熱血男兒手持刀劍弓弩，偷襲了猝不及防的匈奴大軍，面對似乎從天而降的漢軍，很多匈奴士兵還沒弄清楚是怎麼回事，便成了刀下之鬼。

這時，左鹿蠡王只能感嘆道：「漢軍用兵如神，神出鬼沒，吾不如也。」說罷，無力地揮揮手，垂頭喪氣地撤軍了。

然而，金蒲城沒有水源，很難長期堅守，耿恭便率軍向疏勒城（今新疆維吾爾自治區吉木薩爾縣、奇臺縣一帶）撤退，去尋找水源，展開持久戰。

耿恭到疏勒城不久，匈奴大軍再次來征討，還截斷城外水源，疏勒城面臨斷水的危險。

面對匈奴的斷水舉動，耿恭馬上採取了補救措施。他讓士兵在城內挖井，一直挖到十五丈深，終於找到了水源。漢軍便從城上將水噴灑下去，匈奴士兵看了很是無奈。

然而，面對匈奴大軍鐵桶似的圍攻，耿恭所處的環境很艱苦，他堅決不投降。

數月後，部下范羌搬來救兵，大將段彭率兩千兵馬來增援。沿途冰雪一丈多深，漢軍只好放棄輜重，輕裝前進，到疏勒城救援耿恭。到了疏勒城時，耿恭以為是匈奴來攻城，便下令準備戰鬥，後得知是范羌回來，便開城迎接。此時清點人數，城內士兵竟然只剩二十六人。

有了援軍，耿恭決定從疏勒城撤退。匈奴當然不會讓他們輕易「回歸」，於是極力攔截，漢軍且戰且退，歷經千辛萬苦才回到玉門關。耿恭這才發現，只剩下十三人，於是又有「耿恭十三勇士回玉門」的美談。

耿恭也因此被封為將軍，原本以為耿恭就此飛黃騰達盡享幸福餘生，奈何兩年後羌人擾邊，耿恭再次掛帥出征，結果他很快取得了勝利，招降數萬人。但是，耿恭跟車騎將軍馬防關係不好，後被馬防進讒言而被朝廷罷免官職，回到老家的一代名將耿恭不久便病逝。

然而，耿恭的英雄事蹟和豐功偉業，並沒有隨著他的病逝而消失。相反，這種精神凝聚成永恆，流芳百世。後有讚詩云：

落落豐標霽月懷，稜稜寒碧隔風埃。
耿恭也有孤高節，豈但蘇郎齒雪來。

九、皇位輪流坐

（一）國舅那些事

1. 該上位時就上位

漢明帝永平十八年（西元 75 年）八月初六日，漢明帝去世，年僅十九歲的太子劉炟即位，是為漢章帝。

漢章帝劉炟上任後，重用趙憙、牟融、第五倫等人，在極力打造自己的「嫡系部隊」的同時，還不忘打造「親系部隊」——重用外戚勢力。

我們都知道，自東漢開國以來，劉秀吸取了西漢滅亡的教訓，對外戚勢力特別提防。規定凡後族、宮戚，都「不得封侯與政」。禁令一下，不少外戚、后族皆知守富貴而避權勢，以免遭皇帝猜忌。劉秀即使面對最為心愛的女人陰麗華，也沒有特別地重用她的兄弟。而廢皇后郭聖通的弟弟郭況有「金窟」之稱，但那是劉秀彌補愧對郭聖通的需要，即便如此，也只是停留在獎和賞上，並沒有給郭況過多過大過強的實權。劉莊即位後，對外戚勢力更是「忌憚」三分，上臺之初封了雲臺二十八將，又增加了王常、李通、竇融、卓茂四人，但無論是在二十八人大名單，還是在三十二人大名單裡，唯獨缺了功不可沒的伏波將軍馬援和中郎將來歙。原因是來歙跟劉莊有親戚關係，而馬援則是劉莊的岳父。不列他們兩人，一是為了「避嫌」，二是再次向天下宣告，我不會重用外戚勢力。事實上，劉莊在位期間也一直堅持自己的主張不動搖，馬皇后的兄弟馬廖、馬防、馬光三人，年輕有才華，再加上強大的後臺，朝中文武百官

都認為他們「前途無量」，但馬廖最終只爬到了虎賁中郎將的位置便再無遷升了。而馬防和馬光更慘，在宮中做了好多年，居然一直只是黃門郎（給事於宮門之內的郎官）。

好在一朝天子一朝臣，漢明帝劉莊英年早逝後，劉炟繼位。與此同時，馬廖三兄弟終於苦盡甘來，迎來了人生新的轉機。

劉炟雖然不是馬皇后親生，但他自然知道他的人生之所以會有這麼大的改變，完全離不開「養母」馬皇后的養育和培育之恩，於是，繼位後，馬上把馬皇后提升為馬太后。他還覺得不足以報答馬太后對自己的恩情，於是，又將馬廖任命為衛尉，將馬防任命為中郎將，將馬光任命為越騎校尉。而朝中一些見風使舵、趨炎附勢之徒馬上視馬家為可以託付終身的「保護傘」，紛紛來投。於是，在劉炟的關照和眾大臣的擁護下，馬家外戚突如一夜春風來，千樹萬樹梨花開。

眼看朝廷有一點亂，第五倫看在眼裡急在心裡，本著「傳授幫助帶領」的原則，他馬上寫了一封書信，「點化」年輕得還有一點嫩的劉炟，希望劉炟能在重用外戚這條危險的道路上及時懸崖勒馬，回頭是岸。

第五倫是劉秀、劉莊手下的老臣了，加上劉炟，他此時已是三朝元老級人物，什麼大風浪沒見過，什麼事理不明瞭，再加上他從小飽讀經書，因此，上書寫得洋洋灑灑，不亢不卑，不驕不謅，不矜不伐，不蔓不枝，是很有文采的。

然而，第五倫料想不到，他的上書呈上去後，便如泥牛入海，杳無音信，不了了之了。他在新皇帝手下的「處女秀」就以這種方式收場，實為可惜。不回答，那是不好回答，劉炟是個很有個性的人，他還是認為這屬於自己的「感恩」之舉，絲毫沒有什麼不妥之處，於是，對第五倫的上書採取冷處理，對馬氏三兄弟依然「熱捧」，準備賜封他們爵位。

正在這時，天下發生了大規模的旱災。天災人禍，有人悲痛，有人

悲憫，有人祈禱，也有人幸災樂禍。幸災樂禍的人為了巴結劉炟，馬上上書總結天災的原因是：外戚沒有及時得到封賞的緣故。

這不正合劉炟的「意」嗎？於是，劉炟決定上順天意下順民心，馬上賜封外戚勢力。

眼看劉炟在「歧途」上有漸行漸遠之勢，在這個節骨眼上，馬太后如果還不出面那就不是馬太后了。馬太后畢竟不像第五倫那樣 —— 即使是皇帝最寵愛的大臣，但也終究只是一個臣子而已，她是太后 —— 皇帝的母親。她此時站出來，不是像第五倫他們來個弱弱地向劉炟上書，而是強悍地對劉炟來了個「下旨」。

馬太后在詔書中首先指出三點：凡是建議你封外戚的人，都是小人；凡是勸你不分封的人，都是忠臣；凡事要慎重、慎言、慎行啊。接著，馬太后舉了一個典型的反面教材：王莽篡漢。最後的結論是：你現在剛剛繼位，即使有得失，一下子也體會不到。外戚富貴過盛，很少不傾覆的。前車之鑑已是血的教訓，你此時不及時收手，到時候只怕為時已晚。

知子莫若母，馬太后知道劉炟的脾性，服軟不服硬，你硬他更硬，應該說馬太后的詔書下得還是蠻「委婉」的。然而，劉炟看到馬太后的詔書後，認為不值一哂，心裡道：「我選擇，我喜歡；我選擇，我快樂。」於是，他回了馬太后四句話：

一、自從漢高祖建漢以來，舅舅封侯，就像皇子被分封為王一樣，這是互傳不變的定式；

二、太后謙讓了，但如果到我這裡對舅舅就不分封了，那有違古訓，更是對不起恩重如山的三位舅舅；

三、三位舅舅身體欠佳，都患有大病，一旦發生什麼意外，那我就要後悔、內疚一輩子；

四、擇日不如撞日，撞日不如今日。所以，此時不分封更待何時？

見了劉炟的回信，馬太后一邊感嘆兒大不由娘這句古訓，一邊來硬的了，派人直接送了根木頭到東宮。你不是翅膀硬了，抗旨不遵嗎？那我送你一根木頭，看你敢抗木不收嗎？

看到馬太后送來的木頭，劉炟面如土色，冷汗直流。他是個聰明人，自然明白馬太后的意思。

一根木頭含有很深的寓意，表明了馬太后對此事的強硬態度。此時無聲勝有聲，凡事點到為止，如果真要再說出來，那就是撕破臉了，這樣對誰都不好。劉炟這時有賊心也沒賊膽了，於是一番無奈的感慨後，只得暫時取消了賜封舅舅的舉動。一場鬧劇也就這樣告一段落。

一根木頭成功地拉回了原本站在懸崖邊的劉炟，馬太后在感嘆這得益於對兒子的早期教育好的同時，決定將教育進行到底，讓馬氏家族的思想觀念轉變得更徹底些，在作風上更硬朗些，在姿態、心態、行為、言辭上要更低調些，總之一句話：整個馬氏外戚集團要高調做事，低調做人。不久，馬太后詔告天下：「馬氏家族及其親戚，如有因私事請託郡縣官府，干預、擾亂地方行政的，應依法上報、處置，絕不姑息養奸。」

事實證明，馬太后是這樣說的，也是這樣做的。具體表現有三。

一是拿母親說事兒。馬太后的母親和他的父親馬援一樣，早就歸西了。馬太后想拿死去的母親說事兒，這個難度挺大，除了夢裡可以偶爾述說一下，其他場合可能還不好說。但馬太后的說不僅僅停留在表面，而是「深入」到了母親的墳上說事兒。因為馬太后的關係，母親下葬後，墳堆得又氣派又高。當然，這原本是屬於個人的「私事」，不能算是個大事。但此時為了「作風建設」的需要，馬太后卻拿母親的墳開刀，她說如果墳高一尺，國高一丈那可不行，最後，她令她的哥哥衛尉馬廖等人將

母親的高墳削減成低墳。拿母親的墳說事兒，細微處見功夫，馬太后再度表明了自己的態度。據說，這件事之後，劉炟對馬太后發出這樣的感慨：「我啊，現在不光怕你，我還怕你媽。」馬太后問原因，劉炟答：「你不是說，誰要是不聽你的話，你媽和你爸就把他帶走嗎？」

二是拿家規說事兒。馬太后對馬家親屬和親戚採取三步走，凡是行為謙恭正直的，馬太后給予獎賞——賞賜財物和官位。有三個親王車馬衣服很樸素，馬太后知道後，大加讚賞，每人賜給錢五百萬。凡是犯了微小的錯誤，馬太后執行「單兵教練」——教育和譴責。凡是那些不遵章守紀、犯下大錯的家屬和親戚，馬太后就乾脆予以「除名」處理——將他們從家族名冊中取消，直接遣還回鄉，以後便是陌路人。

三是拿起居說事兒。與此同時，有空閒的時候，馬太后也沒有閒著，她在編著一本叫「顯宗起居注」的書。「起居注」說白了就是記錄皇帝言行的書，馬太后親自操刀編著，一是懷念漢明帝，二是告誡漢章帝。而在書中，馬太后經常「假私濟公」，凡是與馬家有關的人或事都盡量「淡化」，譬如說她特意刪除了自己兄長馬防在劉莊病危期間侍奉醫藥的情節。總之，她覺得這些不刪，就有點像為自己馬家立傳寫書一樣，心裡過意不去。當然，馬太后料想不到，她的「不經意」之舉，居然創下了三個第一：一是歷史上最早的專門記錄皇帝日常言行的著作；二是為後世開創了「起居注」這一新的史書體例；三是成為中國第一位女史家（馬太后開始寫史比班昭補寫《漢書》早了二十多年）。

然而，馬太后的德化並沒有徹底感化劉炟。漢章帝建初四年（西元79年），也就是劉炟登基的第四年，全國農業獲得了豐收，邊境也太平無事，用一句話來形容就是風調雨順、天下太平。漢章帝劉炟高興之餘，還想弄個「雙喜臨門」，於是，又將三個「木頭舅舅」封侯的事情提上了日程。

　　和前兩次一樣，這一次太后依然義正詞嚴地表達了自己堅決反對的立場。而三個「木頭舅舅」在馬太后的感化下也不再是「木頭」腦袋了，也公開發表了辭讓的宣言。

　　都說事不過三，既然這一次漢章帝劉炟再一次提封侯的事，肯定是有備而來，不達目的絕不罷休。果然，面對馬皇后和「木頭舅舅」的阻力，這一次，劉炟來了個「一意孤行」，堅持要封三個舅舅為侯。

　　眼看木已成舟，馬太后除了感嘆「皇命不可違」外，還將三兄弟召來，給予受封前的訓誡：「我年輕少壯時，時時提醒自己，居不求安，食不貪飽，恭謙克己，兢兢業業，只望能把國家治理好，讓百姓們生活得好一些，以不負先帝的遺願。希望各兄弟也能共承此志，使歸天之日，無所遺恨。」

　　隨後，馬太后對漢章帝劉炟說：「我年輕時只知讀書，今雖老了，也懂得濫封外戚的弊病。你為何不聽我的勸誡，讓我抱恨終身呢？」此後，馬太后退位歸家，不問政事。

　　這年四月，漢章帝劉炟將馬廖封為順陽侯，將馬防封為潁陽侯，將馬光封為許侯。

　　幸與不幸原本就只隔著一扇門，數尺之間而已。幸運的是，馬家兄弟終於鹹魚翻身，從此大展身手。不幸的是，就在這一年，「退居二線」的馬太后還是「抱恨終身」了，她走過了人生的第四十一個春秋後，不幸病逝。

　　而劉炟對這位「繼母」給予了最後的補償：一是賜馬太后諡號為「明」（意思是賢明的太后）；二是把馬太后和漢明帝合葬於顯節陵（位於今河南省新鄭市境內）。馬太后死後應該可以安息了。

2. 該出手時就出手

漢章帝劉炟統治期間，還發生一個「將相不和」的曲折故事。

故事的主角就是我們的大英雄耿恭和潁陽侯馬防。

馬防是馬援的兒子，馬太后的哥哥，也就是不折不扣的皇舅。是英雄注定不會寂寞，耿恭返回的這一年，東漢帝國的西部邊疆金城郡爆發羌戰，燒當羌部落首領迷吾與封養羌部落的首領布橋結盟，發動五萬大軍，侵掠漢朝的隴西郡與漢陽郡。

情況十分危急，國家領土不容侵略，劉炟馬上派出部隊展開反擊。可是要派誰出征呢？劉炟感到為難了，朝中「第一將軍」竇固一直守在邊疆地區，西域他要打，北匈奴他要防，此時打西羌如果把「主心骨」抽調去，那北邊邊疆又要出大亂子。

既然竇固是不可動搖的，劉炟很快想到了一個人 —— 外戚馬防。外戚一直是他想打造的對象，此時國家正處於危難之中，派外戚出戰比誰都可靠啊。於是，馬防很快被任命為車騎將軍，擔任西征的主帥。至於副帥，劉炟想也沒有多想，直接就內定了耿恭。劉炟這樣做也是有道理的，耿恭九死一生地從西域歸來，身心和體力都還沒有恢復過來，按理說應該讓他休養一段時間。他這一折騰，太累了，也該休息了，但他畢竟經過了大風大浪，派他壓陣勝算無疑增加了幾分。

因此，如果說派馬防是當主「將」使用的話，那麼派耿恭就是想當「相」使用了，關鍵時刻希望他能憑著多年的征戰經驗和不凡的才能力挽狂瀾。

應該說劉炟這樣的安排也是合情合理的。然而，他料想不到，他的精心安排換來的卻是將相不和。

馬防是有背景和後臺的將軍，目空一切，目中無人，目無王法。耿恭是一個耿直之人，在西域那樣的絕境都能堅持到底，自然是眼裡揉不

得一粒沙子的。也正是因為這樣，馬防和耿恭在行軍過程中，就戰術、用兵等產生了分歧，最開始還是據理力爭，互相不服，但到後面就演變成了橫眉冷對，到最後竟然變成了血海深仇。

也正是因為將相不和，到後面兩人乾脆兵分兩路，耿恭率領一部人馬北上，抵達隴西北部的枹罕，而馬防則率軍向西南突進。眼不見心不煩，如果分開能讓雙方快樂，那麼分手又何嘗不可以呢？

當時，前線形勢告急，羌軍中的封養部落布橋兵團對隴西郡南部重鎮臨洮（今甘肅省岷縣）給予猛烈的軍事打擊，力圖以最快的速度拿下這座城市，作為與漢朝抗衡的根據地。

臨洮告急。車騎將軍馬防決定先解臨洮之圍。然而，通往臨洮的道路可以用難於上青天來形容，如果按常規行軍，大部隊到達臨洮時，可能會耽誤解救時間。思來想去，馬防決定採取派一支先遣部隊先行，大部隊隨後的策略。

可能是受耿恭等人在西域以百人軍團創造奇蹟的誘惑，馬防派出的急先鋒是由兩名軍司馬率領的數百名騎兵。這支百人軍團同樣沒有令馬防失望，他們快馬加鞭，一路衝破艱難險阻，來到臨洮城外十里開外。這時，兩名軍司馬叫大家停下行軍的步伐，說要舉行軍事比賽。

就在百人軍團以為要舉行比誰能最早衝到臨洮城下的百公尺衝刺賽時，兩名軍司馬首先舉行的是就地安營紮寨比賽，比誰建的營寨多。比賽的結果是本來幾百人住的營寨，卻修建成了幾萬人住的營寨。大家認為這是嚴重浪費人力、物力、財力。接下來，又舉行了插旗比賽，比誰插的旗最多。比賽的結果是，漢軍的旗幟插得漫山遍野都是。最後舉行的是睡覺比賽，誰睡的時間長，誰就是「睡仙」。結果，一連幾天，漢軍營寨靜悄悄地靜得可怕。

如此多的營寨，如此多的漢旗，如此安靜的陣營，羌軍遠看近看，

上看下看，看得心裡直發毛，這一定是漢軍的主力到了，不然他們怎麼會有如此大的氣勢，不然他們怎麼會如此沉著，他們一定是想全數殲滅我們啊！羌軍分析自身實力之後，得出了這樣的結論，敵強我弱，此時不逃，更待何時，並且馬上付諸行動，放棄了就要攻破的臨洮城，向西來了個「不羞遁走」。

都說人倒楣，連喝口水都要被嗆著。這不，羌軍原本以為留得青山在，不怕沒柴燒，結果偏偏受傷的還是他們。他們在逃跑的過程中，正好碰到已成功翻過山越過嶺、正往前線開來的馬防軍團主力部隊，一場阻擊戰就此拉開了帷幕。羌軍認為漢軍的主力部隊已達臨洮城邊，這裡只不過是漢軍的「散兵遊勇」，因此非但沒有重視，而且還輕視，認為他們自不量力。「驕兵必敗，哀兵必勝。」羌軍對形勢判斷有誤，注定要付出慘痛的代價，結果兩軍的接觸戰開始之後，漢軍像變魔術般，越打越多，越打越勇，直打得羌軍「丈二金剛摸不著頭緒」，漢軍怎麼這麼多？此時，吃飽睡足的先遣百人軍團，舉行的是百公尺衝刺比賽，很快追上了羌軍，然後舉行的是「砍瓜比賽」。前後夾擊，鬥志原本就不高的羌軍很快便潰不成軍，很快就有四千多人成了刀下鬼，再戰下去，非死即傷，絕對沒有什麼好果子吃。這時，羌軍中燒當羌部落的領袖迷吾不再迷惘，而是醒悟過來了，他選擇了向馬防投降這條光明大道。而布橋率殘部二萬餘人走的卻是另一條路，拒絕投降，退守臨洮西南的望曲谷。

隨後，馬防帶領漢軍對望曲谷展開了圍城的攻堅戰。垂死掙扎的布橋在堅守了數月之後，眼看救兵無影、突圍無望、傷亡無數，絕望之下率剩餘的一萬多人向馬防投降。

花開兩朵，各表一枝。就在馬防取得巨大的勝利時，耿恭在北方戰線上也取得了重大勝利。

駐守在枹罕的耿恭部，受到羌部聯合部落的攻擊，那綿綿不絕的陣

勢，平常人一看定會嚇得驚恐萬狀。然而，防守對於耿恭來說是強項，他曾在匈奴數萬人的攻擊下，以百人軍團堅守疏勒城數月之久，此時他擁有精兵強將，自然是一臉的平靜。

隨著迷吾與布橋的投降，圍攻耿恭的其餘羌部落大受影響，彷彿看到了黑暗前途的到來。耿恭這時，不再做「守城奴」了，而是開始反攻，結果很快殲滅羌軍一千多人，繳獲牛、羊等牲畜四萬多頭，大勝而歸。

南北線均告失利，勒姕羌、燒何羌等十三個部落首領於是聚集在一起，召開了一次臨時會議，商談何去何從的問題。會議強調，此次（會議）關係重大不得缺席；會議認為，再和漢軍對抗，無異於自取滅亡；會議決定，集體向耿恭投降。

羌亂就此平息，按正常情況，可以告一段落了。然而，平定羌亂後，耿直的耿恭本著防患於未然的態度，向朝廷上呈了一個報告。報告的內容可用一句話來概括：建議派大鴻臚竇固鎮守涼州，派車騎將軍馬防屯守漢陽，以防諸羌再生異心。

理由是：以前安豐侯竇融在西州時，和羌胡人的關係處理得非常融洽，在當地的威望和信譽很好。現在大鴻臚竇固乃是竇家的後人，功冠三軍，威不可當，派遣他坐鎮涼州，諸羌定然會心悅誠服。與此同時，再派車騎將軍馬防率軍屯守漢陽，便可確保萬無一失。

他原本是憂國憂民所做的舉動，然而，就是因為這樣一個小小的報告，車騎將軍馬防和他徹底決裂了。

耿恭的建議雖然是要讓竇固和馬防同守西疆之地，然而，竇固是守中心城市涼州，而馬防駐守的卻是偏隅之地。舉個不適當的例子，就好比是要竇固當正房，而馬防屈居偏房一樣。可是馬防那是何等人物，他是當今皇太后的親弟弟、皇帝的舅舅、堂堂的車騎將軍，位比三公，權高勢重。耿恭卻建議讓馬防當「偏房」，駐守小小的漢陽郡，馬防能不怒不可遏嗎？

憤怒之下的馬防選擇了反擊，他使出了官場絕殺技——誣陷。當然，考慮到自己的身分和地位，這樣的事他肯定不會親自出面，而是躲在幕後操作。這個前臺劊子手由監營謁者李譚來當。李譚誣陷耿恭的罪名是八個字：不憂軍事，被詔怨望。意思是說，耿恭不以國事為憂，接到出征詔書時有怨望之辭色。

有馬防在幕後操作，辦起事那是風生水起，很快耿恭就領略到了官場的腐敗和正直的代價。朝廷馬上徵召耿恭回京。耿恭不知何事，十萬火急地趕回來時，迎接他的是一把冷冰冰的鐵銬。接下來的過程很簡單，概括起來就是：下獄受審——屈打成招——免除官職——還歸老家。結果一代英雄耿恭的最終結局是悽慘的——病死家中。

然而，耿恭的英雄事蹟和豐功偉業，並沒有隨著他的病逝而消失。相反，這種精神凝聚成永恆，流芳百世。

3. 該放權時就放權

應該說馬防在西征中的演出是馬家最為出彩的表演。而馬太后駕崩後，束縛馬氏家族的韁繩勒斷了，馬家子弟像脫韁之馬開始狂奔。狂奔是好的，但如果是盲目狂奔，總有馬失前蹄的一天。此時馬家已不再是原來的那個馬家，馬太后去世後，順陽侯馬廖理所當然地成為了掌舵馬家的「大哥大」，但問題是，馬廖雖然正直公道，但性格天生仁義寬厚，跟「木頭」這樣的稱號是名副其實的。這樣的人適合當溫順的長者，而不適合當「帶頭大哥」。

正是因為他的仁義寬厚，不能有效地約束馬家子弟，很快便成了「傀儡大哥」。馬家子弟全都不聽他的調遣，仗著馬太后的光環，仗著漢章帝劉炟的寵愛，原本禮讓謙恭的馬家子弟各個變得目空一切，驕傲奢侈，不可一世。

　　具體表現在：除了馬廖能苛守馬太后的教誨外，馬氏三兄弟的另兩位重量級人物馬防、馬光兄弟馬上變了，變得貪財好色，他們兩人很快擁有財產無數，宮女無數，豪宅無數，食客無數。據說，馬防還另闢蹊徑地想出了生財之道，對羌人、胡人徵收賦稅——以國家名義收，以個人名義用，一句話假公濟私，賺得缽滿盆滿。

　　眼看馬家子弟在迅速變成紈褲子弟，馬廖的好友、時任校書郎楊馬以書信的形式對馬廖給予友情提示。

　　然而，老好人馬廖見了書信後，認為楊馬這是小題大做，只是口頭「警告」了一下馬家子弟，並未採取任何有效措施和方案以約束族人。

　　凡事有因必有果。馬家人為所欲為，楊馬看在眼裡，朝中文武百官看在眼裡，天下百姓看在眼裡，漢章帝劉炟也看眼裡，痛在心裡。是啊，當初他決定重用外戚，純屬心裡本能的感恩行動，希望以這種方式來回報自己的養母，希望以這種方式取悅三個「木頭舅舅」，希望自己的一生能不留遺憾。然而，希望越大失望越大。剛開始劉炟對馬家的所作所為還能睜一隻眼閉一隻眼，但馬家子弟越來越囂張，越來越無法無天，一點一點地蠶食了劉炟的耐心，一點一滴地挑戰著劉炟的底線。終於，劉炟發飆了。他開始三番五次地譴責馬廖，眼看譴責無效，劉炟開始了心底流血的「撤恩」之旅，對馬氏子弟非但不再獎賞，而且該收權時就收權，該處罰時就處罰，該限制時就限制。總之，一句話，當年恩情早已隨風而逝，取而代之的是無限怨恨和懊悔。如果此時馬家子弟能及時懸崖勒馬，說不定還能博得劉炟回心轉意，重新寵愛他們。然而，眼看馬家越來越失勢，馬家一位年輕俊傑挺身而出，以雷霆之勢想力挽狂瀾，重塑馬家的輝煌，這個人便是馬廖的兒子馬豫。

　　然而，都說嘴上無毛辦事不牢，時任步兵校尉馬豫的出現，非但沒有改善馬家和漢章帝劉炟的關係，反而進一步磨損了兩者之間的關係。

　　馬豫的出發點是好的，見馬家大有一落千丈之勢，很是著急，於是，他開始做一件事——四處投訴，強烈表達怨恨和不滿。

　　很快，馬豫的超常規行為，引起了有關部門和有關人士的高度重視。自重才能得人重，自輕自然被人欺。此時朝中文武百官的眼睛是雪亮的，他們已經察覺到了劉炟對馬家態度的大轉變，很快，彈劾馬豫的信箋便如雪花般飛到了劉炟眼前。發展到最後，連馬防、馬光兄弟的「光榮事蹟」都一起揭發。

　　面對這樣的集體投訴事件，漢章帝劉炟憤怒了，他雖然不忍心對馬家處以極刑，但還是來了個「一網打盡」，大手一揮，哪裡涼快哪裡待著去吧。

　　被全部罷除官職的馬家勢力就這樣一夜之間煙消雲散。但不管怎樣，能保全性命「全身而退」也算是劉炟特別開恩網開一面了。值得一提的是，馬豫在隨馬廖離開洛陽時，半路被劉炟派人快馬加鞭追回投入獄中受審。「木頭人」馬豫這一回終於像木頭一樣強硬了一回，拒絕招供，最後竟活活慘死於嚴刑拷打之中，落得「英烈」的美稱，也算是為虛度的一生增加了一點色彩，畫上了一個並不圓滿的句號。

（二）皇后那些事

1. 宮裡宮外一場戲

　　馬氏外戚剛剛落幕，另一個外戚勢力又開始崛起——竇氏外戚。

　　竇氏外戚的崛起也是有原因的，同樣的道理——劉炟太過重情重義。當然，這一次漢章帝劉炟表達的是對一位心愛女人的厚愛。這個女人便是他的妻子，也就是後來的竇皇后。

　　竇皇后，扶風平陵（今陝西省咸陽市西北）人。她之所以能透過宮中

層層選美關，得到劉炟的「親暱」，一是因為竇皇后長得美（這個是必需的），長相是敲門磚，沒有這塊磚寸步難行；二是因為竇皇后有強大的後臺。她是大司空竇融的曾孫女。竇融前面已經說過了，那是一位呼風喚雨的人物，是助光武帝劉秀「中興漢室」的「明星」之一，劉秀特別器重他，百官對他也是尊重有加，因此，竇家子弟也是興旺有加。到了祖父竇穆時，竇家的富貴還在延續，在劉秀「聯姻」政策的感恩下，竇穆娶了劉秀的女兒內黃公主為妻，並且接替他的叔叔竇友任城門校尉，曾經威風一時。到了父親竇勳時，同樣是富貴花開，竇勳又娶了東海恭王劉彊的女兒沘陽公主，竇皇后就是竇勳與沘陽公主的長女，單從這一點來看，竇皇后應該稱劉炟為「堂舅」，血緣關係之親可想而知。當時，竇氏一門「一公、二侯、三公主、四二千石」的顯赫無比的地位被洛陽人津津樂道。

然而，漢明帝永平五年（西元 62 年），七十八歲的竇融病逝之後，竇家開始日漸衰落。竇穆雖擁有萬貫家財，但不修品行，劉莊對此除了冷眼相看外，還時常派人監護他家。很快，「檢查組」彙報了竇穆父子「言行不檢點」的情報：竇穆假傳陰太后的命令，讓六安侯劉盱離婚娶自己的女兒（竇穆想透過聯姻的方式，把六安當成自己的一畝三分地）。眼看竇穆如此無法無天，胡作非為，憤怒的劉莊下了「驅逐令」，令竇穆父子回老家「思過」。只有竇勳的夫人沘陽公主因為「關係特殊」而留在了京城。

按理說，竇穆父子回到老家後，應該好好反省才對。然而，竇穆父子很快把口頭上的不滿化成實際行動，做起了貪贓枉法的勾當，全然不理會劉莊一直盯著他們的那雙慧眼。結果可想而知，他們的不法事蹟很快就被人揭發，劉莊這次毫不手軟，直接把竇穆父子打入了死牢。結果竇勳沒有把牢底坐穿就死了。

也正是因為這樣，竇氏的出身是高貴的（顯赫的官宦之家），她天生

麗質（長相美不可言）、才華橫溢（六歲就能寫出很好的文章），她的童年卻是在這樣一個破落了的「名門」中度過的。

竇氏童年喪父後，失勢的竇家人為此多次向算命先生「尋經探寶」。算命先生見到竇家子弟時，都是直搖頭，直到見到竇氏時，說了石破天驚的八個字：大富大貴，貴不可言。

於是，儘管家道敗落，但竇家人從此都視竇氏為「全家寶」，悉心照顧，精心培養，幾乎傾盡了全族之力。

竇氏也沒有令他們失望，長成少女的她越來越像出水芙蓉，而且琴棋書畫樣樣精通，很快便在方圓百里聲名遠播。

都說貧在鬧市無人問，富在深山有遠親。竇氏美則美矣，如果不走出那片養育她的大山，那她的美貌和才情注定是要被埋沒的。為此，在竇家人全力支持下，漢章帝建初二年（西元 77 年），竇氏及其妹妹參加了宮中數年一度的「選美大賽」，要長相有長相，要才華有才華，竇氏毫無爭議地順利透過層層海選、預選，最後成功突圍，被直接選入了長樂宮。

結果劉炟對竇氏一見傾心，一見銷魂，他大手一揮，竇氏直接進入妃嬪居住的掖庭，一躍成了他的最愛。於是，聰明的竇氏馬上來了個三步走：

第一步是施展多年練就的十八般才藝，用以征服劉炟。舉止嫻雅，雅中見美，結果劉炟不但被她的美貌所傾倒，也被她的才華所傾倒。不由得感嘆「見到你時，我是一個人；沒見到你時，我就只剩下半個人了！」可見劉炟對竇氏的痴迷程度。

徹底征服漢章帝劉炟後，竇氏並沒有小富即安，馬上開始第二步走，把目標對準了馬太后。她是個知書達理、乖巧敏捷的人，此時極盡溫柔之能事，連起居請安都是有條不紊，盡量做到盡善盡美。馬太后見

她和自己身世相仿（都是屬於名門之後）、經歷相仿（都是屬於大起大落型），本來就對她另眼相看。更進一步接觸後，她發現兩人居然才情相仿（都是屬於才貌兼備型）、習性相仿（都是屬於溫柔敦厚型），於是，馬太后對她也是越來越喜歡。

搞定了劉炟和馬太后這兩位「上位者」後，竇氏的第三步是開始有意與眾妃嬪打好關係，每天對她們噓寒問暖，時不時大獻殷勤；時不時假公濟私，大施恩德；時不時低言低行，大秀謙風。於是，很快眾妃嬪就對這位有禮有序有節的「後起之秀」敬佩有加。

三步走的結果是，竇氏的聲名如潮水般日夜瘋漲，很快就壓倒了整個後宮。

竇氏入宮的第二年，八面玲瓏的她完成了鯉魚跳龍門式的跨越，神奇地登上了皇后的寶座。

竇皇后可以用三絕來形容：美如趙飛燕，毒比呂太后，奸過王美人。這樣才、智、色、藝俱全的人發跡後，自然不是等閒的人，馬上上演了一場扣人心弦、驚心動魄的「宮心計」。

竇氏立後的第二年，漢章帝建初四年（西元 79 年），馬太后病逝。馬太后是後宮的「大姊大」，集一切生殺大權於一身，馬太后去世後，權力自然而然地「移交」到了竇皇后手上。

然而，竇皇后心裡卻並不踏實，因為她擁有兩個競爭對手 —— 宋貴人和梁貴人。我們都知道貴人是僅次於皇后的封號。那麼，宋貴人和梁貴人又是什麼來頭呢？其實，宋貴人和梁貴人和竇皇后一樣，除了至上的美貌外，還擁有強大的政治背景。

首先，我們來看宋貴人。宋貴人的政治背景不說不知道，一說嚇一跳，她和馬太后有親戚關係，她的爺爺的妹妹是馬太后的外婆。宋貴人和竇皇后一樣，同樣有個貌美如花的妹妹。也正是因為兩姊妹長得傾國

傾城，再加上與馬太后擁有親戚關係，於是，馬太后主動當起「月老」，把既溫柔又賢惠的宋家二姊妹引薦給了漢章帝劉炟。劉炟見到宋氏姊妹後，和後來見到竇氏姊妹一樣，同樣發出了「見到你時，我是一個人；沒見到你時，我就只剩下半個人了」的愛情宣言，沉浸在溫柔鄉裡醉生夢死，並且很快就將其封為貴人。宋貴人接下來的表現同樣可以用「驚豔」來形容。她心思細膩，善解人意，每次用餐，她都要客串宮女的角色，親自給馬太后端盤遞碗，頗得馬太后的歡心，所以婆媳關係非常融洽。總之，一句話，竇皇后入宮後所做的包括「三步走」的一切都有「模仿」和「複製」宋貴人的嫌疑。如果宋貴人有知，一定會說這樣一句話：我的成功可以複製。

其次，我們來看梁貴人。梁貴人是安定烏氏（今甘肅省平涼縣）人，開國功臣梁統的孫女。她的父親梁竦是個有名的才子，喜好讀書，並曾著書，但鬱鬱不得志，妻子生下三男三女之後不幸病逝，嫂子舞陰長公主（光武帝劉秀的女兒，嫁梁竦之兄梁松為妻）見梁竦孤身一人撫養兒女，既當爹又當娘，很是艱辛困難，便主動收養梁氏三姊妹。也正是因為這樣，從小失去母愛的梁氏三姊妹在舞陰長公主的呵護下又重新找到了母愛。長大後，她們變成了如花似玉且知書達理的三朵金花。梁貴人和竇皇后一樣，是同年同月同日進宮，在這次宮女選拔中，最小的梁氏和她的二姊雙雙被選入長樂宮。由於姊妹倆相貌出眾，她們均被封為貴人。

在後宮永遠沒有姊妹情深，有的只是你死我活的爭鬥。也正是因為這樣，竇皇后和宋貴人及梁貴人之間的生死較量在所難免。粗粗一看，三人應該是棋逢對手、旗鼓相當才對。但這場後宮大較量顯然是不公開的，因為宋貴人相比竇皇后擁有三大優勢。一是擁有先入為主的優勢。她比竇皇后和梁貴人入宮要早個一年半載，都說一招鮮吃遍天，同樣的

道理，入宮早（哪怕只早一天），論資排輩就靠前了。二是擁有「母以子貴」的優勢。宋貴人因為「先入為主」，肚子也很爭氣，很快就為劉炟生了第一個兒子劉慶。而竇皇后什麼都爭氣，唯獨肚子不爭氣，入宮後，肚子一直空空如也。與此同時，和竇皇后同一天入宮的梁貴人也在皇恩雨露浩蕩之下，生有一子，名為劉肇。三是擁有「子以母榮」的優勢。漢章帝建初四年（西元 79 年），也就是馬皇后病逝後，在皇后竇氏無子的情況下，漢章帝劉炟立長子劉慶為皇太子。劉慶當了太子，那是國家的儲君啊，母以子貴，子以母榮，劉慶是準太子，那宋貴人也是準皇后的最有力的備份人選。

　　總之，一句話，竇皇后雖然擁有皇后這獨一無二的優勢，但宋貴人擁有「先入為主」等三大不可動搖的先天優勢，梁貴人也擁有「人脈資源」（皇子劉肇）這一獨特優勢。相比之下，竇皇后覺得自己非但沒有優勢，反而處於絕對的劣勢，特別是劉慶當上太子後，竇皇后知道不能再等、不能再拖了，否則，她離「廢后」也就不遠了。

　　可是，要扳倒宋貴人和梁貴人，處於劣勢的竇皇后如果一味蠻幹那是不行的，弄不好會搬起石頭砸自己的腳。既然力拚不行，竇皇后想到了智取：聯合實力相對較弱的梁貴人，共同對付宋貴人。

　　於是，竇皇后很快透過多方面的「攻心」攻下了梁貴人的心。穩住梁貴人後，竇皇后和梁貴人聯手也只能和宋貴人打成平手。而要想徹底打敗宋貴人，還得想其他辦法，尋找其他「貴人」的相助。

　　當然，竇皇后並沒有煩惱多久，宮裡的貴人不用去遠方尋找，竇皇后的妹妹就是「貴人」，但光擁有貴人還不夠，能幫得上的她基本上都可以搞定了。都說「打虎親兄弟，上陣父子兵」，關鍵時刻，竇皇后想到的貴人是自己的家裡人。

　　於是，竇皇后很快把溫柔磚拍向了漢章帝劉炟 —— 大吹「枕邊

風」，很快效果就彰顯出來了，竇皇后的哥哥竇憲、弟弟竇篤雙雙得到了劉炟的重用，竇憲被任命為侍中、虎賁中郎將，竇篤被封為黃門侍郎。竇氏兄弟出入宮省，賞賜累積，廣交賓客。昔日的豪門竇氏呼之欲出。

而竇憲和竇篤顯然也沒有令竇皇后失望，兩人很快成為洛陽城裡權勢熏天的政治新秀。時來運轉的竇憲更是風骨傲然地繼承了他爺爺竇穆的血統精神，很快就做了一件與其不相上下的「大實事」——強買強占了沁水公主的園林。

沁水公主是漢章帝劉炟的親妹妹，竇憲居然敢在太歲爺頭上動土，顯然是吃了熊心豹子膽。然而，沁水公主是聰明人，她知道竇皇后此時正是最受寵的時候，竇憲也是初生之犢不畏虎，是人氣最旺的朝中後起之秀，此時如果向劉炟申述，一邊是愛情，一邊是親情，會令劉炟左右為難，尷尬萬分。與其去自討無趣，不如退一步海闊天空。就這樣，深明大義的沁水公主最終選擇了忍氣吞聲。

竇憲的「初試牛刀」取得了成功，進一步證明了竇皇后受寵愛的程度，此後變得更加驕橫跋扈。

而竇皇后為了確保對宋貴人這場較量的勝算，除了「打虎親兄弟」之外，還來了個「上陣母女兵」——搬出了母后沘陽公主。

竇皇后和家人很快到密室開了一次家庭會議，制定了一套陰謀陷害宋貴人的行動方案：全方位地蒐集有關宋貴人的情報，哪怕是蛛絲馬跡也不能放過。然後，從細微處著手，運用聯想和推測充分挖掘，吹毛求疵，找出敵人的漏洞和破綻，狠狠抓住不放手，往死裡打，往絕處推，不一箭穿心絕不善罷甘休。

方案方針確定後，接下來是大力宣傳、付諸行動。沘陽公主利用自己皇戚的優勢，充分發動宮內的婢女太監；竇憲利用自己善於交際的能力，集中動員宮外的狐朋狗友。一張密不透風的網悄然鋪開了，只等毫

不知情的宋貴人往裡鑽。

皇天不負苦心人，很快，各路「耳目」收集而來的情報源源不斷地彙總到了「總參謀長」—— 竇皇后這裡。接下來，竇皇后馬上召集家人舉行了第二次家庭會議，分析研討收集而來的情報。經過火眼金睛式的篩選，一條情報引起了家人的注意力。情報的大致內容是這樣的：宋貴人的娘家人某天突然心血來潮，給宋貴人捎來了一隻純天然的兔子。宋貴人對這種純天然食物很感興趣，很快就清蒸火燉了兔子，然後就大飽口福了一頓。

事情就是這麼一件小事，小到毫無新意、毫無波瀾、毫無懸念可言，根本就不值一提。竇家人卻認為這件事雖然小，但很有挖掘價值。吃什麼不好，偏要吃兔子。兔子跟狐狸可以掛上鉤，竇家人開始也想從中做點文章，但最終考慮到把什麼「狐狸精」之類的東西強加到宋貴人身上，一來太勉強，二來太老套，毫無新意可言，不能造成出奇制勝的效果。好在竇家人都是頭腦開竅之人，很快就把宋貴人吃兔子的事上升到了政治高度，並且馬上以書面形式向漢章帝劉炟打了個小報告。報告大致意思是說，宋貴人利用兔子頭學習巫術，修行邪法，圖謀不軌，禍害後宮。

應該說，我們不得不佩服竇家人，一隻小小的兔子，居然可以聯想得這麼豐富，聯想得這麼有深度，聯想得這麼有高度，聯想得這麼有厚度。

宮中最忌諱的就是巫蠱這樣荒謬的東西，歷朝歷代，捲入其中的人結局多半是悽慘悲涼的。因此，接到竇家人打的小報告，劉炟高度重視，立刻作出批示：調查。劉炟的想法和做法都是好的。然而，竇家人既然要從宋貴人吃兔子這件事下手，作為突破口，那肯定會想到這一切，該怎麼做肯定早就做好了。

果然，因為面對的是宋貴人這樣的貴人，劉炟不敢怠慢，親自帶人

去搜查宋貴人的寢宮。結果自然是不言而喻的 —— 順利。在宋貴人的「貴地」裡找到了兔子頭和殘骨剩骸。

吃兔子肯定會留下皮毛骨骸。其實，這時候兔子的骨骸是不是宋貴人留下來的已經不重要了，因為竇家人可以無中生有，讓一切都變成自己想要的結果。於是，這殘渣剩骨就變成了鐵證如山 —— 修煉邪術。劉炟望著猙獰的兔子頭，臉色也變得猙獰起來，當下就發出了怒吼聲，把宋貴人打入了冷宮。恨屋及烏之下，他把無辜的劉慶也「請」出了太子宮，讓他去承祿觀面壁思過。

2. 趕盡殺絕

為了防止宋貴人母子死灰復燃，竇皇后自然不會心慈手軟、手下留情。而是充分發揮能說會道的優勢和特長，對漢章帝劉炟大吹枕邊風。事實證明，竇皇后的枕邊風勝過七級颱風，劉炟很快被震得抵擋不住了，於是，在當年六月向天下百姓頒布了廢儲詔書。詔書的大致內容是：皇太子劉慶，近段時間來不但身體很不好，而且精神也有恙，顯然是不能夠勝任未來皇帝的繁重工作的，現在只好先改任他為清河王，到下面去修身養性，希望能盡快疾去體安。

欲加之罪，何患無辭。此時的劉慶還只有四歲，怎麼就變得身體和精神都不能勝任皇帝這項工作了呢？對此，朝中一些正義之士提出了自己的看法。劉炟的回答卻是很幹練果斷：三歲看小，七歲看老。四歲的劉慶現在就變得這麼弱不禁風，還能指望他將來當一個好皇帝嗎？

劉慶被廢後，宋貴人姊妹被從冷宮打到了「暴室」。

暴室是漢代官署名，屬掖庭令管轄，其職責是織作染練，故取暴室為名，宮中婦女有病及皇后、貴人有罪，都幽禁於此室，因此亦稱暴室獄。按理說宋貴人母子雙雙被廢，又被打入了萬劫不復的暴室，已經是

霜打的茄子 —— 蔫了。竇皇后可以長長舒一口氣了，可以高枕無憂了，可以安心地當她的皇后了。然而，此時竇皇后並沒有因此收住手中的屠龍刀，並沒有放棄對宋貴人趕盡殺絕的心思。斬草不除根，後患無窮。為此，竇皇后拍出了對宋貴人的最後一磚。

為了避嫌，竇皇后找了個宦官來替自己拍出這最後一招的致命之磚，這個宦官名叫蔡倫。

蔡倫當時不過是一名小小的宦官，為了前途著想，他選擇了主動抱竇皇后的大腿。

蔡倫的任務是去暴室「關照」宋氏姊妹。當然，名義上是「關照」，實際上卻是「督查」，每天給宋氏姊妹找麻煩，用各種無奇不有的方式折磨摧殘她們。從此，宋氏姊妹每天除了有做不完的工作，受不完的苦，還有忍不完的氣。很快，蔡倫有了一個響噹噹的綽號 —— 毒手摧花。

人都是血肉之軀，更何況是嬌滴滴的美人兒，哪裡受得了這麼大的勞動強度？哪裡受得了這麼刻薄的人格汙辱？哪裡受得了這麼多人的冷潮熱諷？有一種委屈叫欲哭無淚，有一種失望叫絕望！委屈，宋貴人還是可以忍受的，但兒子劉慶被廢後，她心中最後的依託也就不存在了，希望變失望，失望變絕望，絕望的宋貴人最終選擇了一條絕路 ——自殺。

勝利雖然早已預料，但勝利來得如此之早，還是令竇皇后有一點意外。而在這場戰爭中，功勳簿裡，有梁貴人的一份功勞，畢竟，沒有梁貴人的傾力支持和幫助，竇皇后的「宮心計」也不可能實施得這麼順利和快捷。因此，大獲成功的竇皇后很快對梁貴人處處關照，處處關心，以姊妹相待。

「投之以李，報之以桃。」受寵若驚的梁貴人於是決定獻出兒子劉肇給竇皇后，以「報答」竇皇后的情意。當然，梁貴人之所以這麼做，原因

有二：一是竇皇后膝下無子；二是宋貴人倒臺後，梁貴人突然有一點唇亡齒寒的悲切感。為了尋找「依託」，梁貴人決定把自己的寶貝兒子劉肇過繼給竇皇后。

前面已經說過，當年漢明帝劉莊的馬皇后肚子不爭氣，沒有生兒子時，收了其他宮女的兒子做養子，結果養子順利當上了太子，最後還登上了皇帝寶座，也正是因為這樣，馬皇后一直牢牢穩定了自己的權力不動搖，地位不動搖，最終成為一代賢后。竇皇后顯然處處以馬太后為榜樣，此時梁貴人送子的舉動正符合她的心意。

套用一句不適當的話，梁貴人和竇皇后是一個願打一個願挨，結果在過繼這件事上，自然是一拍即合。

梁貴人原本以為忍痛割愛地犧牲自己的兒子，會為兒子換來一個美好的前途，為自己在後宮換來一個堅不可摧的「第二把交椅」。事實上，劉肇過繼給竇皇后，果然馬上飛黃騰達。很快，劉炟就讓劉肇接替了劉慶被廢後空缺的太子位置。宋貴人徹底倒臺了，繼子又被立為太子，按理說竇皇后和梁貴人應該是雙喜臨門才對。然而，事實證明，梁貴人打的如意算盤早就在竇皇后的掌控和預料之中。而她之所以這麼配合梁貴人，那是她覺得梁貴人還有利用價值。

過繼之事成功後，竇皇后馬上露出猙獰的真面目，手中的屠龍刀對準了梁貴人姊妹。是啊，此時後宮中最具威脅的宋貴人姊妹死了，只要除去了梁氏姊妹，其他宮女都對她構不成任何威脅，更何況梁貴人是繼任太子劉肇的親生母親，梁貴人不除去，到時候一旦劉肇登基後認母歸宗，那她不是辛辛苦苦幾十年，都替別人做嫁衣裳了。

事實證明，梁貴人根本就不是竇皇后的對手。竇皇后在搞定宋貴人時，發動了幾乎所有的親人，包括兩個重要的外來人，一男一女，梁貴人和蔡倫。此時對付梁貴人，竇皇后知根知底，根本就沒有這麼大動干

戈，大張旗鼓，大力宣傳，而是連發動宮內外監視刺探情報的步驟都省略了，直接寫匿名信給劉炟，內容用六個字可以概括：誣陷梁竦謀反。

從梁貴人的父親梁竦這裡尋找突破口，竇皇后的心計之深可想而知。

此時的劉炟早已被竇皇后迷得丟了魂，只剩下殘留的身軀空殼。面對誣陷，劉炟二話不說，直接下令把梁竦打入死獄，然後派漢陽太守鄭據去嚴審。

梁竦原本就是一介書生，平日裡喜歡寄情山水之間，結果證明，他的抗餓能力很一般，不出幾天居然就來了個「眼睛一閉不睜，一輩子就過去了」，沒幾天就不明不白地死在了獄中。

對於負責審理該案的官員來說，梁竦活著，那是負擔；死了，才是正確的。因為死了，死無對證，正好可以說他畏罪自殺。結果也正是這樣，「審查官」鄭據很快把梁竦的死向漢章帝劉炟彙報，四個字：畏罪自殺。畏罪自殺的後果很嚴重，劉炟很生氣。也正是因為這樣，梁貴人姊妹很快被扣上了同犯家屬的帽子。

梁竦死了，後果很嚴重，罪犯的家屬，日子不好過，是要被株連九族的。相見怕見偏偏又見，相愛怕愛偏偏又愛。此時，梁貴人躲進宮中成一統，她最怕見的人就是竇皇后，後宮之大竟無藏身之處，因此，很快又和竇皇后見面了。這一次見面，竇皇后笑盈盈地只說了一句話：與其苟延殘喘地活著，不如體體面面地死去。

別人的話要錢，竇皇后的話要命。何去何從，梁貴人知道，活著將會受到更多、更大、更殘酷的折磨，最後的結果還是只有一個：死。可是真要去死，她又不甘心，如花的歲月、如花的年齡、如花的容貌，就這樣凋零飄散嗎？思來想去，梁貴人終究是想不明白，為什麼犧牲了親生兒子卻換不來後半生的幸福？為什麼自認為走得最好的一步棋卻成了

致命的敗著？為什麼只在轉眼間一切的榮華富貴便成了過眼雲煙？……梁貴人鬱悶啊，痛苦啊，受傷啊，結果連上吊之類的痛苦都免了，直接就去閻王那裡報到去了。

梁貴人死後，她的嬸嬸，也就是劉炟的姑姑，舞陰公主也受到了牽連，被打入冷宮——遷移到新城軟禁起來。至此，竇皇后以摧枯拉朽之勢一舉將後宮中最具威脅的兩大情敵陷害致死，只剩下了一個「活死人」——廢太子劉慶。本來竇皇后早就對他虎視眈眈，但對於這個沒有母親的、像根草一樣的兒子，劉炟產生了憐憫之心，下了「重點保護令」，把他和準太子劉肇放在一起寄養。而劉肇也對劉慶很友愛，兄弟倆親密無間、形影不離。再加上劉慶年紀雖小，似乎在母后慘死後早熟了，平常慎言慎語，讓竇皇后根本找不到任何破綻，因此暫時保全了性命。

3. 木秀於林，風必摧之

朝中百官的眼睛是雪亮的，竇家人的所作所為，他們盡收眼底，只是很多人都很識時務地選擇了沉默。但凡事都有例外，譬如第五倫就是個例外，他是光武帝劉秀時就提拔的後起之秀，人如其名，據說其人具有貨真價實的「五倫」：一是君臣有義；二是父子有親；三是夫妻有情；四是兄弟有序；五是朋友有信。能做到這些，自然很受重才的劉秀的賞識。在漢明帝劉莊時更是得到了「開國三劍客」的美譽，到漢章帝劉炟時，第五倫作為朝中「大哥大」的身分和地位依然是不可動搖的。歷經三朝的第五倫盡職盡責，為朝中事鞠躬盡瘁。雖然在對外的政策和思想方面存在有待商榷的地方，特別是他認為西域只是傳說，耿恭等人被圍困時，不主張主動救援讓人難以理解。然而，第五倫就是第五倫，他所表現出來的奉獻敬業精神是令人敬佩的。特別是看到竇家勢力日益壯大、

膽大妄為、無法無天時，第五倫雖然姓第五，此時卻是第一個敢站出來公然挑戰竇家的人，無論勇氣和膽識都是可嘉的。

第五倫把矛頭首先對準了竇家的中流砥柱竇憲。司空第五倫上疏皇帝對竇氏外戚的胡作非為表示擔憂，他的上書大致有三層意思。

第一層意思：欲抑先揚。在說竇憲不好之前，先讚揚他兩句再說：一是說竇憲玉樹臨風，英俊瀟灑，風流倜儻，人見人愛，花見花開，現在很多人都看好他美好的政治前途；二是很多人因此成了竇憲的追隨者，擁有很好的人氣。

第二層意思：「近朱者赤，近墨者黑。」然而，這些奔走於外戚竇憲門下的官員，道德高尚、為人正直的少得可憐，劣跡斑斑、寡廉鮮恥的多如牛毛。他們中很多在政治仕途上受到過壓制，有些因為巴結前朝外戚而獲罪的人，現在又想依附當朝外戚而東山再起。這些人的智商很低，情商很高，人品最差，和那些上街避雨、喝酒解醉的人差不多。竇憲成天被這群鼠目寸光、溜鬚拍馬的人圍在中央不是一件好事。長此以往，是要自毀前程的啊！

第三層意思：苦海無涯，回頭是岸。真心希望陛下能夠嚴加管束，讓竇憲閉門謝客，不要再結交官僚士子，不要再助長他的驕奢淫逸之習氣。如此，竇憲可以永保榮華富貴，而這也是國家之福、竇氏外戚之大幸啊！

應該說第五倫的上書直擊竇憲的軟肋，說得非常中肯。然而，這時迷失方向的其實不是竇憲而是劉炟。劉炟總是希望看到竇皇后高興快樂，為了能博竇皇后一樂，他什麼都可以做。顯然，這時一切不利於竇家的言論他都不願聽。

見自己精心準備的上書如泥牛入海杳無音信，第五倫失望之餘，卻沒有放棄對自身理念的追求，對國家的熱愛。接下來接二連三地上書，

直到上書到第五輪時，為了讓自己的說法更有力度，他自然說明了竇憲強占沁水公主園林的事情。

為了證實第五倫的說法，劉炟親自帶上竇憲，美其名曰：散步。走著走著，他們走到了沁水公主園邊，直到這時，原本有一點受寵若驚的竇憲這才明白 —— 原來劉炟散步之意不在情，在乎園林之間也。

「林子大了，什麼鳥都有？」果然，劉炟語出驚人。

「嗯。林子大了，什麼鳥都有。」竇憲面紅耳赤，不知道如何作答，只得含糊地應答著。

「沁水公主把這園林照看得不錯啊！你看，這紅的花，綠的樹，黃的果……不錯啊。」劉炟像是在自言自語。

「嗯。紅的花，綠的樹，黃的果……不錯啊。」竇憲機械地應答著。

「但如果林子裡突然出現了狼豺虎豹怎麼辦？你願充當打虎英雄嗎？」劉炟問。

「嗯，打虎英雄……」竇憲的臉已變黃。

話問到這裡打住，劉炟不用再問了，他透過「望聞問切」，已知曉其中緣由。回到宮中，劉炟對竇憲痛罵道：「打狗還得看主人，你現在這種做法讓我感到悲哀。你簡直和趙高的指鹿為馬有得一拚！你如果不知道檢點，不懂得收斂，我要捏死你就像捏死一隻螞蟻一樣簡單。」應該說劉炟的話說得很嚴重了，大有怒其不爭之意。

然而，在罵完竇憲之後，劉炟對第五倫說的話卻是：「你這些年為國為民操勞，辛苦了。現在年紀也一大把了，該是享清福的時候了！我真的不願看到你一直這麼辛苦下去，你還是回老家養老去吧。」

話說得很委婉，內心卻很坦承，竇憲的行為雖然很不檢點，但他有個好姊姊竇太后。此時如果對竇憲下手，那很顯然會惹得捧在手心怕掉了含在嘴裡怕化了的竇皇后不高興啊！要知道千金難買一笑，為了竇皇

后，劉炟只能「逆來順受」。

因此，可以說此時的竇憲是屬於「不動產」，私下教育批評可以，卻經得起第五倫一輪又一輪的攻擊。既然竇憲不能動，那只有攆第五倫走人了。

就這樣，第五倫「被退休」了。當然，在下詔書之前，劉炟還給予第五倫最後的勸解，希望第五倫能對竇家人特別是竇憲的事情睜一隻眼閉一隻眼，得過且過算了。

「公有私乎？」劉炟問。

「昔人有與吾千里馬者，吾雖不受，每三公有所選舉，心不能忘，而亦終不用也。吾兄子常病，一夜十往，退而安寢；吾子有疾，雖不省視而竟夕不眠。若是者，豈可謂無私乎？」第五倫答道。

一問一答，對話戛然而止。劉炟是想問第五倫，竇家的公事可以私下解決嗎？第五倫卻堅決地回答，叫我公事私了，我做不到。既然做不到，那沒辦法了，你待在宮中一天，就一天不得安寧，只能送你走了。但鑒於第五倫三朝元老的身分和地位，以及在政壇的影響力，劉炟還賜予第五倫豐厚的賞賜。

一是賞錢：賞賜錢五十萬，公宅一區；二是賜俸祿：賞賜兩千石的終身俸祿；三是送保險：賜免三代被誅的丹書鐵券。

由上述可見，劉炟已經仁至義盡。只是，第五倫走時，臉上卻滿是苦笑，白髮在寒風中特別刺眼。他定定地看著劉炟，心裡有千言萬語，卻一字不曾說出口。直到走出城門時，第五倫落寞地回過身來，突然淚流滿面地說了一句話：別了洛陽。

四個字，字字如金，字字勝金。

滄桑、感觸、無奈、心碎……第五倫的內心肯定在滴血，可是個中辛酸又有誰知？

第五倫走了，沁水公主哭了，竇憲更囂張了，劉炟卻憤怒了，他知道竇憲不可重用後，開始尋找人才，極力打造自己的「嫡系部隊」。於是，一個叫周紆的人浮出水面，他被劉炟任命為洛陽令（京城的最高地級行政長官）。

周紆，字文通，下邳徐縣（今江蘇徐州境內）人。他自小勇猛好鬥，經常結交膽大敢為之人，長大後更是性格剛毅，面露霸氣。他勤奮好學，尤其喜歡韓非的法學。

漢明帝劉莊年間，他當上了小小的芝麻官——唐縣縣令。一到任首先給大小官員一個下馬威：「朝廷不認為我無能，派我來治理本縣。我仇視貪官汙吏，決心除暴安良。誰要以身試法，我將立即處決。」周紆是這樣說的，也是這樣做的。很快，唐縣掀起了一場懲治貪官汙吏、捉賊除霸的風暴。數十名為害百姓的貪官汙吏及豪賊違法亂紀的確鑿證據被掌握在手，周紆不徇私情，經過公正斷案，將他們一一斬首。當地民眾無不歡欣鼓舞，拍手稱快。一時間，唐縣境內大小官吏恪盡職守，不敢有半點擾民之事，官吏清正廉潔蔚然成風，盜賊銷聲匿跡，百姓安居樂業，海清河晏，歌舞昇平。

因政績卓著，周紆很快被提升為博平縣令。到任後，經查貪汙受賄的官吏很多，他發現一個拘捕一個，然後嚴刑拷問，只要證據確鑿，就沒有一個活著出獄的。周紆憑著敢打硬拚、疾惡如仇的聲威晉升為齊國相。他也十分嚴厲殘酷，一味動用酷刑。後來因濫用酷吏而出現冤案，再次被降為博平令。

劉炟相中的就是周紆的「酷吏」身分。前面已經說過，東漢建都洛陽以來，因功臣豪紳大多都聚集在這裡，而且他們有的居功自傲，家奴狗仗人勢，巧取豪奪；有的豪紳似匪徒惡霸，欺壓百姓，濫殺無辜，導致京都治安很亂。除光武帝劉秀時的董宣外，擔任洛陽的其他人都沒把洛

陽的治安管好。因此，自古就有京都官難做的說法。

　　現在，劉炟提拔周紆擔任洛陽令，顯然是有深意，說大一點是管整個洛陽的治安，說直白一點卻是專查竇氏等外戚貴族人家。

　　都說新官上任三把火，周紆上任後，很快就來摸底調查：當地大族的戶主姓名。下屬官吏哪敢怠慢，便頂著風雨晴晒，走街串巷，把洛陽城裡所有豪強的姓名摸清底細後上報到了周紆這裡。原本以為會得到周紆的讚賞，但哪料到，周紆對名單只看了一眼，便怒喝道：「我問的是像馬家、竇家那樣的皇親國戚，難道叫我去管那些賣菜的販夫嗎？」

　　一聲怒喝，掠人膽魄。下屬官吏瞧著他的臉色行事，爭著搶著做激烈嚴酷的事。效果也是相當明顯：那些顯貴的皇親國戚全都變得小心翼翼，京都一派太平。

　　然而，凡事有個尺度，嚴厲是好事，但如果嚴厲過了頭那就是壞事了。很快，周紆就和竇氏外戚勢力的二號人物竇篤來了個「真情對對碰」。

　　事情大致是這樣的。一天晚上，竇篤突然心血來潮，來了個「夜遊止奸亭」，結果正好碰到巡邏的周紆。都說秀才遇到兵，有理說不清。竇篤雖然不是秀才，周紆雖然也不是兵，兩人一見面卻還是來了個說不清。周紆說，止奸亭晚上禁止遊人參觀，要來白天再來。竇篤說，我以前天天晚上都來止奸亭兜風，你一來就改變了，這是哪門子的規定？周紆說，沒有哪門子規定，是我規定的？不服怎麼樣。竇篤說，當然不服了，你不要以為你很厲害，我竇家人根本就不拿你當官差。周紆說，你等著。竇篤說，你等著……

　　兩人沒完沒了地爭鬥了一晚無果，竇篤將此事上報給了劉炟，請皇帝來主持公道。

　　劉炟聽說後很生氣，叫你周紆當洛陽令，專門督視竇氏外戚，是叫

你收集可靠消息和證據，以備急需之用，而不是叫你無中生有，無事生非，主動去招惹麻煩啊。人家去散個步兜個風，犯了哪門子法？這事如果讓竇皇后知道了，我怎麼向她交代？想到這裡，劉炟馬上叫人把周紆抓起來送到了詔獄（皇家監獄），聽候審訊。

當然，劉炟這樣做，只不過是為了給竇家一個交代。過了一些日子，等竇家人怒氣稍歇後，劉炟又無罪赦免了周紆。

然而，竇皇后很快就知道了這事，她又充分發揮自己的特長 ── 枕邊風。她的枕邊風此時已勝過九級颱風了，自然是風到石開。結果周紆雖然死罪可饒，但活罪難逃，洛陽令卻不能再讓他當了。於是，劉炟只能無奈地叫周紆捲起鋪蓋回家種地去了。後來，周紆再次被召用為御史中丞，他也成了竇氏的收屍人。當真是世事難料。

（三）權臣那些事

1. 幾朝天子一朝臣

漢章帝章和二年（西元 88 年），三十一歲的漢章帝劉炟死了。年僅十歲的皇太子劉肇繼任為皇帝，是為漢和帝。

實權在握的竇太后時來運轉，一躍成為皇太后的她代年僅十歲的劉肇主持處理東漢王朝的工作，成為「垂簾聽政」的先驅者。

她上任後馬上做了兩件事。

第一件事，極力打造嶄新的竇氏集團。竇太后主持天下後，竇氏外戚勢力立即如芝麻開花節節高，又開始了新一輪的雞犬升天。竇太后的兄弟竇憲、竇篤、竇景、竇瑰等並居機要。

曾被漢章帝「雪藏」好幾年的竇憲，經過短暫的沉寂，再度發跡，負責朝廷的日常工作，連皇太后的詔書頒發都要經過他；朝中禁軍皆歸竇

篤掌握，皇宮內外的安保工作由他全權負責；竇氏後起之秀中的「雙子星座」竇景和竇瑰職務是中常侍，負責文書傳達和連繫工作，宮中的風吹草動，都在兩人的監視之下。

結果，效果顯而易見：竇太后從此號令天下，莫敢不從。

第二件事，極力打壓朝中的「反動」人物。竇氏集團為了打造至高無上的權力，馬上開始了「結其羽翼、排除異己」的行動。身為太尉的鄧彪被任命為太傅，「令百官總己以聽」，「累世帝師」的桓郁「授經宮中，所以內外協附，莫生疑異」。

這樣一來，竇憲得勢。謁者韓紓因為在明帝永平年間審理竇憲之父竇勳一案秉公辦事，一直是竇家難以言說的痛，此時，儘管韓紓早已死了，但竇氏集團並沒有就此了結此怨，而是將仇恨進行到底，結果韓紓的兒子成了父債子還的犧牲品，竇氏集團用其頭顱為竇勳祭墳，上演真真切切、扎扎實實、風風火火的「血祭」。

與此同時，劉炟的兄弟廣平王劉羨、六安王劉恭、重熹王劉黨、下邳王劉衍、梁王劉暢五位王爺也成為政治犧牲品。

就在竇太后雙管齊下、竇氏集團水漲船高時，竇氏集團卻很快上演了一場窩裡鬥。

竇憲「一飛沖天」，氣焰囂張到了無法無天的地步。除了朝中文武百官、皇室宗親，其他人他一個都不放在眼裡。這個時候，一個人的怒髮衝冠，讓竇憲馬上體會到了什麼叫「墜落的姿勢」。

這個怒髮衝冠的人便是竇太后。原因很簡單，竇憲得罪了竇太后，因為竇憲殺了一個不該殺的人——「五王鬧洛陽」的劉暢。

梁王劉暢和廣平王劉羨、六安王劉恭、重熹王劉黨、下邳王劉衍在漢章帝死後，齊刷刷地進京來了，上演的是一出「五王逼宮」，結果卻變成了「血祭」。五王按理說轟轟烈烈，死得並不冤枉。但在竇太后眼裡，

劉暢卻死得冤枉。

原來，英氣逼人的劉暢仗著親王的關係，早已淪為竇太后的相好，老好人漢章帝日理萬機，廢寢忘食地工作，披星戴月地工作，被戴了「綠帽子」也不知情。漢章帝死後，只有十歲的劉肇即位，劉暢覺得這是和竇太后「再續前緣」的好機會，這才急匆匆地往京城趕。為了不「打草驚蛇」，他和四個宗親王打出了聯合的旗幟。結果竇憲不知天高地厚，大肆誅殺五王時，把「無辜」的劉暢也給「咔嚓」了。

劉暢死了，竇太后先是心痛，然後發怒，後果很嚴重，竇憲吃不了兜著走，立刻受到了處罰：一是把竇憲革職；二是把竇憲「拘留」。

直到這時，竇憲才如夢方醒，知道犯了大錯，惹了大禍。他知道自己如果不採取及時可行的措施和對策，等待他的將是更為嚴重的「問罪」，被砍頭也不是不可能。想到這裡，身陷囹圄的竇憲馬上提起了「上訴」。別人「上訴」是為了給自己開脫罪名，竇憲「上訴」卻是為了「將功贖罪」，具體表現為：首先，他以誠懇的態度主動認錯道歉，向竇太后承認了自己的過失；其次，他以誠摯的態度展開親情攻勢，請求竇太后寬恕自己的過失；最後，他以誠信的態度主動提出要求，請求親自領兵去攻打北匈奴。

事實證明，竇憲的「亡羊補牢」策略還是立竿見影的，竇太后不看情人看親人，不看朝臣看局勢，最終還是答應了竇憲的請求。

漢和帝永元元年（西元 89 年）六月，竇太后封竇憲為車騎將軍，為主帥，執金吾耿秉為副帥北伐匈奴。

結果，三路大軍的行軍過程很順利，很快便在涿邪山會師。當然，漢軍之所以這麼「一帆風順」，那是因為他們沒有經受考驗，沿途連半個北匈奴人的影子也沒看到，不用一刀一槍，能不順利嗎？

看著光禿禿的涿邪山，竇憲沒有心思發感慨，而是急得直跺腳，大

吼道：「我不是來旅遊的，如果不帶戰利品回去，我如何交差（立下了軍令狀）？我的頭顱難保矣！」

「主帥勿憂。」耿秉安慰道，「北虜遠遁，那是因為害怕。只要他們害怕，就意味著我們的機會來了。」

「什麼機會？」竇憲絕望的眼神中發出一絲光亮來。

「他們跟我們玩捉迷藏遊戲，我們就跟他們玩扮豬吃老虎的遊戲。」耿秉頓了頓，接著道：「北虜藏身的大致範圍在安侯河（今蒙古人民共和國鄂爾渾河）以西，我們現在先在這裡安營紮寨，再調兵遣將向北探索前進，必能破敵。」

竇憲一聽大喜，隨即來了個兩步走。

第一步，安營紮寨。這個是項基本工作，過程單調結果單一。

第二步，投石問路。這個是項技術工作，過程和結果成正比。

竇憲派去「投石問路」的先鋒為「三劍客」：副校尉閻盤，司馬耿夔、耿譚（耿秉之弟）。兵力：一萬精兵鐵騎。進軍方式：「三劍客」行軍時各自分散，戰時速度會合，齊頭並進，互為掎角，互為依靠，步步為營，步步推進。

「三劍客」果然不負竇憲厚望，在稽落山（今蒙古人民共和國南杭愛省阿爾古音河南阿爾察博克多山）終於找到了躲藏的北單于。結果北匈奴被打得丈二金剛摸不著頭緒，只好選擇「不羞遁走」。

北匈奴敗了，竇憲第一時間得到消息，馬上採取大規模行動，率大部隊來了個「千里大追蹤」。結果勇往直前的漢軍一直追到私渠比鞮海（今烏布蘇湖，在蒙古人民共和國境內），一路上殺敵共計一萬三千餘人，收穫降兵降民共計二十餘萬人，俘獲馬、牛、羊等牲畜共計百餘萬頭。

收穫這麼多的戰利品，獲得如此成就，竇憲不由得大喜過望。他登

上燕然山（今杭愛山，在蒙古人民共和國境內），先是「指點江山」，然後在碑文上來了個「刻石勒功」，至此竇憲成功達到了「戴罪立功」的目的，而他的仕途也迎來了新的轉機。

2. 至暗時刻無人知

第二次凱旋後，竇憲早已完成「本質」的蛻變，由戴罪之身變成了有功之臣。他和竇太后的「嫌隙」也因此煙消雲散。隨後，大將軍竇憲掌握了大漢王朝的軍權，成為朝中名副其實的「攝政王」。竇太后封官也在此時形成了自己獨有的「潛規則」：一是親屬，二是聽話。結果，竇氏家族的高官遍布整個朝廷上下，達到了「刺史守令，多出其門」的地步。

「一人得道，雞犬升天。」竇氏家族因為仗著上有「鐵桿保護傘」，下有「團夥看場子」，巧取豪奪、貪汙賄賂、投機倒賣等壞事做盡。竇篤晉升為特進，可以選拔官吏，享受三公的禮遇；身為執金吾的竇景越發肆無忌憚，公然指使手下惡奴搶奪財物，掠人妻女，使得京城裡商賈關門歇業，如避寇仇，一天到晚提心吊膽；身為光祿勳的竇瑰為富不仁⋯⋯

至於竇憲本人，塞外的戎馬生涯並沒有讓他脫胎換骨，不見他提拔一位後學英俊、疆場功臣；不見他對國家的水旱災害、黎民疾苦表示過關心，他只知居功自傲，傲視滿朝公卿。

竇氏家族的所為，攪得京城的政治和社會秩序一塌糊塗。然而，迫於竇氏淫威，官員們敢怒不敢言，誰也不敢舉報。唯有以司徒袁安、司空任隗、尚書僕射郅壽和樂恢四人為首的幾位官員勇於逆流而上，以大無畏的英雄氣概與竇氏集團展開激烈的對抗。四人彈劾竇氏集團的一些不法分子，因為證據確鑿，事實勝於雄辯，竇太后為了給世人一個交代，不得已執行處罰，結果被貶官或免職的竟然達四十餘人。

這顯然「觸怒」了以竇憲為首的竇氏集團的根本利益。因此，本著以

牙還牙的方式，他馬上把目標瞄準這四人，採取各個擊破的策略。他首先對四人中身分和地步較低的尚書僕射郅壽和樂恢動手，結果兩人根本就沒有還手之力，很快被竇憲以「莫須有」的罪名殺害。而對於這一切，「三朝元老」袁安和任隗除了表示強烈不滿和抗議外，竟然愛莫能助，毫無辦法。

另外，司徒府的屬官周榮是反竇的堅定分子。司徒袁安彈劾竇景及與竇憲爭論的奏表，全由周榮草就。竇氏賓客、時為太尉府屬官的徐來恐嚇周榮：「你為袁公心腹，排擠竇氏，竇門刺客遍布城中，你出入可要小心啊！」周榮沒有被他嚇倒，他早已把生死置之度外。他強硬地回答道：「我周榮是長江、淮河地區的一介書生，有幸能在袁安屬下任職，縱然被竇家所害，也心甘情願！」除此之外，他告誡妻子：萬一自己遭到不測，不要收殮屍體，以警醒朝廷。

梁諷曾為竇憲的司馬，去北匈奴招降納叛，也盡了自己的一份力量，後來因為忤意，就被竇憲處以髡刑（即剃光頭髮），武威太守又秉承竇憲的意旨殺了梁諷。

可以說竇憲用實際行動證明了什麼叫一手遮天，什麼叫睚眥必報。

光陰荏苒，漢和帝永元三年（西元 91 年）十月，十四歲的和帝劉肇要西去長安祭祀漢家陵園，讓竇憲與他在長安相會。竇憲前來「迎駕」時，一些趨炎附勢的官員竟然向竇憲叩拜，伏身口稱「萬歲、萬歲、萬萬歲」。幸好尚書韓稜正色說道：「同上面的人交往，不可諂媚；同下面的人交往，不可輕慢。與人相交，在禮儀上應不卑不亢，哪有人臣被稱為萬歲的制度！」這才阻止了這次荒唐的鬧劇。

這次鬧劇對劉肇幼小而脆弱的心靈產生了強烈的震撼，他萌生出強烈的參政欲望。是啊，四年來，他已經完成了兒童向少年的轉變。

普通百姓家十四歲的孩子都還停留在「少年不識愁滋味」的階段，

但劉肇卻深深體會到了什麼叫「人在皇宮、身不由己」。為了改變這種狀態，他向竇太后委婉地提出了「參政」的想法。

沒想到這次「投石問路」，被竇太后一口回絕：「你現在還小，官場如戰場，就讓你舅舅他們先多替你擔當一下吧。等你成年了，再讓你做主宰太平盛世的天下之王，好嗎？」

竇太后的語氣很平和，意思卻不容反駁。

接著，劉肇充分發揮不灰心不氣餒的優良作風，再向舅舅竇憲「討教」。結果，竇憲可沒有竇太后那麼溫和，他怒吼道：「你也不看看自己的能力，還想參政，我看你是身在福中不知福。」

被竇憲一罵，年僅十四歲的劉肇徹底醒了。他明白了這樣一個道理：要想從竇氏手中把權力棒「交接」過來，「等」那是永遠不可能的事，只有一條路可走，那就是「奪」。

而要想奪權，必須培養自己的「親信」。朝中雖然也不乏袁安、任隗這樣的正義之士，但更多的是趨炎附勢之輩，如果在朝中「赤裸裸」地尋找自己的親信，弄不好就會打草驚蛇，弄不好會陰溝裡翻船，弄不好會死無葬身之地。對此，年少卻充滿智慧的劉肇決定就地取材，選的親信居然是宦官鄭眾。

鄭眾不但是個宦官，而且是個有殘疾的宦官。據說在入宮時受到了非人的折磨，能保全一條性命已經是奇蹟。

劉肇選擇這個殘疾人做「擋箭牌」，一是可以避人耳目，二是因為鄭眾不是一般人。如果說殘疾是他最大的缺點，那麼品德就是他最大的優點。他忠於朝廷忠於漢室，就是不忠於竇氏集團。也正是因為這樣，當劉肇向鄭眾示好時，鄭眾很快便成了他的「內線」。

有了「內線」鄭眾的支持和幫助，劉肇可以及時準確地掌握竇太后和竇憲等人的最新動態，這為他實現夢想跨出了堅實的一步。

　　初試牛刀取得不錯效果後，劉肇本著一個好漢三個幫的原則，繼續他的「親信」尋找之旅。很快，他把目標瞄準在了自己的異母哥哥、前廢太子清河王劉慶身上。

　　這時的皇室宗親王，幾乎被竇氏集團一網打盡：五大藩王被斬，其他親王淪為布衣或歸隱山林。

　　相對於其他宗親選擇「中隱隱於市」和「小隱隱於野」，清河王劉慶就顯得與眾不同。他痛失太子之位後，並沒有忌恨劉肇，而是對專權的竇氏集團深惡痛絕。因此，相對於別人的明哲保身，他選擇了「大隱隱於朝」，一直蟄伏在朝中，不顯山也不露水。這時，他和劉肇兩人就像是乾柴烈火，一點就著。兩人很快達成了生死同盟，六個字：同患難，共進退。

　　事實證明，這個劉慶果然不是一般人物。他雖然也還是個十多歲的孩子，但謹慎而不失機智，沉著而不失穩重，成了剷除竇氏外戚集團的「骨幹力量」。他找來一本《漢書·外戚傳》對劉肇實行「洗腦」，目的是讓劉肇樹立良好的人生觀、大局觀、政治觀，讓其樹立堅定的信念和信心。他的「啟蒙教育」無疑讓原本迷惑的劉肇茅塞頓開。

3. 竇氏集團的末日

　　在找到兩個好幫手的同時，漢和帝劉肇再接再厲，很快把目標瞄準在另一位「奇人異士」身上，這個人的名字叫丁鴻。

　　丁鴻，字孝公，潁川郡定陵人。

　　丁鴻的父親丁綝在王莽末年擔任潁陽縣縣尉。後來以「匡復漢室」為己任的劉秀帶起義大軍打到潁陽城，但潁陽城因為占據天時、地利、人和的優勢，久攻不下。這讓力求速戰速決的劉秀很是苦惱，他甚至一度產生放棄攻打潁陽的想法。然而，就在劉秀準備班師回朝時，丁綝卻叫

住了劉秀，說了這樣一句話：「我要依靠你。」正當劉秀不知所以時，丁綝在城頭掛起白旗，然後開啟了城門……

劉秀高興之餘給予丁綝嘉獎。隨後丁綝帶領兵士強渡黃河，先後為劉秀攻下河南、陳留、潁川三郡二十一縣，一路可用勢如破竹、順風順水來形容。

光武帝建武元年（西元 25 年），丁綝被拜為河南太守。等到封功臣時，劉秀叫大家各言所樂，諸將都占豐邑美縣，只有丁綝願封本鄉。有人不解問道：「人家都想占縣，你卻只求鄉，這是為什麼？」丁綝笑道：「從前孫叔敖囑咐兒子，受封時一定求瘠薄之地，今我能薄功小，得到鄉亭就很不錯了。」劉秀對他這種「孔融讓梨」般的舉動大為讚賞，封他為定陵新安鄉侯，食邑五千戶，後來改封為陵陽侯。

都說虎父無犬子。相對於父親的寬厚和禮讓，丁鴻卻是聰慧和明達。他十三歲時，拜桓榮為師，學習《歐陽尚書》，三年後畢業，也沒有找工作，而是穿上布衣，挑著行李，不遠千里遊學天下，直到父親丁綝去世才停止這種「漂泊流浪」的生活。

丁綝死後，按規定丁鴻應世襲受封，他卻上疏朝廷，希望把封國讓給弟弟丁盛。然而，朝廷沒有批准他的「善心」。但丁鴻是個說一不二之人，埋葬完父親後，丁鴻把孝服往廬墓一掛，來了個「留信而別」，信中曰：「鴻貪經書，不顧恩義，少而隨師學習，生不供養父母，死不能盡孝道，皇天先祖，並不保佑幫助，身受大病，不堪茅土。前次上疏言明病情，願辭爵給弟弟，奏章擱置沒有回批，時間迫近當襲封爵土。謹自放棄襲爵，到外尋求良醫。如果病治不好，死在溝壑算了。」

這便是歷史上著名的「丁鴻逃封」這一典故的由來。

再後來，丁鴻逃封東海，遇到了莫逆之交的老同學鮑駿。丁鴻覺得自己這樣落魄，沒臉見老同學，於是來了個「相見不相識」。但鮑駿卻不

吃這一套，他挽住丁鴻來了個「笑問客從何處來」。寒暄過後，鮑駿道：「從前伯夷、吳季札處在亂世，所以得申其讓國之志。《春秋》之大義，不因家事廢王事，現在你以兄弟的私情而斷絕父親不滅的基業，可說是聰明嗎？」

丁鴻很受感動，流淚嘆息，於是返回國都，開門教授學徒。

此時，鮑駿也上疏朝廷，稱丁鴻經學學得很好。丁鴻慢慢受到朝廷的注意。

漢明帝永平十年（西元 67 年），漢明帝召見丁鴻，丁鴻很珍惜這次難得的機會，面試中講述《文侯之命》，被漢明帝驚呼為神人，很快就封他為侍中。三年後，丁鴻，兼任射聲校尉。漢章帝建初五年（西元 80 年），被提拔為少府。

丁鴻在十六年的仕途生涯中，做得最多的一件事就是演講。他每舉行一次演講，就會得到一大批「粉絲」，結果這些「追星族」便成了他的門客，到最後，丁鴻的門客達到數千人。

漢和帝永元四年（西元 92 年），袁安病逝。臨死前，袁安在發出「但悲不見竇氏滅」的感慨同時，對丁鴻寄予了「厚望」，極力推薦丁鴻繼任司徒一職。然而，竇太后並沒有批准他的請求。

正是因為袁安的「臨終一推」，丁鴻引起了漢和帝劉肇的注意。於是，劉肇馬上和他開始了飛鴿傳書，很快就「俘虜」了他。

俗話說，一個好漢三個幫。人小鬼大的劉肇拉攏了殘疾人鄭眾、大小孩劉慶、書生丁鴻三個幫手。

就是這個極為不起眼的四人組卻成了不可一世的竇氏集團的掘墓人。

與此同時，竇憲看到漢和帝越來越不安，竇氏集團的「大哥大」產生了「廢而立新」的想法。他也找了兩個得力幫手：一個是他女婿射聲校尉

郭舉的父親長樂少府郭璜，另一個是穰侯鄧疊。

三人平常就狼狽為奸，此時自然一拍即合，於是決定對劉肇予以「屠龍」，另立新君。策劃方案很快就提上了議程。

然而，他們三人的陰謀很快被劉肇的「內線」鄭眾探知。劉肇一聽嚇得面如土色，不知所措。正在這時，丁鴻出來幫他「解憂」了。

他借日食給劉肇上疏，引用《詩經》教會了劉肇三個關鍵詞：

第一個關鍵詞：日中則昃，月盈則食。

解析：臣下聽說太陽為陽精，守實不虧，君王之象徵；月亮為陰精，盈虛有一定規則，是臣子的表象。所以發生日食，是因為臣在君上，陰凌於陽；月滿不虧，是因為臣子驕盈的緣故。

第二個關鍵詞：變不空生，各以類應。

解析：凡威權不可以放下，利器不可以假人。遠看往古，近看漢興，傾危之禍都是由此產生的。因此，三桓專魯之權，田氏擅齊之政，六卿瓜分晉室，諸呂掌握漢室，統嗣幾次變更，哀帝、平帝末年，宗廟不能祭祀。所以雖有周公之親，而無周公之德，不能行其權勢。現在，大將軍竇憲，雖想束身自約，不敢僭越權勢，然而天下遠近的百姓都恐懼承旨，刺史兩千石初除謁辭，求通待報，雖奉了符璽，也不敢馬上便去，久的能拖到幾十天。揹著王室，走向私門，這是上威降低、下權勢盛的緣故。人道悖於下面，效驗現於上天，雖有隱謀，神明照察其情，垂象見戒，以警告人君。近來，月滿先節，過了十五還不虧缺，這是臣下驕傲橫溢、違背君王、專功獨行的緣故。陛下沒有察覺，所以上天再次警示，應該畏懼，以防大禍臨頭。

第三個關鍵詞：敬天之怒，不敢戲豫。

解析：如果敕政自責，杜漸防微，那麼凶妖就會消滅，害除而福降了。臣聽說天不可以不剛，不剛則三光不明；王不可以不強，不強則宰

牧縱橫。應該趁大變之際，改政匡失，來附和天意。

丁鴻的上疏給了劉肇力量，他知道情況緊急，已到了只爭朝夕的地步，於是當機立斷，決定先下手為強，「反屠龍」。

漢和帝永元四年（西元 92 年）夏，漢和帝劉肇在北宮組建了「指揮部」，以迅雷不及掩耳之勢發動了「政變」。首先，他命令丁鴻帶領禁衛軍封閉城門，武裝保衛南、北兩宮。隨後，派人去按名單抓捕竇氏的同黨，不走「司法程序」，直接下獄格殺勿論，竇氏集團的黨羽郭璜、郭舉、鄧疊、鄧磊等人被一網打盡。最後，命謁者僕射去竇憲家裡收了他的大將軍印章，再去他兄弟家裡下發了幾張「通知書」，把他們罷官，通通攆到各自的封國去了。

整個「政變」過程波瀾不驚，平淡得像一次日常演習，強大的竇氏集團只在一瞬間就灰飛煙滅了。這其中，除了劉肇準備充分之外，正確選擇時機也是重要因素之一。當時竇憲北征匈奴得勝回朝沒多久，手下親信整天花天酒地，開慶功，想著升官發財還來不及呢，誰會想到皇帝會在這時候突然發難？

竇氏兄弟被遣送回封地只是第一步，皇帝不會讓他們在封地頤養天年，誰都知道他們的末日已經為期不遠。劉肇考慮到竇太后對他有養育之恩，沒有把他的幾個舅舅明正典刑。他借鑑了當年竇太后對付宋貴人和梁貴人的方法，向他們的封地專門派遣了會渲染恐怖氣氛的官員，整天「開導」他們。在官員們的日夜「開導」下，竇憲、竇篤、竇景全部自殺。

竇氏集團僅有兩個「倖存者」：一是竇太后，這位失去了竇憲等羽翼的「母老虎」，就像被拔了牙一樣，再也沒有食肉的權力，只剩下了吃飯的義務了；另一位是夏陽侯竇瑰，因為他是竇氏集團的另類，當了官也沒有和其他竇氏成員同流合汙，忠厚、勤勞、樸實、孝順，最重要的是

「檢敕賓客，未嘗犯法」。因此，劉肇對他網開一面，非但免除了對他的處罰，而且封他為羅侯（羅縣，屬長沙郡），使他得以保全。這當真驗證了「好人有好報」這句話。

頃刻之間，外戚竇氏的勢力毀滅殆盡。世事風雲莫測，竇氏兄弟短短幾年的飛黃騰達好似一枕黃粱美夢，朝野上下無不拍手稱快。

十、漢亡的歷史密碼

（一）外戚是把「雙刃劍」

1. 鄧綏：我譭譽參半

東漢有一個很「特別」的皇后，她一生有很多作為，卻譭譽參半。她政治才能出眾，卻沒有圓滿的結局，她譜寫了一曲悲情的巾幗之歌，她的的名字叫鄧綏。

鄧綏出身好。她所在的鄧家位列東漢四大家族之列。鄧綏的祖父是東漢開國功臣太傅鄧禹，父親鄧訓是護羌校尉，母親是光武帝劉秀的皇后陰麗華堂弟的女兒。也正是因為政治背景出眾，乖巧伶俐的鄧綏一出生就備受世人關注。

鄧綏體貼人。從小便知書達禮的鄧綏被奶奶太傅夫人視作掌上明珠。一次，奶奶要親自給她剪頭髮，因老眼昏花，不慎弄傷了鄧綏的頭，鄧綏卻一聲不吭。事後，有人問鄧綏為什麼忍痛不說。鄧綏回答：「我不說出來並不是感覺不到疼痛，而是為了不讓奶奶為這件事難過，這才忍住不說的。奶奶喜愛我才給我剪頭髮，我不能讓她老人家難過。」小小年紀的鄧綏如此善解人意、體貼他人，令人佩服。

鄧綏才識高。因為家境好，鄧綏從小便受到了良好的教育，讀書習字、琴棋書畫無所不能。相傳她六歲的時候便能讀史書，十二歲便通曉《詩經》、《論語》。鄧綏的母親不想她天天苦讀，一心想讓她精於婦道。於是，善解人意的鄧綏白天時就按照母親的要求學習女紅，晚上繼續誦

讀經典，父親為此對鄧綏很是讚賞。

漢和帝永元四年（西元 92 年），十二歲的鄧綏遭受了人生第一大的打擊，父親因病去世，她感覺天要蹋下來了。為此，她為父守孝三年。

三年之後，十五歲的鄧綏迎來了人生當中的第一次「大考」，她被選入宮。被選的原因很簡單，一是長相秀美。這時的她「長七尺二寸，姿顏姝麗，絕異於眾，左右皆驚」。二是才華出眾，鄧綏每每出口成章。

如此集才貌於一身的她入後宮，被漢和帝視為「寶物」，對她寵愛有加，入宮第二年就晉升為貴人。鄧綏不驕橫，她雖然有顯赫的家世，但在宮中一點都不驕橫，非常謙恭謹慎，做所有的事情都嚴格按照規章制度，連對宮裡的下人都以憐惜寬容的心態相待，對待漢和帝的第一皇后陰皇后更是加倍小心。

陰皇后可不是一般的人，她出身名門望族，她父親的祖父是光烈皇后陰麗華的哥哥陰識，她母親的祖父是光武帝劉秀的開國大臣鄧禹，這樣特殊的皇親國戚身分是尋常人無法相比的。陰皇后還是少女時便名溢滿京都。漢和帝永元四年（西元 92 年），十三歲的她入宮後，憑藉出眾的樣貌與才華脫穎而出，成功獲得了漢和帝的寵愛，晉封為貴人，不出兩年，被封為皇后，一時風光無二。

按照輩分算，鄧綏是漢和帝的第一皇后陰皇后的姑母。陰皇后比鄧綏早四年入宮，因為是出自陰氏家族，所以一入宮就被封為貴人。和帝非常喜愛她，在鄧綏被封為貴人的那一年，陰氏被冊立為皇后。但自從陰氏當上了皇后，和帝對她的寵愛反而減少了很多，這是因為新入宮的鄧綏不僅異常美麗，而且博學多才，善察聖意。

陰皇后因為嫉妒而懷有越來越多的憤恨之心。鄧綏受寵日盛，使得陰皇后擔憂嫉妒，屢次想加害她。鄧綏處事更加小心謹慎。一次，鄧綏生病，和帝體恤她，就特許她的家人入宮探視。鄧綏卻拒絕了。宮廷宴會的

時候，其他后妃都裝扮明麗，唯獨鄧綏打扮素淡。偶爾和陰皇后穿的衣服顏色相同，她必定重新換上不同顏色的衣服。皇子們在後宮內接連夭折，鄧綏知道後，多次流淚嘆息，並一再給和帝選進才人，好讓皇家沒有子嗣的憂慮……凡此種種，使得和帝更加覺得鄧綏通曉大體，可愛可敬。

俗話說：「自作孽不可活。」漢和帝永元十四年（西元 102 年），陰皇后的祖母向她獻計，以巫蠱之道詛咒鄧氏速死或使皇帝無子，以保全皇后之位，結果被告發。和帝大怒，廢掉陰皇后。陰氏家族因此被下獄治罪，陰皇后的父親自殺而死，兄弟等人有死在獄中的，有被免去官職流放的。當年冬天，鄧綏被冊立為皇后。鄧綏一再推辭不受，和帝不准，她才正式接受皇后璽綬。

鄧綏居皇后之位依然節儉務實。以往每逢國家大型節日或者歲末，各地及小國都爭相貢獻珍稀寶貝以示祝賀。鄧綏不想讓這種奢侈之風延續，建議貢品用紙墨代替。和帝按照慣例要對鄧家兄弟封賜也被鄧綏推辭掉。所以，鄧家族人始終都沒有獲得很高的官職。

延平元年（西元 106 年），漢和帝駕崩，僅二十五歲的鄧綏的人生再次迎來轉機。和帝因為十幾個皇子先後在後宮死掉，所以擔心有人故意加害皇家子嗣，就把後來生下的皇子送到民間祕密撫養。這件事只有皇后等少數幾人知道，因而在和帝死後，鄧綏把才生下來一百天左右的殤帝抱回宮中，立為皇帝。鄧皇后更新為鄧太后，因為皇子太小而臨朝聽政。這個小皇帝不到一年就夭亡了，鄧皇后和其兄立漢章帝之孫劉祐為皇帝，是為漢安帝。

此後近二十年，鄧綏雖然是「垂簾聽政」，成了朝中一切權力的主宰者。她因為生性仁慈，在代管朝政期間做了許多賢德的事情。對此，范曄在《後漢書》中對鄧綏讚譽有加，不惜花費大量筆墨描述她的一生，這在皇后中也算特例。

漢安帝建光元年（西元 121 年）春，垂簾聽政十六年之久的四十歲的太后鄧綏偶染風寒，很快就一病不起。臨死前，她對漢安帝留了三道遺言。

一、我死後，希望陛下能大赦天下，以彌補我心中的內疚。

二、我死後，希望陛下能寬恕鄧氏家族的子弟們。

三、我死後，希望陛下能特別開恩，讓我能和先帝（劉肇）合葬在一起。

漢安帝是個孝順的人，沒有不答應的理由，鄧綏去世後，一邊大赦天下，一邊為鄧太后舉行了隆重的葬禮儀式，把她葬於洛陽北邙山上。

漢安帝劉祜終於守得雲開見日出，擺脫了鄧太后的陰影。他如同一條甦醒的蛇，一朝靈蛇出洞，上演的自然是「嗜血的皇冠」。具體過程歸納起來可以分為三步。

第一步：投石問路。

鄧太后屍骨未寒，漢安帝就追封自己的生父劉慶為孝德皇帝、生母為孝德皇后、嫡母為甘陵大貴人，以此來試「鄧氏集團」的反應。結果，此時的鄧氏集團都還沉浸在「大姊大」這一「龍頭」突然離去的悲傷中，對漢安帝的投石問路根本沒有什麼反應。

眼看投石問路效果還不錯，漢安帝馬上上演第二步：含沙射影。

為了徹底扳倒鄧氏集團，漢安帝採取「清其外圍，層層推進」的策略，先是找依靠鄧氏集團的宦官集團下手。這個時候，宦官集團的「大哥大」鄭眾已經死了，取而代之的是「二號人物」蔡倫。結果漢安帝對這位發明造紙術的人才，既愛又恨。愛就不用說了，那是因為蔡倫用聰明智慧發明創造的一張薄薄的紙取代了厚厚的竹片，創造的是人類文明進步的奇蹟，這樣的人才想不愛都難。而恨是因為當初蔡倫誣陷祖母宋貴人，致使他的父親淪為「廢太子」，從而使父親悲苦到老，這樣的小人想

不恨也難。

俗話說：「君子報仇，十年不晚。」此時的漢安帝當然沒有忘記血海深仇，他立即對蔡倫動手了，把他交給司法部門審訊。結果自知沒有好果子吃的蔡倫選擇了服毒自盡，一了百了。看樣子，「善有善報，惡有惡報，不是不報，時候未到」這話誠不虛也。

當然，漢安帝打擊蔡倫的目的是為了剷除鄧氏集團的羽翼，報了仇的漢安帝一邊追封祖母宋貴人為「敬隱皇后」，一邊趁熱打鐵，上演第三步：旱地拔蔥。

的確，沒有鄧太后這個「水源」的滋養，鄧氏集團早已陷入了「旱地」的三伏天。這個時候漢安帝還不「拔蔥」，更待何時？

俗話說：「權歸臣兮鼠變虎，君失臣兮龍為魚。」這個時候，往旱地上澆水的正是當年鄧太后打壓下的受害者，他們聯手狀告鄧氏集團胡作非為，無法無天，罪大惡極。

欲加之罪，何患無辭。更何況，鄧氏集團早已惡貫滿盈，罪惡昭彰。於是，漢安帝當機立斷，開始一網打盡的「拔蔥行動」，本著循序漸進的原則，又分為兩道工序。

一、斬草。先是把鄧氏集團中的中流砥柱上蔡侯鄧騭降為羅侯，並將其舉家遣歸封國；隨後對鄧氏集團中的另一位重量級人物尚書鄧訪舉家流放。再接著對鄧氏集團的骨幹成員一頓貶斥──將西平侯鄧廣宗、葉侯鄧廣德、西華侯鄧忠、陽安侯鄧珍、都鄉侯鄧甫德貶為庶人……

二、除根。降的降，貶的貶，罰的罰，這僅僅是漢安帝對鄧氏集團下手的開始，緊接著才是真正「亮劍」的時候。他指使地方官員威逼引誘，逼鄧廣宗與鄧忠自殺身亡。漢安帝的這招殺雞儆猴的戰術果然高明，很快鄧騭與鄧鳳便很「識時務」地選擇了步鄧廣宗與鄧忠的後塵。接下來，鄧綏的堂弟河南尹鄧豹、度遼將軍舞陽侯鄧遵、將作大匠鄧暢相

繼自殺⋯⋯最終，鄧氏集團的骨幹成員為了免去「羞辱」，幾乎在一夜之間消亡殆盡。

只有兩個「漏網之魚」，一個是漢安帝閻皇后的姨表兄弟鄧廣德。另一個是當年曾經勸鄧綏歸政而被開除鄧氏宗籍的樂安侯鄧康，鄧廣德因為「裙帶關係」得以「明哲保身」，而鄧康因為「勇於摸老虎屁股」重獲重用，一躍成為太僕。為了安撫天下，漢安帝擺出聖明天子的模樣丟卒保車，將逼死鄧氏兄弟的「狗腿子」地方官裝模作樣地處理了一通，召鄧家其餘的成員盡數返京，明為解決後顧之憂，實為「軟禁」。另外將「含冤而死」的鄧騭等人予以厚葬。

2. 閻姬：我自掘墳墓

漢安帝劉祜時，他的皇后閻姬是一位不簡單的人物，她是繼鄧太后之後的又一位「女強人」。

閻姬之所以能成為接班人，那是因為她具備優勢：她不但長得貌美如花，而且能歌善舞，琴棋書畫，樣樣精通，堪稱一流的才女。同時，她母親與鄧綏之弟西平侯鄧弘的夫人是同胞姊妹，這是閻姬發跡的「敲門磚」。

閻姬的祖父閻章，精曉國家典章制度，在漢明帝永平年間任尚書，當時他的兩位妹妹被明帝選入宮中，封為貴人。因此，閻章一躍成為皇親國戚。然而，由於漢明帝為人正直，為防止外戚專權，採取了「權無私溺之授」的策略，結果閻章非但沒有借妹妹的兩對翅膀「高升」，反而「直降」，成了職比兩千石的中上級軍官——步兵校尉。閻姬的父親閻暢生有四個兒子，卻只有一個女兒。也正是因為獨生女的關係，閻姬一出生，就被父母視為掌上明珠。

閻姬擁有相貌、才華、出身三大得天獨厚的優勢，她也選擇了重走

鄧綏的「後宮之路」。漢安帝元初元年（西元 114 年），「才色」兼備的她被選入掖庭。

這時候，漢安帝已經二十出頭，正值精力盛旺之年。但由於朝政大權由鄧太后鄧綏「接管」，淪為傀儡皇帝的他，只好選擇隱忍和消沉以迷惑鄧太后。於是，只能「醉入」女色來打發他「空閒」的時光。

閻姬入宮後，被漢安帝驚為天人，在度過如膠似漆的「蜜月」後，漢安帝立刻給了她「名分」── 立為貴人。

漢安帝元初二年（西元 115 年），閻姬轉正，以勢不可當的氣勢被立為皇后。

漢安帝只能寵幸她閻姬一個人，對於有威脅的「情敵」，她毫不手軟，採取一切手段和辦法打壓，甚至不惜亮出手中的「絕情劍」和「屠龍刀」，置人於死地，以確保她獨一無二的皇后地位不動搖。

也正是因為這樣，後宮的「後起之秀」李氏很快就成了她的「犧牲品」。

隨後，在閻姬的極力推薦下，漢安帝將她的父親閻暢封為北宜春侯，食邑五千戶。

殺了一個最有威脅的「情敵」，提拔了一個最親的「直系」，閻姬的鐵腕手段取得了良好的效果。隨後，她對其他宮妃的打壓更加肆無忌憚。

但此時的漢安帝早已被閻姬的容顏遮住了雙眼，對她的行為聽之任之。

各種不利因素都消滅於萌芽狀態了。結果是後宮很快出現了這樣一個怪現象，各個如花似玉，正值芳華之年的嬪妃都是一年半載了也沒有誰為漢安帝生下一兒半子來。

「高明」的閻姬還沒來得及為自己的「摧花毒手」高興，「打擊」就接踵而至了。原來，因為其他嬪妃遲遲沒有「動靜」，李氏生的劉保既是長

子，也是獨子，在沒有競爭對手的情況下，在當時還在位的皇太后鄧綏的主持下，年僅五歲的劉保毫無懸念地於漢安帝永寧元年（西元 120 年）登上了太子之位。

從劉保上任第一天起，閻姬就失眠了。劉保的母后李氏是她殺死的，劉保日後的「轉正」日，就是她的窮途末日。

對此，閻姬想把劉保這根眼中釘肉中刺除掉，但無奈此時劉保有鄧綏「罩著」，她再瘋狂，也不敢造次，只有獨自懊惱，黯然神傷。

然而，閻姬苦惱的時光並沒有維持多久。一年後，鄧太后病死，漢安帝終於奪回了原本就應屬於自己的權力，開始主宰天下。

閻姬原本失神的雙眸頓時有了光彩，她彷彿溺水的嬰兒抓住了一根救命稻草，對漢安帝大獻殷勤，透過她的「溫柔攻勢」，漢安帝很快將她的四個兄弟加官晉爵。這樣，閻顯、閻景、閻耀、閻晏並列為卿校，典掌禁兵。漢安帝建光二年（西元 122 年），她又將閻顯加封為長社侯，食邑一萬三千五百戶，追封早死的母親為滎陽君。閻姓兄弟家的孩子，也全被拜為黃門侍郎。

也正是因為這樣，在鄧氏集團灰飛煙滅時，新的閻氏集團呼之欲出。

羽翼漸豐，毒辣的閻姬開始對「最大威脅」太子劉保下手了。她採取的戰術很明確，只有兩個字：誣告。罪名也只有兩個字：謀反。

當然，保險起見，閻姬不可能直接出面，於是她找了兩個幫手，分別是大長秋江京和中常侍樊豐。江京和樊豐原本就跟太子劉保的乳母王男不和，後來發展到了劍拔弩張的地步，兩人一不做二休，索性找個罪名，靠閻姬撐腰，殺死了王男。劉保為此體會到了人生中的最二大痛（第一痛是失生母李氏）。劉保當了太子後，江京和樊豐感到不妙，恐怕日後會被追究害死王男之責任，四個字：懼有後禍。

此時，閻姬拉她們兩個下水，自然是乾柴烈火，一點就著。於是，

「密謀三人組」就這樣形成了。

欲加之罪，何患無辭？更何況這個時候的漢安帝已誤入花叢中不可自拔，被閻姬的溫柔鄉勾走了魂，也矇蔽了雙眼。接到「密謀三人組」打來的小報告後，漢安帝高度重視，立刻派人去調查。

然而，他料想不到，這時朝中大多是擁后派了，調查組懾於皇后的淫威，哪裡敢堅持「實事求是」，而是選擇了「隨波逐流」，上報給漢安帝的回覆是：太子劉保謀反證據確鑿，屬事實。聽到「調查組」的報告後，漢安帝劉祜生氣了，立即召集朝中大臣，召開了會議，商議廢太子一事。

結果朝中大臣這時大多選擇了中立。耿寶等人都是閻姬極力打造的心腹之人，他們仗著閻皇后這棵大樹，在朝廷沆瀣一氣，狼狽為奸，氣焰炙天，肆無忌憚，無惡不作。對此，朝中大臣敢怒而不敢言。曾有「關西孔子」美稱的大學者、太尉楊震多次上疏揭發這幫人的醜行，結果遭到了耿寶等人的強力反擊，最終被逼得自殺身亡，落得個屍骨露於野的下場。

有了楊震這個前車之鑑，朝中大臣自然謹言慎行了許多。這次他們自然知道漢安帝是鐵了心要廢太子劉保，與其作無謂的反對，不如識時務地閉上嘴巴。

果然，儘管主留派的言論很精彩，但漢安帝劉祜一點也聽不進去。最終，他沒有讓這場辯論再繼續下去，馬上以快刀斬亂麻的方式，對太子劉保揮了揮手，就是這一揮手，從此太子是路人——被廢。就是這一揮手，從此太子是庶人——貶為濟陰王。

至此，閻姬的「毒手摧花」取得了決定性勝利，一個強大的閻氏集團稱霸朝野。

3. 竇妙：我身不由己

話說漢桓帝是位另類皇帝，他不但在政治上重用宦官，一手打造了宦官集團，使得朝政腐敗如斯。同時，他在後宮也是公開「競聘」上崗，共立三任皇后。

漢桓帝的第一任皇后叫梁瑩，是梁太后和大將軍梁冀的妹妹，屬於政治聯婚。漢桓帝對梁皇后不但不喜歡，而且很厭惡。梁氏集團倒臺後，梁皇后被徹底打入冷宮，後憂憤而死。

漢桓帝的第二任皇后叫鄧猛女。結果鄧猛女和郭貴人因為爭風吃醋展開「情敵」大戰，漢桓帝一怒之下，將鄧皇后變成「廢后」，隨後鄧皇后經受不了這麼大的打擊，鬱鬱而死。而「倖存者」郭貴人並沒有成為真正的「勝利者」，漢桓帝也把她打入了冷宮。最終落得和梁皇后一樣悲憤而亡的下場。

漢桓帝的第三任皇后叫竇妙。竇妙是漢章帝劉炟的皇后竇氏的孫女，所以一入宮竇妙就憑著顯赫的家室被立為貴人。但是，漢桓帝並不是很喜歡竇妙，他討厭這種政治背景強大的女人，而是喜歡一個身分低賤卑微的采女田聖，他甚至想立田聖為皇后，結果遭到了大臣們強烈反對。漢桓帝迫於壓力，無奈之下只好立竇妙為第三任皇后。但漢桓帝對她冷漠至極，而是專寵田聖，令竇妙有苦難言。

漢桓帝永康元年（西元 167 年），當了二十二年皇帝的漢桓帝劉志突然病逝。年僅二十歲的皇后竇妙順理成章地高升為皇太后。晉升為皇太后的竇妙沒有閒著，馬上做了兩件事。

第一件事就是：清君側。漢桓帝屍骨未寒，梓棺尚在前殿之時，竇妙便露出凶殘的本性，亮出了早已磨刀霍霍多時的「屠龍刀」了，可憐的田聖便化作一縷冤魂隨風飄散了。結果竇妙斬殺田聖這一招很快造成了殺雞儆猴的作用，後宮佳麗無不識時務地「臣服」於她。

擺平了後宮最大的威脅後，竇妙做了第二件事：立新皇。漢桓帝劉志儘管後宮佳麗無數。然而，可悲的是，他居然沒有一兒半子，真不知是他自身的原因，還是後宮「潛規則」的原因。

國不可一日無君，竇妙決定在冊立太子上動腦筋，出妙招。為此，她馬上找她的父親竇武舉行了一次「房中對」，商量立太子的事。最終兩人達成了如下共識：十二歲的劉宏是太子的最佳人選。

如果只用一句話來形容劉宏，那麼他就是一個不折不扣的「窮矮挫」。

「窮」是因為他是皇家血統疏遠的沒落王孫——他是漢章帝玄孫，曾祖父是河間王劉開，父親劉萇與漢桓帝劉志是堂兄弟，官職卻只是一個三等候爵的解瀆亭侯，到他這一代時更是落寞至極。

「矮」是因為他父親早死後，他繼承了解瀆亭侯的封號。一個小小的村官，比之皇室宗親的飛黃騰達來說，當真是矮人何止一等啊。

「挫」那是因為他因窮苦而卑賤，因為矮人一等而常遭白眼，頗受打擊。常常感到痛不欲生。

竇妙和竇武之所以會對劉宏「情有獨鍾」，那是因為劉宏雖然擁有窮、矮、挫這三大特點，還有兩「最」，在有資格繼承帝位的皇族中，以他最年輕和最昏庸。

年輕最有朝氣，最具培養能力，同時，年輕也最容易控制最容易制服。昏庸是指糊塗和愚蠢，毫無才幹。昏庸同樣也最容易被控制和制服。

竇妙要想以皇太后的身分執掌朝政，走以前竇太后、鄧太后、閻太后的路線，主宰天下，就必須選立一個既年輕又昏庸的幼主作為傀儡，作為代言人，作為擋箭牌。

大計已定，接著就是付諸行動了。竇妙馬上派中常侍曹節拿著皇太

后詔書，帶著宮廷護衛及禁衛軍一千餘人，前往河間去迎接劉宏到洛陽來。

於是，很快出現了這樣的滑稽一幕，原本沒機會富在鬧市，只能「窮居深山」的劉宏時來運轉，從一個小小的村官來了個一步登天 —— 成了一國之君。

劉宏被風光地接到洛陽後，很快風光地登上皇帝的寶座，他便是漢靈帝。

劉宏即位後，在臨朝聽政的「主宰者」竇妙的「授意」下，對全國最高權力機構的任職做了如下安排：

竇武被封為大將軍、聞喜侯；

陳蕃被封為太傅；

胡廣被封為司徒（宰相）；

王暢被封為司空；

劉瑜被封為侍中；

馮述被封為屯騎校尉。

與此同時，竇武的兒子竇機，姪兒竇紹、竇靖等人也都封侯爵。竇妙還對前往河間迎接新皇帝的中常侍曹節賜予賞獎 —— 封二級侯爵長安鄉侯，曹節便是日後三國時曹操的曾祖父。於是，一個新當權的竇家班，就這樣打造完成了。

當然，如果你認為竇武將會重步梁冀的後塵那就大錯特錯了，事實上正直的竇武掌握兵權後，恪敬職守，兢兢業業，很好地樹立起了標竿，全軍作風煥然一新。而敬業耿直的太傅陳蕃掌握行政大權後，同樣任勞任怨，日理萬機，為秉公辦事立起了榜樣。也正是因為陳蕃和竇武同心合力、同心同德、盡心盡力、盡職盡責地輔佐皇室，同時又徵召天下聞名的賢才李膺、杜密、尹勳等人入朝為官，共同處理朝政，朝中風

氣為之大變，大有煥然一新之氣象。

天下的百姓見此，驚喜交加，老淚縱橫，無不感嘆蒼天有眼，無不感懷歲月不居，無不感動黎民有救，於是，無不伸長脖子殷切地盼望太平盛世的來臨。

然而，正所謂樹欲靜而風不止，事實證明陳蕃和竇武的「新官上任三把火」只不過是三分鐘熱度，來得快，去得更快。原因是正在這個關鍵的節骨眼上，有一個人橫空出世。她如風般快捷的腳步，如風般頑強的作風，如風般不懈的手腕，如風般不屈的鬥志，徹底攪亂了朝中正要形成的正義正氣之風，反而使歪風邪氣進一步擴散開來。

這個人有著非一般的名字，她叫趙嬈；這個人是個非一般的人物，只是一介女流；這個人有著非一般的名號：「天子乳孃」；這個人在做著非一般的戰鬥：集體戰鬥。

這個時候的漢靈帝才十三歲，還需要有人呵護。進宮時，除了跟著親孃還有乳孃趙嬈。從漢靈帝正式登基的那一天起，趙嬈乳孃的身分也水漲船高，成了宮裡尊貴的「趙夫人」。而這位「趙夫人」名義是「保母」，實際上她卻顯示出了「國母」的風範：長相俊美、才能高強、反應機警、辦事老練。總之，一句話：善於拍馬屁，懂得阿諛奉承，為了日後能飛黃騰達，她馬上來了個三步走：

第一步，施展「柔術」，極盡溫柔之能事，對臨朝聽政的皇太后竇妙展開了強烈的攻勢。老練奸猾的趙夫人很快將年輕稚嫩的竇妙「俘虜」。

第二步，趙夫人充分發揮善於交際的特長，透過拉攏手段把宮中負責「行政」的女尚書通通納為義結金蘭的姊妹花，對竇妙形成了合圍之勢。

第三步，她充分施展女人特有的「媚功」，對朝中新貴中常侍「雙子星座」：王甫及封了二等候爵的曹節暗送秋波，結果三人很快組成了同

盟，一方面，三管齊下，進一步博取竇妙的「芳心」，在仕途上扶搖直上；另一方面，狼狽為奸，大肆賣官鬻爵，真金白銀源源不斷地流入自己腰包。

也正是因為這樣，大批來路不明、身分不明、出入不明的貪官汙吏重新湧入了東漢王朝，朝中很快陷入腐敗汙濁的深淵。當時首都洛陽很快流傳了這樣一首童謠：「城上烏，尾畢逋。公為吏，子為徒。一徒死，百乘車。車班班，入河間。河間妊女工數錢，以錢為室金為堂。石上慊慊春黃粱。粱下有懸鼓，我欲擊之丞卿怒。」

這是一首燒餅歌式預言的童謠。具體解析如下：

「城上烏，尾畢逋。」說的是漢桓帝劉志的掌權時代就像烏鴉一樣黑暗，貪汙而腐敗，貪婪而腐朽。

「公為吏，子為徒。」說的是這段時間東漢邊疆大亂，叛變頻起，大軍征討，廣徵民兵，爹被徵去當低階僱員，兒子被徵去當兵。

「一徒死，百乘車。車班班，入河間。」是指千餘禁衛軍去河間迎接劉宏小子的宏大場面，隨後坐上寶座的壯舉。

「河間妊女工數錢，以錢為室金為堂。」是指劉宏的乳孃趙嬈等人貪得無厭，賣官鬻爵，她們的眼裡只有錢，除了要錢，還是要錢。

「石上慊慊春黃粱。」是指皇太后竇妙本人，說她豪華奢侈，教人剝黃粱（俗稱「地波蘿」，只有福建才有產）佐餐。黃粱好吃，但不常有，但皇太后要吃，那便常有了。可是這個常有卻是需要「有償」服務的。要知道福建省南部距首都洛陽，直線距離一千五百公里，曲線距離四千五百公里以上。萬山千水，羊腸小道，就算是快馬加鞭，走一趟也要近兩個月。這麼長時間的勞苦波奔，還要保持進貢御用水果的新鮮，花費的人力、物力、財力可想而知。

「粱下有懸鼓，我欲擊之丞卿怒。」是指當時人民不堪宮廷、官府的

剝削和官員們的層層暴虐，想擊鼓申冤，可是丞卿之類，為了保住自己的烏紗帽，對這些胡作非為的亂臣賊子，雖然義憤填膺，卻無可奈何。

總而言之，這首童謠反映出東漢王朝到了劉志、劉宏兩位皇帝時，社會已徹底腐敗如斯，人民生活在水深火熱之中。

（二）沒有最庸，只有更庸 ————

1.大臣，卿很忙

朝中的正義之臣一個個消亡殆盡後，漢靈帝身邊幾乎是清一色的宦官集團勢力。這個時候，漢靈帝似乎也對天下人對宦官的仇恨有所察覺，於是做了一件大實事。就是這件大實事，再度引發了朝中一個忠義之臣的絕唱。

漢靈帝熹平四年（西元 175 年）三月，十九歲的漢靈帝終於做了一件大事。他命令儒學大師校正「五經」（《詩經》、《尚書》、《禮記》、《易經》、《春秋》），同時命議郎蔡邕用古文、大篆、隸書三種字型書寫成樣本，再讓石匠刻在石碑上，豎立在太學門前，使一代代學子都能以此作為「五經」的正本。碑凡四十六塊，這就是著名的《熹平石經》。

也正是漢靈帝的這一決定，成就了蔡邕。經過嘔心瀝血，他寫完古文、大篆、隸書三種字型的五經之日，也完成了他的蛻變，成為中國東漢曠世奇才，著名的大文學家、大史學家、大音樂家、大畫家、大書法家。據說石經剛立，每天都有一千多人乘車前來觀看、臨摹以及抄寫，使車輛擠滿大街小巷。從此，歷史記住了他的名字。後人對他的字的評價是「骨氣洞達，爽爽有神力」。隨即，漢靈帝命工匠修理鴻都門（東漢時稱皇家藏書之所為鴻都），工匠用掃白粉的帚在牆上寫字，蔡邕從中受到啟發而創造了「飛白書」。這種書體，筆畫中絲絲露白，似用枯筆寫

成，為一種獨特的書體，唐代張懷瓘在《書斷》中評論蔡邕「飛白書」時說「飛白妙有絕倫，動合神功」。

那麼，這個蔡邕又是何許人也？

蔡邕，字伯喈，陳留圉（今河南省開封市杞縣圉鎮鎮）人。漢順帝陽嘉二年（西元 133 年）出生於一個世代官宦家庭。十四世祖蔡寅輔佐漢高祖劉邦而被封為肥敬侯。六世祖蔡勳在西漢末年為郿令。他的父親雖然官位不顯，但娶的妻子弘農袁氏屬於閥閱世家。生活在這樣一個世代大家，他自幼受到良好的教育。蔡邕少時即博學，通經，熟悉漢代史事，好辭章、術數、天文、音律等。二十歲時，師事年已六十二歲、名重當時的重臣胡廣。從此，他得到了朝廷有關要人的關注。但蔡邕進入仕途生涯後，並非一帆風順。

下面，我們先來看蔡邕的三次仕途生涯。

第一次仕途生涯：半路而歸。

漢恆帝延熹二年（西元 159 年）秋，二十七歲的蔡邕被徵召進京。按理說，能夠得到朝廷的垂青，對於蔡邕來說，無疑是一個千載難逢的展露才華的機會。但是，年輕的蔡邕沒有特別興奮，因為這次赴京，多少帶有一點屈尊的意味。不久前，也就是這年的七月，郎中汝南袁著撰〈詣闕上疏〉，請抑損梁冀擅權。涿郡崔琦以文章為梁冀所善，崔琦出於善意而作〈外戚箴〉、〈白鵠賦〉以諷。結果兩人均被梁冀所殺。

八月，以帝舅之尊橫行霸道的大將軍梁冀終於咎由自取，招致殺身之禍。所謂有首策之功的中常侍徐璜等五人並封列侯，專權選舉，從此執掌大權。結果朝中正義之臣李雲、陳蕃等人為此和宦官集團展開了殊死搏鬥。

蔡邕深深地感到，自己第一次被徵召進京，就已在無形中被捲進矛盾的漩渦之中。他自己也知道，徐璜等人之所以對自己有所垂顧，並非

要委以重任，而是聽說蔡邕擅長鼓琴，就敦促陳留太守招蔡邕為他們鼓琴彈唱，娛賓遣興。這對於立志「拔萃出群，揚芳飛文」的蔡邕來說，多少是一個諷刺。一路上，秋雨泥濘，許多貧民飢困凍餓，殞命街頭。此情此景，讓胸懷大志的蔡邕百感交集，憂鬱難遣。行至偃師，就再也不想前行了，他於是稱病而歸，提前結束了自己第一次的進京之行。

蔡邕第一次踏上仕途、失意而返時並未空手而歸，他有感而發，創作出了〈述行賦〉，後來成為其辭賦代表作。〈述行賦〉中「貴寵扇以彌熾兮，僉守利而不戢。前車覆而未遠兮，後乘驅而競及。窮變巧於臺榭兮，民露處而寢溼」的描寫，與杜甫的「朱門酒肉臭，路有凍死骨」有異曲同工之妙。當真是不枉此行。

第二次仕途生涯。

此後，蔡邕在家鄉閒居十年之久。回鄉之初，他靜下心來，玩味著這一年多來的是是非非，深感「利端始萌，害漸亦牙」，於是想到東方朔的〈答客難〉、揚雄的〈解嘲〉、班固的〈答客戲〉、崔駰的〈達旨〉，退而撰著〈釋誨〉來安慰自己：「心恬淡於守高，意無為於持盈。」

當然，自幼受到的傳統教育，使他不可能完全離群索居，不交當世。一方面，他在悉心收集鄉邦文獻同時，也在密切關注著鄉賢在朝廷中的陟降。另一方面，他也在時刻留心著京城政局的重要變化，說明他沒有一刻忘卻現實。三十一歲那年，尚書朱穆卒，他連續寫下〈朱公叔鼎銘〉、〈朱公叔墳前石碑〉、〈朱公叔謚議〉等三篇影響較大的文字。

多年的用心終於得到回報。四十歲那年，蔡邕又被召回京城，出任東觀著作。此後六年在京城度過，這是蔡邕學術生涯中最為輝煌的時期。其間，最重要的事件，或者說蔡邕的最大功績，就是極力倡議刊刻《熹平石經》，對儒家經典進行了一次系統的整理，影響極為久遠。

蔡邕沒有因此就在仕途生涯上飛黃騰達，反而再次遭遇了挫折。

當時，因為宦官把持朝政，全國上下的官場一片黑暗腐敗，州郡的官場人士互相結黨，做出營私舞弊、排斥異己的事，結果幽、冀兩州成了政治鬥爭最嚴重的地方，官員與官員之間明爭暗鬥，沒有人能坐穩這裡的刺史的位置。對此，朝議認為「州郡相黨，人情比周」，規定婚姻之家及兩州人士不得互相監臨。隨後，又制定了「三互法」，規定諸州郡行政長官，不僅不能任用本籍之人，而且兩州人士及婚姻之家也不能互動任官。其目的是防止官吏互相勾結庇護。結果「三互法」政策一發表，出現的結果是「禁忌轉密，選用艱難」，致使幽、冀兩州太尉一直「懸而未定」。

蔡邕為人正直，性格耿直誠實，眼裡容不下沙子，對於一些不好的現象，他總是勇於對靈帝直言相諫。對此，剛剛寫完石經樣本的蔡邕，並沒有閒著，馬上站出來，來了個上疏，說了兩層意思。

州郡一日不可無刺史。我認真地觀察了幽州和冀州的情況，本來這二州是盛產鎧甲和戰馬的地方。這些年來，卻遭受兵災和饑荒，這兩州的物力和財力逐漸損耗殆盡。如今兩州刺史空缺多時，官員和民眾翹首以待，導致萬里山河一片蕭條，沒人管理。應該早點確定刺史才對。

如今應該重申朝廷的權威與神靈的精神控制，讓幽、冀兩州的人明確國家的法令。以前對方相互推選的刺史，尚且畏懼不敢結黨營私；有了朝廷的權威與神靈精神控制，加上三互法的限制，以後不必再去擔心！我希望陛下能上效先帝，撤銷最近下達的三互禁令，對於各州的刺史，凡是有才能的人都應該及時重用，不應該受資歷、三互的限制，使之成為定製。

總之，一句話，蔡邕希望漢靈帝「不拘一格用人才」。結果，他的建議如石沉大海，杳無音信。

隨後，年少輕狂的漢靈帝也許是受蔡邕的影響，迷戀上了文學，於

漢靈帝熹平六年（西元 177 年），撰寫了《皇羲篇》五十章。為了擴大宣傳和知名度，漢靈帝來了個兩步走。

一是召開研討會。具體辦法：篩選太學中能創作辭賦的學生，集中到鴻都學府大門下，學習、研究、探討《皇羲篇》。

二是刻成石碑。具體辦法：召來刻寫文字的工人和擅長書寫鳥篆字型的人，讓這些人把《皇羲篇》刻成石經。

然而，因為這兩步走，在負責人侍中樂松和祭酒賈護的「精心挑選」下，前來的學生中都屬於「三無」人員，一是無才，二是無德，三是無能。結果每當靈帝召見時，這些「三無」人員充分發揮三寸不爛之舌，以口若懸河的態度，淨做趨炎附勢的事，透過「吹、捧、抬」的方式把漢靈帝誇上了天，讓漢靈帝聽後春風滿面。漢靈帝高興之餘，立刻給這些拍馬屁的小人封官加爵。眼看漢靈帝整天和這些人唱「雙簧」，蔡邕立即來唱「對角戲」：皇府裡的下屬官員，應該挑選有盛德的人來擔任，豈能錄用浮誇務虛的醜惡之徒？為了國家社稷，應該把他們都遣送原籍，以便辨明詐騙和虛偽的小人。

蔡邕的奏章呈上去之後，漢靈帝非但沒有採納，反而對蔡邕由熱變冷，由敬重變厭惡，由重用變疏遠。他此時覺得應該多享受美酒、美女、美景，應該讓「孝敬」、「懂事」的宦官進一步管理朝政，替自己分憂解難。為此，他還開始了自己的夢想之旅，他準備完全「交權」後，在宮中開一個集貿市場，自己轉行來當「市場」的管理員，那樣多風光啊。

都說人逢喜事精神爽，同樣，人逢夢想精神爽，於是，他馬上來了個行動，再來了個大手筆，改「熹平」七年（西元 178 年）為「光和」元年，並且大赦天下，以示皇恩浩蕩。

改了年號之後，他的行動還在繼續，設立鴻都門學府，把那些浮誇之輩的學生全部派到各州郡，有的被任命為刺史（州長），有的任命為太

守（郡長），有的留京擔任尚書（部長）和皇帝的機要侍中（祕書），甚至於有的被封為侯。一時間，朝廷陷入一片混亂之中。

這時候，連老天似乎都看不慣這個腐敗如斯的朝廷了，光和元年六月二十九日，繼之前的「青龍」事件後，這時又出現了「黑龍」事件，有一道龍形狀的黑氣如流星般直墜而下，落到了漢靈帝的溫德殿中，把正尋歡作樂的漢靈帝嚇了個半死。

蔡邕見狀，本著恪盡職守的原則，第三次上疏給漢靈帝，陳述了六件事。

第一，行祭如舊。建議：郊祭「五帝」，是為了「導致神氣，祈福豐年」；廟祭祖宗，是為了「追往孝敬」。這些都是帝王的「大業」，應當排除一切禁忌，按故典行祭。

第二，廣開言路。建議：國之將興，能聽到至言，從而「內知己政，外見民情」，要「以勸忠謇」，「博開政路」，使「抱忠之臣展其狂直」。

第三，督察賢奸。建議：應當恢復朝廷遣使的辦法，「糾舉非法」，同時「更選忠清，平章賞罰」。對官吏要執行年終考核，處分優劣，「使吏知奉公之福，營私之禍」。

第四，廣求賢才。建議：不能以「書畫辭賦」的「小能小善」取士，而要取「通經釋義」的人才。

第五，考察治民的長史。建議：應「以惠利為績，日月為勞」。以政績的優劣，定賞罰升黜。

第六，慎選太子官屬。建議，須知今虛偽小人，「假名稱孝」，應當「搜選令德」。

蔡邕認為，天上投下黑龍，天下就有怨恨，這預示著海內將會大亂。天災人禍與官吏良莠有著密切關係。

為了讓自己的論述更加具有說服力，他還說了三個關鍵詞。

一、在其位謀其政。我希望陛下忍痛割愛，專心治理國家，以此來報答上天的厚望。

二、上梁不正下梁歪。陛下既然能親自帶頭約束限制不正之風，左右近臣也會跟著效仿，如此就會上下謙和，以此來堵塞災禍之源。天道將會虧待自滿的人，鬼神也會把幸福賞給謙和的人。

三、君子坦蕩蕩，小人長戚戚。君臣之間如果不能嚴守祕密，皇上自有洩密的戒律，臣子會有喪生的災禍。請陛下千萬不要洩漏我的奏章，以免讓盡忠的官員與奸佞小人結怨成仇。

總結陳詞：只有革除吏制的弊端，懲治不法官吏，選擇賢良任用，才能消除天災人禍，還天下太平盛世。

應該說蔡邕上疏的語氣堅定而沉穩，犀利而直白，漢靈帝看了奏章後，若有所思，若有所嘆，轉入「內寢」費思量去了。結果一直「如影相隨」的宦官曹節趁機偷看了奏章，他這一看不打緊，驚得雲裡霧裡，目瞪口呆，於是馬上來了「洩密」。很快，蔡邕「誹謗」宦官的事就洩露出去了。於是，眾宦官自然對蔡邕「橫眉冷對」，恨不能除之而後快。

當然，聰明的宦官集團並沒有因此而採取「群而攻之」的下下策，而是採取了「暗攻」。這個打手就是中常侍程璜。

程璜之所以甘當打手，那是因為他跟蔡邕有不共戴天之仇。蔡邕動了他的女婿陽球。身為大匠（相當於內政部部長），陽球素來和蔡邕的叔父蔡質不和，擔任衛尉的蔡質一直看不慣無法無天的陽球，多次和他公然「作對」。兩人鬧得劍拔弩張之際，程璜卻認為蔡質之所以敢在太歲頭上動土，那是因為有幕後推手蔡邕在，於是「遷怒」於他。此時眼看蔡邕成了宦官集團忌恨之人，便來了個「拔劍而起」，採取的策略還是誣衊：「蔡邕、蔡質為了自身利益，多次要求劉郃徇私舞弊，結果都被正直的劉郃婉言拒絕了。這卻觸怒了蔡邕，他們懷恨在心，蓄意中傷，豬狗不如。」

身為皇親國戚的大鴻臚劉郃原本與蔡邕叔姪井水不犯河水，此時居然被程璜拿出來當工具用。

漢靈帝一聽，高度重視，馬上叫蔡邕到宮裡來「單兵較量」——質問。

對此，蔡邕先是一驚，然後一怒，說了四點，大意為：

一、我這個人啊，愚昧而又憨直，無知而又耿直，無畏而又率直，做人做事都堅決按原則辦，絲毫沒有顧及日後的災禍。

二、知我罪我，其唯春秋。陛下如果憐惜我是一個忠臣，就應該加以保護。如果放任誹謗延續下去，那麼臣就會死無葬身之處。

三、我今年已有四十六歲，馬上要五十歲了，我死不足惜，死後如果能以「忠臣」名義相托，那麼，也死得其所。

四、我死後，唯一擔心的是，恐怕陛下從此以後再也不能聽到忠言了。

儘管蔡邕以「壯士斷腕」的大無畏氣魄給予漢靈帝交心交底的「坦誠布公」，卻無法讓已被矇蔽雙眼的漢靈帝「回心轉意」，漢靈帝很快就把蔡邕和蔡質變成了「階下囚」。

天真而率性的知識分子，涉足末世宦海，正如狂風暴雨中的一葉扁舟，完全任憑命運的簸弄，最終難免傾覆的結局。這是末代士子常有的共同命運，蔡邕亦不例外。

2. 皇上，朕很忙

漢靈帝很忙，在忙什麼，忙兩件大事。

一是做工程建設 —— 改革後宮；二是抓經濟收入 —— 賣官鬻爵。

首先，我們來看漢靈帝改革後宮這件事。

中國古代皇帝大都擁有後宮三千佳麗，但是，有的皇帝面對三千佳

麗，日復一日，夜復一夜，如此這般地召幸嬪妃感到十分厭倦，便想方設法實行創新。於是，中國皇帝後宮的歷史上就出現了荒淫無恥的一幕幕。

一個是晉朝的開國皇帝晉武帝司馬炎推出的「羊車臨幸嬪妃法」。另一個是隋煬帝楊廣發明的寓性生活於娛樂之中的「任意車」。

然而，縱觀兩千年來歷朝歷代的皇帝，在荒淫無恥的宮廷生活上最富有「創意」的皇帝卻是漢靈帝。閒話少說，下面且來看漢靈帝頗具「創意」的改革後宮的三部曲。

一是對後宮服飾執行了人類歷史最偉大的一次改革：開襠褲。這事說起來也很簡單，就是本著回歸童真童趣的精神，把全體嬪妃和宮女花花綠綠的衣服全部簡化成開襠褲。宮廷女子都穿著開襠褲，為的就是讓皇帝臨幸起來方便，連衣服都不用脫。

漢靈帝在位時的大儒鄭玄，就曾就在《周禮》注中為皇帝精心製出過一份臨幸日程表：「女御八十一人，當九夕。世婦二十七人，當三夕。九嬪九人，當一夕。三夫人，當一夕。后，當一夕。十五日而偏。」也就是說，皇帝要在短短的半個月裡和這一百二十一個女子顛鸞倒鳳。看來這份任務實在艱鉅，做皇帝的得費心費力才行，也難怪東漢那麼多皇帝都短命而亡了。不過，由此也可以看出，只要不是皇后，即使貴為夫人九嬪，也得大家一起任皇帝當眾亂搞，這麼一比，小小宮女穿個開襠褲，就實在算不了什麼了。

二是興建「裸遊館」。漢靈帝與眾多的姬妾在西園裸體遊玩，為了盛夏避暑，他突發奇想，命人蓋了個「裸遊館」。昏君的一大特點就是臉皮厚，通常會厚到不知羞恥的地步。劉宏修這座裸遊館並沒有任何難為情的感覺，反正自己有的是錢，一動工就是上千間房屋的規模。為了增強視覺效果，他還讓人採來綠色的苔蘚並將它覆蓋在臺階上面，引來渠

水繞著各個門檻，環流過整個裸遊館。還特意在裡面種植荷大如蓋的蓮花，高一丈有餘，荷葉夜舒晝卷，一莖有四蓮叢生，名叫「夜舒荷」。又因為這種蓮荷在月亮出來後葉子才舒展開，又叫它「望舒荷」。晚上月亮出來後，這種荷花舒展開放，裝點在裸遊館裡如同人間仙境。有了仙境，自然就得有仙女，劉宏充分發揮自己的想像力，他選擇玉色肌膚、身體輕盈的歌女執篙划船，搖漾在渠水中。在盛夏酷暑，他命人將船沉沒在水中，觀看落在水中的裸體宮娥們玉一般華美的肌膚，然後再演奏「招商七言」的歌曲用以招來涼氣。

於是，鶯鶯燕燕們便品絲調竹，輕歌曼舞起來：

「涼風起兮日照渠，青荷晝偃葉夜舒，唯日不足樂有餘，清絲流管歌玉鳧，千年萬歲喜難逾。」

三是修建了空前絕後的「流香渠」。這道渠裡流的東西不是一般的水，而是女人的洗澡水。這些洗澡水是用西域進貢的茵墀香燒熱，然後叫宮女們跳進去洗個痛快，水最終全部流到「流香渠」裡。漢靈帝規定，宮女年齡在十四歲以上十八歲以下的，都要濃妝豔抹，隨時準備脫掉衣裳，和他一同裸浴。

「假如一萬年都如此，就是天上的神仙了。」

漢靈帝與美女在裸遊館的涼殿裡裸體飲酒，一喝就是一夜，醒來常常發出這樣的感嘆來。當然，也常常有醉得「不醒人事」的時候。

宮廷的內侍為了把漢靈帝「叫醒」過來，往往採取兩個簡單而實用的辦法。一是把一個大蠟燭扔在殿下，把靈帝從夢中驚醒。另一個辦法就是學雞叫來喚醒靈帝。

後來漢靈帝的「裸遊館」被董卓縱火燒了。

漢靈帝如此醉生夢死，恐怕就連那個暴君商紂王，都要瞠乎其後了。

下面，再來看漢靈帝的第二件黑暗大事：賣官鬻爵。

漢靈帝之所以這麼做，是有原因的。

身陷囹圄不言窮。漢靈帝當初還是解瀆亭侯時，苦於家境貧困，對錢的渴望十分強烈。再窮不能窮教育，再苦不能苦孩子。因此，他常常發出「長大後，我一定要成為天下第一富翁」的豪言壯語來。

身為君王不言富。等到他當上皇帝以後，常常嘆息桓帝不懂經營家產，沒有私房錢。

心有所想就有所動，為了滿足其欲望的需要，他很快做出了令人震驚的大舉動，開始大肆賣官斂財，作為自己個人的積蓄。

也正是因為想到了賣官這一致富的門路，漢靈帝馬上付諸行動。首先，他在西邸衙門公開出賣官爵，並按照官位等級，收取不同的價格。祿二千石的官位，需交二千萬錢；四百石的官位，需交四百萬錢；而以德行應選者，也需交一半或三分之一的錢。凡是賣官所得到的錢，都在西園另外設立一個錢庫貯藏起來。有人曾到宮門上疏，指定要買某縣的縣令。根據每個縣的大小、貧富等好壞情況，交錢的多少還可以像商買一樣討價還價。縣令的價格多少不等。有錢的富人先交現錢買官，貧困的人到任以後照原定價加倍償還。漢靈帝還私下命令左右的親信出賣三公、九卿的官職，每個「公」賣一千萬錢，每個「卿」賣五百萬錢。這當真是天下怪事年年有，那年特別多啊。

也正是因為這樣，漢靈帝公然賣官，朝廷腐敗如斯，全國百姓陷入水深火熱之中，用一句話來形容漢靈帝就是：見過墮落的，沒過這麼墮落的；見過無能的，沒見過這麼無能的。東漢末年的官場，就這樣被胡作非為的漢靈帝劉宏弄得烏煙瘴氣。

（三）天下大勢，合久必分 ─────────

1. 歸去，來兮

歷史上有兩種英雄。一種是代表被壓迫生靈的傑出人物，如奴隸起義、農民起義等領袖；一種是代表統治階級的傑出人物，如歷代的開明君主及其有所作為的臣屬。

東漢末年農民運動的領袖張角屬於前一種，倡導五斗米道的張魯也曾屬於這一種。

張角是東漢末年早期道教 ── 太平道的首領。他組織發動的黃巾大起義，敲響了東漢王朝的喪鐘，他是受盡凌辱壓迫的廣大農民反封建大潮的先行者。

張角組織發動的黃巾起義，在宗教的旗幟下聚集了大批為理想而戰的農民，範圍遍及大半個中國，儘管最後被東漢統治者糾集的地主武裝鎮壓了下去，但起義運動沉重打擊了腐朽的封建力量，導致了東漢政權的土崩瓦解。

倡導五斗米道的張魯也是早期道教首領。張魯沒有參加和發動黃巾起義，但他在漢中地區建立的政教合一的政權，是黃巾起義追求的太平社會理想在中國土地上的一種試驗。儘管憑美好願望建立起來的政權最終破滅了，但這一和封建統治階級抗爭達三十年的太平社會的存在和實踐，表現了農民階級對崇高社會理想的嚮往和追求。儘管他們在歷史天幕上如耀眼的流星一閃而過，但其英雄業績永垂不朽！

張角作為黃巾起義領袖和封建統治秩序的破壞者，官修史書沒有為他立傳。但是這樣的英雄人物，其光輝是掩蓋不住的。我們在《後漢書》和《三國志》的有關篇章中，多少還是可以看出張角創立太平道和發動黃巾起義的一些基本情況。

據《後漢書‧皇甫嵩傳》等有關記載，張角，鉅鹿（今河北平鄉以北及晉州一帶）人，是太平道的創始人。太平道屬於早期道教，主要是民間巫術和黃老哲學相結合的產物。《太平經》是其早期經典。張角以大賢良師的身分，「奉事黃老道，畜養弟子」，「持九節杖」，教病人「跪拜首過」，用「符水咒語以療病」。病人飲符水，「病者順愈，百姓信向之」。儘管這種用請禱、飲符水的治病辦法只能發揮心理治療的作用，但對於飢寒交迫、貧病交加、走投無路的民眾，這種心理療法也是一種精神安慰。太平道以這種方式吸收了大批信徒。

為下層民眾解除病痛、消災免禍，不是太平道的最終目的。張角創立太平道的最終目的是為了實現「去亂世、致太平」的理想。為此，他派了大弟子雲遊四方傳道，並取得了顯著的成績。《後漢書》說：由此可見，僅十餘年的時間，太平道吸收的信徒已達數十萬，其勢力範圍已經遍布全國八大州郡。在這基礎上，張角把四方數十萬人編組成為三十六方，每一方都是軍事、政治、宗教合一的單位，各方都有首領，並接受張角的統一領導。張角還在起義前夕，傳播各種神祕的預言，以加強起義者的信心。

一切準備就緒，原定甲子年即漢靈帝光和七年（西元 184 年）三月五日京師內外起義軍同時並起，但由於起義軍叛徒唐周告密，起義被迫提前在二月舉行。「角等知事已露，晨夜馳敕諸方，一時俱起，皆著黃巾為標幟。時人謂之『黃巾』。」一時間「遐邇動搖，八州並起」，參加起義者就有三十六萬人之多。起義軍在張角、張寶、張梁三兄弟的率領下，「燔燒官府，劫略聚邑，州郡失據，長吏多逃亡，旬日之間，天下響應，京師震動」。

「蒼天已死，黃天當立」，「漢行已盡，黃家當立」，黃巾起義的目的就是為了推翻東漢王朝統治，建立農民自己的政權。

　　黃巾起義後，漢靈帝心靈受到了震動和創傷，痛定思痛的他派出皇甫嵩、盧植、朱儁去平亂。事實證明，這是昏庸的漢靈帝的唯一英明之舉，三位絕世名將的聯手，可以用齊力斷金來形容，在皇甫嵩和朱儁打敗潁川的起義軍後，盧植一路高歌猛進，成功拖住了河北黃巾軍的主力，而且還有將黃巾軍首領張角一舉擊潰的機會。

　　然而，事實證明，漢靈帝的難得聰明只是峰迴路轉的一現，因為他很快又「糊塗」了。

　　原因當然是宦官。原來，在黃巾軍起義剛剛爆發時，漢靈帝恐慌之餘立即召集群臣商議對策。結果皇甫嵩來了個挺身而出，提出了自己鮮明的觀點：應該解除對黨人的禁令，並拿出皇帝私人所有的錢財以及西園驥廄中的良馬，賞賜給出征的將士。

　　漢靈帝就這一事詢問中常侍呂強。呂強是宦官集團中屈指可數的「好人」，在此國家危亂之時，他自然支持皇甫嵩的觀點，並且說了這樣一句話：只有解除對黨人的禁錮才能平息叛亂。

　　對此，病急亂投醫的漢靈帝終於接受了皇甫嵩和呂強的建議，大赦天下黨人，已經被流放到邊疆的黨人及其家屬都可以重返故鄉，徵調全國各地的精兵征討黃巾軍。

　　然而，和黨人有著不共戴天之仇的是宦官集團。這個時候，他們沒有能成功阻止漢靈帝解禁黨人，於是把火發在了「叛徒」呂強身上。宦官集團在趙忠和張讓的帶領下，聯合夏惲等宦官對呂強來了個「落井下石」。使用的還是慣用伎倆：誣陷。「莫須有」的罪名有三：

　　一、呂強與黨人有勾結關係；

　　二、呂強經常閱讀《霍光傳》；

　　三、呂強的兄弟全都是貪官。

　　面對宦官集團的誣陷，漢靈帝覺得呂強是十惡不赦的「不法分子」，

先是派中黃門帶兵包圍了呂強家宅，然後再「請」呂強入宮。

呂強見狀，心裡嘆道，是福不是禍，是禍躲不過，該來的終究會來。嘴裡說道：「我死之後，必有大亂。大丈夫要為國家盡忠，怎能去面對冤獄呢！」

呂強選擇了寧死不屈，寧死不辱，說完自己的「絕唱」後就選擇了自殺。

對此，趙忠、夏惲等人還是覺得不解恨，將誣陷進行到底：呂強畏罪自殺，這證明他的罪行確實有。

對此，糊塗的漢靈帝再次上演兩步走，一是逮捕呂強的親屬，二是沒收其全部財產。

也正是因為這樣，黨人雖然解禁了，但宦官集團還是牢牢地把持了朝中大權。也正是在這種情況下，漢靈帝還是覺得宦官是最可信的人，是最可愛的人，也是最可用的人。於是，在派出三大將出征後，他馬上派出由宦官集團組成的「督察組」，分赴到最前線去監督指導戰鬥，了解情況。

而盧植就要上演對張角最後一擊時，小黃門左豐的到來，徹底改變了這一切。

「機不可失，失不再來。現在正是一舉殲滅敵人的絕好機會啊。」眼看「欽差大臣」橫行阻攔，盧植急道。

「知己知彼，方能百戰不殆。」左豐笑道，「這裡的戰局情況，且容我回朝通報天子，再做定奪。」

「延誤戰機，這個損失你擔得起嗎？」盧植吼道。

「抗旨不遵，這個罪名你擔得起嗎？」左豐吼道。

盧植並沒有與左豐再爭執下去，因為他很快被前來「勸架」的部將拉到了一邊。

「將軍知道左豐為何跟您唱反調嗎？」

盧植道：「他什麼都不懂，只知道紙上談兵罷了。」

「紙上談兵倒也罷了，還有一個很關鍵很重要的因素在裡面。」部下直言不諱道地，「左豐沒有別的愛好，唯一愛好就是兩個字：錢財。將軍如果投其所好，送些金銀財寶給他，自然什麼事都沒有了。如果不這樣做，將軍這番和他面對面的衝撞，他定會懷恨於心，到時候到皇帝身旁吹一下耳邊風，那就吃不了兜著走了啊。」

「要錢沒有，要命一條。」盧植聽了，拂袖而去。

事情的發展果然如此，沒有撈到一點好處，反而受了一肚子窩囊氣的左豐前腳回到朝中，後腳就直奔皇宮，誣告盧植：通敵賣國，欲圖不軌。

這個時候的漢靈帝被黃巾軍這一攪已是方寸大亂，聽了左豐的話，很生氣，後果很嚴重。立刻下旨革除盧植的烏紗帽，押進京城關入大牢受審，並且定了個「減死罪一等」，直到黃巾革命失敗後，皇甫嵩等人為盧植辯冤，朝廷才又重新恢復盧植的尚書官職。盧植臨終前囑咐兒子們，他死後只用布單裹體、土穴埋葬、不用棺槨，一切從簡。他的兒子遵其遺囑將他葬在涿州城東盧家灤附近。

盧植被撤職，頂替他的是東中郎將、隴西人董卓。

此時征討黃巾軍，董卓雖然沒有在欽點的三大將之列，但也屬於一路「諸侯軍」。此時，在盧植無辜受累丟掉烏紗帽後，他脫穎而出成為主將也在情理之中。此時，盧植被革職，朝廷下詔，拜董卓為東中郎將，火速圍剿河北黃巾軍。

由於漢軍這一折騰，原本處於崩潰邊緣的張角選擇逃之夭夭，而改讓自己的弟弟張梁防守，同時調兵遣將，修繕防禦。

這時的漢朝新換帥，軍心不穩，二來新任主帥董卓對黃巾軍的認識

還不夠，所以，董卓再和黃巾軍交戰，便展開了長期的僵持戰。

就在北部戰線的朝廷軍和黃巾軍進入了「冬眠期」時，南方戰場卻是冰火兩重天，在皇甫嵩用火驚天動地的一攻後，整個戰局徹底扭轉。大勝後的皇甫嵩和朱儁並沒有小富即安，而是繼續進擊汝南。與黃巾軍在汝南、陳國、陽翟、西華打了四仗，全都大獲全勝。特別是在陽翟和西華大破波才和彭脫，黃巾散亂，收復三郡。至此，鬧得最凶的潁川黃巾，主力已經遭全殲。皇甫將軍上表，將功勞歸於朱將軍，漢靈帝下詔封朱儁為西鄉侯，遷鎮賊中郎將。

至此，在皇甫嵩和朱儁的聯手下，張角的黃巾軍「品」已去掉一角，成了個「呂」。為了讓張角的「呂」字變成「口」字，兩人分兵繼續前進，皇甫嵩進擊東郡，朱儁進擊南陽。

結果朱儁大軍還沒到前線，前面又傳捷報，南陽太守秦頡擊破占據宛城的黃巾張曼成部，斬張曼成。與此同時，皇甫嵩擊破東郡黃巾，生擒其帥卜巳，斬首七千餘級。

隨著張曼成部的慘敗，皇甫嵩、朱儁也乘勝向汝南和陳國（今河南淮陽一帶）的黃巾軍發起了進攻。

皇甫嵩、朱儁乘勝進攻盤踞在汝南（今河南省濮陽市西南）和陳國的黃巾軍，黃巾軍的將領波才，到了潁川郡首府陽翟（今河南省禹州市）被殲滅，朱儁部攻打黃巾軍另外一位將領彭脫部於西華（今河南省周口市西華縣），同樣也取得了大勝。黃巾軍的剩餘部眾或投降、或逃散，如此一來，南陽、汝南、潁川三郡的叛亂全部被平定。

黃巾軍的「品」字品牌瞬間變成了「口」字形，只剩下河北的張角率黃巾軍主力部隊展開最後的抵抗。

這時，在南方巴郡又出了另外一個類似於張角的張修。張修用法術為人治病，所用方法大致與張角相同。他治病時，讓病人出五斗米作為

酬勞，因此人們稱他為「五斗米師」。到了同年七月，張修聚眾造反，攻打郡、縣，當時人稱他們為「米賊」。張修的起義，對處於逆勢中的張角造成了「遙相呼應」的作用。

而這時在北方戰場上的董卓卻遭到了張梁等黃巾軍的頑強抵抗，遲遲拿不下廣宗。對此，漢靈帝在嘉獎南線作戰成功的功臣皇甫嵩和朱儁的同時，對北線的戰將給予處罰。

首先是把久攻廣宗不下的罪責找了個「代罪羔羊」—— 安平郡王劉續。處死他並撤銷其封國，理由是通敵叛國：劉續被黃巾軍俘虜，安平郡人將他贖回。

其次，用皇甫嵩接替「毫無建樹」的董卓，成為北方戰線的最高統帥。

眼看就要上演皇甫嵩和張角的「龍虎鬥」了。然而，正在這個節骨眼上，自稱為「天公將軍」的張角突然病故。

張角死後，他的三弟「人公將軍」張梁接替他的位置，代管軍事。張梁所統部眾，是冀州黃巾的精銳，在張角死後，打出了「報仇雪恨」的牌子正要有所作為，結果和前來「剿匪」的皇甫嵩來了個「不是冤家不聚首」。

兩軍比拚的結果是，黃巾軍三萬多人被殺，五萬多人被逼進冰河中淹死，焚燒黃巾軍車輛輜重三萬餘輛，張梁被斬首。張寶也孤掌難鳴，最終戰死。黃巾起義軍的主力部隊雖然遭到殘酷鎮壓，但其餘部仍在各地此起彼伏，連綿有十餘年之久。直到三國時期，各地還有黃巾軍的餘部在活動。如青州、冀州等地的黃巾軍堅持戰鬥二十年之久，青州黃巾軍後來為曹操收容和改編。可以說張角的黃巾起義，間接成就了一代奸雄 —— 曹操。

2. 東漢滅亡是怎麼煉成的

　　壓迫 —— 反抗 —— 壓迫 —— 反抗……任何末代皇朝都離不開這樣的循環。東漢衰敗如斯，漢靈帝昏敗如斯，廣大百姓被壓迫得走投無路了，因此才會爆發大規模的黃巾軍起義，儘管因為義軍隊伍太不「專業」而失敗，但在鎮壓義軍隊伍後，漢靈帝卻並沒有因此而「改過自新、重新做人」，而是選擇了將「昏庸」進行到底，繼續重用宦官，打擊忠臣，繼續魚肉百姓，繼續搜刮民膏，而百姓為了生存只能選擇繼續起義。

　　也正是因為這樣，自黃巾起義之後，各地起義之聲不斷。

　　最先呼應的是益州巴郡的五斗米道，他們在領袖張修的策動下，攻占了郡城。五斗米道是太平道的一支。益州四面險要，太平道卻傳播甚快。張角發動中原黃巾起義之際，益州有不少號稱黃巾者與之響應。張修和張角一樣，也用治病的方法傳播太平道。「草根」出身的他自稱「五斗米師」，因為他讓病家出五斗米入教，並在一間靜室之中思過懺悔，然後將罪過寫成三份，一份埋於山上，一份埋於地下，又一份沉於水中，稱為「三官手書」。教團之中，設「祭酒」、「鬼吏」，前者傳習道經，後者為人治病。他們的道經不是《太平經》，而是《老子》，祭酒們按照宗教的思想重新解釋這部哲學著作，使之成為宗教聖經。經過幾代祭酒的解釋，後來形成一部稱為《老子想爾注》的道經。黃巾起義失敗不久，張修的起義也被益州地方官吏及豪強們平定，張修本人被殺。可是他人雖然死了，但他的五斗米道得到更廣泛的傳播，在當時形成了一種宗教信仰。

　　隨後黃巾起義的「後繼者」主要有河北博陵人張牛角、河北常山人褚飛燕，以及黃龍、左校、於根氐、張白騎、劉石、左髭丈八、平漢大計、司隸掾城、雷公、浮雲、白雀、楊鳳、於毒、五鹿、李大目、白繞、眭固、苦蝤等大小頭目，舉不勝舉，他們的奇怪姓名，有的至今無

法破譯。大致上於根氏、左髭丈八為多鬚者，雷公、大目為聲大、眼大者，白騎、飛燕為騎白馬與身輕如燕者，平漢、白雀為宗教名稱者。他們的根據地是以黑山為中心的河北上黨、趙郡、中山、常山、河內等地的山谷地帶，各部少則六七千人，多則兩三萬人。

張牛角和褚飛燕聯合進攻癭陶（今河北省寧晉縣西南），張牛角被流箭射中，臨死之前，他命令部下擁護褚飛燕為統帥，同時讓褚飛燕改姓張。褚飛燕原名為褚燕，因他身輕如燕，又驍勇善戰，所以軍中稱他為「飛燕」。

張飛燕接管了張牛角的隊伍之後，山區分散的起義軍紛紛歸附到他的麾下，部隊逐漸擴大到接近百萬人馬，官府誣之為「黑山賊」。黃河以北的各郡縣，此時都受到「黑山賊」的侵擾，朝廷卻無力派兵圍剿。

就在朝廷正為「黑山賊」苦惱時，張飛燕卻主動找上門來，表達了自己的意思：求和。說得再直白點叫投降。張飛燕為什麼要率「黑山賊」投降呢？原因有二：

一是以和為貴；

二是以退為進。

朝廷不但立刻接受了張飛燕求和的請求，而且馬上給予這位識時務的「起義者」獎勵：封他為平難中郎將，給予他的主要許可權有兩個：

一是管轄河北山區的行政及漢安事務；

二是每年可向朝廷推薦孝廉。

當然，儘管如此，朝廷還是隨時「注意」著張飛燕的一舉一動。張飛燕在「投降」站穩腳跟後，開始有步驟有預謀地「實現」自己的夢想——擴展勢力，擴展地盤，擴展夢想，部署向京師進逼的策略計劃。

漢靈帝派出了早已磨刀霍霍、恭候多時的朱儁，任命他為河內太守，最終，朱儁再次不負眾望，乾淨俐落地徹底消滅了張飛燕及其部

眾。此後，朱儁曾任光祿大夫、屯騎、城門校尉、河南尹，仕途可謂一帆風順，平步青雲。然而，這種態勢並沒有保持多久，很快因為漢靈帝的早逝，他便體會到了從天上到地獄的感覺。

當然，漢靈帝在死去之前，還有一件事要做，這件事關係到東漢江山的「後繼人」的問題 —— 立太子。

漢靈帝一生荒淫無度，嬪妃眾多，所生皇子也有十幾個，但存活下來的只有兩個：劉辯和劉協。

最初，漢靈帝在立何皇后為自己的第二任皇后後，何皇后不是省油的燈，毒殺了漢靈帝的最愛王美人。雖然最終在宦官集團的幫助下，漢靈帝對何皇后網開了一面，漢靈帝從此卻「哀莫大於心死」，把何皇后打入了「冷宮」—— 對這位母夜叉採取的是「三不」政策：不聞不問不看。非但如此，漢靈帝對何皇后生的兒子劉辯採取的也是「三不」政策：不封不用不立。

也正是因為這樣，漢靈帝在立太子時，想也沒有想，便把首選目標定在了王美人所生的劉協身上。

在嫡長制的世襲制度下，劉辯是長子，是皇位的當然繼承人，而現在要廢嫡立庶，自然不是一件很容易的事。因為這時候何皇后儘管失寵，她的身分卻還是擺在那裡的 —— 後宮之主。儘管何皇后失意，但她的實力還是擺在那裡的 —— 她的兩位哥哥大將軍何進和車騎將軍何苗掌權於外。

也正是因為這樣，漢靈帝不敢亂來，立劉辯，心不甘；立劉協，心不敢。就在他左右為難、費思量時，整天沉溺於酒色的他突然病重，知道大限將至的他在臨死前，上演了「臨終託孤」。託孤對象自然是他最心愛的女人的寶貝兒子劉協，被託付人是蹇碩。

原來，漢靈帝末期，已感覺到世運不濟，東漢政權岌岌可危，於是

他親手組建了一個以「西園八校尉」為核心的衛戍部隊，任命「壯健而有武略」的小黃門蹇碩為上軍校尉，統率這支部隊。蹇碩借靈帝的威力發號施令，連何進也要受其命令，可見其權勢之大，四個字可以形容：狐假虎威。

此時，漢靈帝臨終前把劉協託付給自己的心腹蹇碩，讓他擁立劉協為帝，也是一種無奈的選擇，或許真到這一刻，漢靈帝才會體會到了什麼叫：人在皇宮，身不由己。

漢靈帝中平六年（西元 189 年）四月二十四日，漢靈帝走完了他短暫而可恥的一生，他在嘉德殿留下的億萬賣官的贓款，結果很快被他寵幸的宦官集團私吞。

漢靈帝死時，只有「託孤人」蹇碩在場，他不想做「收屍人」，而是想做「人上人」。

為了完成漢靈帝的「託孤」，更為了能實現自己的「夢想」── 位極人臣，蹇碩決定先下手為強，誅殺兵權在握的何進後再立劉協。

對此，蹇碩精心設下了一個局，在漢靈帝停放靈柩的殿中，蹇碩祕派刀斧手埋伏四周，打算在「恭迎」何進入殿拜奠時，乘機動手將其殺死。

結果因為保密工作不到位，何進還在前來拜奠的途中便聽到了消息，於是馬上來了個兩步走。

一是向後轉，逃回自己的大本營，確保自己的人身安全萬無一失。

二是集合軍隊，向何皇后彙報。何皇后位居正宮，占有優勢，於是與何進一起擁兵入宮，升朝議政，以迅雷不及掩耳之勢立即宣布十四歲的皇長子劉辯為皇帝，史稱漢少帝。何皇后以太后身分臨朝，何進與太傅袁隗輔政，負責軍國事務。

蹇碩的計謀失敗後，並不甘心的他找宦官趙忠和宋典等商量先下手

為強，商議一起捕殺何進。這幾位都是見風使舵之人，此時覺得跟著騫碩做事，是提著腦袋在冒險，於是，趙忠和宋典等人上演了「大義滅親」的真實版，出賣了騫碩。結果何進這一次沒有再手下留情，立刻派兵捕殺了騫碩，接掌了西園禁軍。

何進以皇帝舅舅身分輔政，不久又拉攏了「累世寵貴，海內所歸」的袁紹、袁術，權力日益膨脹。驃騎將軍董重看著何進橫行朝廷，心中十分不平，董太后也憤恨不已，發誓除掉何氏外戚。何太后卻先下手，與何進設毒計，除掉了董氏。

騫碩、董氏雖除，但宦官的勢力並未徹底剷除。袁紹看到這一點，便向何進獻計盡除宦官，何太后卻沒有同意。袁紹幾次進言，何進都未置可否。袁紹於是私自行事，詐託何進之命，致書州郡，命其抓捕中官親屬，歸案定罪。何進無奈之下按照袁紹的建議，召集天下豪傑帶兵入京，何太后被迫解散中常侍、小黃門，只把幾個與何進關係好的宦官留在宮中。何進、袁紹的行動引起了張讓等人的恐慌，他們得悉何氏正在密謀誅殺宦官之事，於是發動宮廷政變，殺死了何進。

何進部將吳臣、張章獲悉何進被殺，急忙調集軍隊包圍了皇宮。虎賁中郎將袁術也率兵攻打宮殿，放火燒了南宮、九龍門及東西宮，逼迫宮中交人。

張讓和段珪等人見狀，只好挾持何太后、少帝劉辯、陳留王劉協往宮外逃。結果在逃命的過程中，張讓和段珪等人只顧自己的安危，跑丟了「人質」何太后、少帝劉辯和陳留王劉協。儘管張讓和段珪等人上演了夜走小平津，逃到了黃河岸邊，這一條黃河卻成了他們的葬身之地。面對逼近的追兵，自知難免一死的他們，最後只好投入滾滾東去的黃河之中。

鷸蚌相爭，漁翁得利。而這時，聽說朝廷有變的董卓帶領大軍正行

進在趕往洛陽的途中，聽說少帝失散，便率公卿到北芒阪找到了少帝劉辯和陳留王劉協。

這個時候的劉辯雖貴為天子，但已被嚇得「語不可了」，而劉協雖比劉辯小五歲，卻能把他們的遭遇詳敘原委，無所遺漏。再加上劉協為董太后撫養長大，董卓心中便產生了廢掉劉辯、更立劉協的想法。

九月初一，董卓率領公卿到崇德殿，強迫何太后詔策廢除少帝，貶為弘農王；立陳留王劉協為帝，是為漢獻帝。

這一幕是在漢靈帝中平六年（西元 189 年）九月十六日發生的，離漢靈帝之死只有一百四十天。

一年後，已經搖搖欲墜的東漢王朝又生了「董卓之亂」，中央大權逐步落到了董卓等權臣手上，從而揭開了東漢末年軍閥混戰的序幕，東漢也名存實亡。

三十年後，也就是漢獻帝建安二十五年（西元 220 年），一代梟雄曹操之子曹丕逼迫漢獻帝讓位，在洛陽稱帝，國號「大魏」，自稱魏文帝，東漢正式滅亡。

3. 劉備的「蜀漢」算不算漢朝史

眾所周知，漢朝分為「西漢」和「東漢」，其中西漢又稱前漢，是由劉邦歷經千艱萬苦打下來的，歷經二百一十年。而東漢又稱後漢，則是由劉秀建立的，共歷經一百九十五年。西漢和東漢中間還存在一段曇花一現的政權 —— 王莽的「新朝」政權，只存在了十七年。

漢獻帝建安二十五年（西元 220 年）春，曹操薨於洛陽，其子曹丕於同年十月發動輿論攻勢，脅迫漢帝禪讓，建立魏朝。至此，東漢滅亡。

曹丕篡位後，劉備沒有再猶豫，馬上在成都稱帝，國號為「漢」，是為「漢昭烈帝」，年號「章武」，建立了「蜀漢」政權。

然而，後人卻有這樣的疑問，劉備建立的「蜀漢」到底算不算漢朝史呢？

單從表義上來看，是存在「兩個合理性」的。

第一，如果從時間上來看，是相吻合的。

劉備建立的「蜀漢」是從蜀漢章武元年（西元 221 年）到蜀漢景耀六年（西元 263 年）。劉備稱帝的原因很簡單，曹丕代漢自立為帝了，他於是十萬火急地在成都稱帝，史上稱之為「蜀漢」。

因此，如果簡單從兩漢與蜀漢在時間的銜接上來看，從劉備蜀漢章武元年（西元 221 年）建立蜀漢，到蜀漢景耀六年（西元 263 年）劉禪投降魏司馬昭，歷經二世二帝的國祚存在了四十三年，劉備建立的蜀漢似乎也可以當作漢朝的延續。

第二，如果從身分血統上來看，也是相吻合的。

劉備從起事那天起，就一直對外打出這樣的口號：「吾乃中山靖王之後。」

那麼，令劉備引以為傲的中山靖王究竟是誰？

中山靖王劉勝是漢景帝的兒子，他和漢武帝劉徹屬於同父異母的親兄弟，而劉備自稱為中山靖王劉勝後裔 —— 第十七世孫。

然而，劉備到底是不是中山靖王劉勝的後裔，卻值得置疑，甚至可以說時至今日仍是一個謎團，但劉備從出道一開始就一直這麼說，目的就是為了匡復漢室，很多人也都認為劉備應該是劉氏宗親的後裔。

因此，如果論血統，劉備所建立的蜀漢是延續大漢天下也是符合情理的。

當然，雖然以存續時間、血統論，劉備的「蜀漢」都和大漢朝延續有千絲萬縷的連繫，劉備的「蜀漢」卻最終沒有歸入大漢朝延續之列，這又是為什麼呢？

史書是這麼解釋的：「漢朝，是繼秦朝之後的大一統王朝，分為西漢、東漢時期，共歷二十九帝，享國四百零五年。」

在這句總括的話中，為漢朝定性的最關鍵的句子就是：繼秦朝之後的大一統王朝。

說得再直白點，就是說能夠算入漢朝範圍內的，必須符合「大一統」這一重要條件。

如果不能滿足實現「大一統」的局面，再厲害的劉家皇室後裔都是白搭，都不能被算作歷史正統的漢朝之列。

而劉備建立的蜀漢恰恰就是沒有實現「大一統」這一終極目標，因此，不能被算作漢朝的延續。

要知道在秦末農民起義中，劉邦在參與推翻秦朝統治後，又在長達四年的「楚漢戰爭」中，打敗了強大的對手項羽，此後，完成了大一統的他掌管天下，建立了屬他自己的朝代 —— 漢朝。

西漢末年，再生意外的插曲 —— 外戚王莽篡權，改國號為「新」，是為「新朝」。而這也宣告劉邦建立的西漢滅亡了。

建立新朝後，王莽開始大刀闊斧的改革，想透過這種方式，走上快速發展之路，結果恰恰相反，改革改得整個國家烏煙瘴氣，民不聊生。哪裡有壓迫哪裡就有反抗，於是天下各地義軍四起，掀起了反莽浪潮，結果大家都知道，王莽最終死於這股亂潮之中。

只持續了十多年的新莽政權滅亡後，漢高祖劉邦九世孫、漢景帝之子長沙定王劉發後裔劉秀於亂世紛爭中崛起，由弱到強，完成了「跨州據土，帶甲百萬」的大轉變，最終於河北鄗城（今河北省邢臺市柏鄉縣固城店鎮）千秋亭即位稱帝，是為漢世祖光武皇帝，建元建武，國號依然為「漢」，史稱「東漢」。

如果論資歷，論血統，論發跡之路，三國時期的劉備的情況其實和

劉秀「似曾相識」，但劉備和劉秀不同的是實力。因為劉秀經過長達十二年的南征北戰，最終大獲成功，降銅馬，滅赤眉，後又消滅隗囂、公孫述等割據勢力，完成了「大一統」的終極目標，從而讓天下歸一，重新融為一體。

此後，劉秀勵精圖治，提倡「柔道」治國，做了一系列的改革措施，改革官制，整飭吏治，優待功臣，與民休息，發展經濟，大興儒學，推崇氣節等，創造了歷史上的「光武中興」局面。可以說劉秀在建國和興國上都是完美的。

然而，三國時期的劉備，卻一直被困在蜀地這一畝三分地上，王朝疆域範圍也只是：北至武都、漢中，東抵巫峽，南包雲、貴，西達緬甸東部。

此後，他一直沒能跨出「北伐」這道檻，就連「神運算元」諸葛亮也無計可施，六出祁山北伐都以失敗告終，最終累死在北伐的征途中。

劉備建立的蜀漢，只是三分天下的「一分」，南北長期對立，離統一天下還很遙遠，劉備王業的「不成氣候」可見一斑。而諸葛亮在〈後出師表〉中對一統天下渴望之極：「先帝深慮漢、賊不兩立，王業不偏安，故託臣以討賊也。」

客觀來講，劉備雖然自稱漢朝的皇帝，或者說他認為自己所建立的蜀漢就是漢朝的延續，未來是要匡復漢室的，但這只是他的「一廂情願」，只是劉備給跟隨他一起「闖江湖」的弟兄們畫的一個「大餅」而已。

畫餅充饑也好，成王敗寇也罷，最終劉備也沒能實現匡復漢室，因為他並沒有打敗曹魏，沒有能實現大一統的目標。

而他的兒子劉禪更是十足的庸君，當他在出城投降司馬昭被封「安樂公」後，以及「樂不思蜀」的沉迷中，已經把劉備大一統的目標徹底化為泡影。

　　總之，因為沒有實現天下的大一統，劉備的蜀漢政權只相當於近代的軍閥割據，當然是不能算得上漢朝的延續。

　　有唐代劉禹錫詩詞為證：

　　天地英雄氣，千秋尚凜然。

　　勢分三足鼎，業復五銖錢。

　　得相能開國，生兒不像賢。

　　淒涼蜀故妓，來舞魏宮前。

漢傳──皇位輪流坐！從赤帝子到山陽公：
秦崩前夜、血腥盛漢、新朝困局……歷經 29 帝，四百年興衰與遺響

作　　　者：飄雪樓主
發　行　人：黃振庭
出　版　者：崧燁文化事業有限公司
發　行　者：崧燁文化事業有限公司
E - m a i l：sonbookservice@gmail.
　　　　　　com
粉　絲　頁：https://www.facebook.
　　　　　　com/sonbookss/
網　　　址：https://sonbook.net/
地　　　址：台北市中正區重慶南路一段
　　　　　　61 號 8 樓
8F., No.61, Sec. 1, Chongqing S. Rd.,
Zhongzheng Dist., Taipei City 100, Taiwan

電　　　話：(02)2370-3310
傳　　　真：(02)2388-1990
印　　　刷：京峯數位服務有限公司
律師顧問：廣華律師事務所 張珮琦律師

定　　　價：499 元
發 行 日 期：2024 年 07 月第一版
◎本書以 POD 印製
Design Assets from Freepik.com

國家圖書館出版品預行編目資料

漢傳──皇位輪流坐！從赤帝子到
山陽公：秦崩前夜、血腥盛漢、新
朝困局……歷經 29 帝，四百年興
衰與遺響 / 飄雪樓主 著 . -- 第一版 .
-- 臺北市：崧燁文化事業有限公司，
2024.07
面；　公分
POD 版
ISBN 978-626-394-488-6(平裝)
1.CST: 漢史
622　　　113009466

電子書購買

爽讀 APP

臉書